HEBRÄISCHES UND ARAMÄISCHES LEXIKON ZUM ALTEN TESTAMENT

HEBRÄISCHES UND ARAMÄISCHES LEXIKON

ZUM ALTEN TESTAMENT

VON

LUDWIG KOEHLER UND WALTER BAUMGARTNER

DRITTE AUFLAGE

NEU BEARBEITET VON

JOHANN JAKOB STAMM UND BENEDIKT HARTMANN

UNTER MITARBEIT VON

PHILIPPE REYMOND

LIEFERUNG V

ARAMÄISCHES LEXIKON

E.J. BRILL
LEIDEN • NEW YORK • KÖLN
1995

Publikation unterstützt durch den Schweizerischen Nationalfonds
für wissenschaftliche Forschung

Library of Congress Cataloging-in-Publication Data

Köhler, Ludwig, 1880-1956.
Hebräisches und aramäisches Lexikon zum Alten Testament / von Ludwig Koehler und Walter Baumgartner. -- 3. Aufl. / neu bearbeitet von Walter Baumgartner und Johann Jakob Stamm : unter Mitarbeit von Ze'ev Ben-Ḥayyim . . . [et al.]
p. cm.
Previously published: Leiden : New York : Brill, 1991.
Includes bibliographical references.
ISBN 9004103236 (set)
1. Hebrew language--Dictionaries--German. 2. Aramaic language--Dictionaries--German. 3. Bible. O.T.--Language, style. I. Baumgartner, Walter, 1887- , II. Stamm. Johann Jakob. 1910- . III. Ben-Ḥayyim, Zeev, 1907- IV. Title.
PJ4835,G6K58 1995
221.4'4'03--dc20 95-11537
CIP

ISBN 90 04 09803 8

PRINTED IN THE NETHERLANDS

VORWORT ZUR 5. LIEFERUNG

Die 5. Lieferung des "Hebräisch-Aramäischen Lexikons" ist fertiggestellt und damit ist das ganze Werk zum Abschluss gekommen. Der Hauptredaktor Prof. Johann Jakob Stamm ist während der Arbeit am 9. November 1993 nach langem Leiden heimgegangen. Für das Lexikon bedeutet das einen herben Verlust. J. J. Stamm, als vielseitiger Kenner der semitischen Sprachen, vor allem der alten, ist wie wohl kein Anderer so in der alttestamentlichen Lexikographie beschlagen gewesen. Es ist ihm noch möglich gewesen ein erstes Manuscript bis Qof zu erstellen.

Nach einigem Unterbruch habe ich dann das vorhandene überarbeitet und den Text für die letzten vier Buchstaben erstellt, natürlich unter der tatkräftigen Mitarbeit meines langjährigen Kollegen Ph. Reymond. Wir konnten in diesem Jahr noch die 2. völlig neu bearbeitete Auflage von J. Hoftijzer nordwestsemitischen Inschriften Lexikons (DNWSI) gebrauchen. Es war unser Bestreben im etymologischen Teil jedes Lemma von bibliographischen Angaben, vor allem aus Wörterbüchern der erwähnten semitischen Sprachen zu versehen, und das über das zufällige, wie es bis anhin war, hinaus. Vollständigkeit war uns versagt, da wir vom arabischen Sprichwort: "Eile ist vom Teufel und Geduld von Allah !" den schlechteren Teil wählen mussten. Aber ja, auch in diesem Punkt werden unsere Nachfolger das Werk verbessern und weiterführen.

Zu unserem Bedauern hat Professor Ze'ev Ben-Ḥayyim aus gesundheitlichen Gründen die aktive Mitarbeit, die für das Lexikon seit mehr als 20 Jahren eine große wissenschaftliche Hilfe und Bereicherung bedeutete, beenden müßen. Wir konnten aber von seinen Früchten, im LOT und in F. Rosenthal's Aramaic Handbook publiziert, dankbaren Gebrauch machen.

Die für das Samaritanische (sam.) notwendige Kombination *ā* und *å* ist aus technischen Gründen nicht möglich. Wir haben uns für *ā* entschieden.

Nun noch einige Worte von Dankbarkeit für all die Hilfe, die wir im Laufe der Jahren haben erfahren dürfen. Vor allem danken wir dem Schweizerischen Nationalfonds für wissenschaftliche Forschung für Ihre langjährige finanzielle Unterstützung. Dann danken wir dem Verlag Brill und seinem Direktor R.J. Kasteleijn. Vor allem möchten wir den Redaktor drs. Hans van der Meij erwähnen. Er hat uns helfend und mahnend begleitet und auf diplomatische Art auch bittere Pillen mit seiner Aufgeborenen Liebenswürdigkeit versüsst. Ferner gilt mein Dank meinen ehemaligen Studenten: Dr. Johannes Tromp, Dr. Joost Holleman und drs. Jaap Oppendijk. Sie haben die Druckvorlage hergestellt aber auch den Text mit kritischen Bemerkungen versehen und vor allem bibliographische Addende zum Samaritanischen und Neusyrischen beigesteurt.

Ich hoffe, dass der neue Koehler, Baumgartner & Stamm den Gebrauchern von Nutzen sein möge, wohl wissend, für beide Seiten, dass besonders für ein Lexikon das Motto von Gesenius-Buhl gilt und gelten wird: "Dies diem docet!"

Zürich, im Herbst 1995 BENEDIKT HARTMANN

EINLEITUNG ZUM ARAMÄISCHEN TEIL

1. Die Scheidung des biblisch-aramäischen Wortschatzes im AT vom hebräischen, die uns heute selbstverständlich vorkommt, ist in Wahrheit recht jung. Gefordert hat sie 1886 Friedrich Delitzsch im Eingang seiner "Prolegomena". Verwirklicht wurde sie zuerst von Brown-Driver-Briggs in ihrem seit 1891 erscheinenden Wörterbuch, weiter von Siegfried-Stade (1893) und von Buhl bei seiner ersten Bearbeitung des Gesenius (12. Aufl. 1895). Vgl. Eissfeldt-Festschrift S. 47 f.

Dass tatsächlich diese Zweiteilung des Lexikons im 16. und 17. Jahrh. mehrfach vorkam, ersieht man aus Christ. Wolfs "Historia Lexicorum Hebraicorum" (1705), wenn er auch selber, die Tragweite dieser Neuerung nicht erkannt hat. Sie ging übrigens nicht vom "Chaldäischen" d.h. aramäischen Wortschatz aus, sondern vom hebräischen. Als Erster hat offenbar Santes Pagnino in Lyon die hebräischen Wörter herausgesucht und für sich behandelt; seinem "Thesaurus Linguae Sanctae" (1519), genauer der daraus ausgezogenen "Epitome Thesauri" hat dann Fr. Raphelengius eine "Appendix dictionum Chaldaicarum" angehängt (1570). Die Lexica von Val. Schindler (1612), Anton Hulsius (1650) und Heinrich Hottinger (1661) befassen sich ausschliesslich mit den hebräischen Wörtern. Wilh. Robertson plante, seinem "Thesaurus linguae Sanctae" (1680) später ein "Lexicon Chaldaico-Biblicum" folgen zu lassen, kam aber nicht mehr zur Ausführung. Seinen Thesaurus übernahm Joh. Leusden und fügte selber ein "Lexicon vocum Chaldaicarum" hinzu (1687). Der Erste, der den hebräischen und aramäischen Wortschatz getrennt, aber in ein und demselben Bande behandelte, war Joh. Cocceius (1669). Auch Heinr. Opitz hat ein beide Teile umfassendes Lexikon publiziert (1692). (= W. Baumgartner, in Suppl VI S. 125). Cf. auch J. Fürst, Zur Geschichte der hebräischen Lexikographie, mit Nachträgen von V. Ryssel, in J. Fürst, Hebräisches und Chaldäisches Handwörterbuch über das Alte Testament, 3. Auflage bearbeitet von V. Ryssel, Leipzig 1876, S. XV–XLIII, noch nicht zweigeteiltes Lexikon!)

Erst diese Trennung macht die Eigenart des ba. Wortschatzes augenfällig. Vorab seinen geringen Umfang: rund 650 Wörter ohne die rund 40 Eigennamen. Vom überlieferten Bestand gehen ab דהוא, דִּינָיֵא und חֲדַת,

vielleicht auch שפט; neu hinzugekommen sind dafür כיל, II מְשַׁח und שְׁלָה. Sehen wir von Gen 31, 47 und Jr 10, 11 ab, die zusammen nur drei neue Wörter ergeben, so verteilt sich dieser Bestand auf die Bücher Daniel (2,4b – 7, 28) und Esra (4, 8 – 6, 18 und 7, 12 – 26); und zwar so, dass rund 22% beiden Büchern gemeinsam sind, während 60% nur in Da und 18% nur in Esr vorkommen. Beide Komplexe entstammen der nachexilischen Zeit und liegen da nicht sehr weit auseinander: die Urkunden in Esr mit dem verbindenden chronistischen Text gehören in der Hauptsache dem 5. und 4. Jahrhundert an; Da 2 – 7 haben ihre jetzige Gestalt in der Makkabäerzeit erhalten, reichen aber stofflich ins 3. Jahrhundert und zum Teil noch weiter zurück. Nach dem Inhalt und der literarischen Art sind die beiden Komplexe allerdings recht verschieden. In Da 2 – 6 haben wir es mit Erzählung zu tun und in c. 7 mit Apokalyptik, die auch in c. 2 hereinspielt; in Esr mit Urkunden und mit chronistischer Geschichtserzählung. Daher jene starke Verschiedenheit im Wortschatz, die allerdings dadurch ein wenig gemildert wird, dass die Daniellegenden, ihrem Milieu nach "Hofgeschichten", sich in der Zitierung königlicher Erlasse und in der Aufzählung von Ämtern und Würden dem Urkundenstil etwas nähern. Und vollends ist beiden gemeinsam der ganze Hintergrund der israelitisch-jüdischen Religion, der der Sprache auch ihre engen Beziehungen zum Hebräischen des AT gibt; man denke an die zumeist dem Hebräischen entlehnten Termini der Sakralsprache (s. u. § 5) oder an die hymnischen Stellen Da 2,20 – 23 3,33 6,27f. 7,14.

Aber auch so bleibt das BA nicht bloss im Umfang stark hinter dem hebräischen Bestand des AT zurück; es fällt ebensosehr gegenüber dessen Mannigfaltigkeit ab. Darum sind auch die Möglichkeiten, die der Lexikograph dort hat, dem Auftreten der einzelnen Wörter in bestimmten Zusammenhängen und Wortverbindungen und den Unterschieden in der Bedeutung nachzugehen, hier soviel geringer; die ganze Zufälligkeit dessen, was uns gerade erhalten ist, macht sich ganz anders geltend als dort. Damit wird auch die Aufgabe des Lexikographen eine andere. Ist der ba. Wortschatz soviel weniger aus sich selber heraus zu erklären—was ja auch dort seine Grenzen hat—so gilt es hier um so mehr, diesem Mangel durch Beiziehung anderer Quellen zu begegnen.

2. Zur Geschichte der ba. Lexikographie weiss Rosenthal in seinem sonst so vorzüglich Buche nicht eben viel zu sagen (AF 54 f.). Sie beginnt aber

gleich der he. mit Wilhelm Gesenius (s. W.E. Miller, The Influence of Gesenius on Hebrew Lexicography, 1927). Bereits in der ersten Auflage seines Wörterbuches (1810–12) empfahl er zum besseren Verständnis des "Chaldäischen"—so nannte man damals und noch bis in die 9. Auflage des Gesenius hinein das BA auf Grund eines alten Missverständnisses von Da 2, 4—die Beiziehung der Targume und der syrischen Übersetzung. In dem der zweiten Auflage des etwas kürzeren "Neuen Handwörterbuches" (1823) beigegebenen Essai "Von den Quellen der hebräischen Wortforschung", der in der Folge noch mehrfach überarbeitet wurde und erst mit der 11. Auflage (1890) wegfiel, ist schon vom Samaritanischen, vom "Zabischen" oder "Nazoräischen"—d.h. dem Mandäischen—und dem Palmyrenischen die Rede. Gesenius hat auch einen guten Blick für die Fremdwörter und bietet zu סוּמְפּוֹנְיָה, סַרְבָּל u.a. ein erstaunlich reiches Material, das aber in den späteren Auflagen des Handwörterbuches auch meist wieder weggelassen wurde.—Die zweite Hälfte des 19. Jahrhunderts brachte mit der starken Vermehrung der palmyrenischen Inschriften—1881 wurde der "Zolltarif" gefunden—, mit dem ersten Bekanntwerden der nabatäischen und mit der Veröffentlichung der aramäischen Beischriften zu Keilschrifturkunden im CIS II (1889ff.) den ersten grossen Aufschwung der ba. Studien, der an die Namen Th. Nöldeke (s. Rosenthal AF), S.R. Driver in seiner "Introduction to the Literature of the OT" (1891) und A.A. Bevan in seinem Danielkommentar (1892) geknüpft ist. Die von F. Mühlau u. W. Volck besorgte 10. Auflage des Gesenius (1886) nahm auf die damals bekannten nabatäischen, altaramäischen (Tema) und ägyptisch-aramäischen Inschriften Bezug und erwähnte gelegentlich sogar wieder das "Zabische" und erstmals das Neusyrische. Zur vollen Geltung kam all dieses Material aber erst, als Buhl mit der 12. Auflage 1895 die Abtrennung des ba. Wortschatzes durchführte. Das neue Jahrhundert brachte dann seit 1906 die Elephantinepapyri hinzu, womit erstmals die ganze Bedeutung dieses Ägyptisch-Aramäischen aus Licht trat; den Niederschlag davon findet man in der 15. (1910) und 16. (1915) Auflage des Gesenius.

Den Ertrag der jungen Assyriologie führte Friedrich Delitzsch in die 8. Auflage des Gesenius (1878) und in S. Baers Textausgabe von Daniel-Esra-Nehemia (1882) S. VI-XII ein; vgl. auch seine "Prolegomena" (1886) S. 140. Für die 9. Auflage (1883) stellte Eberh. Schrader das Manuskript der im selben Jahr erscheinenden 2. Auflage von "Keilinschriften und AT" zur Verfügung. Buhl zog dann gleich von der 12. Auflage an als assyriologischen Mitarbeiter H. Zimmern hinzu, den späteren Verfasser der "Akkadischen Fremdwörter" (1917). Der Bestand an persischen Wörtern und Namen machte aber auch die Mitarbeit der Iranisten notwendig. Nach M. Haug, der mit seiner "Erklärung der persischen Wörter des AT" (in Ewalds "Jahrbuch für Biblische Wissenschaft" v, 1853) voranging, sind namentlich die Beiträge von C.F. Andreas zum Glossar in K. Martis Grammatik (1896, in der 2. Aufl. von 1911 revidiert und teilweise gekürzt) und Isidor Scheftelowitz zu nennen. Gleich den neueren Auflagen des Gesenius hat auch das Wörterbuch von Brown-Driver-Briggs dieses Material, soweit es damals zur Verfügung stand, eingearbeitet; zu dem von Brown selber bearbeiteten ba. Teil, der erst kurz vor dem Erscheinen des ganzen Werkes (1906) abgeschlossen wurde, steuerte Stanley A. Cook allerhand bei. Geringeren Gebrauch machten davon die Wörterbücher von Siegfried-Stade und von König (1910). Dagegen ist Brockelmanns "Lexicon Syriacum" (1894), zu dem P. Jensen das assyriologische Material lieferte, auch für das BA wichtig geworden, zumal dann in der Neubearbeitung (1928) mit den durchgängigen etymologischen Hinweisen.

3. Dieser Rückblick auf die Entwicklung der ba. Lexikographie bis zum Jahr 1915 lässt deutlich erkennen, wie sehr der Fortschritt in Etymologie und Semasiologie hier durch die Erweiterung des sprachlichen Vergleichsmaterials bestimmt war. Daraus ergibt sich die Aufgabe, das Wörterbuch im selben Sinn, aber nach den heutigen Erfordernissen und mit den heutigen Möglichkeiten weiterzuführen. Neben dem seitherigen Ertrag der textkritischen und exegetischen Arbeit also vor allem unter möglichster Heranziehung des gesamten aramäischen und sonstigen semitischen Sprachmaterials. Ersteres findet man bis 1927 in ZAW 45, 84 ff., bis 1937 bei Rosenthal AF 24 ff. 295 ff. aufgeführt, neueres bei Dupont-Sommer, Les Araméens (1949) 79 ff. Hier kann nur das Allerwichtigste genannt werden.

a. Von altaramäischen Texten—ich verstehe darunter alle vor den "reichsaramäischen" (s.u.) liegenden—sind es: der Brief aus Assur (↗ Assbr.), die Inschrift von Sefīre-Suğīn (↗ Suğ.), die des Barhadad von Damaskus (↗ Barh.) und die neue Kilamu-Inschrift (↗ Znğ). Zusammen mit den früher bekannt gewordenen Texten, ↗ Znğ.—wo die Hadad- und die Panammu-Inschrift gewiss ihre sprachlichen Besonderheiten haben, aber von J. Friedrich Gr. 153 ff. doch wohl allzusehr vom Aramäischen losgelöst werden—Zkr usw., belegen sie ein Fünftel des ba. Wortschatzes.

b. Schon länger bekannt sind die aramäischen Ideogramme im Mittelpersischen oder Pehlevi (↗ pehl., Rosenthal AF 72 ff., Dupont-Sommer, Les Aram. 95 ff.), ein Gegenstück zu den sumerischen Ideogrammen der akkadischen Keilschrift, die deutlich als Vorbild gedient haben (s. C. Autran, Mémoires de la Société de Linguistique 23, 1923–35, 184 ff. und Ebeling ↗ Frah.). Ihren Charakter hat als erster M. Haug 1870 erkannt und schon Nöldeke hat sie gelegentlich für das BA herangezogen (GGA 1884, 1016). Aber noch in Brockelmanns "Grundriss" sucht man sie ebenso vergebens wie in den neueren Einleitungen in die semitische Sprachwissenschaft von L.H. Gray (1934), von H. Fleisch (1947) und J.H. Kramers (1949). Auch in der Diskussion der zwanziger Jahre um das Alter des Daniel-Aramäisch (Driver, Baumgartner, Rowley, Charles und Montgomery gegen Wilson und Boutflower, s. ZAW 45, 81 ff., Rowl. Aram.) war von ihnen nicht die Rede, wiewohl schon Fr. Hommel in seinem "Grundriss der Geographie und Geschichte des Alten Orients" (1904) 193[2] 203[2] ihre Bedeutung für das BA betont und auch Albright JBL 40, 1921, 107 kurz auf sie hingewiesen hatte. Erst H.H. Schaeder führte sie 1930 mit Erfolg in die Diskussion ein. Man kennt heute gegen 600 solcher Ideogramme, muss sie allerdings aus den einzelnen Texten (↗ namentlich Frah. und Paik.) und aus dem Glossar in Nybergs Handbuch II 296 ff. zusammensuchen. Für rund 200 ba. Wörter, also fast für ein Drittel des ba. Wortschatzes, findet man hier bei Berücksichtigung der besonderen Orthographie und der Schreibung mit mittelpersischen Endungen ihre Entsprechung, wenn auch gelegentlich bei etwas veränderter Bedeutung: (א)שתי nicht "trinken", sondern "essen", חלם "schlafen" usw. Freilich ist Lesung und Interpretation oft so schwierig und die Forschung durch Unterscheidung verschiedener Dialekte (Pahlavik und Parsik) so kompliziert und auch stark im Fluss, dass der Semitist hier der Hilfe des Iranisten nicht entraten kann. In geringerem Umfang verwendet auch das Sogdische, die erst seit 1904 bekannte Literatursprache eines zwischen Oxus und Iaxartes wohnhaft gewesenen nordiranischen Volkes, aramäische Ideogramme; das BA betreffen nur etwa 20, davon 5 neu gegenüber dem Pehlevi. Und allerneuestens sind nun auch noch solche aus Dura-Europus dazugekommen, für die vorläufig auf Altheim-Stiehl, Asien und Rom (1952) und Das erste Auftreten der Hunnen etc. (1953) verwiesen sei.—Der hier erhaltene und im Ganzen ziemlich homogene Wortbestand geht in der Hauptsache deutlich zurück auf die von Darius I. in Fortführung entsprechender Einrichtung im neuassyrischen und neubabylonischen Reiche eingeführte aramäiche Kanzleisprache, für die sich die von J. Markwart geprägte Bezeichnung als "Reichsaramäisch" (RA) eingebürgert hat (vgl. Schaeder 1 ff., Rosenthal AF 24 ff., auch O.G. von Wesendonk, Litterae Orientales 49 [1932] 1 ff. und I.H. Hospers, Twee Problemen betreffende het Aramese van het Boek Daniel, 1948, 9 ff.). Wenn Messina 20 ff. die Existenz einer solchen offizielen aramäischen Sprache bestreitet und den Gebrauch des Aramäischen auf den Handel und auf die westlichen Provinzen beschränkt sein lässt, so widerlegen ihn die aramäische Fassung der Behistun-Inschrift und ähnliche neuere Funde. Im allgemeinen stammen diese Ideogramme also aus der frühen Achämenidenzeit und sind damit für uns die ältesten Vertreter dieser wichtigen reichsaramäischen Periode der aramäischen Sprachgeschichte. Gelegentlich stösst man freilich auch schon auf jüngere Erscheinungen, auf Pleneschreibung oder auf die aus dem Sam., Cp. und Md. bekannte Wiedergabe eines Murmelvokals mit *j*, und in den Ideogrammen aus Dura sogar auf einen ost-aramäischen Einschlag parthischer und sassanidischer Zeit (Altheim-Stiehl 59 ff. 63 ff.). Als Beispiel für die Bedeutung für das BA sei צַוְּאר "Hals" erwähnt, das hier ebenso wie Cp. und Sy. ohne **א** geschrieben wird: das bestätigt gegen Nöldeke MG 127 f. und BLH 548 die Erklärung des **א** als blosses Unterscheidungszeichen gegenüber צוּר.

c. Ausser in diesen Ideogrammen liegt der Wortschatz des RA namentlich in den ägyptischen-aramäischen Texten zumeist des 5. Jahrhunderts vor. Zu den 1906 ff. gefundenen Papyri und Ostraka aus Elephantine sind seitdem noch weitere Texthaufen gekommen. Aus Elephantine selber die 1933 durch Borchardt erworbenen und dann in den Besitz der Bodleian Library in Oxford übergegangenen "Ledertexte" aus dem Archiv des Arscham (☞ AD; G. R. Driver ZAW 62, 220 ff., Kahle ThR 1949, 205 ff.), deren Herausgabe durch Driver unmittelbar bevorsteht. Weiter die 1893 von Wilbour angekauften und nun im Besitz des Museums von Brooklyn befindlichen Papyri, die E.G. Kraeling herausgeben wird (☞ BMAP; Kraeling BArch. 15, 1952, 49 ff.). Endlich die 1907–09 von Clermont-Ganneau aufgefundenen Ostraka, deren Ausgabe Dupont-Sommer vorbereitet (s. Actes du XXIe Congrès International des Orientalistes 1948, 109 ff.); einzelne Stücke hat er bereits da und dort veröffentlicht (☞ Ostr.). Der älteste dieser äga. Texte ist der 515 geschriebene "Pachtvertrag" (↗ Pachtv.). Jünger als die Elephantinetexte sind die von Aimé-Giron veröffentlichten, stark fragmentarischen Papyri aus Saqqara (↗ Ai.-Gi.), während der 1942 ebendort gefundene Papyrus (↗ Saqq.) der um 600 an den Pharao gesandte Brief eines philistäischen oder phönizischen Stadtfürsten ist. Über die 1945 von S. Gabra in Tuna el-Gabal (Hermopolis-West) in einem Topf aufgefundenen Papyri, Privatbriefe des 5. Jahrhunderts, die Murad Kamil bearbeitet, liegen bis jetzt nur summarische Nachrichten vor (↗ Hermop., Actes du XXIe Congrès 106 f., Or. 17, 1948, 549 f.).

Dieser ganze äga. Wortschatz deckt sich weitgehend mit dem der Pehlevi-Ideogramme, deckt sich aber ebenso auch mit dem des BA. Rund 320 Wörter, also knapp die Hälfte des ba. Bestandes, kehren hier, wenn auch nicht immer ganz in derselben Form (↗ דִּבְרָה) wieder. Es ist mehr als die Hälfte, wenn man noch die 25 Wörter dazu nimmt, die bisher zwar nicht äga., aber als Ideogramme belegt sind und dort also offenbar nur zufällig fehlen. Und noch höher wird voraussichtlich die Zahl der belegten Wörter steigen, wenn erst die Ostraka, die BMAP und die Texte von Hermopolis im ganzen Umfang vorliegen. Man ist gespannt, wie sich dazu die von Herzfeld und E. Schmidt in Persepolis gefundenen, in die Hunderte gehenden Aufschriften auf Schalen und Tontäfelchen aus der Zeit des Darius I. und Xerxes I. verhalten werden, die R.A,. Bowman in Bearbeitung hat.—An der Zugehörigkeit des BA zum RA kann jedenfalls kein Zweifel mehr bestehen. Nicht zufällig betrifft die Übereinstimmung so oft gerade Wörter und Wendungen der Kanzleisprache: אַזְדָּא, אֲמַר שְׁלָה, עַל־דִּבְרַת, יְדִיעַ לֶהֱוֵא, שְׁלַחְנָא וְהוֹדַעְנָא u.ä. Da werden auch für das RA bisher nicht belegte Wörter, gut aramäische wie בטל, גזר, טַבָּח, כְּתָב usw., und erst recht Fremdwörter wie אֲדַרְגָּזַר, אַדְרַזְדָּא, אֲפַרְסָי, גְּדָבַר, גִּזְבַּר, הַדָּבַר, הֲלָךְ usw. ebenso daher stammen.

d. Namentlich für die Kenntnis des damaligen Vokalismus wichtig sind zwei etwas jüngere Texte: der in babylonischer Keilschrift geschriebene Brief aus ↗ Uruk (3. Jahrh.) und der wohl nicht viel ältere längere, aber auch viel schwierigere und erst zum geringsten Teil zugänglich gemachte Papyrus mit demotischer, d.i. spätägyptischer Schrift, der sich als Wiedergabe eines aramäischen Textes herausgestellt hat (↗ Demot.) Beim ersteren schliesst die syllabische Schreibweise die Vokale ein: *qu-um* = קוּם. Auch sonst reduzierte Vokale erscheinen als voll: קֳדָם als *qu-da-am,* was hier freilich nur ein q^u*dām* wiedergeben wird; denn die Reduktion war damals schon zeit Jahrhunderten üblich, und in Fällen wie *ti-ḫu-u-ut* = תְּחוֹת drückt das *i* bereits den Murmelvokal aus.—Der demotische Text geht auf eine aramäische Konsonantenschrift zurück, die aber nicht bloss ו und י für *ō/ū*, bzw. *ī* gebraucht, sondern auch א für *a*, wie man es schon aus der aramäischen Inschrift vom Achämenidengrab in Nakš-i Rustam (Herzfeld 12, Altheim-Stiehl, As. u. Rom 59) und vereinzelt auch aus den Pehl.-Ideogrammen (↗ קָל) kennt, sodass auch hier wenigstens etwas vom Vokalismus fassbar wird. Und zwar ist es ein gegenüber dem ba. in gewisser Hinsicht älterer Vokalismus, der dort reduzierte und sogar ausgestossene Vokale noch kennt, vgl. תאבאראכאכא u.ä.: *תְּבָרֵכְךְּ, מאלאכאת: *מַלְכָת; desgleichen in Uruk *ḫabarān*: *חַבְרָן, gab(a)rē: גַּבְרַיָּא, *rugazē*: *רְגְזַיָּא (s. Gordon, AfO 12, 111, § 35). Beide Texte geben auch der Präposition בְּ den *a*-Vokal (s. Gordon Ug. Handb. § 10, 1 und Rosenthal Or. 11, 176 f.). Anderseits fehlt die für den Osten charakteristische pl.-det.-Endung *-ē* von Uruk (*gabarē* Männer, *nišē* Frauen, *rugazē*) kaum zufällig dem demotischen Text.

e. Am unteren Rande des Reichsaramäischen stehen, beide reich durch Inschriften vertreten, das Nabatäische (↗ nab.; Rosenthal AF 83 ff.) und das Palmyrenische (↗ palm.; Rosenthal 93 ff.), jenes nach dem ethnischen Untergrund mit einem arabischen Einschlag, dieses mit einem ostaramäischen. Der nabatäische Wortschatz ist aus dem Glossar bei Cantineau (Le Nabatéen II 55 ff.) leicht zu überschauen; die neueren Inschriften haben den Bestand nicht wesentlich verändert. Für den palmyrenischen fehlt leider ein solches Glossar. Aber in CIS II 3, 1926/47 hat man jetzt wenigstens die Texte beisammen, nur zu ergänzen durch die allerneuesten Publikationen (↗ LP Rec. und Doura F.). Auch die Grammatiken von Cantineau (1935) und von Rosenthal (1936) helfen die Lücke etwas ausfüllen.—Die neuen Texte aus ↗ Hatra, von der iraqischen Grabung von 1951, sind viel ergiebiger als die seinerzeit von der Deutschen Orient-Gesellschaft dort und in Assur aufgefundenen (s. Rosenthal AF 175). Gleich den früheren stammen sie aus christlicher Zeit; das charakteristische שנפיר für שַׁפִּיר kehrt hier wieder.

f. Die nächste Stufe des Aramäischen vertreten im Gegensatz zur Kunstsprache des RA wirkliche lokale Dialekte, die hier in scharf getrennten religiösen Volksgemeinschaften zu religiösen Schriftsprachen entwickelt weiterleben (s. Kahle, ThR 1949, 201 ff.). Leider ist ihre Benützung durch das Fehlen guter Ausgaben oft stark erschwert.—Bei den jüdisch-aramäischen Dialekten einschliesslich des babylonisch-talmudischen macht ihre Verteilung über zwei getrennte Gebiete mit nie unterbrochenem Verkehr Schwierigkeiten. Für die gegenüber der Zeit Dalmans stark veränderten Probleme der Targume und ihrer Sprachformen vgl. Rosenthal AF 127 ff. und Kahle ThR 1949, 213 f. Zur richtigen Bewertung der zahlreichen grammatischen und lexikalischen Berührungen ist zu beachten, dass der grösste und wichtigste Teil der persischen Entlehnungen nach dem vorausgesetzten Lautstand der achämenidischen oder frühparthischen Zeit entstammen (Telegdi JA 226, 177 ff.).—Das Samaritanische, sehr schlecht überliefert und stark hebräisch durchsetzt, aber mit einem westaram. Lokaldialekt im Hintergrund, liefert u.a. den einzigen, freilich nicht ganz sicheren Beleg zum ba. כנס.—Das Christlich-Palästinische, trotz der syrischen Schrift auch ein palästinischer Dialekt und dem Sam. recht nahestehend, ist durch Schulthess' Lexikon und Grammatik leicht zugänglich, nur in der Vokalisation oft unsicher. Mit dem BA hat es u.a. נְפַל עַל "obliegen" gemeinsam; es gibt auch für טלל haf. die richtige Bedeutung und bei יבל den einzigen weiteren Beleg für die Bildung des haf. als פ׳י.—Neben dem JA liefert das reichste Vergleichsmaterial das aus dem Lokaldialekt Edessas erwachsene Syrische, das dank Nöldekes Grammatik und Brockelmanns Wörterbuch auch am besten bearbeitet ist. In der im Sinaikloster entdeckten syrischen Bibelhandschrift (Syra vetus) sind Reste einer älteren westaramäischen Sprachform erhalten (s. Black 216 ff.).

g. Stärker herangezogen als es bisher geschehen ist auch das Mandäische, das im Lautstand (☞ אֲרַק) und in dem öfteren Haphel trotz der jungen literarischen Bezeugung noch teilweise älteren Sprachcharakter bewahrt hat (s. HUCA 23 II, 46 ff), gelegentlich auch zur Bestimmung einer Grundform mithilft (☞ חֲרַץ). Schmerzlich vermisst man natürlich das von Lidzbarski geplante, aber nicht mehr zur Ausführung gekommene Wörterbuch. Hier ist nun wenigstens das in Nöldekes Grammatik verarbeitete Material, das schon eine ganz gute Übersicht über den Wortschatz vermittelt, vollständig ausgezogen und dazu, freilich ohne Vollständigkeit, manches aus den durch Lady Drower (☞ Drow.; s. HUCA 23 II, 45[12] und neuestens ihr eigenes Schriftenverzeichnis JRAS 1953, 34 ff) veröffentlichten Texten hinzugenommen.

h. Die neuzeitlichen aramäischen Dialekte, das Neusyrische von Kurdistan, Urmia und der Umgegend von Mosul (☞ Macl.), und das Neuaramäische von Maʿlūla (☞ Gl. und Spit.) beizuziehen hat noch Brockelmann als unnötig abgelehnt (LS S. III). Aber das in beiden das sonst nicht häufige כָּל weiterlebt, im Nsy. auch טְוָת und קִטְרֵי חַרְצָא, oder dass die von Brockelmann selber für חִוָּר angesetzte Grundform *ḥuwwār* (VG I 362) im Nar. tatsächlich vorkommt, ist immerhin nicht ohne Interesse. Beim Nar. muss allerdings der starke arabische Einschlag beachtet werden.

i. Vereinzelte Belege zum ba. Wortschatz finden sich auch, zusammen mit hebräischen Wörtern und darnach offenbar durch jüdische Händler vermittelt, auf arabischem Boden: in der Ṣafa östlich vom Hauran (s. ·Littmann, SI xxi, ꜰ גוֹ, נטר, רשם), und sogar, wie das von Ch. ꜰ Rabin aus den arabischen Grammatikern zusammengestellte Material dartut, in den Dialekten der Westhälfte der arabischen Halbinsel bis nach dem Jemen hinunter (ꜰ דִּי, חֲבָל, חֲסַף, מָרֵא, נשם, רחם).

k. Schliesslich liefert selbst das Ugaritische, da sonst natürlich von ungleich grösserer Bedeutung für das Hebräische ist, seinen Beitrag: nämlich für he. יֵשׁ ein überraschendes 𐎛𐎘 = aram. אִית, die Nebenform des ba. אִיתַי; und die schärfere Unterscheidung der Zischlaute in jener Schrift bestätigt die sonst schon meist vorgenommene Trennung der beiden Wurzeln he. I שׁנה "sich ändern", ba. שׁנה, und he. II שׁנה "wiederholen", ba. תנה.

Der im Lexikon gemachte Versuch, den ba. Wortschatz ganz in den Zusammenhang des allgemein aramäischen hineinzustellen und von da aus zu erklären, dürfte sich durch das Ergebnis als gerechtfertigt erweisen. Dafür nur drei Beispiele, die zugleich dartun mögen, wie die notwendig knappen Angaben des Lexikons erst so Leben gewinnen. Das sy. ܦܽܪܣܳܝܳܐ, weist gleich dem he. פָּרְסִי diejenige Form des Gentile zu פָּרַס auf, die auch für das BA zu erwarten wäre, hier aber durch eine Form mit *ă*—nach BL in Analogie zu כַּשְׂדָּי—verdrängt ist, die als Variante auch im He. auftritt.—Für פֶּחָר wird die von Lidzbarski und A. Fischer aus dem Arabischen gewonnene Erkenntnis, dass das Wort zunächst den Töpfer und erst in zweiter Linie dann auch sein Fabrikat und dessen Stoff bezeichnet, durch das neuere Material bestätigt. Letztlich sumerischer oder gar vorsumerischer (v. Soden) Herkunft—*baḫar*, Deimel, Sumerisch-akkadisches Glossar, 1934, 24—erhält es im Akkadischen die für Berufsnamen beliebte Form *parrās* (v. Soden § 55, 23a). Erst im aramäischen Bereich kommt daneben die zweite Bedeutung auf. In Da. 2, 41 liegt noch die erstere vor, wenn nicht Montgomery mit seiner Deutung als *clay* recht hat.—Für das Herz hat das Westsemitische zwei Wörter: das im Akk. Ar. und Äth. allein vorhandene **libbu* > לֵב, und daneben das sonst nicht vorkommende **libabu* > he. לֵבָב, ba. לְבַב. Die einsilbige Form ist von Suğ. bis ins Nsy. und Nar. belegt, die zweisilbige vom Pehl. bis ins Md. Wie im He. (ꟳ Koehler, Lex. s.v. und F.H. von Meyenfeldt, Het Hart . . . in het OT, 1950) werden auch im BA beide Formen ohne ersichtlichen Bedeutungsunterschied gebraucht (Da 7,4: 4,13). Aber im He. ist לֵב sehr viel häufiger, nach Koehler 598 × : 252 ×. Im BA ist es gerade umgekehrt: 7 × לְבַב und 1 × לֵב. Und das gilt ebenso für da Pehl., das nur לבב kennt, und für das Äga., wo in AP לבב c. 20 × vorkommt, לב allerhöchstens 1 × (AP 71, 6); in AD etc. fehlen beide. Weiterhin ist es dann so, dass für JA und Md. beide belegt sind, für Cp. Sam. Sy. Nar. u. Nsy. nur לב. Beide Formen sind also alt; aber das RA, und damit auch das BA, hat aus irgendwelchen Gründen eine Vorliebe für לבב, während לב sich länger und bis in die modernen Dialekte hinein erhält.—Aber auch ohne solch unmittelbare Beziehung hat durchgängige Bestandesaufnahme ihren Wert; schärft sie doch die Augen für die Vielgestalt der Formenbildung, die Neigung zu bestimmten Entwicklungen sowie Verbreitung und Zähigkeit mancher Wörter und Formen.

4. Derim Codex Leningradensis vorliegende Text des Ben Ascher, den die BH seit der dritten Auflage bietet (s. BH[3] S. 1 ff.) und der auch dem Lexikon zugrunde gelegt ist, weicht vom Text des Ben Chajim der Editio Bombergiana, auf dem gleich den meisten neueren Bibelausgaben auch die beiden ersten Auflagender BH fussten, in den ba. Partien häufiger ab als in den hebräischen. In Da 2–7 sind es rund 90 Abweichungen, doppelt so viel als in einem he. Stück gleichen Umfanges. Damit wird für das Lexikon manches, was bisher Text war, zur Variante und werden umgekehrt bisherige Varianten zum Text. Gelegentlich betrifft das Fälle, wo man sonst schon der Variante den Vorzug gab (so bei מִתְחַנַּן oder bei עֲנָ֑יִן, wo nur die falsche Pausaldehnung zu beseitigen ist); anderes, אֱמַיָּא auch ohne Dagesch und * עַמִּיק, ist neu. Aber der sachliche Wert einer Lesart hängt natürlich nicht daran, sondern muss davon unabhängig von Fall zu Fall geprüft werden. Im allgemeinen betreffen diese Abweichungen der Handschriften zumeist ja nur die Orthographie: Plene- oder Defektivschreibung, Schwanken zwischen א und ה bei auslautendem *ā* und *ē, Setzung oder Nichtsetzung eines Maqq*ēf und dgl. Manche berühren aber doch auch die Vokalisation, den Dageschpunkt, den Konsonantismus, und gewinnen

damit an Bedeutung. Die gegenüber dem He. viel stärkere Variabilität spring besonders bei קֳבֵל, קֳדָם, קום haf. und hof. in die Augen. In der wechselnden Schreibung von שׂגא, שַׂבְּכָא, כַּשְׂדָּי und שׂטר spiegelt sich wie im He. die beginnende Verdrängung des שׂ durch ס. Bei נַהִיר, עַמִּיק, עֲצִיב, עַתִּיד und רַחִיק haben wir es mit dem für das Aram. charakteristischen (VG I 362 f.) Schwanken zwischen den Nominaltypen *qaṭṭīl* und *qaṭīl* zu tun, bei אתה, בטל, הוה, מטא, רבה mit verschiedenen Entwicklungen der 3. sg. f. pf. Eine unverkennbare Neigung der Überlieferung ein *ā* vor Murmelvokal zu verkürzen (שְׁנָיָה > שַׁנְיָה), habe ich in der Eissfeldt-Festschrift 48 f. behandelt.

Besondere Beachtung verdienen die Varianten der "babylonischen" oder "orientalischen" Überlieferung, die zum Teil schon bei Strack S. 32* ff., dann aus Kahles Material vermehrt in BH³ geboten wurden. Ihre Wichtigkeit—auch für den he. Text des AT—hat namentlich Kahle betont (s. MT und MdO, die Aufsätze ZAW 46, 1928, 113 ff., ThR 1933, 232 ff. und BH³ x ff.). Die supralineare Schreibung ist aus technischen Gründen und auch darum, weil sie nicht immer leicht zu verstehen ist, hier in Umschrift wiedergegeben. Das Besondere dieser Varianten gegenüber den sonstigen ist, dass hier weithin ein System, eine zusammenhängende andersartige Überlieferung des BA dahinter steht: *ʾamar*, *ʾelāh* etc. statt אֲמַר, אֱלָהּ etc., *wᵉ* vor Konsonant mit Murmelvokal als *wi*-, anlautendes *jᵉ* als *ī*, anderer Typus von Perfekt (ꟻ טאב, יכל, קרב, שׁפר), von Imperfekt (ꟻ אכל), von Nomen (ꟻ אֱסָר, חֱסֵן, טְפַר), andere Stammform (ꟻ בהל, נצח, קטל), andere Behandlung schwacher Verben (ꟻ אתה haf. hof., זון hitpe., סוף haf.), andere Bildung der 3. sg. f. pf. (נפק haf.), und dgl. Gewiss liegen nicht alle Abweichungen auf gleicher Linie (s. Rosenthal AF 49 f.), und manche sind ohne Frage sekundär. Aber oft stehen die Formen doch wie zunächst gleichwertig nebeneinander: *ḥusnā* neben חִסְנָא, *naghā* neben נָגְהָא, *jōkul* neben יֵאכֻל. Und nicht selten muss die orientalische Form ursprünglich sein: in *gulī*: גֱּלִי, *haḥsinū*: הֶחֱסִנוּ, *šabʿā*: שִׁבְעָה, *riglajjā*: רַגְלַיָּא usw. Auch *ʾaḥšᵉdarpan* steht der persischen Wortform näher als אֲחַשְׁ׳. Die sprachgeschichtliche Tragweite solcher Varianten, die häufiger sind als beim He. und die sprachliche Überlieferung des BA als wesentlich weniger geschlossen erweisen, liegt auf der Hand.

Wieweit dieses Nebeneinander verschiedener Formen und Systeme in zeitlichen oder örtlichen Verschiedenheiten begründet ist, bleibt offen. Im Fall von *maškab*: מִשְׁכַּב u.ä. handelt es sich um eine gemeinsame westsemitische Erscheinung (s. ThZ 9, 154 ff.). Es gehört zu den Verdiensten von BL, diese Varianten, soweit sie ihnen bekannt waren, in ihre Grammatik aufgenommen zu haben. Und da das Lexikon zugleich das Material für grammatikalische Untersuchungen bereitstellt, sind sie auch hier sorgfältig zu buchen. Das ist m. E. neben dem Anliegen von § 3 heute das andere Haupterfordernis.

5. Der Bestand an Fremd- und Lehnwörtern ist im BA um einiges höher als im He.; ohne die hebräischen (und kanaanäischen), von denen nachher gesondert zu reden ist, sind es ihrer etwa 75, d.h. 12% des gesamten Wortschatzes. Die Frage ihrer Herkunft ist seit Gesenius nun in den meisten Fällen geklärt.

An erster Stelle steht, mit über 40 Wörtern, der Beitrag des Akkadischen, dem besonders Delitzsch und Zimmern nachgegangen sind (s.o. § 2). Noch Nöldeke hatte hier öfter mit persischer Herkunft gerechnet (GGA 1884, 1022 für אִגְּרָה, זִיו, נִדְבָּךְ); bei אַפְּתֹם und זְמָן besteht diese Alternative noch heute. Die Höhe der genannten Zahl—beim gesamten he. Wortschatz sind es nur ihrer gut 100—erklärt sich einmal aus dem besonderen Inhalt und Milieu unserer Texte (s. § 1). Dann ist der akk. Einschlag im Aram. aber überhaupt ziemlich stark, wie die freilich wohl etwas zu reichlich bemessene Liste bei Zimmern 79 ff. zeigt; auch von den bei Fraenkel festgestellten aram. Lehnwörtern im Arabischen gehen nicht wenige auf das Akkadische zurück. Elf jener 40. Wörter sind übrigens durch das Akkadische nur übermittelt, selber letztlich anderer Herkunft: 8 (אשׁ, אַתּוּן, הֵיכַל, כָּרְסֵא usw.) kommen aus dem Sumerischen, אַרְגְּוָן und פַּרְזֶל aus Kleinasien, כַּרְבְּלָה vermutlich aus der Sprache der Saken. Zwei Fünftel der Gesamtzahl sind für das RA belegt, ein Fünftel bereits im Altaramäischen; אִגְּרָה, זכה, כֹּר, סְפַר, סָפַר, פֶּחָה u.a. könnten schon durch das Kanaanäische vermittelt sein. Bei זקף, טְעֵם, לִשָּׁן, פלח, פשׁר und צלה ist nur je eine bestimmte Bedeutung des an sich gut aramäischen Wortes entlehnt. הֲלָךְ, פְּרֵס und תְּקֵל sind in der Form teilweise aramaisiert, אָשַׁף ist est besonders in den Varianten. Dem Inhalt nach beschlagen diese Wörter Handel, Bauwesen, Töpferei, Verwaltung, Recht und Religion.

Die persischen Fremdwörter, etwa 25 an Zahl, haben von jeher besonders viel Mühe gemacht; bei einigen ist es noch heute strittig, ob es sich um Appellativa oder um Völkernamen handelt. Vom Boden der stärker differenzierten modernen Iranistik aus sind namentlich Benveniste. Eilers,

Schaeder und Telegdi über die älteren Erklärungsversuche (s.o. § 2) hinausgekommen. Aber manches bleibt schwierig: in einzelnen Fällen (סַרְבָּל) mag es sich auch um ein Fremdwort innerhalb des Persischen handeln. Diese persischen Wörter betreffen zumeist Verwaltung, Recht und Religion. Zur Hälfte sind sie für das RA belegt, ein Viertel kommt sonst im Aram. überhaupt nicht vor.

Ein ägyptisches Fremdwort und als solches eine grosse Seltenheit—denn selbst in den äga. Texten sind solche überaus selten, beschränken sich z.B. in den AP auf Personennamen und die paar nautischen Termini in nr. 26—wäre חַרְטֹם (ↄ he. Lex), wenn es hier nicht einfach aus der Josephgeschichte stammt. Als griechische Lehnwörter bleiben, da כָּרוֹז und פִּתְגָם dafür nicht mehr in Frage kommen, die drei Musikinstrumente von Da 3, 4.

Wie sehr sich diese Fremdwörter im Aram. eingebürgert haben, ersieht man daraus, dass nicht wenige von ihnen denominative Verben entwickelten. Solche sind im BA. זבן, wo das Lehnwort selber ja überhaupt nur im Md. belegt ist, und זמן; von נְוָלוּ kommt das Denominativ im JA, von אשׁ und כַּרְבְּלָה spät im AT und im Mhe. vor. Das Überwiegen der Wörter akk. Herkunft bezeugt den tiefgehenden Einfluss der babylonischen Kultur weit über den Untergang des neubabylonischen Reiches hinaus.

Die Frage grammatischer und lexikalischer ist in den vergangenen Jahrzehnten sehr verschieden beantwortet worden. Kautzsch Gr. § 8 hatte solche in grösserem Umfang angenommen, Nöldeke GGA 1884, 1015 f. und noch mehr Powell ihre Zahl im Blick auf die Inschriften stark beschränkt, während Blake wieder mehr damit rechnet. Dass die erweiterte Kenntnis des älteren Aram. hier stark ins Gewicht fallen muss, ist klar. Noch 1913 war Brockelmann geneigt, die ba. und tg. Fragepartikel הֲ aus he. Einfluss zu erklären (VG II 193); vier Jahre später trat sie im Assurbrief zutage. Wörter, die im RA ausserhalb des jüdischen Milieus, also vor allem in den Ideogrammen, im Nabatäischen und Palmyrenischen belegt sind, wie z.B. *אַחֲרִי (gegen Montg. 163) oder שְׁאָר, kommen für Hebraismen nicht mehr in Betracht. Im übrigen hat schon Kautzsch mit Recht unterschieden zwischen Hebraismen, die schon dem damaligen BA eigen waren, und solchen, die erst durch Abschreiber bewusst oder unbewusst in die Texte kamen (אֱלָהּ in dieser Vokalisation, יוּכַל zu יִכֻל, בֵּיתִי, die Pluralendung *-īm* z.B. in מֶלֶךְ). Von den "echten" Hebraismen aber sind mit Bauer-Leander weiter die "Kanaanismen" abzupalten, die schon vor- und ausser-hebräisch, sei es aus kanaanäischer Unterschicht, sei es aus kanaanäischen Einfluss auf die Ausbildung einer aram. Schriftsprache, in das Aram. und damit auch in das BA hineingekommen sind (s. BL § 1, s-w, OLZ 29, 801 ff., Lidzbarski Urk. 11). Praktisch fällt allerdings die Unterscheidung nicht immer leicht. Der Gruppe eigentlicher Hebraismen sind gewiss spezielle Ausdrücke der he. theologischen und Sakralsprache zuzuweisen (BL 10 u), also etwa גָּלוּ, חֲנֻכָּה, חטא und seine Derivate, מַחְלְקָה, מַלְאָךְ, נִיחוֹחַ, מִנְחָה, עֶלְיוֹן und das bereits etwas aramaisierte עלוה, alles Wörter, die ausserhalb des biblischen Bereiches meist überhaupt nicht vorkommen; die paar Ausnahmen aus Elephantine wären leicht verständlich. מֹאזְנֵא und צַוַּאר scheinen wenigstens ihr א aus dem He. zu haben. Für die dritte Gruppe bleiben dann einige, meist gewerbliche und verwaltungstechnische Ausdrücke wie אֱל (עַלꟻ?), לֵאמֹר, דִּבְרָה, זכה (s.o.), לְבוּשׁ, עִלִּי, die teils im RA oder noch früher belegt sind, teils durch ihren Lautstand und schwache sonstige Bezeugung im Aram. sich als unaram. verraten (I לָהֵן, רֵו u. שֹׁפֵט). Aber wenn BL auch Bildungen wie אֱנוֹשׁ, דִּכְרוֹן, גְּזֵרָה dahin rechneten, so stiessen sie damit bei Brockelmann, Littmann, Rosenthal auf widerspruch. Auch bei Wörtern wie קצף, רַעֲנַן u.a. ist natürlich mit der Möglichkeit gemeinsamen westsemitischen Bestandes zu rechnen. Die Zahl der he. wie der kanaanäischen Wörter schwankt beidemal zwischen 15 und 20. Jedenfalls muss der Entscheid auch hier differenzierter sein als früher.

6. Das Hauptergebnis ist also die Zugehörigkeit des BA zum RA, freilich mit einem starken he. Einschlag, der auf Rechnung des jüdischen Volkes und seiner Religion geht und dem ganzen BA, jedenfalls soweit es auf uns gekommen, eine gewisse religiös-theologische Färbung gibt. Sonst hat man sich das RA gewiss recht säkular vorzustellen; höchstens dass jenes אחרית עדן (ꟻ אַחֲרִי) als Pehl.-Ideogramm an die Frage einer ausserjüdischen Apokalyptik rührt. Von einer theologischen Umprägung des überkommenen Sprachgutes, wie man sie später im Md. findet, ist abgesehen etwa von einer besonderen Verwendung von רָז nichts zu erkennen.

Geographisch lässt sich das BA nicht festlegen. Die übliche Unterscheidung von Ost- und Westaram gilt für jene Zeit noch nicht. Das einzige ältere, vorchristlich aber überhaupt seltene, Merkmal der östlichen Dialekte, *-ē* als Endung des pl. det. m. (Rosenth. AF. 173f.), fehlt jedenfalls. Auch Versuche, der Frage durch die Beziehung bestimmter Formen, Wörter und Bedeutungen zu den verschiedenen Dialekten beizukommen, führen zu keinem rechten Ergebnis, da die einzelnen Beobachtungen allzusehr auseinandergehen (s. Eissfeldt-Festschr. 53 f.)—Im ganzen ist das Ba einheitlich. Wohl bestehen einige Unterschiede zwischen der Sprache von Esr und Da, und man ist versucht, dieselben im Sinn einer sprachlichen Entwicklung vom einen zum anderen auszuwerten (ZAW 45, 120ff.) Indes hat sich gezeigt, dass es sich da im wesentlichen nur um orthographische Verschiedenheiten innerhalb des einen RA handelt (Schaeder 30ff.). Immerhin sind natürlich auch solche aufschlussreich und bezeugen einen gewissen zeitlichen Abstand (so auch Schaeder 48 55).

Im übrigen ist es selbstverständlich, dass alle diese Fragen weiter und wo möglich auf der Grundlage vermehrten Materials zu verfolgen sind.

7. Die Anlage des Wörterbuches folgt soweit als möglich der des he. Teiles. Die Kopfartikel enthalten, was für das Verhältnis des betreffenden Lautes und Zeichens gegenüber dem He., sowie innerhalb des Aram. und des Semitischen überhaupt von Belang ist. Eine "Wurzel", zur Entlastung der eigentlichen Stichworte gesondert aufgeführt, ist überall dort angegeben, wo ein entsprechendes Verb, primär oder denominativ, irgendwo im Semitischen vorkommt. Das Stichwort ist bei Verben unvokalisiert gelassen; ל׳ה und ל׳א sind grundsätzlich unterschieden, auch wenn das in den Texten bereits verwischt ist. Es folgt das he. Äquivalent und zwar auch eines, das nicht in der Form (טוֹב : טָב), sondern nur in der Funktion entspricht, also אַחֵר zu אָחֳרָן, קָדשׁ zu קַדִּישׁ usw. Dann die sonstigen aram. Belege und was etwa darüber hinaus wichtig ist (↗ אֵב und אבב, II בַּר); sonst vergleiche man dafür das he. Lex. Bloss wenn ein he. Äquivalent fehlt, werden alle Belege gegeben (↗ נְּוּ, חשׁל). Ein Verweis auf BL und gegebenenfalls auf weitere Literatur sorgt für grammatische Erklärung; in besonderen Fällen wird die Grundform eines Nomens ausdrücklich vermerkt. Es werden sämtliche vorkommende Formein des betreffenden Wortes und zwar nach BH[3,4] aufgeführt. Dazu wichtigere Varianten; auch schlechte, als solche gekennzeichnet (אֲזָדָא, מָחֵא, עֲנָיִן). Meteg ist ohne Rücksicht auf die tatsächliche Überlieferung gesetzt, wo es *ā* von *ŏ* zu unterscheiden gilt. Die proklitischen Partikelen וְ, בְּ, כְּ, לְ sind nur mitaufgeführt, wenn formal (וִיקָר) oder sachlich von Bedeutung. Die Stellenbelege konnten fast überall vollständig mitgeteilt werden. Bei den Verben ist Konstruktion mit dem acc. oder dem dafür eintretenden לְ im allgemeinen nicht vermerkt.

Grosse Sorgfalt ist auf die Mitteilung der aram. Dialektbelege verwendet, wenn auch natürlich nicht alle Formen und Bedeutungen angegeben werden konnten. Um Platz zu sparen ist, wo Glossare vorhanden sind, auf genaue Stellenangaben verzichtet. Soweit nichts anderes bemerkt ist, schlage man also nach: für die altaram. (Znǧ. Ner. Tema) und die palm. Wörter NE, für die mspt. Delaporte, die nab. Cantineau, die ja. Dalman, die sam. Petermann und Cowley SL, die cp. das Lexikon von Schulthess, die sy. das von Brockelmann, die nar. Bergsträsser und die nsy. Maclean. Bei den pehl. Ideogrammen ist in erster Linie das Frahang zitiert; nur wo dieses nicht ausreicht, Paikuli usw. Von den verschiedenen Status des Nomens ist die für das BA bezeichnende Form gewählt.

Ich bin mir dessen bewusst, dass das Lexikon in dieser Gestalt über die unmittelbaren Bedürfnisse des Anfängers wesentlich hinausgeht; aber dafür sind die Glossare bei Marti, Strack und in BLK da. Wer tiefer in das BA hineinkommen will, darf die Mühe sich mit dem Lexikon vertraut zu machen nicht scheuen. In Fortsetzung der ehrwürdigen Tradition des Gesenius hat es vor allem auch den Fachgenossen und damit der Forschung selber zu dienen. Und da verlangt eben die Sachlage die Mitteilung von soundso viel Material, das zunächst unnötiger Ballast scheinen mag. Sie bringt es auch mit sich, dass so oft auf die Frage nach einer Form oder einer Bedeutung keine einfache und glatte Antwort gegeben werden kann, sondern neben der mir richtig erscheinenden auch noch andere als möglich oder doch erwähnenswert zu nennen waren, manchmal überhaupt nur verschiedene Meinungen nebeneinander gestellt werden konnten.

Zum Schluss habe ich noch all denen zu danken, die zum Zustandekommen etwas beigetragen haben. Meinem Freunde Ludwig Koehler, dessen hebräisches Lexikon mir als Vorbild und Vorarbeit wertvolle Dienst leistete, auch wenn sich mir meine Aufgabe dann in manchem etwas anders stellte; er hat auch eine Korrektur mitgelesen und manche Verbesserung und Berichtigung geht auf ihn zurück. Weiter Winton Thomas, der meinen englischen Text einer gründlichen Durchsicht unterzog und dem dort vor allem die Einleitung ihre gegenwärtige Form verdankt; G.R. Driver, der mir die Korrekturbogen der AD zur Verfügung stellte, sowie E.G. Kraeling für wertvolle Mitteilungen aus dem BMAP; für mancherlei Rat und Auskunft aber auch vielen anderen, besonders P. de Menasce, P. Kahle, E. Littmann, G. Widengren und meinem früheren Schüler Dr. R. Mach. Dank gebührt aber auch dem Verlage, der ebenso wie L. Koehler dem ba. Teil soviel mehr Platz einräumte und der auch auf meinem Wunsch die syrischen Estrangelatypen durch die praktischeren jakobitischen ersetzte.

Kleinere Unausgeglichenheiten, namentlich im Gebrauch der Abkürzungen, möge der Benützer entschuldigen.

Basel, im Oktober 1953. W. BAUMGARTNER

ARAMÄISCHES LEXIKON
ZUM ALTEN TESTAMENT

א

א: wechselt: — 1. mit ה als Konsonant: a) im Kausativ: af. statt haf., s. Baumgartner ZAW 45, 1927, 106f = ZATU 93f (BLA 91h); b) im Reflexiv 'אִתְ/'אֶתְ statt 'הִתְ ZAW 45, 108f = ZATU 95f, BLA 108j; c) sonst ↗ אִנּוּן, אֱלוּ, אֲרוּ, הֵן, הָאךְ; — 2. mit ה als mater lectionis: a) in m. det. u. f. abs., s. ZAW 45, 90ff = ZATU 77ff, Schaeder IrBtr. 33ff, BLA 204a; b) in verbis ל' י, ZAW 45, 112ff = ZATU 100ff, Schaeder l.c. 35ff, BLA 151ff; — 3. mit י in impf. der vb. ל' י (cf. BLA § 6t.w), in pt. vb. ע' י (קָאֵם, pt. Q קָיְמִין BLA 145m), in *חֲטָי u. חֲטָיָא; — 4. א dient zur graphischen Unterscheidung in צַוְּאר; — 5. א schwindet im Auslaut mit Murmelvokal in חַד (BLA 54a); — 6. א quiesziert in בָּ(א)תַר, מֵאמַר, מָאן u. רֵאשׁ, בְּאִישׁ, in Q von מָרֵא c. sf. und in verbis פ' א, ist geschwunden in נֵוָה u. *רֵו und meist in verbis ל' א; — 7. א ist dissimiliert < ע in אָע (BLA 50c) und מחא; 8) zu prosthetischen Vokalen mit ʾ oder ʿ zur Vermeidung von Doppelkonsonanz am Anfang des Wortes, im Ba. nur bei שׁתה pe. pf.: אִשְׁתִּיו Da 5_{3f}; in anderen aram. Dialekten schon pehl. (Frah. 19, 15 *ʿšthn*, Paik. mit ʾ u. ʿ; DNWSI 1198 s.v. *šty*$_1$), ja. אֶשְׁתָּא f. sechs (Dalman Wb. 45a u. Gr. § 94, 17), sy. *ʾeštā* sechs (LS 811a), nsy. *ištā* (Maclean 22b), cp. *ʾyštyn* sechzig (Schulthess Lex. 216a, Gr. § 126); cf. BLA 155q, VG I § 82, S. 210-19; bes. 1 αβ S. 216f; Dalman Gr. 94 § 17; Nöldeke SGr. § 51, MG § 24; Schulthess Gr. § 46, 1; ferner F. Altheim u. R. Stiehl Geschichte der Hunnen IV, Berlin 1962, 92f; Coxon ZAW 89, 1977, 275f; Toll ZDMG Suppl. VII 37 u. DNWSI 1198 s.v. *šty*$_1$.

***אַב**: ↗ he. אָב; aam. Znğ. (KAI 214, 215); sg. Ram. äga. (AP, BMAP, AD, Aḥqr); nab. palm. Hatra ija. pehl. (Frah. 11, 2); sogd. (Gaut.-Benv. II 236; DISO 1, DNWSI 1); ja., DSS (Dalman Wb. 1, ATTM 503); sam. (BCh. Gl. 1a) cp. (Schulthess Lex. 1a) *ʾabbā* (Schulthess Gr. § 85, 1 :: Bergstr. OLZ 29, 1926, 498); sy. *ʾabba* (LS 1a) md. *aba* (MdD 1a s.v. *ab* 3); naram. *ʾōb* (Spitaler 110a, Bgstr. Gl. 9); BLA 247a (:: Ruž. 142); s. ATTM 503: sf. אַבִי Da 5_{13} (Var. אֲבִי BLA 77 l :: Birkeland 3), אֲבוּהִי, אֲבוּךְ (BLA 53q), pl. gebildet als fem. in ja. (s.o.); ph. Byblos s. Tomback 1: *ʾbyty*; palm. u. Hatra *ʾbth(w)n*; ija.; sam. *ʾbhn ābån* (BCh. Gl. 1a); cp. u. md., als masc. in Znğ. (KAI 216, 16; pl. sf. *ʾbhy*); äga. (AP 71, 2 sf.: *ʾbyhm*; cf. DISO, DNWSI s.o.); als masc. u. fem. in sam. u. sy.: sf. אֲבָהָתִי (BLA 77n), אֲבָהָתָךְ, אֲבָהָתָנָא) Var. תָּנָא-, BLA 79t): —1. **Vater** Da $5_{2.11.13.18}$; — 2. **Vorfahren** Da 2_{23} Esr 4_{15} 5_{12}. †

***אֵב** ↗ *אֲנֵב.

אבד : he. =; aam. Znğ. ? (KAI Nr. 215, 5) Sefire (pe. KAI 222 B 36; 223 B 7; haf. 223 C 4.5), Ram. Nērab (pe. KAI 226, 10; haf. KAI 225, 11); äga. (AP, BMAP, AD, Aḥqr) nab. (DISO 1f, DNWSI 4); ja., DSS (Dalman Wb. 1b, ATTM 504); cp. (Schulthess Lex. 1b); sam. (BCh. Gl. 1a) sy. (LS 1b) md. (MdD 3a, Nöldeke MG 247[2]):

pe: impf. (juss.) יֵאבַדוּ (BLA 30a, 89d): **zugrunde gehen** Jr 10_{11}. †

haf (wie ja. cp. u. sy., BLA 139i; cp. auch *ʾjbd*, Schulthess Lex. 1b): impf. 2. sg. תְּהוֹבֵד (or. *-bad*, BLA 140n), 3. pl. Da 2,8: יְהֹבְדוּן; inf. הוֹבָדָה: **umbringen**: c. acc. Da $2_{12.18.24}$; abs. **vernichten** 7_{26}. †

hof: pf. הוּבַד (BLA 139j :: ATTM 504: pe. pf. pass.): **vernichtet werden** Da 7_{11}. †

אֶבֶן: he. =; BLA 181x; aam. Stein: Znğ. konkr. (KAI Nr. 214, 31) u. metaph. (KAI Nr. 215, 7); Deir Alla; Ram. äga. (AP, BMAP) nab.

palm. ija. (DISO 2, DNWSI 6); ja. אַבְנָא (Dalman Wb. 3b), DSS (ATTM 504); sy. (LS 3a); cp. (Schulthess Lex. 2a) sam. md. (MdD 4b): det. אַבְנָא: **Stein**: —1. ein einzelner Stein Da $2_{34f.45}$, אֶבֶן חֲדָה 6_{18}; —2. Stein als Werkstoff Da $5_{4.23}$ (Idol, cf. Vogt 1b sub אֶבֶן); Esr 5_8 6_4 ↗ אֶבֶן גְּלָל (Tempel). †

*אִגְּרָה/א: BLA 241s; he. אִגֶּרֶת; Ram. Assbr. 4 (KAI Nr. 233), mspt. äga. (AP, AD, BMAP, Ostraka, NESE III 48, 8.9); abs. ebenso אגרת, Leander 112a :: Rosenth. AF 53); palm. (DISO 4, DNWSI 12), ja. DSS אִגַּרְתָּא (Dalman Wb. 6b, ATTM 505); sy. *ʾeggartā* (LS 5a); cp. **ʾgrʾ* (= *ʾegg^{e}rā*, s. Schulthess Gr. § 99, Lex. 3a); md. *ʿngirta* (MdD 353a, Nöldeke MG 318, 155[a]).
Anmerkungen: a) das aram. sbst. ist Lw. aus dem spät akk. (s. Wagner 3a mit Lit., DISO 4, ferner u.a. Vogt 2a), anders AHw. 190a: *egertu* < aram. *igg^{e}rā, iggartā* > he. אִגֶּרֶת; b) nach ATTM 505 ist das sbst. "unbekannter Herkunft", s. dazu auch Wagner l.c.; det. אִגַּרְתָּא, fem.: **Brief** Esr $4_{8.11}$ 5_6. †

אֱדַיִן: or. *ʾedajin* (BLA 66n): he. אָז, אֱזַי; aam. Znğ. אזן (KAI 214, 7; 215, 9) (DNWSI 24 s.v. *ʾz_2*); Ram.: *ʾdyn* äga. (AP, BMAP, AD), pehl. (Frah. 25, 15, Paik. 12-16); Hatra ija. (DISO 4, DNWSI 13); אזי Assbr. (KAI 233, 6.14; DNWSI 25); אֱדַיִן ja., DSS (Dalman Wb. 7a, ATTM 505), ja. auch הֵידֵין (Dalman Wb. 112a) = sy. *hājdēn* (praemisso ↗ הא; LS 174b): **dann** (Da 2_{15} - 7_{19} (20 ×), Esr 4_9 (text. inc. s. dazu Gunneweg KAT XIX/1, 84.89) - 6_{13} (9 ×), וֶאֱדַיִן Esr 5_5, בֵּאדַיִן (or. *b^{e}ʾedajin*) **dann** Da 2_{14} - 7_{11} (26 ×), Esr 4_{24}, s. dazu Gunneweg KAT XIX/1, 85.93 (:: Rudolph EN 44, BHS und Lex.[1]), 5_2 6_1; מִן־אֱדַיִן (he. מֵאָז) von da an Esr 5_{16}. †

אֲדָר: he. ja. =; äga (AP 61, 12; 67, 4, BMAP 10, 1); pehl. (Dura, Alth.-St. Parola del Passato 31, 1953, 311); DSS (ATTM 505); sy. *ʾādār* (LS 6a); md. *adar, dar* (MdD 7a): **Adar**, Name des 12. Monats (bab. *a[d]daru*, s. AHw. 12a), Esr 6_{15}. †

*אִדַּר: Ram. (Vogt 3a); Tontafel Assur אדרן st. abs. pl. fem. (KAI Nr. 235, 5); T. Halaf אדרא (T. Halaf 5, 2, cf. Pachtv. 13; DNWSI 18 s.v. *ʾdr_2*); ja., DSS (I אִדְּרָא Dalman Wb. 7b, ATTM 505); sy. (LS 6b) u. cp. *ʾedd^{e}rā* (Schulthess Lex. 3b); naram. *ettra* (Bgstr. Gl. 96) | | nsy. *eddra* (cf. Bergsträsser Einführung in die sem. Sprachen 1928 [1963], 87: *ʿattrōja* "zu den Tennen"); > *ʾandar* (Frae. 136); fehlt bisher im ug. Zu KTU 1. 17 V 6.7: *adrm d bgrn* "die Würdenträger, die auf der Tenne sind", s. RSP I S. 59 Nr. 46, cf. H.P. Müller ZA 64, 1975, 306, cf. n.l. *A-du-ri* in EA (VAB 2, 256, 24); he. ↗ אֲדוֹרִים; Lw. < akk. *adru(m)* (AHw. 12b) Tenne, Scheune, pl. *adrātu, adrū*, ass. *idru* (AHw. 364b): pl. cs. אִדְּרֵי: **Tenne** Da 2_{35}. †

*אֲדַרְגָּזַר: < *ʾadarzāgar* < mpe. *ʾandaržaghar* Berater, < ape. **handarža* Rat + *kara* (AD[1] S. 30[3], cf. BLA § 15d, Hinz AS 115); äga. הנדרזז Anzeige (AD[1] 57; DISO 67 :: ATTM 505 Hofrat): pl. אֲדַרְגָּזְרַיָּא **Ratgeber** Da $3_{2f.}$ †

אַדְרַזְדָּא: G (ad Esr 8_{21}) ἐπιμελῶς; V *diligenter*, Frw. av. *zrasda* > ape. **drzdra* fest, tüchtig (Nober BiZ NF 2, 1958, 134ff :: Lex.[1]): **sorgfältige** Treue (od. Herzenstreu), cf. Hinz AS 92f u. danach ATTM 506: gewissenhaft (:: Lex.[1] mit Eifer) Esr 7_{23}. †

אֶדְרָע, Var. אֶדְרַע (BLA 215j) ↗ *דְּרָע; Etym. ↗ he. זְרוֹעַ und אֶזְר(וֹ)עַ; BLA 44b, 193o; ja. (Dalman Wb. 8a), DSS (ATTM 558 s.v. דְּרָע: אדרע Gewalt), sam. *idrå* (BCh. Gl. 4a s.v. *drʿ*), cp. emph. *ʾdrʿʾ* (Schulthess Lex. 48b s.v. *drʿ*): **Arm**, bzw. Oberarm (Vogt 3a), metaph. **Gewalt**: (בְּאֶ׳ וְחָיִל) Esr 4_{23}; ↗ *דְּרָע. †

*אזד: אַזְדָּא, sbst. det. oder adj. f. (schlechte Var. אֶזְדָּא wie von √ אזד ja. gehen, so u.a. Lex.[1]); Frw. < ape. *azdā* Kunde (Andr. Hübschmann 92, Hinz AS 52) oder öffentlich kund/bekannt, so Vogt 3a mit Hinweis auf äga. אזדכרא = *azdā-kara* "Herold" (AP 17, 5-7; DNWSI 25), cf. Schaed. 66 "Kundmacher", l.c. 68 *azdā* "kund"; s. ferner API 104, Kent 173f; äga. הן אזד יתעבד "Wenn Untersuchung gemacht wird" (AP 27, 8; אזד "Prüfung, Untersuchung" s. AP 102 und Vogt 3b, DISO 7, DNWSI 25 :: Rosenthal Gr. § 189 [S. 59]: אַזְדָּא öffentlich bekannt :: ATTM 506): **feststehend, unanfechtbar**, unbezweifelbar: מִלְּתָא מִנִּי אַזְדָּא Da 2_5 und אַ' מִנִּי מִלְּתָא 2_8. Die beiden Belege können nach den obigen Angaben zu אַזְדָּא übersetzt werden, mit entweder a) das Wort/die Sache ist unwiderruflich, so ZüBi, cf. Bentzen 20[5]: "die Sache ist sicher bei mir"; Mtg. Da. 147f; b) das Wort/die Sache ist von mir kundgetan, so Lex.[1], TOB, Bentzen 20; c) zu a) und b) als Möglichkeiten s. bes. Bentzen 20; Plöger KAT XVIII 44 u. 45[5]: wörtl. "das Wort ist von meiner Seite aus sicher", analog יַצִּיבָא מִלְּתָא Da 6_{13}; s. ferner Vogt 3. †

אזה (Beyer ATTM 506: אזי): ja. (Dalman Wb. 11b): אזא anzünden, heizen (Ofen); cf. mit Lex.[1] ar. *ʾazza* summen, brummen, zischen, schnaufen (Wehr 12a):

pe: pt. pass. אֲזֵה, or. *ʾizē* (Rosenthal Gr. § 123); inf. מֵזֵה, sf. מֵזְיֵהּ (BLA 168c, 234k !): **anzünden, heizen** Da 3_{19}; pt. pass. geheizt 3_{22}. †

אזל: he. =; < aram. (Wagner 7); aam.: Sefire (KAI 222 B 39); Ram. äga. (AP, Aḥqr, AD, Saqq., Behist. 8 [akk. *it-ta-lak*] passim; pehl. (Frah. 20, 9; Paik. 39), Hatra ija. (DISO 7, DNWSI 25); ja., DSS (Dalman Wb. 11b, ATTM 506) sy. (LS 10a) cp. (Schulthess Lex. 5a) sam. (BCh. Gl. 1a) md. (MdD 12a), naram. (Bgstr. Gl. 105):

pe: pf. אֲזַל, אֲזַל, אֲזַלוּ, אֲזַלְנָא; imp. אֱזֶל־ Esr 5_{15} (BLA 67p, Rosenthal Gr. § 122); impf. von ✓הלך (äga.): **gehen**: —1. abs. Da 2_{24} (txt. s. BHS u. Komm.), Esr 5_{15}; —2. c. praep.: c. לְ loci Da 2_{17} 6_{19f} Esr 5_8; c. לְ loci und עַל pers. Esr 4_{23}. †

*__אח__: he. II אָח; Vogt 4: Belege aus allen Dialekten; aam. T. Fekherye 4: *ʾḥwh* "seine Brüder", s. S. 47; Znğ., Panammuwa I (KAI 214, 29), Barrākib (KAI 216, 14), Sefire (KAI 224, 4.9.13.17.18); Ram. äga. (AP, BMAP, AD, Saqq., APO, Hermopolis, NESE I 11, 1.9; III 48, 1.4) Samaria; Assur Ostraka (KAI 233, 1); pehl. (Frah. 11, 12); nab. palm. Hatra ija. (DISO 8, DNWSI 28 s.v. *ʾh₁*); אֲחָא ja., DSS (Dalman Wb. 12a: Bruder, Genosse, Beyer ATTM 506); cp. (Schulthess Lex. 5a) sam. sy. (LS 10b), naram. *ḥōna* (Bgstr. Gl. 33 s.v. *ḥ*; Spitaler Gl. 87b s.v. *ḥn*); md. *aha* (MdD 8a). Bemerkung: mit *אח ist wohl verwandt aam. איח Znğ. "Verwandter, Glied der königl. Dynastie (?)", siehe KAI 214, 24.27.30; 215, 3, 17; KAI 215, 5 אחי wahrscheinlich def. für איחי, s. KAI II S. 228, DNWSI 44): pl. sf. אֶחָיךְ K אַחַיִךְ, Q אֶחָךְ (BLA 247b, Rosenthal Gr. § 62, s. auch Vogt 4): **Bruder** Esr 7_{18}. †

*__אחד__: he. אחז (cf. Baumg. ZATU 89ff zum Wechsel ז :: ד); אחז: aam. Znğ. Panammuwa I u. II (KAI 214, 3.15.20.25; 215, 11; 216, 11), T. Fekherye 19; אחז u. אחד: Ram. äga. (AP, BMAP, AD, Saqq., Aḥqr) Beh. 1, 6, 11 (akk. **ṣabātu*) Assbr. (KAI Nr. 233, 5f); Nērab (KAI Nr. 226, 4, itpe.); אחד: nab. palm. Hatra ija. (DISO 9 s.v. אחד, DNWSI 35 s.v. *ʾḥz*); itpe. אחד pehl. (Frah. 20, 15, Paik. 43); ja. DSS (Dalman Wb. 12b, ATTM 507) cp. (Schulthess Lex. 5b) sam. (LOT 2, 614) sy. (LS 11a) md. *AHD* (MdD 8f).
? Der. אֲחִידָה.

אַחֲוָיַת: Da 5_{12}, ✓חוה haf.

*__אֲחִידָה__, or. *ʾaḥīdā* (BLA 66n): אחד so auch GB aufgrund der Bedtg. des vb.'s in etpe. "verschlossen sein" (Nērab 4, s. dazu KAI II S. 276 mit Hinweis auf Hi 26_9, אחז pi.), das sbst. = "Verschlossenes" > "Rätsel"; he. חִידָה, sy. *ʾuḥdᵉtā* (LS 12a); Ram. ? äga. (Aḥqr 99 אחדי cs. pl. DISO 9, DNWSI 32 s.v. *ʾḥd₃*, Leander 75t: gntl. = sy.); BLA 54a, 188j: pl. אֲחִידָן **Rätsel**, bzw. änigmatisches Orakel (s. dazu H.P. Müller VT 20, 1970,

474f und VTSu 22, 1972, 277[2]) Da 5_{12}; cj. Da 12_8 pr. אחרית lies G παραβολαί = אֲחִדוֹת, so Lex.[1] nach Mtg. Da. 478 (s. dazu auch Müller VT 20, 1970, 475 :: MT, Bentzen 86, Porteous ATD 23, 1962, 124, TOB, Dho., ZüBi, Lebram. †

*אַחְמְתָא: n.l., < *(א)אחמתנ, sy. *ʾḥmtān* = Achmatan (Rud. EN 54); ape. *Hagmatāna*, bab. *Agmatanu* u.ä. (Streck ZA 15, 1900, 367f); G Ἐκβάτανα, Ἀγβάτανα (Weissbach P-W 5, 2155-8, P-WKl 2, 220f): **Ekbatana** = heute Hamadan, Hauptstadt Mediens, Sommerresidenz der Perserkönige (BHH 384, Enz. Isl.[1] 2, 256) Esr 6_2. †

*אַחַר: אחר, BLA 255v, 256a; *F* he. אַחַר (< *ʾaḥḥar*); aam. אחר כן (T. Fekherye 10); Ram. äga. (AP, BMAP, Aḥqr 63, 99, 210, AD) Beh. 50 (akk. *ár-ki-iá*); Samaria; pehl. (Frah. 25, 42: *ʾ(w)ḥl*; Paik. 52 *ʾḥr*) Kleinas. Eph. 1, S. 67, 4) nab. (DISO 10, DNWSI 39 s.v. *ʾḥr₅*); pehl. sogd. *ʾgr* (Gaut.-Benv. 2, 206); äga. praep. adv. אחר, אחרי, אחרה (Leander 199i: nachher); ja., DSS (Dalman Wb. 13a, ATTM 507) (אֲ)חוֹרֵי; cp. *lḥwrjʾ* und *lwḥrjʾ* (Schulthess Lex. 6a und Derselbe Gr. § 131, 4d) sy. *leḥartā* (LS 13a); md. *ahuria, ʿhuria, ʿuhuria* (MdD 9a, Nöldeke MG 194); naram. *roḥl* < **luḥraj* (Bgstr. Gl. 75 s.v. *rḥ*, Spitaler 131v); zurückgedrängt durch *F* בָּאתַר: pl. cs. אַחֲרֵי, or. *ʾaḥrē*, sf. אַחֲרֵיהוֹן: **nach** Da 7_{24}, א׳ דְנָה **hernach** $2_{29.45}$ (BLA 255v). †

*אַחֲרַי: he. אַחֲרִית; a) pehl. (s.u.); cp. **ʾḥrjt, bʾḥrjtʾ* (Schulthess Lex. 6a); sy. (LS 13a) und nsy. *ʾḥrājtā* (Maclean 8); DSS אחרי (ATTM 508); BLA 197f, Rosenthal Gr. § 57; b) *אחרה: אחרתה Nērab (KAI Nr. 226, 10) seine Nachkommenschaft; nab.; s. dazu DISO 10, DNWSI 40, Vogt 5b, auch Lex.[1]; cf. sy. *(ʾ)ḥrājtā* (LS 13a); nab. *ʾḥr* (DISO 10, DNSWI 38 s.v. *ʾḥr₂*): cs. אַחֲרִית: **Ende**, א׳ יוֹמַיָּא Da 2_{28} (< he. אַחֲרִית הַיָּמִים Mtg. Da. 163f, cf. Bentzen 22f); Targ. סוֹף יוֹמַיָּא; Avr. 3, 4 אחרית עדן :: Alt.-St. Palaeologia 3, 1954, 47 lies aliter. †

אָחֳרִי, or. *uḥrī*: äga. אחרה (Leander 76v), אחרית (BMAP 6, 15); Xanthos, pehl. (Frah. 27, 82 *ʾḥl*, DISO 10 s.v. $אחר_{III}$, Leander 76, DNSWI 38 s.v. *ʾḥr₃*) ja., DSS אוּחְרֵי u. חוֹרֵי (Dalman Gr. § 20, 5a.b, Dalman Wb. 113b, 140b, ATTM 508); cp. fem. *ḥwrj*, emph. *ḥwrjtʾ* u.ä. Schulthess Lex. 5b, Gr. § 65a) = f. *ʾḥurītā* (Spitaler 62[6] u. Lex.[1]); naram. *ḥrēna*, f. *ḥrītā* (Bgstr. Gl. 39 s.v. *ḥr*, Spit. 62k.m); sy. m. *ʾḥrēnā*, f. **oḥrē* > *(ʾ)ḥrētā* (Nöldeke SGr. s. 92, LS 13a); md. *hurintia* (MdD 137b, Nöldeke MG 185f); ar. *uḫrā* (*ʾḫrj*, Wehr 7b); BLA 200k :: Rosenth. SprP 53: fem. zu *F* אָחֳרָן: **eine andere**; c. מַלְכוּ Da 2_{29}, c. חֵיוָה 7_{5f}, c. קֶרֶן $7_{8.20}$. †

אחרין, Q אָחֳרֵן (or. *ʾuḥrēn*) u. אָחֳרָן, K אַחֲרֵי ׳רֵן (Torczyner Entst. 65f) oder אַחֲרֵין (BLA 256w u. Nachträge S. 372, Mtg. Da. 227); Ram. äga. אחרן (+ על: AP 38, 4, Aḥqr 53, 64, Leander 121 "schliesslich"), BMAP 4, 19 אחרינא danach, hernach, später; palm. אחרנא ausserdem (Cant. Gr. 136) :: äga. (ל)קדמ(י)ן (AD[1] 59) und palm. לקדמין früher (Syr. 12, 1931, 139, 3 :: Cant. Gr. 136 "bevor, früher", DNWSI 41 s.v. *ʾḥrn₅*); ja. בְּקַדְמִין zuerst; DSS (ATTM 508): adv. עד אחרין **zuletzt, endlich** Da 4_5 (*F* אָחֳרָן). †

אָחֳרָן, or. *uḥrān*; he. אַחֵר; aam. Sefire (KAI Nr. 224, 24); Ram. äga. (AP, BMAP, AD, Saqq.), Samaria; pehl. (Frah. 8, 6, Paik. 55f) nab. palm. u. ija. Nisa (DISO 11, DNWSI 41); DSS (ATTM 508) אחרן; ja. אָחֳרָן, אָחֳרָן, חוֹרָן (sam. *uran*) und חוֹרִין (Dalman Wb. 14a s.v. אוּחְרָנָא u. 140b s.v. חוֹרִינָא, 141a s.v. חוֹרָנָא); cp. *ḥwrn* u. *ḥwrjn* (Schulthess Gr. § 65, 4); sy. *(ʾ)ḥrēnāʾ* (LS 13a); md. *hurina* (MdD 137f, Nöldeke MG 185f); naram. *ḥrēna* (Bgstr. Gl. 39 s.v. *ḥr*, Spitaler 62k.l); asa. *ʾḫr* (Conti 102b); ar. *ʾāḫar* (Wehr 7b); BLA 196a: **anderer**: — 1. als sbst. Da 2_{11} 4_5 (*F* אחרין Q) 5_{17} 7_{24}; — 2. als adj. Da 2_{44} 3_{29} $7_{5.6}$; fem. *F* אָחֳרִי. †

*אֲחַשְׁדַּרְפַּן, or. *ʿaḥšᵉa*: ╒ he. *אֲחַשְׁדַּרְפָּן (Ellenbogen 23 :: HAL 36a): Lw. < ape. *Xšaθrapāvan* "Reichsbeschützer" (Kent § 78), Keilschr. (AHw. 21a); mpe. *sʾtrp* (Paikuli 706), *ḫštrp* in monumento Andabani V Susae invento (Parola del Passato 31, 1953, 307); Keilschr. (spätbab.) *aḫšad(a)rapānu* (AHw. 21a); > sy. *sṭrpʾ* und *sṭrpjs* (LS 469a) = Lex.[1] *saṭrāpā*; gr. (ἐ)ξετράπης, σατράπης (u.a. Liddell-Sc. 1585, Hübschmann 208, Mtg. Da. 199); palm. n.d. שדרפא, σατραπης (zu n.d. cf. WbMy. I 287f; J.G. Février La religion des Palmyréniens 1931, 139-147; P-WKl. 4, 1566f): pl. det. אֲחַשְׁדַּרְפְּנַיָּא: **Satrap** Da $3_{2f.27}$ $6_{2\text{-}5.7f}$. †

אִילָן: he. אֵלוֹן; ija. (DNWSI 46) ja., DSS (Dalman Wb. 16a, ATTM 509) sam. (BCh. Gl. 1b) cp. (Schulthess Lex. 7); sy. (LS 15a); md. *ʿlana* (MdD 351a, Nöldeke MG 136b); BLA 196b: det. אִילָנָא: **Baum** Da $4_{7f.11.17.20.23}$. †

*אֵים: DSS אימה (ATTM 509); ja. אֵימְתָא (Dalman Wb. 16a) Schrecken.
Der. *אֵימְתָן.

*אֵימְתָן: אים; ja. אֵימְתָנָא, אֵימְתָן (Dalman Wb. 16a): ba. fem. אֵימְתָנִי BLA 197f, Rosenthal Gr. § 57; Var. אֵמְתָנִי, cf. Lewy HUCA 18, 1944, 452[122]): **schrecklich** Da 7_7 (‖ דְּחִילָה, adj. zu ╒ חיוה). †

אִיתַי, Var. אִתַי, he. יֵשׁ, auch אִשׁ; ug. *iṯ* (cf. UF 6, 1974, 461); 1.) אישי: aam. (+ ל) לישה "er ist/besitzt/hat nicht" Znğ. (KAI Nr. 216, 16; Degen Altaram. Gr. § 47c, DNSWI 576 s.v. *lyš₂*); ╒ שׁ Anfang 2.) איתי: Ram. pehl. *ʾjt* (Frah. 24, 2); äga. (AP, BMAP, AD, Saqqara) Xanthos pehl. (Frah. 24, 8, Paik 71) Nisa; palm. nab. ija. (DISO 12, DNSWI 50); ja. (bT איתא Dalman Wb. 16b); DSS (ATTM 509) sy. (LS 16a) naram. *ōt(i)* (Bgstr. Gl. 100); — c. לא, cf. akk. *lā išu* > ass. *laššu* (GAG § 111a, AHw. 402b.c, s. 539b); pehl. *lʾjtj* (Frah. 25, 43); äga. לא איתי und לאית(י) (BMAP 7, 29, RESB 1942-45, 71), cf. Leander 119, 4 palm. ija. (DISO 138 s.v. לית, DNSWI 576 s.v. *lyš₂*); ja. (Dalman Wb. 217b) und cp. *lijt* (Schulthess Lex. 103b); sy. *lajt* (LS 366a); md. *laiit*, mit sf. *lait* (MdD 228a); naram. *lit* und *liṯ* (Spitaler § 183); ar. *lais* (Wehr 789b); VG 1, 75m, BLA 254l-n, Rosenth. SprP 83f :: Blake JAOS 35, 1915, 377ff, Eitan AJSL 44, 1927/28, 187f, 45, 1928/29, 138f. — Sf. (BLA 256z, Rosenth. Gr. § 95) אִיתָךְ Q, אִיתָיִךְ K (BLA 74z, 77o), אִיתוֹהִי, אִיתֵיכוֹן, אִיתָנָא u. אִיתָנָא Q (BLA 79u), אִיתַיְנָא K: **Vorhandensein** (BLA 331t-w); > **es gibt** Da 2_{28} 3_{12} 5_{11}, c. לָא es gibt nicht 2_{10f} $3_{25.29}$ 4_{32} Esr 4_{16}; sich befinden Da $2_{11b.30}$ 3_{25}; c. הֵן: הֵן אִיתַי דִּי ob es sich so verhält, dass Esr 5_{17}; als betonte copula vor pt. oder adj. (BLA 291e) הֵן אִיתַי ... יָכִל Da 3_{17} wenn er instande ist (alii wenn es so ist, dann), cf. BLA 365b; s. dazu auch akk. *ibašši* "wirklich" (Praesens d. vb.'s *bašû*) "wie ein adv. gebraucht" (AHw. 113a); mit diesem *ibašši* "wirklich" vergleicht Landsberger Brief des Bischofs von Esagila an König Asarhaddon, Amsterdam 1965, 48[68] das he. יֵשׁ und das ba. אִיתַי (cf. auch Coxon VT 26, 1976, 400ff, bes. 406ff); c. sf. (BLA 256z) Da 2_{26} $3_{14f.18}$; c. pleon. sf. 3. m. 2_{11}. †

אכל: he. =; aam. Znğ., Panammuwa I (KAI 214, 9.13.17), Panammuwa II (KAI 215, 9), Sefire (KAI 222 A 27.30), T. Fekherye 22: לאכלו impf./juss., siehe l.c. 49; Deir Alla; Ram. äga. (AP, Aḥqr 89, 127, 129; KAI 270 B 2, APO 76 I B 6; 80 III A 2), Assbr. (KAI 233, 17), pehl. (Paik. 74; DISO 13, DNWSI 51); ja., DSS (Dalman Wb. 17a, ATTM 509); cp. (*ʾkl* und *ʾkjl*, Schulthess Lex. 7b); sam. (BCh. Gl. 1b) sy. (LS 17a) md. *AKL* (MdD 16f); nsy. (Maclean 11b) und naram. (Spitaler Gl. 88a, Bgstr. Gl. 44 s.v. *ʾḫl*):

pe: pf. אֲכַלוּ (or. *ʾakalū*, BLA 138d); impf. תֵּאכֻל, יֵאכֻל (or. *j/tōkul*, BLA 138a.b :: Littmann OLZ 31, 1928, 580); imp. f. אֱכֻלִי (or. *ʾikulī*, BLA 138d); pt. f. אָכְלָה: **essen**: — 1. a) sich nähren von, c. acc. עֲשַׂב Da 4_{30}; b) fressen (von Tieren) c. acc. בְּשַׂר Da 7_5; c) abs. Da $7_{7.19}$; — 2. metaph.: c. acc. אַרְעָא verheeren 7_{23}; — 3. אֱכַל קַרְצִין Da 3_8 6_{25} ↗ *קְרַץ. †

אַל: he. =; aam. Zkr. (KAI 202 A 13) Znğ. (KAI 214, 215) Sefire (KAI 22 A 27), T. Fekherye 22; Ram. (AP, Aḥqr, AD, Saqq., Hermopolis, Leander § 61, 3), Assbr. (KAI 233, 17); pehl. (Frah. 25, 41) Paik 77 (DISO 13, DNWSI 55 s.v. ʾl_3); DSS (ATTM 510); dann ausser Gebrauch (BLA 349e, Rosenth. SprP 60): prohibitives **nicht** Da 2_{24} 4_{16} 5_{10}. †

*אֵל: he. VI אֵל; BLA 82b, 83k; aam.: Zkr., Znğ., Sefire; Ram. äga. (AP, BMAP, AD, Saqq.) (DISO 78 u. DNWSI 333 s.v. זנה): pron. dem. pl., s. Degen Altaram. Gr. § 39); (sing. ↗ דְּנָה) **diese** Esr 5_{15}Q (K ↗ אִלֵּה). †

אֱלָהּ, or. ʾ*elāh* (BLA 66n, 189p); he. אֱלוֹהַּ; aam. Znğ. (KAI 214, 2.4.12f.19.29; 215, 2.22f), Zkr. (KAI 202 B 9.25), Sefire (KAI 222 A 30, B 6.31, C 15.21; 223 B 2; 224, 2 etc.) pl. gewöhnlich אלהן, s. KAI III S. 28a, so auch T. Fekherye 14 :: אלהין 4; pehl. (Frah. 1, 3) Ram. Tema (KAI Nr. 228 u. 229); äga. (AP, BMAP, AD, Saqq., Aḥqr 95, 115, 124, 128, 135, 160) (Leander 80z) Assbr. (KAI 233, 19 etc.); nab. palm. Hatra ija. (DISO 14, DNWSI 57); DSS neben häufigerem אלה seltener auch אל, letzteres auch äga. (Aḥqr 107, 154, 156, 161, 173), ija. (DISO 13 s.v. אל$_{VI}$, DNWSI 53), cf. Leander 69g und zu אלה u. אל s. ATTM 510; ja. אֱלָהּ (Dalman Wb. 19a) sam. *ēla* (BCh. Gl. 1b) cp. אֱלָהָא (vokalis. mit Lex.[1], Schulthess Lex. 8f ʾ*lh*); sy. ʾ*allāhā* (LS 21a: "*l* nicht geminiert bei Nestorianern"); > ar. ʾ*allāh* (Littmann Syriac Inscription 1934 Xf); md. *alaha* (MdD 18b); nsy. *alāhā* (Maclean 12b); naram. *alō* (Bgstr. Gl. 51): cs. det. אֱלָהּ, אֱלָהָא, sf. אֱלָהִי, אֱלָהָךְ, אֱלָהֲנָא (Var. הֲנָה- Da 3_{17}, BLA 73r), אֱלָהֲהֹם/הוֹן, אֱלָהֲכוֹם/כוֹן (or. ʾ*elāhā* etc.); c. praef. לֶאֱלָהּ (or. *l*ᵉʾ*elāh*), aber det. u. sf. בֵּאלָהָא, לֵאלָהָא, וֵאלָהָא etc. (BLA 60e, or. *l*ᵉʾ*elheh, wilʾelaha*; pl. אֱלָהִין, det. אֱלָהַיָּא, cs. אֱלָהֵי, sf. לֵאלָהַי, לֵאלָהָיךְ (K הַיִךְ-, Q הָךְ-, BLA 77 o) Da $3_{12.18}$: **Gott**: — 1. sg. im allgemeinen: ein Gott Da 2_{28}, אֱלָהּ רַב ein grosser Gott 2_{45}, כָּל־אֱלָהּ irgend ein Gott 3_{28} $6_{8.13}$; וּמַן־הוּא אֱלָהּ und wer ist der/ein Gott... 3_{15}; det. = Jahwe Da 2_{20} Esr $6_{12.18}$; אֱלָהָךְ Da $6_{17.21}$ (:: BLA 305f ist ein Irrtum); אֱלָהָא רַבָּא Esr 5_8 אֱ׳ חַיָּא Da $6_{21.27}$; אֱ׳ עִלָּיָא K $3_{26.32}$ $5_{18.21}$, dafür Q עִלָּאָה, s. BHS zu 3_{26} und BLA 51k (auf S. 52); c. gen. אֱלָהּ שְׁמַיָּא Da $2_{18f.37.44}$ Esr 5_{11f} 6_{9f} $7_{12.21.23}$; אֱלָהּ אֱלָהִין Da 2_{47} (BLA 312i); אֱ׳ יִשְׂרָאֵל Esr 5_1 6_{14} 7_{15}; cj. pr. אֱ׳ יְרוּשְׁלֶם prop. אֱ׳ יִשְׂרָאֵל דִּי בִי׳ s. dazu Rudolph EN 70 und BHS Esr 7_{19}; אֱ׳ אֲבָהָתִי Da 2_{23}; בֵּית אֱלָהָא Da 5_3 Esr 4_{24} - 7_{24} (25 ×); — 2. pl. אֱלָהִין: a) Gott Israels: אֱלָהּ אֱלָהִין Da 2_{47} cf. sg.; b) α) Götter der anderen Völker (in Da immer babylonische) Jr 10_{11} אֱלָהַיָּא (BLA 309n); Da 2_{11} (s. dazu Bentzen 20: sg. auch möglich, G ἄγγελος :: Mtg. Da. 153 "aber im Munde der Götzendiener denkt der Verfasser sich doch gewiss einen Plural", so auch Plöger 42.46, ZüBi, TOB; לֵאלָהָיךְ (K pl. הַיִךְ-, Q sg. הָךְ-); Götter Nebukadnezars: Da $3_{12.18}$ (:: Mtg. Da. 205 sg., so auch Plöger 58, Bentzen 28 :: MT^K pl. vorzuziehen, da Nebukadnezar Polytheist ist, so ZüBi, TOB, Lebram, 60; β) אֱלָהֵי von Gold, Silber, Kupfer, Eisen, Holz u. Stein Da $5_{4.23}$; γ) בַּר אֱלָהִין Gottwesen, Engel Da 3_{25} (↗ בַּר 2), = מַלְאֲכֵהּ vs.$_{28}$; δ) רוּחַ אֱלָהִין קַדִּישִׁין Geist der heiligen Götter ist in Da. als sg. od. pl. aufgefasst, cf. Bentzen 32.41, ev. Götter der Babylonier und Daniels Gott gemeint Da $4_{5f.15}$ $15_{11.14}$ (letzteres ohne קַ׳).

אֵלֶּה: he. =; aam. אל Zkr. ʾ*l* (KAI 202 A 9.16 B 8, Degen Altaram. Gr. § 39), Znğ (KAI 214, 29), Sefire ʾ*ln* (KAI 222 A 38, B 7.11f etc.); Ram. אלה: Assbr. (KAI 233, 12ff), Pachtv. 15, äga. אלה (AP, BMAP, AD, Saqq.) Samaria nab. palm. Hatra ija. (DISO 78 s.v. זנה, DNWSI 333 s.v. *znh*); Klas. (Eph. I 323, 4); DSS (ATTM 511); < cj. *ʾ*illē* < *ʾ*ilē* <

ursem. *ʾilaj (BLA 83j) :: *ʾillaj (Leander 34 l); ƒ *אֵל, אִלֵּין, אִלֵּךְ; pron. dem. pl. m. und f.: **diese** Jr 10_{11} Esd 5_{15} K (Q אֵל), sg. ƒ דְּנָה. †

אֲלוּ, or. ʾalū, Da 7_8 ʾilū (BLA 66n !): a) gilt meist als Nf. zu ƒ אֲרוּ, cf. BLA § 266a.b und Vogt 8f: אֲלוּ u. אֲרוּ; b) אֲלוּ nicht zu trennen von הלו: Ram. Assbr. (KAI Nr. 233, 9.11.13); äga. (Hermopolis) APO S. 282c, Leander § 64 und Cowley ZAW 47, 1929, 150f, s. dazu auch Baumgartner ZAW 45, 1927, 89 = ZATU 76, DISO 65, DNWSI 280); EA allû, s. AHw. 37b (allû III); ug. hl, s. H.P. Müller ZA 64, 1974, 305: interj. siehe da: וַאֲלוּ (or. weʾalū) Da $4_{7.10}$ 7_8 (Var. וַאֲרוּ). †

אִלֵּין, אִלֵּן Da 6_7; aam. אלן (Degen Altaram. Gr. § 39) Sefire (KAI Nr. 222 A 7, passim; 223 C 2.9; 224, 7, passim, cf. KAI III S. 28a); nab. palm. אלן (Cant. Gr. 129, cf. DISO 78f s.v. זנה, DNWSI 333 s.v. znh); asa. ʾln (Höfner § 35bβ); ja. אִלֵּין und אִלֵּין; inschr. bab. aram. auch אלן/הָלֵין jene (Rossel § 3, 6, 4, 10); DSS אלן *ʾellēn (Dalman Wb. 19b, 113b, ATTM 511); sy. (Nöldeke SGr. § 67[2]) und cp. hālēn (Schulthess Gr. § 62[1]); md. ʾlin (MdD 351b, Nöldeke MG § 80); BLA 82j: wie ƒ *אֵל, אֵלֶּה, אִלֵּךְ: pron. dem. pl.: **diese** Da $2_{40.44}$ $6_{3.7}$ 7_{17}; sg. ƒ דְּנָה. †

אִלֵּךְ: Ram. אלך: äga. (AP, BMAP, AD, Beh. 20, Saqqara) Samaria Frah. Paik. sogd. nab. ʾlk (DISO 76 s.v. זך, DNSWI 319 s.v. zk_2); sy. hālēk u. hālōk/hānōk (Nöldeke SGr. § 67[2]); cp. hellēk, hellōk jene (Schulthess Gr. § 62, 2, Lex. 49a); md. hanik (MdD 125a, Nöldeke MG 91: haʾnjk); inschr. bab. aram. אליך und אלכי "jene" (ATTM 511); ar. ulāʾika, pl. v. ḏāka "dieser"; BLA 82fg, 83 l; wie ƒ *אֵל, אִלֵּין, אֵלֶּה: pron. dem. pl. **jene** Da $3_{12f.21.23.27}$ $6_{6.12.16.25}$ Esr 4_{21} 5_9 6_8; sg. ƒ דְּנָה. †

אִלֵּן: ƒ אִלֵּין.

אֲלַף: he. II אֶלֶף; BLA 251q; aam. אלף (T. Fekherye 19); Ram. äga. אלף, pl. cs. אלפי (AP, Behist. 3.9, Saqq.) (Leander 116n); nab. אלף pl. abs. אלפין; palm. (s. Rosenthal Spr. S. 80); ija. (DISO 15, DNWSI 65 s.v. $ʾlp_5$), ja., DSS (Dalman Wb. 21a: אַלְפָּא, ATTM 512); sy. ʾalēp (LS 22b), cp. ʾlp (Schulthess Gr. § 127): ʾálef oder ʾaléf; st. cs. ʾlpʾ = ʾalpā, pl. ʾlpjn = ʾalefīn (Schulthess Lex. 10b); md. alpa (MdD 21a) naram. ōlef (Spitaler Gl. 89a, Bgstr. Gl. 52 s.v. ʾlf); nsy. alpā, ilpā (Nöldeke NsGr. 152, Maclean 13b): cs. אֲלַף, det. אַלְפָּא, pl. אַלְפִים Da 7_{10}K (Q אַלְפִין) s. BLA 201f: Kardinalzahl: **tausend** Da 5_1, אֲלַף אַלְפִים 7_{10} viele Tausende (BLA 312i). †

***אַמָּה**: he. =, BLA 180o; Ram. äga. (AP, BMAP, Saqq.) nab. palm. ija. (DISO 16, DNWSI 69 s.v. $ʾmh_1$); ja., DSS (Dalman Wb. 24a, ATTM 513); sy. amtā (LS 24a), cp. (Schulthess Lex. 11a), md. ama (MdD 21b), pl. meist wie im aram. bei sbst. mask. gebildet אַמִּים s. BLA 201k (cf. md. amia, amamia [MdD l.c. und Nöldeke MG 163[2]], cf. palm. pl. mit Verdoppelung des 2. Radikals: אממא, s. Rosenthal SprP 78) BLA 240f: **Elle** Da 3_1 Esr 6_3. †

אֻמָּה; he. =, BLA 181w; DSS (ATTM 513); ja. ʾummeta (Dalman Wb. 24a) und sam. ammem, ammayyā (BCh. Gl. 1b s.v. ʾmh); sy. ʾumtā (Nöldeke SGr. § 146, S. 91, LS 24a); ar. umma Nation, Volk, ummat Muḥammad die Gemeinde Muḥammeds, die Mohammedaner < hebr. אֻמָּה od. aram. אֻמְּתָא (Horowitz HUCA 2, 1925, 190, R. Paret Handwörterbuch des Islam, Leiden 1941, 762f); fem. (BLA 239x) Da 3_{29}; sonst überall als pl. det. gebildet: אֻמַּיָּא Da 3_4 Esr 4_{10}; אֻמַּיָּא Da $3_{7.31}$ 5_{19} 6_{26} 7_{14}: **Nation**, neben עַמָּא und לִשָּׁן; sg. Da 3_{29}, pl. $3_{4.7.31}$ 5_{19} 6_{26} 7_{14}. †

אמן: he. =; Ram. haf. pehl. הימן (Frah. 18, 3) und unter Einfluss von he. הֶאֱמִין pl. mhymn äga. (Hermopolis) Samaria; palm. Hatra (DISO 64 s.v. הימן, DNWSI 278 s.v. hymn); ja. הֵימִין, DSS (Dalman Wb. 23a, ATTM 513); sy. hajmen (LS 175a), cp. hajmen (Schulthess Lex. 49 s.v. ʾmn); md. haimin und haiman (MdD 22b, Nöldeke MG 221.

244); nsy. *m^{e}hemīn, m^{e}hamīn* (Maclean 160b); > ar. *hajmana* (Horowitz HUCA 2, 1925, 47); sbst. הימנותא Ram. äga. (Aḥqr 132; DISO 64, DNWSI 279 s.v. *hymnwt*); ja. (Dalman Wb. 112b), sy. (LS 175a), md. (MdD 120a) u. nsy. (Maclean 76a); adj. אמין (Saqq. 3: KAI Nr. 266, 3, Aḥqr 132; DISO 64); sy. und nsy. (Maclean 14a); pt. pass. pehl. äga. (Hermop. 4, 9), palm. (DISO 64); ja. inschrift. babyl. aram. (ATTM 513); cp. sy. nsy. :: md. *mhaiman, mhaimin* (MdD 259a; pt. akt. haf.) zuverlässig, Glaubendes, Gläubiger:

haf (BLA 139i): pf. הֵימִן (or. *hēmen*) **vertrauen auf**, c. בְּ Da 6_{24}; pt. pass. מְהֵימַן (or. *m^{e}hēmān*, BLA 297c) **zuverlässig** Da 2_{45} 6_5. †

אמר: he. =; aram. (cf. Vogt 10f): Deir Alla; aam. Zkr. (KAI 202 A 15), Sefire (KAI 222 A 33.36, B 24.26, C 18; 223 B 5, C 1; 224, 5.7.18.20.30) Znğ. 215, 21 (s. Degen Altaram. Gr. S. 71); T. Fekherye 10.14 sbst. *ʾmrt pmh* "das Wort/die Worte seines Mundes" (cf. DNWSI 78 s.v. *ʾmrh*); Ram. äga. (AP, BMAP, AD, Aḥqr, Beh. 7.18 [akk. *al-ta-par um-ma*].27 [akk. *iq-bu-u*], Saqq.) Assbr. (KAI Nr. 233, 8.10.17), Uruk 27, 43 *a-ma-ar*; nab. palm., Hatra (KAI Nr. 249, 4) (DISO 17, DNWSI 73 s.v. *ʾmr$_1$*), ja. (Dalman Wb. 23b), DSS (ATTM 514), naram. (Bgstr. Gl. 57 s.v. *ʾmr*), nsy. (Maclean 14b), sy. (LS 26a), cp. (Schulthess Lex. 11b), sam. *āmår* (BCh. Gl. 1b), md. *AMR* I (MdD 23a):

pe: pf. אֲמַר (or. *ʾamar*, BLA 138d), f. אֲמֶ֫רֶת (BLA 139g), 1. sg. אַמְרֵת (BLA 138f), pl. אֲמַרְנָא Esr $5_{4.9}$, אֲמַ֫רוּ; impf. יֵאמַר (or. *jōmar*, ↗ אכל), pl. תֵּאמְרוּן; imp. אֱמַר, אֱמַר (BLA 139 l); inf. מֵאמַר Da 2_9, מֵמַר Esr 5_{11} (:: לאמר Assbr. 8, äga., < kan.); pt. אָמַר, pl. אָמְרִין: — 1. **sagen** (in dir. Rede: abs. עֲנֵה וְאָמַר Da 2_8 u.ö. ↗ ענה, c. לְ pers. Da $2_{4.25}$ 3_9 u.ö., c. קֳדָם 2_9 5_{17} 6_{13f}, c. דִּי 2_{25}, c. כֵּן 4_{11} 7_{23}, c. כְּנֵמָא Esr $5_{4.9}$, c. כִּדְנָה Jr 10_{11}; לְמֵמַר (= he. לֵאמֹר) Esr 5_{11}, אֲמִרִין es wird gesagt (BLA 333d!) Da 4_{28} :: אָמְרִין (BLA 292 l) sie sagten/sprachen Da $6_{7.13f}$ Esr 5_3 (Da 7_1 ist unklar: אֲמַר ↗ u.a. Plöger KAT XVIII 101.103, Bentzen 48); — 2. a) etw. **sagen**: ↗ שָׁלָה c. עַל pers. gegen Da 3_{29}; b) sagen, mitteilen | | ידע hof., חוה pa., haf.: חֶלְמָא vel פִּשְׁרָא Da $2_{4.9.36}$ $4_{4f.6.15}$; — 3. **befehlen** (cf. ar.) in dir. Rede: אֲמִרִין (siehe oben Nr. 1) es wird befohlen Da 3_4, c. inf. u. לְ Da $2_{12.46}$ $3_{13.19f}$ 4_{23}; אֲמַ֫רוּ (BLA 333d !): dass befohlen wurde, bzw. dass man befohlen hat 5_2 6_{24}; c. pf. der Ausführung (BLA 351e) 5_{29}; — 4. An den folgenden Belegen wählt Vogt 10b für אמר die Übersetzung "fragen": Da 2_{26}; 2_{15} 3_{24a} 5_{13} 6_{21} Esr 5_3 und danach cj. vs.$_4$ pr. אֲמַרְנָא prop. אֲמַרִין "sie fragten". Nach dem Zshg. liegt das anders als bei den übrigen Belegen besonders für Da 2_{26} 6_{21} Esr 5_{3f} nahe, doch nötig ist es nicht ↗ שׁאל.

***אִמַּר**: he. *אִמֵּר, n.m. אִמֵּר; aam. T. Fekherye 20, Sefire (KAI Nr. 222 A 23); Ram. äga. (Aḥqr 121, AD 6, 3) u. palm. אמר (DISO 18 s.v. אמר$_{II}$, DNWSI 78 s.v. *ʾmr$_3$*); ja., DSS (אִמְּרָא, Dalman Wb. 24a, ATTM 515) u. cp. אִמַּר (Schulthess Lex. 12a); sy. *ʾemm^{e}rāʾ* (LS 26b), md. *ʿmbra* (MdD 352b, Nöldeke MG § 69); fem. אִמַּרְתָּא ja. cp. s.o.; DSS אמרה = *ʾemmarā* (Beyer l.c.); > ar. *ʾimmar* (Frae. 107f); ph. pu. *ʾmr* (DISO 18, DNWSI l.c., Tomback 24) cf. pu. *mlk ʾmr* "Opferlamm", in lat. Inschr. *molchomor* (WbMy. I 299f); ug. *imr* (UT Nr. 231, Aistl. 287). Lw. < akk. *immeru* (Zimmern 50), wohl kein Lw., sondern ein in dem ug. ph. aram. he. gemeinsames sbst., cf. Baumgartner VT 4, 1954, 196: pl. אִמְּרִין **Lamm** (als Opfertier) Esr $6_{9.17}$ u. 7_{17} (neben דִּכְרִין). †

אִנְבֵּהּ: ↗ *אֵנֶב.

***אֵנֶב** oder ***אֵב** (so KBL, Vogt 11a): he. *אֵב: a) zu den beiden Formen (mit oder ohne Nūn) s. BLA 50d.e und 221g, < akk. *inbu(m), enbu* (AHw. 381b, cf. ATTM 515). Nach Zimmern 55, auch Pöbel ZA 39, 1930, 149[2], Kaufman

58, wohl urverwandt mit ↗ עֲנָב (HAL 805, s. dort auch zu den verw. Sprachen DNWSI 874); b) ija. (DNWSI 3 s.v. ʾb_2); ja. אִבָּא, אִנְבָּא u. מַאֲבָבָא (Dalman Wb. 1b, 24b, 221a); sy. ʾ*ebbāʾ* (LS 1b) und md. ʿ*bibia* pl. (MdD 340a, Nöldeke MG 163) Früchte; ar. ʾ*abb* (Nöldeke ZDMG 40, 1886, 735); amhar. ʾ*ababā* Blume (Lex.[1], cf. Leslau 9): sf. (coll.) אִנְבֵּהּ **Frucht** Da $4_{9.11.18}$. †

אֲנָה, Var. Da 8_2 Esr 6_{12} אֲנָא (BLA 69d), or. אַנָה Da 4_{27} 5_{16} (BLA 66n, 69d); he. אֲנִי; aam. Zkr. Znǧ. Sefire Ram. Nerab Assbr. äga. (AP, BMAP, AD, Hermopolis, Saqqara), Beh. 21 (akk. *a-na-ku*) Samaria, Uruk 10.26 (*a-na-ʾ*), Mcheta I; pehl. (Frah. Paik.) nab. palm. Hatra, ija. (DISO 18, DNWSI 79 s.v. ʾnh_3); sam. (BCh. Gl. 2a) DSS (ATTM 515f); אֲנָא ja., DSS (Dalman Wb. 24b, Beyer l.c., selten); Hatra sy. (LS 27b) und md. (MdD 24a, Nöldeke MG § 75, S. 86); naram. *ana* (Bgstr. Gl. 60 s.v. ʾ*n*, Spitaler 90b s.v. ʾ*n*) und nsy. (Maclean 15a): pron. pers. (cf. Vogt 11f): a) **ich** Da 2_8-7_{28} (12 ×), Esr 6_{12}; b) verstärkend רוּחִי אֲנָה דָנִיֵּאל mein, Da.'s Geist Da 7_{15} und מִנִּי אֲנָה von mir Esr 7_{21} (BLA 69d. 267d). †

אִנּוּן, fem. אִנִּין Da 7_{17}; fem. הני Assbr. 12, s. dazu KAI II S. 285: pron. pers. abs. der 3. pers. fem. (ältere Form von הנין als Kopula DNSWI 264 s.v. h'_1); nab. אנו diese (Cant. Nab. I 60, DNSWI 333 s.v. *znh*); palm. הנן (Rosenth. SprP S. 42, DISO 61 s.v. $הא_I$, DNSWI 264 s.v. h'_1); ja. הִ/אִנּוּן, f. הִ/אִנִּין (Dalman Gr. 112, 5: jene), DSS (ATTM 563) אנון = sam. *innon* jene (BCh. Gl. 2a); cp. (Schulthess Gr. § 56: *hennō(n)* pron. pers. sie, § 62 *hellēn* jene) und sy. *hennōn*, fem. *hennēn* (Nöldeke SGr. § 67 jene); md. *hinum*, fem. *hinin*, *hinʿn* (MdD 146.147, Nöldeke MG § 75 S. 86); naram. *hinn(un)* (pron. pers. sie [Bgstr. Gl. 33]); BLA 71p, 124s, Schaed. 53f: pron. pers. 3. pl. m. u. f. (sg. ↗ הוּא, f. הִיא): **sie**, als Kopula (BLA 268a) Da 7_{17} Esr 5_4, als acc. Da 6_{25}; als pron. dem. **jene** (so ZüBi :: BLA 82e: diese) Da 2_{44}; ↗ הִמּוֹ(ן). †

אֱנוֹשׁ: ↗ אֱנָשׁ.

אֲנַחְנָא, Var. אֲנַחְנָה; Da 3_{16} Esr 4_{16} 5_{11} (BLA 70n): he. אֲנַחְנוּ; Ram. äga. אנחנה u. אנחן (AP, BMAP, Leander 26 l, Saqqara, Hermopolis) Samaria; palm., ija. (DISO 18, DNWSI 81 s.v. ʾ$nḥn_2$); ja. (אֲ)נַחְנָא (Dalman Wb. 25a, 267b); DSS אנחנה (ATTM 516); sy. ʾ*nḥnn*, *ḥnan* (Nöldeke SGr. § 63, 2, LS 28a); cp. ʾ^a*nan* u. ʾ^a*nē*, später auch ʾ*njh* (Schulthess Lex. 12b s.v. אנא, Gr. § 56); naram. *anaḥ* (Spitaler Gl. 90b); nsy. ʾ*aḥnī* od. *aḥnan* (Nöldeke NsGr. § 34, S. 74, Maclean 8b); jüngere Formen bT אנן; sam. *(an)anan* (BCh. Gl. 2a); cp. ʾ^a*nan*, ʾ^a*nen* (Schulthess Gr. § 56); md. *anin*, *anʿn* (MdD 27a, Nöldeke MG 87, VG I 300): pron. pers. pl. **wir** Da 3_{16f} Esr 4_{16} 5_{11}. †

אנס: he. = < aram. (Wagner 21/22); ja., DSS (Dalman Wb. 26b, ATTM 516); cp. (Schulthess Lex. 13b) sy. (LS 30a); aam. הנס Zkr. (KAI 202 B 20); Ram. Nerab (KAI 225, 6; 226, 8f, cf. DISO 68, DNWSI 290) Var. zu אנס ? :: haf. √נוס rauben, fortschleppen, cf. Nöldeke ZA XXI 383 u. KAI II S. 210, 275, III S. 38a:

pe: pt. אָנֵס **bedrängen** Da 4_6, sbj. וְכָל־רָז: רָז לָא־אָנֵס לָךְ "kein Geheimnis bedrängt dich" = "ist dir zu schwierig", so Vogt 12a. †

*__אֲנַף__; he. אַף, אנף; 1.) *אנף Ram. äga (AP, Aḥqr, BMAP, Saqqara), pehl. (Frah. 10, 16) Tema (KAI 228 A 14) ija. (DISO 21 s.v. $אף_{II}$, DNSWI 83 s.v. ʾnp_2) ja. אַנְפָּא (Dalman Wb. 27a), DSS *אנף u. *אף (ATTM 516 s.v. ʾ*np*) md. *anpia*, pl. (MdD 27a, Nöldeke MG § 51); 2.) *אף: Arslan Taş (NESE II 40 III sg. ʾ*p*); Sefire dual. (KAI 222 A 28.42 u. 224, 2), Ram. äga. (Hermopolis), palm. (DISO u. DNWSI s.o.) ja. אַפָּא (Dalman Wb. 32b) DSS (s.o.) sy. ʾ*appayya* et ʾ*appē* (LS 39a), cp. (Schulthess Lex. 13b s.v. *ʾ*np*), sam. (BCh. Gl. 2a s.v. ʾ*np*: *abban*); naram. *ffōja* (Bgstr. Gl. 24 s.v. *f*, Spitaler Gl. 85b); md. *anpia*

(MdD 27a), Ruž. 130, BLA 181x): *אנף und *אף: du. (BLA 202o, cf. Beyer l.c. :: pl. ja. sy. cp. md.): sf. אַנְפּוֹהִי: **Gesicht** (c. נְפַל עַל־) Da 2_{46}, (צְלֵם א׳) 3_{19}. †

אֱנָשׁ, or. *ʾenāš* (BLA 16s), he. אֱנוֹשׁ: 1.) Formen: aam. Znğ. (KAI 215, 33), Sefire (KAI 224, 16), Ram. äga. (AP, BMAP, Aḥqr 116.122.124.151.162.167.190), Tema (KAI 228 A 20), Armazi (KAI 276, 10), nab. palm. Hatra ija. (DISO 19, DNWSI 84 s.v. *ʾnš*$_3$); ja., DSS (Dalman Wb. 27b, ATTM 517), sy. (LS 31a), cp. "ein gewisser", Mensch (Schulthess Lex. 14a), sam. (BCh. Gl. 2a: irgendeiner, Mensch), md. *anaša, naša* (MdD 24b, Nöldeke MG 182f), nsy. *nāša* (Nöldeke NSgr. 118^2); mit Endung *-ūt* (BLA 197g): pehl. אנשותא (Frah. 11, 1; DISO 19, DNWSI 85); sy. *(ʾ)nāšūṯa* (LS 31a); cp. **ʾnšw*, sf. *ʾnšwth* (Schulthess Lex. 14a); 2.) Bedeutungen: a) sg. אנש Mensch (ein Einzelner): äga. ja. nab. palm. (DISO l.c.): בר אנש ein Mensch (Sefire KAI 224, 16); b) אנש coll. Menschen: Znğ. (KAI 215, 23), Tema (KAI 228 A 20), Hatra (KAI 256, 6f); c) pl. *ʾnšn* (T. Fekherye 14, c. sf. *ʾnšwh* 9, 22); ja. אֲנָשִׁין, auch cp. sy. md. pl. (neben sg.); 3.) ba. Grdf. **ʾunāš* (BLA 41o, 190u); cs. = Esr 4_{11}; det. אֲנָשָׁא Var. Da 2_{43} 4_{13} 5_{21} u. 7_8 אֱ׳, or. *ʾenāšā* und אֱנוֹשָׁא (nab. Cant. 2, 65.212 und palm. Rosenthal SprP 27, DISO 19) Da 4_{13f} (K), s. BHS, BLA 34a :: Brockelmann OLZ 37, 1934, 689f; pl. אֲנָשִׁים Da 4_{14} (he. 1 אֲנָשָׁא coll., BLA 201f); — 1. det. coll. אֲנָשָׁא, ja. (Dalman Gr. § 38, 1, Beyer l.c.): **Menschen** (-geschlecht) Da 4_{13} (ꜰ מִן 1b)$_{.14.22.29f}$ 7_8; die Menschen eines bestimmten Landes Esr 4_{11} (אֱנָשׁ st. cs.); מַלְכוּת אֲנָשָׁא (König)Reich der Menschen Da $4_{14.29}$ 5_{21}; זְרַע אֲ׳ Menschensamen (akk. *zēr amēlūti*, s. AHw. 1522a) Da 2_{43}, בְּנֵי אֲ׳ 2_{38} 5_{21} die (einzelnen) Menschen, בַּר אֱנָשׁ ein (einzelner) Mensch (ꜰ II בַּר 2) 7_{13}, s. BLA 304a, Plöger KAT XVIII 104 mit Hinweis auf Bentzen 50l — 2. **Mensch** im allg. Sinn: irgend ein Mensch, menschlich: ja., DSS (ATTM 517); nab. jemand, c. neg. niemand, so DSS) Da 2_{10} 5_5 (אֶצְבְּעָן דִּי יַד־אֱנָשׁ "die Finger einer Menschenhand", so u.a. Bentzen 40); 6_8 (מִן כָּל־אֱלָהּ וֶאֱנָשׁ "von irgendeinem Gott oder Menschen"); כָּל־אֱנָשׁ jedermann Da 3_{10} 5_7 6_{13} (= כָּל־ Da 6_8), Esr 6_{11}; כָּל־אֱנָשׁ דִּי "jeder, der …" Da 6_{13}. †

אנתה, K אַנְתָּה (nur ba.), Q u. Esr 7_{25}, auch אַנְתְּ; he. אַתָּה; aam. *ʾt* (Znğ., KAI 214, 33), Sefire (KAI 224, 11.20); Degen Altaram. Gr. § 35; Ram. *ʾnt*, äga. (AP, BMAP, AD, Saqqara), Behist. 52, Samaria; *ʾt* Nerab (KAI 225, 5; 226, 8), Assbr. 2.19, Gözne (KAI 259, 2); pehl. (Paik. 108: *ʾnt*), nab. *ʾnt(ʾ)*; palm.: *ʾnt*; ija.: *ʾ(n)th*; fem. *ʾnty*; Ram. äga. (AP, BMAP), Arebsun (KAI 264, 5.6), ija. (DISO 29 s.v. את$_{III}$, DNWSI 85 s.v. *ʾnth*$_2$); ja. u. cp. selten; sy. (K); ja., DSS (Dalman Wb. 27b: אַנְתְּ, Gr. § 16,a,1, ATTM 518), cp. (Schulthess Lex. 14a), sam. *åttå* (BCh. Gl. 2a), sy. (Q) (Nöldeke SGr. § 63,a,1); md. *anat* (MdD 24b; Nöldeke MG 86f zur Erkl. der Form); nsy. (Nöldeke NsGr. 73 [§ 34], Maclean 16a) und naram. (Spitaler § 34a.f-k); BLA 50e, 70k (cf. Leander 18j): pron. pers. 2. sg. m.: **du** Da 2_{29}-6_{21} (13 ×), Esr 7_{25}. †

אַנְתּוּן: he. אַתֶּם; aam. ? אתם Sefire (KAI 222 B 31f, cf. Degen Altaram. Gr. § 35a, S. 54f); Ram. äga. אנתם (AP, AD, Saqqara); ija. *ʾtwn* (DISO 30 s.v. אתם, DNWSI 85 s.v. *ʾnth*$_2$, cf. S. 86); ja., אַתּוּן, אַנְתּוּ (Dalman Gr. § 16,a,1, Wb. 27b, 45b); DSS (ATTM 519) אנת(ו)ן; cp. *ʾtwn* (*ʾattōn*, s. Schulthess Gr. § 56), auch *ʾntwn*; sy. K *ʾantōn*, Q *ʾattōn* (Nöldeke SGr. § 63, a, 1); md. *anatun* (MdD 25a, Nöldeke MG 86); naram. (Spitaler 50f.i), nsy. (Maclean 16a); BLA 70o, ꜰ אַנְתָּה: pron. pers. 2. pl. m. **ihr** Da 2_8. †

אֱסוּר: אסר; he. אֵסוּר; ja. אֱסוּרָא (Dalman Wb. 28a); cp. **ʾswr*, emph. *ʾwsrʾ* = *ʾosrā* Schulthess Gr. § 97, Lex. 15f); sy. *ʿasūrā* (LS 38a); md. *ʿsura, ʿusura* Band, Gefängnis etc. (MdD

354); nsy. *jisūrā* (Nöldeke NsGr. § 47, 4, S. 100, Maclean 121a): Grdf. *ʾ*isūr* ? :: BLA 189s: pl. אֱסוּרִין: a) sg. **Fessel** (aus Metall) Da $4_{12.20}$, cf. ATTM 519; b) pl. **Haft, Gefängnis** (ZüBi, TOB) Esr 7_{26}. †

אָסְנַפַּר: n.pr. eines assyr. Königs (:: Berger, s. unten) Esr 4_{10}; der PN ist korrumpiert überliefert und sein urspr. Gestalt ist darum nicht sicher anzugeben. Möglichkeiten bzw. Vorschläge: 1.) Vrss. G[RA] Ασενναφαρ (G[B/A]); G[L] und Joseph. Ant. XI 2, 1 Σαλμανα(σ)σαρης; V *Asennaphar*; S *ʾespīd rabbā*; 2.) Neuere Deutungen: a) Verstümmelung aus אסן[רב]נפל = Assurbanipal, 669-630, so Lex.[1], Rudolph EN 36, Vogt 14b; b) Asarhaddon, 681-669, so Gunneweg KAT XIX/1, 84.90 mit dem Hinweis darauf, dass dieser König schon Esr 4_2 genannt ist; c) die urspr. Lautung des PN wäre *Aššur-ēpir* "Assur ist Versorger". Zu mit dem vb. *epēru* "verköstigen, versorgen" (AHw. 223b) gebildeten Danknamen s. Stamm 189 und zu den entsprechenden allg. Aussagen mit theophor. sbj. "ist mein Versorger", bzw. "ist Versorger" s. Stamm 213.222. So Berger ZA 64, 1975, 229f; nach ihm käme als Träger des Namens "ein Königsstellvertreter, etwa ein Provinzgouverneur" aus der Zeit des Asarhaddon in Frage. 3.) Bei der Beurteilung kommt 2 c, weil doch eher fernlegend, kaum in Betracht. Anders ist es mit 2 a und b, die beide möglich scheinen, wenn man auch 2 a eher bevorzugen möchte. †

אָסְפַּרְנָא (*ospárnā*, s. Vogt 14b); G ἐπιδέξιον, ἐπιμελῶς, ἑτοίμως; אספרן (KAI 263 = CIS II 108; aus Mysien, Abydos unweit Çanakkale auf der kleinasiat. Seite des Hellespont, s. KAI l.c.); äga. (AD 10, 4; DISO 20, DNWSI 90); Lw. < ape. *a/usprna* "das Ganze, Vollständigkeit", siehe u.a. Schaeder 75, Rosenthal AF 24f, DISO l.c., Hinz 246: adv. **vollständig, genau** (zur Übers. s. Vogt 14b u. ATTM 519); c. עבד Esr 5_8 $6_{12.13}$ $7_{21.26}$, c. יהב hitpe. 6_8, c. קנה 7_{17}. †

*אסר: he. =; aam. Sefire (KAI 224, 18); Ram. äga. (AP, Saqqara, Aḥqr 80), Uruk 5, 8 *a-si-ir*, cf. Gordon AfO 12, S. 106 Nr. 9; pehl. (Frah. 20, 17: *ʾslwn*; Paik. 116 [*ʾsr*], 117 [*ʾslwn*]); palm. qal: a) vb. finit. pf. *ʾsrw* und b) pt. pass. sg. *a-si-ir* und pl. st. emph. *ʾsjrʾ*, letzteres in der cstr-verbdg. *rb ʾsjrʾ*, in gr. Parallele: (Ῥαβ)ασείρη, deren Sinn ungewiss ist; nach DISO 20 Name eines Tempels, so auch DNWSI, nach Lex.[1] n.d., s. dazu Rosenthal SprP 77[2], DISO 20, DNWSI 90; ja., DSS (Dalman Wb. 31b, ATTM 519), cp. (Schulthess Lex. 15b), sy. (LS 37b) md. *ASR* (MdD 29b), nsy. (Nöldeke NsGr. 228, Maclean 17b): binden.
Der. אֱסוּר, אֱסָר.

אֱסָר, or. *ʾesār* (BLA 66n) und *issār*; he. אִסָּר; Grdf. **isār* (BLA 189r); Grdb. Band > Bindung > Fessel > Verbot: אסרא BEUP VIII/1, Nr. 51; Ram. Samaria *ʾsrʾ* Vertrag, Bündnis (DNWSI 91 s.v. *ʾsr*$_3$), ja. אִסָּרָא u. אֱסָרָא (Dalman Wb. 32a) Band, Kette, Bindung (die letztere Wiedergabe des sbst. in Nu $30_{2-6.11-15}$ mit Noth ATD 7, 194 anstelle des trad. "Enthaltungsgelübdes"); DSS (ATTM 519: *ʾesār* Verbot); cp. **ʾsr* (*ʾissār*, so Schulthess Lex. 15b): Fessel; sy. *ʾesārā* (Nöldeke SGr. § 109): Fessel, "Enthaltungsgelübde", Urteil, Strafe (LS 37b); md. *asara* (MdD 28a, Nöldeke MG 115): cs. =, det. אֱסָרָא: **Verbot** Da $6_{8f.10.13f.16}$. †

אָע: he. עֵץ; Ram. Uruk 2 *aḫ-ḫu* (= *ʾaʿ*, s. ATTM 119f): äga. עק (AP, BMAP, Saqqara, Aḥqr), nab. ʾʿ *DISO 219 s.v. עץ, DNWSI 879 s.v. *ʿṣ*); ja. אָעָא, zur Gestalt des sbst. (Dalman Wb. 32b s. Beyer l.c., BLA 39d, 59c, 179f, Nöldeke NB 144f, Vogt 14b). In den anderen aram. Dialekten ist אָעָא durch a) אִילָן (in ja. neben אָעָא), b) קִיסָא Holz, Baum ersetzt; pehl. (Frah. 4, 7; DNWSI 1009), ja. (Dalman Wb. 377a) cp. *qjs*, emph. *qjsʾ* (Schulthess Lex. 179); sy. *qajsā* (LS 665a) und nsy. *qēsa* (Maclean 278a, Lex.[1]); naram. *qīsa* (Bgstr.

Gl. 71 s.v. *qjs*), so auch md. (MdD 411b): det. אָעָא: — 1. **Holz** Da $5_{4.23}$; — 2. **Balken** Esr 5_8 $6_{4.11}$. †

אַף: he. I אַף; pehl. (Frah. 24, 6.14, Paik. 120-123); sogd. (Gauth.-B. II 208); äga. (AP, BMAP, AD, Hermopolis, Saqqara) Samaria, Xanthos, Taxila 11 (KAI 273, 11) palm. (DISO 21 s.v. $אף_1$, DNSWI 92 s.v. $ʾp_2$) auch אפם äga (AP, BMAP, DISO 22, DNWSI 96, cf. Vogt 15); ja., DSS (ATTM 520: neben אף [*ʾap*] selten auch אוף und אוב Dalman Wb. 32b); sam. af. (BCh. Gl. 2a) und md. (MdD 30b); sy. *ʾāp, ʾōp* (LS 38f); Targ. (Levy I 136a) und cp. *ʾwp* (Schulthess Lex. 4b und Gr. § 132, 1: *ʾwp* = *ʾōf*); nsy. *āp* od. *ūp* (Nöldeke NsGr. 163, cf. Derselbe MG 208[1], Maclean 18a); auch *p*: aam. Znğ. (KAI 214, 215, 216, 18), Sefire (KAI 223 B 4: 6) Ram. Pachtv. 6; nab.; palm. (DISO 225 s.v. $ף_I$, DNWSI 898 s.v. p_1), cf. Degen Altaram. Gr. § 46a (auf S. 63 mit Anm. [41]); auch nab. *p* (DISO 225 s.v. $ף_I$): אַף **auch**, immer in Vbdg. mit וְ (וְאַף) und auch Da 6_{23} Esr $5_{10.14}$ 6_5. †

*אֲפָרְסָי, pl. det. אֲפָרְסָיֵא (Var. 'אֲפַר), BLA 196d: Esr 4_9, wohl n.p. (G Αφαρσαῖοι), wobei א am Anfang des sbst. dittgr. ist (u.a. BHS). Vorschläge zur Identifizierung der mit dem n.p. Bezeichneten: a) פָּרְסָיֵא (פָּרְסָי ↙) Perser, so u.a. Lex.[1] (mit Hinweis auf weitere Lit.), s. ferner Rudolph EN 36, Gunneweg KAT XIX/1, 82; b) cj. pr. אֲפָרְסָיֵא prop. סִפְּרָיֵא Bewohner der Stadt Sippar, Sippariter, so AH I/2, 17f und danach Vogt 15b; c) die Entscheidung zw. den beiden Möglichkeiten ist nicht ganz leicht: Im Blick auf dem MT würde man gerne a) bevorzugen, doch sprechen die sonstigen Städtenamen in Esr 4_9 eher für b).

*אֲפַרְסְכָי, pl. det. אֲפַרְסְכָיֵא (Var. 'אֲפָר), BLA 196d, Esr 5_6 6_6; nicht sicher gedeutetes Wort. Möglichkeiten, bzw. Vorschläge: a) Volksname, so G Αφαρσαχαῖοι, V und so auch Gunneweg KAT XIX/1, 99.103 mit der Wiedergabe des sbst. durch Afarsechajäer, s. zur Begründung l.c. 84[9] (zu Esr 4_9). Nach Meyer Jdt. 38 wäre אֲפַרְסְכָיֵא = פָּרְסָיֵא, was aber unwahrscheinlich ist; b) Beamtentitel G (= 3 Esr) ἡγεμόνες, S *šallīṭē*, Vrs. ar. *nawāṭīr* Wächter; Lw. < ape. **prasaka*/**frasaka* + aram. *āj*, so Eilers 5ff. 30ff, ferner Rudolph EN 50 und Vogt 15b, der das ape.-Wort mit lat. *inquisitor* übersetzt. Rosenthal Gr. § 189 stellt fragend dazu akk. *iprasakku* (AHw. 385a) ein persischer Justizbeamter, s. auch ATTM 520. c) Gegenüber a) verdient b) gewiss den Vorzug. †

*אֲפַרְסַתְכָי: pl. det. אֲפַרְסַתְכָיֵא (Var. 'אֲפָר), BLA 196d Esr 4_9. In der Bedtg. unsicheres Wort, Vorschläge, bzw. Möglichkeiten wie bei אֲפַרְסְכָיֵא, mit dem es oft gleichgesetzt wird, s. dazu Rudolph EN 36, Rosenthal Gr. § 189 und Gunneweg KAT XIX/1, 84: a) n.p. so G, V, auch Gunneweg l.c.; b) pers. Beamtentitel, dessen urspr. Gestalt und Bedtg. etwas verschieden wiedergegeben wird: α) *fraistaka* "Gesandter", so Rudolph EN 36 mit Hinweis auf Eil. 39[1]. 100; β) **fra-stā-ka* "führender Beamter", entspr. gr. προστάτης, so Rosenthal Gr. § 189 und ähnlich Vogt 15b mit der lat. Übersetzung *praefectus*; ATTM 520 *frastāka* (mit Hinweis auf Hinz 97): Titel eines Verwaltungsbeamten in Samarien; γ) Lex.[1] Lw. < mpe. *frēstak* > ja. פְּרַסְתְּקָא, sy. *prstqʾ* (pe. *piristak*) Gesandter des Königs (LS 603a). c) Hier wird b) gegenüber a) zu bevorzugen sein. †

*אַפְּתֹם; MSS ס(ו)ת- (Var^S אַפְּתֹם) Esr 4_{13}. Unsicheres Wort, das die Vrss. nicht mehr verstanden; verschiedene Versuche der Erkl. s. bei Lex.[1] und Rudolph EN 38f; am wahrscheinlichsten zu ape. *apatam* "sicherlich" < akk. *appitti* (< *ana pitti* AHw. 60a. 871a) "sicherlich", "ganz gewiss", s. dazu Lex.[1] und Rudolph l.c. (je mit entsprechender Lit.), ferner Rosenthal Gr. § 93, ibid. AH I/2 S. 18a, Vogt 15f, ATTM 520 (mit Hinweis auf Hinz

31 und Kaufman 35) < pers. *apatana(m)* sicherlich. Gunneweg KAT XIX/1, 83 übersetzt "schliesslich" und bemerkt l.c. 84: "die Bedeutung des Wortes ist unsicher". †

*אֶצְבַּע, or. *ʾiṣbaʿ*; he. =; ja. auch אֶצְבַּעְתָּא (Dalman Wb. 37a); cp. **ʾṣbʿ* (Schulthess Lex. 166a) und bab. Talmud (ATTM 520); Ram. äga. (AP, BMAP) צבע (DISO 241 s.v. צבע$_{II}$, DNWSI 958 s.v. *ṣbʿ*$_2$); ja. צִבְעָא DSS אצבע (Dalman Wb. 358a s.v. צִבְעָא$_{II}$, ATTM l.c.); sy. *ṣebʿā* (LS 620a); md. *ṣbata*, Var. *ṣbita* (MdD 389b, Nöldeke MG 36); nsy. *ṣbʿʾ* (= *ṣipʿā*) (Nöldeke NsGr. 88, Maclean 262b); naram. *spaʿṯa* (Bgstr. Gl. 79 s.v. *sbʿ*, Spitaler 83); BLA 193o, Rosenthal Gr. § 60: pl. אֶצְבְּעָן, אֶצְבְּעָתָא, cs. אֶצְבְּעָת, fem.: — 1. **Finger** Da 5_5; — 2. **Zehe** Da 2_{41f}. †

אַרְבַּע; he. =; Ram. äga. (AP) Samaria, pehl. (Frah. 29, 4: *ʾlbʾ*), nab. palm. ija. (DISO 23, DNWSI 101); ja., DSS (Dalman Wb. 38b, ATTM 520), cp. (Schulthess Lex. 188b s.v. *rbʿ*I), sy. (LS 708b s.v. *rbʿ*), md. *arbia*, seltener *arba* (MdD 36a, Nöldeke MG 16); nsy. *arba*, auch *arbē* (Nöldeke NsGr. 151.152, Maclean 19b); naràm. *arpʿa* (Bgstr. Gl. 74 s.v. *rbʿ*, Spitaler 15f; Gl. 92a); BLA 193m, 250i: fem. אַרְבְּעָה: Kardinalzahl: **vier** Da 3_{25} $7_{2f.6.17}$ Esr 6_{17}; ⸢ רְבִיעָי. †

*אַרְגְּוָן: he. אַרְגָּמָן; 1 × אַרְגְּוָן 2C 2_6 (Wagner 27); Lw. < akk. *argamannu* (AHw. 67a; cf. Kaufman 35); palm. (DNWSI 103), ja., DSS (Jastrow 115a, ATTM 521: ארגואן); cp. (Schulthess Lex. 17b), sy. (LS 46a); ? md. *argba* (MdD 36, Nöldeke MG 50[2].128); nsy. (Maclean 20a); det. אַרְגְּוָנָא **Purpur**(-gewand) Da $5_{7.16.29}$ (Auszeichnung für Daniel, kostbare Kleidung für Fürsten, BHH 1532). †

אֲרוּ, or. *ʾarū*; ארה = *ʾarē* ? Ram.: Assbr. (KAI 233, 19); äga. (Hermop. 1, 5.8; DNWSI 104 s.v. *ʾrh*$_2$); ja., DSS (ATTM 521) אֲרֵי, אֲרוּם, הֲרֵי (mhe.) siehe, weil/denn (⸢ אֲלוּ Dalman Wb. 40b, 39b, 119a); kan. < רְאוּ, BLA 266b :: Eitan AJSL 44, 1927/28, 181ff; L. Bauer PWb., [4]1926, 74: *harʿūh*, *helehū* etc.: interj. **sieh da!**, וַאֲרוּ (or. *weʾarū*) Da $7_{2.5-7.13}$, Var. vs.$_8$ וַאֲלוּ (⸢ אֲלוּ). †

*אֲרַח (Grdf. *ʾurḥ*), so mit Vogt 16b und BLA 184o :: 230w vokalis. *אֹרַח, so auch Lex.[1], was aber weniger glücklich scheint; he. אֹרַח; aam. ארח Znğ. (KAI 215, 18), Sefire (KAI 224, 9), Ram. äga. (AP, Aḥqr) palm. ija. (DISO 24, DNWSI 106 s.v. *ʾrḥ*$_2$); ja. אוֹרְחָא (Dalman Wb. 10b); DSS (ATTM 522: ארח, *ʾoraḥ*); cp. *ʾwrḥ*, emph. *ʾwrḥʾ* (Schulthess Lex. 17b); sam. *ūrå* (BCh. Gl. 2a); sy. (LS 47b) und nsy. *ʾurḥā* (Maclean 7a); md. *ʿuhra* (MdD 343a, Nöldeke MG 66.160); naram. *orḥa* Mal (Bgstr. Gl. 75). Das sbst. ist fem. (so schon Sefire) und erscheint nur gelegentlich als mask., s. dazu Beyer l.c. und Nöldeke MG 160; cp. u. naram. auch fem. gebildet: *ʾorḥā*, emph. *ʾorḥetā* (Schulthess Lex. 17b). BLA 184o, 230w: pl. sf. (fem. wie meist) אֹרְחָתֵהּ, אֹרְחָתָךְ, Var. 'אֹרָ: **Weg**, pl. a) Wege Gottes = Gottes Handlungsweise Da 4_{34} ǁ מַעְבָּדוֹהִי; b) **Wege** (des Menschen), **Geschick** Da 5_{23} ǁ נִשְׁמְתָה. Cf. he. אֹרַח, דֶּרֶךְ. †

אַרְיֵה: he. =; a) *ʾryh*: aam. (Sefire, KAI 223 A 9); pehl. (Frah. 9, 4); b) *ʾry*, Ram. äga. (Aḥqr 89.110.117) palm. (DISO 24 s.v. ארי u. אריה u. DNWSI 107 s.v. *ʾry*$_3$ u. *ʾryh*$_1$); ja., DSS (Dalman Wb. 40b: אַרְיֵה, ATTM 522); cp. (Schulthess Lex. 17b: *ʾry*), sy. (LS 48b), md. (MdD 37b) und nsy. *ʾarjā* (Maclean 20b) אַרְיָא; BLA 200l :: Brockelm. VG 1, 412f; pl. det. אַרְיָוָתָא, BLA 233i: **Löwe**: sg. Da 7_4, pl. Da $6_{8.13.17.20f.23.25.28}$. †

אַרְיוֹךְ: a) he. ⸢ HAL 85a zu Gn $14_{1.9}$; b) aram. Da 2_{24f}: α) G, Θ, Judith 1_6, 2 Hen 33_1 Αριωχ (Bemerkung: Αριωχ in G mit Rahlfs und u.a. auch mit Zadok VT 26, 1976, 246 :: Grelot VT 25, 1975, Ἀριόχης); Ἀριουκης in gr.-aram. Bilingue aus Kleinasien, s. dazu Eph. 2, 249f, AJSL 45, 1928/29, 279 und Zadok l.c.; β) Die Herkunft des n.m. ist ungewiss; Möglichkeiten: 1.) churr. *Arriyuk* od. *Arri-*

wuk in Mari (ARMT II 63, 3), *Ariukki* in Nuzi, so de Vaux Histoire I 210 mit Anm. [104], cf. auch Sasson UF 6, 1974, 358.376.387a; 2.) (alt)iranisch, so mit je verschiedenen Formen, die erschlossen werden, s. Grelot VT 25, 1975, 711-719 (Lit.), bes. 715, und Zadok l.c. 246f; 3) Die Wahl zwischen 1 und 2 muss wohl mit einer möglichen Bevorzugung von 1 offen bleiben. γ) **Arioch**, Trabant am Hofe des Königs von Babylon Da 2_{24f}. †

אֲרִיךְ, Var. (wie < *ʾ*arrik*, BLA 58o) אֲרִיךְ und אֲרִיךְ: hapleg. Esr 4_{14}, c. לְ; ja. אֲרִיכָא: 1.) lang, 2.) recht, schicklich (Dalman Wb. 40b): a) Das adj. ist kein pt. pass. (Kautzsch § 57bγ), s. dazu Lex.[1], sondern Lw. < ape. *ārya-ka* eines Ariers würdig, so Scheft. I 79 und danach Lex.[1], Vogt 17a, BLA 188i, Rudolph EN 40, auch Rosenthal Gr. S. 78 und AH I/2, 18a (mit ?): die Übers. des adj. ist "passend, ziemend, schicklich" u.ä.: "da es uns nicht geziemt/für uns nicht schicklich ist, die Schande des Königs (עַרְוַת מַלְכָּא) (länger) anzusehen" (so auch Gunneweg KAI XIX,I 83). b) Eine andere Deutung bei ATTM 522 (mit Hinweis auf Hinz 36): אֲרִיךְ < pers. *arika* "treulos"; Übers. von Esr 4_{14} "wir besitzen nicht die Treulosigkeit zu sehen". c) Wir halten a) für die bessere Lösung. †

*ארך: he. =; aam. inf. pe. *mʾrk*, "lang sein" (T. Fekherye 7.14); Ram. (Nerab, KAI 226, 3); Behist. 58 (DISO 24, DNWSI 108); ja. (Dalman Wb. 41a); cp. (Schulthess Lex. 18a), sam. (BCh. Gl. 2a), sy. *ʾrk, ʾīrek* (LS 49a, Nöldeke SGr. § 174F); md. *ARK, ʾRK* (MdD 37b); naram. *ʾrḫ* (Bgstr. Gl. 76, Spitaler Gl. 92b); adj. אריך Ram. äga. (AP), pehl. (Frah. 25, 20: *ʾlyk*) Hatra (DISO 25, DNWSI 108 s.v. *ʾrk*$_4$); ja. (Dalman Wb. 40b) cp. (Schulthess Lex. 18a) sy. (LS 49a); md. *aruk/arik* (MdD 37).

Der. אַרְכָה.

*אַרְכֻבָּא, Var. אַרְכֻ׳ (BLA 241q); mhe. אַרְכֻּבָּה; ja. אַרְכֻּבְּתָא, ארכבה DSS (Dalman Wb. 41a, ATTM 523); cp. *ʾrkwbʾ* (Schulthess Lex. 194a) = *ʾarkūbā* (Gr. § 46, 1b); naram. *rḫoppṯa* (Spitaler 15g, Bgstr. Gl. 76; BLA 193o): trad. zu he. בֶּרֶךְ (VG 1, 276 :: Schwally 89: רכב, ar. *rukbat* Knie (Wehr 323a): pl. sf. אַרְכֻבָּתֵהּ, f.: **Knie** Da 5_6. †

אַרְכָה: ארך; mhe. *אֲרָךְ, st. abs. zu cstr. אֹרֶךְ (Dalman Wb. 41a); cf. Baumgartner Fschr. Eissfeldt (BZAW 77) 30f; ja. אַרְכָא (Dalman Wb. l.c.) und DSS (ATTM 523) :: אוּרְכָא ja. (Dalman Wb. 41a), cp. (Schulthess Lex. 18a), sy. (LS 49a), md. (MdD 346b) = he. אֹרֶךְ; BLA 185s: fem.: **Länge** (d. Zeit), **Dauer** Da 4_{24} 7_{12}. †

*אַרְכְּוָי Esr 4_9, pl. det. Q אַרְכְּוָיֵא, K אַרְכְּוָיֵ (BLA 212z); G Ἀρχυαῖοι, so auch Rahlfs mit Hinweis auf die Var. ἀρχοῦσι in G^B: n.p. **Bewohner von Uruk** (ƒ he. אֶרֶךְ, keilschr. [*lu*] *Uruk-a-a*, [*lu*] *A-ra-ka-a-a* [Eilers 40]); n.l. + Endg. *āj* (BLA 196d), lies אַרְכָּיֵי (sing. *אַרְכָּי), s. Lex.[1], Rosenthal AH I/2, 18a und danach Vogt 17b (:: Schaeder 60: < *frataraka*, ein iran. Beamtentitel, u. danach Galling ZAW 63, 1951, 70[18] und ATD 12, 1954, 194[7]). †

אֲרַע, or. *ʾaraʿ* (BLA 66n): he. אֶרֶץ; ƒ אֲרַק; aam. *ʾrq* Znğ. (KAI 214, 5.6.7.13; 215, 5.7.14) T. Fekherye 2, Zkr. (KAI 202 B 26), Znğ. (KAI 216, 4; 217, 2), Sefire (KAI 222 A 26.28, B 27; 223 A 8; 224, 6), Ram. *ʾrq* äga. (AP, Saqqara, AD); *ʾrʿ* äga. (BMAP, Saqqara, AP), pehl. (Frah. 2, 1; 8, 3: *ʾlkʾ*); *ʾrʿ* nab. palm. ija.; *rʿ* Hatra (DISO 25, DNWSI 110 s.v. *ʾrṣ*$_1$); אַרְעָא: ja., DSS: (Dalman Wb. 42b: אַרְעָא, ATTM 523), cp. (Schulthess Lex. 18b), sam. (BCh. Gl. 2a), sy. (LS 51a), naram. *arʿa* (Spitaler Gl. 92a, Bgstr. Gl. 74), nsy. (Maclean 21b); BLA 26cd, 181x (auf S. 182): — 1. **die Erde** Da $2_{35.39}$ 3_{31} $4_{7f.12.17.19f.32}$ 6_{26} $7_{4.17.23}$; שְׁמַיָּא וְאַ׳ Esr 5_{11} Da 6_{28}, cf. Jr 10_{11a} אַרְקָא; — 2. אַרְעָא K, אֲרַע Q (BLA 254o); äga. ארע unten (BMAP 3, 5); ja. (Dalman Wb. 43a) und cp. לְרַע (Schulthess Gr. § 26, 2c); naram. *erra* (Spitaler 118e, 130q) erdwärts, nach unten; אֲ׳ מִנָּךְ **unter** dir, geringer als du Da 2_{39}. †

*אַרְעִי: adj. zum sbst. אֲרַע (BLA 197f); mhe. אַרְעִית das Unterste; ja. אַרְעִיתָא Tiefe (Dalman Wb. 43a), cf. babyl.-targ. cs. אַרְעִית, s. ATTM 524: cs. אַרְעִית, f. אַרְעִית גֻּבָּא der **Boden** der Grube Da 6_{25}, cf. palm. ארע נומחה Boden seiner Grabnische (Beryt. 1, 38,10f, DNWSI 110 s.v. *ʾrṣ*$_1$ bes. S. 112 nr. 2). †

*אֲרַק: he. אֶרֶץ, ↗ אֲרַע: aam.: Zkr., Znğ., Sefire (zu den Belegen s. Degen Altaram. Gr. § 28, 1 [S. 45]), ferner T. Fekherye 2; pehl. (Frah. 2, 1), Saqq. (KAI 266, 2, DNWSI 110 s.v. *ʾrṣ*$_1$; dort auch Belege zu aam. und Ram. u. Wechsel ע :: ק); äga. (cf. Vogt s.v. אֲרַע, DISO 25f); md. *arqa* (MdD 39a, Nöldeke MG 183); cf. Ἀρακιηλ Erdengel 1Hen 8_3; ארקתא in der Vbdg. עבור אר׳ Ertrag/Ernte des Landes (AD XII 6, cf. S. 33, 34b) mit fem. Endg. nach akk. *erṣetu(m)* (AHw. 245) Erde, Unterwelt, Land > ארצתא, st. abs. zu *ארצה, sf. ארצתי, ארצתה (Nerab: KAI 225, 4.7.12; 226, 8). Zum צ anstelle von ק in dem sbst., s. Baumgartner ZAW 45, 1927, 100f = ZATU 88; Schaeder Esr. 48f. Det. אַרְקָא die **Erde** שְׁמַיָּא וְאַרְקָא Jr 10_{11a}. †

אַרְתַּחְשַׁשְׂתָּא Esr 4_{7a} und -שַׁשְׂתְּא Esr $4_{7b.8.11.23}$ 6_{14} und אַרְתַּחְשַׁסְתְּא Esr $7_{12.21}$, ↗ he. äga. BMAP 1 × ארתחש, 9 ארתחשסש (BMAP p. 305a), so auch 11 × AP u. Sard. (Schaeder Esr. 70); in lydischer Vrs. *Artakśassa*; [א]רתחשס *Nakš-i-Rustam* (F. Altheim Weltgesch. Asiens I, 1947, 37); pers. *Artakhšatra*, bzw. *Artakhšasša* (cf. Schaeder 70[1] und s. auch Rudolph EN 34 und mit [wohl] noch genauerer Umschrift Vogt 18b): **Artaxerxes I**, König von Persien 465-424 (BHH 132f, P-WKl I 615f). †

*אשׁ = *ʾoš*, < akk. *uššu* meist pl. (AHw. 1442a), sum. Lw., s. Kaufman 100; mhe. אֻשָּׁה f, pl. אֻשִּׁין; ja., DSS אֻשְּׁתָא, indet. אֻשָּׁא (Dalman Wb. 45a, ATTM 524); cp. masc. *ʾš, *ʾwš*, öfter pl. und f. *ʾwšʾ* (st. abs.), pl. emph. *ʾwšjʾ* fem. (Schulthess Lex. 19b), > ar. *ʾuss* (Frae. 11). (Das aram. sbst. ist von bhe. שֵׁת zu trennen [:: Lex.[1]], ↗ I שֵׁת 1 c): m. pl. det. אֻשַּׁיָּא, sf. אֻשּׁוֹהִי: **Fundament** Esr 4_{12} 5_{16}; 6_3 MT וְאֻשּׁוֹהִי מְסוֹבְלִין, text. inc. vel corrupt., s. dazu Gunneweg KAT XIX/1, 104[3]; Vorschläge zur Deutung s. bei Rudolph EN 54 und Vogt 18b: 1.) zu den beiden sbst.: a) אֻשּׁוֹהִי seine Fundamente, mit dem vb. po. pt. pass. “sie sollen erhalten werden”, s. dazu סבל u. Tuland JNES 17, 1958, 269ff; b) אֶשַּׁיָּא, pl. st. det. zu אֶשָּׁא “die Brandopfer sollen dargebracht werden”, ↗ סבל od. אֶשּׁוֹהִי “seine Brandopfer...”, ↗ אֶשָּׁא; 2.) cj. pr. sbst. des MT prop. מְשַׁחוֹהִי, < *מְשַׁח, vb. מִתְּכִ(י)לִין (ettaf. von כיל) “seine Masse sind bemessen”, so Rudolph l.c.; 3.) Gegenüber der cj. von 2 sind die Möglichkeiten von 1a und b wohl zu bevorzugen. †

אֶשָּׁא, fem. abs. (Baumgartner ZAW 45, 1927, 92 = ZATU 79): he. אֵשׁ und אִשָּׁה; aam. Sefire אש (KAI 222 A 35.37/38); f. אשה: Ram. Assbr. (KAI 233, 17) und äga. אשה (AP, Aḥqr, Saqqara) st. emph. אשתא (AP 31, 11); cf. Uruk 21.31 *iš-šá-aʾ*; pehl. (Frah. 13, 5), ija. (DISO 27 s.v. $אש_{III}$ u. $אשה_{II}$, DNWSI 121 s.v. *ʾš* u. 122 s.v. *ʾšh*$_2$); DSS (ATTM 524); ja. אֶשָּׁתָא (Beyer Dalman Wb. 45a); sam. אשתא (BCh. Gl. 2a); cp. (Schulthess Lex. 20a s.v. *ʾšy*: Fieber) und sy. *ʾēšātāʾ* (LS 52a); md. *ʿšata* (MdD 357f, Nöldeke MG 168); nsy. *šatha* (Maclean 314a); fem.-Form auch ug. *išt* (Aistl. Nr. 436), akk. *išātu* (AHw 392b), äth. *ʾešāt* (Dillmann 749); BLA 189q; fem.: — 1. **Feuer** Da 7_{11}; — 2. **Feueropfer** (he. אִשֶּׁה) Esr 6_3; pl. אֶשַּׁיָּא, ↗ *אשׁ 1 b, oder אֶשּׁוֹהִי ↗ *אשׁ 1 a. †

אָשַׁף, Var. in Da 2_{10} אָשַׁף und אַשָּׁף: he. אַשָּׁף Da 1_{20} 2_2; mhe. אַשָּׁף, so auch ja., DSS (Jastrow 129b, ATTM 524); sy. *ʾāšōpā* u. *ʾaššāpō*, pa. denom. (LS 53a); md. *ASP* (MdD 41a) vb. denom. "magische Künste gebrauchen, beschwören"; Lw. < akk. *āšipu* (Zimmern 67) = *(w)āšipu(m)* (AHw. 1487f); s. Beyer l.c. und Kaufman 38f; BLA 190x :: Mtg. Da. 138.153: pl. אָשְׁפִין, det. אָשְׁפַיָּא: **Beschwörer, Zauberer** Da $2_{10.27}$ 4_4 $5_{7.11.15}$. †

*אשרן, det. אֻשַּׁרְנָא Esr $5_{3.9}$ | | בַּיְתָא דְנָה לְמִבְנְיָה וְאֻ׳ דְנָה לְשַׁכְלָלָה; G. χορηγίαν, Esd 6_4 τὴν στέγην ταύτην καὶ τἆλλα πάντα, 6_{10} τὰ ἔργα ταῦτα; S, V "Mauern"; die Bedeutung ist unsicher: 1.) < pe. *āčarna* (Hinz 21); 2.) äga. אשרן (AP, BMAP, Saqqara, DISO 28, DNWSI 129: < Iran) = *אֻ/אֻשַּׁרְן Bauholz, Getäfel, cf. ar. *ʾašara* sägen (Joüon Bibl. 22, 1941, 38ff) hölzerne Einrichtung, hölzerne Bauteile, so mit ATTM 524, s. ferner Tuland JNES 17, 1958, 262-275, bes. 270ff; Galling Fschr. Rudolph 77, Vogt 19a, s. auch Rosenthal Gr. § 189 (S. 59) und AH I/2, 18b; cf. ferner Gunneweg KAT XIX/1, 95 mit Hinweis auf Mowinckel Studia Theologica 1965, 130ff: "Die Vokabel bezeichnet vor allem Holzmaterialien, die beim Bau von Gebäuden und Schiffen Verwendung finden." Zu älterer Lit. s. Lex.[1]; 3) akk. *ašru* (pl.) heilige Stätte der Gottheit, Heiligtum (AHw. 83 A 4 d, CAD A II 458b, d 2'), cf. GB; 4) Der Parallelismus membrorum in den beiden (übrigen identischen) Esrastelle: אֻשַּׁרְנָא | | בַּיְתָא gibt der Übersetzung "Heiligtum" den Vorzug, cf. ZüBi. †

אֶשְׁתַּדּוּר: die Ableitung des sbst. ist umstritten. Vorschläge, bzw. Möglichkeiten cf. Vogt 19: a) √שׁדר, orig. inf. itpa. (VG 1, 580); etwas anders BLA 193o, aber ebenfalls zu שׁדר: "(wohl kanaan.) Verbalnomen zu אֶתְקְטֵל", so auch Rudolph EN 40; b) Willi Fschr. Zimmerli 545f: ištaf. der √דרר = "Bewegungsfreiheit" ("Freiheitsbewegung"), cf. Gunneweg KAT XIX/1, 84; c) aus pe. *āštidrauga* "Friedensbruch", so Rosenthal Gr. § 190 (S. 59) und danach ATTM 524; d) die Entscheidung zwischen a)-c) lassen wir offen (ähnl. Vogt), doch verdient c) vielleicht den Vorzug: **Aufruhr** Esr $4_{15.19}$. †

אִשְׁתִּיו; Da 5_{3f}, *F* שׁתה.

*אָת: he. אוֹת; ja., DSS (Dalman Wb. 45b: אָתָא, ATTM 525); cp. (Schwally 8), sy. (LS 53b), md. (MdD 42b); sy. (LS 54a) und nsy. *ʾātūtā* Buchstabe (Maclean 23a); BLA 185s.t: pl. אָתִין, אָתַיָּא (ja. und cp., 1 × sy. PSmith); pl. fem. sy. und md. (MdD 42b), selten ja. und cp. Schwally 8; sf. אָתוֹהִי, m: **Zeichen**, pl. neben תִּמְהִין Da 3_{32f} 6_{28}. †

אתה: he. =; Deir Alla; aam. Sefire (KAI 222 B 28.31.32; 223 B 13; 224, 11.12.20), s. Degen Altaram. Gr. § 62 (S. 77); Ram. pe. u. haf. Assbr. (KAI 233, 7.11); keilschr. 7. Jh., s. ATTM 525: *i-ta(-a)*; äga. (AP, BMAP, Aḥqr, Beh. 31 [akk. *it-[ta]-lak*], AD, Saqq., Hermop.) cf. Vogt 20; pehl. (Frah. 20, 7.18); Paik. 169, Nisa; nab. palm. Hatra ija. (DISO 28f, DNWSI 133 s.v. *ʾty₁*); ja., DSS (Dalman Wb. 45b, ATTM 525); cp. (Schulthess 20a), sam. (BCh. Gl. 2a), sy. (LS 54a); md. *ATA* und *ʿTA* (MdD 41f, Nöldeke MG 257); naram. pe. af. (Bgstr. Gl. 100) und nsy. (Maclean 22b); אטא ja. (Levy 1, 58b); cp. *ʾṭʾ* (Schulthess Lex. 6); BLA 168d:

pe: אֲתָה Esr 5_3 Bombergiana, אֲתָא Esr $5_{3.16}$ Leningradensis, pl. אֲתוֹ; imp. pl. אֱתוֹ; inf. מֵתֵא (< *מֶאתֵא); pt. אָתֵה: **kommen** Da $3_{2.26}$ $7_{13.22}$ Esr 4_{12} $5_{3.16}$. †

haf: (BLA 141e, 169e): pf. הַיְתִי (äga.), pl. הַיְתִיו; inf. הַיְתָיָה: **bringen**: a) Personen Da 3_{13} 5_{13}; $6_{17.25}$ הַיְתִיו sie brachten herbei = man brachte herbei; b) Sachen Da $5_{2f.23}$;

hof. (BLA 169f-h): pf. 3. fem. sg. Da 6_{18} הֵיתָיִת, lies c. Var. הֵיתָיִת, or. *hētījat* (BLA 169g), היתית Uzzia-Inschr. (Albright BASOR 44, 1931, 8-10, s. ferner Fitzmyer GnAp² 22; Lit.), 3. pl. הֵיתָיו Da 3_{13} lies c. Var. הֵיתַיוּ, or. *hajtījū* (:: BLA 169h): **gebracht werden** Da 3_{13} 6_{18}, vs.$_{25}$ *F* oben bei haf. Var. †

*אַתּוּן: ja. אַתּוּנָא (Dalman Wb. 45b); cp. (Schulthess Lex. 20b), sy. (LS 55b); md. *atuna* (MdD 43a, Nöldeke MG 125); > ar. *ʾattūn* (Frae. 26), äth. *ʾetōn* Frae. 26; Lw. < akk. *ʾa/i/utūnu* (AHw 1445b) < sum. *udun*, s. dazu Kaufman 110, ATTM 525: ein altes, wahrscheinlich vorsumer. Kulturwort: cs. = det. אַתּוּנָא masc.: Ofen, bzw. Brenn- oder Schmelzofen, so Berger ZA 64, 1975, 223f, cf. auch Salonen Ziegeleien 119ff: אַתּוּנָא der **Ofen** Da $3_{19.22}$; אַתּוּן נוּרָא יָקִדְתָּא der Ofen von brennenden Feuer, der brennende Feuerofen Da $3_{6.11.15.17.20f.23.26}$. †

אִיתַי: ↗ אִיתַי.

אֲתַר: he. אֲשֶׁר; 1.) אשר; Deir Alla, aam.: Sefire (KAI 222 A 5, B 3; 224, 5.7, Degen Altaram. Gr. § 28, 1 S. 45); Znǧ. (KAI 214, 27.32) :: Zkr. (KAI 202 B 15.16 אשר ידי "das Werk meiner Hände" = die Inschrift, cf. l.c. 16f אשר [ידי] זכר das Werk der Hände des Z. (DNWSI 128 s.v. *ʾšr*$_5$); Nerab (KAI 225, 8); 2.) אתר Ort: Ram. äga. (AP, AD, Saqqara, Aḥqr 34), Saraidin (KAI 261, 6), pehl. (Frah. 25, 48, Paik.), nab. palm. ija. (DISO 27 s.v. אשר$_{II}$, DNWSI 125 s.v. *ʾšr*$_4$); ja., DSS (Dalman Wb. 48b: אַתְרָא, ATTM 526); cp. (Schulthess Lex. 20b), sam. (BCh. Gl. 2a), sy. (LS 55b); md. *atra* (MdD 44, Nöldeke MG 159); nsy. (Maclean 23b); ug. *aṯr* (Aistl. Nr. 476); akk. *ašru* Ort (AHw 82b); ar. *ʾaṯar*; asa. *ʾṯr* (Conti 110b) u. äth. *ʾašar* Spur (Dillmann 739-40; saf. *ʾṯr* (Littm. TS 155) Spur, Inschrift; BLA 184p: — 1. **Spur** Da 2_{35} (al. sec. 2); — 2. **Ort, Stelle** (G τόπος): עַל־אַתְרֵהּ an seiner (früheren/alten) Stelle Esr 5_{15} 6_7; לְאַתְרֵהּ an seine Stelle Esr 6_5: MT וִיהָךְ לְאַתְרֵהּ (כֹּלָּה) "und (alles) soll an seine Stelle kommen", s. dazu ↗ *כֹּל; אֲתַר דִּי Esr 6_3 da wo (BLA 362q), wo (Vogt 21b), so auch V: *in loco ubi immolent hostias* :: G (Εσδρ B) οἶκος οἰκοδομηθήτω, καὶ τόπος οὗ θυσιάζουσιν τὰ θυμιάσματα "das Haus ist als eine Stätte, wo man Opfer darbringt, wider aufzubauen", danach Rudolph EN 54 und ähnl. Galling Fschr. Rudolph 71; — 3. ↗ בָּאתַר. †

ב

ב = he. פ in ברד ↗ פרד (HAL 906a); wechselt mit mhe. und aram. פ in בקע (↗ HAL 143) und in חסף mit den Formen in ja. חַסְפָּא und חַצְבָּא, ↗ Weiteres bei חֲסַף.

בְּ: he. =; aam. T. Fekherye Z. 22: *b*, Z. 11: sf. *bh*; Ram. pehl. באתר Frah. 25, 9, בנפשה Nyberg II 296, Paik. 186; Uruk 21, 4 *ba-*; Assbr. (KAI 233, 21: ב) und äga. (Leander § 62, 3): ב pretii (BMAP 1, 3); Demot. (↗ HAL, Einleitung von Baumgartner § 3d) 9, 4 (בא(ביתא; nab. palm. (DISO 30, DNWSI 137); ja., DSS (Dalman Wb. 46a, ATTM 526); sy. (Nöldeke SGr. § 248) cp. (Schulthess Lex. 21a), md. (MdD 44a), nsy. (Nöldeke NsGr. § 87, 1, S. 170, Maclean 23a); naram. (Bgstr. Gl. 9). Im bibl. aram. בְּ (vor Šewa mob. *bi* [BLA 257b-h, bes. d], so auch ja. :: sy. ba., ↗ he.): sf. בִּי, בָּךְ, בֵּהּ, בְּהוֹן, בַּהּ: — 1.) a) **in**, räumlich Da 3_1; *בִּפְלֻגָּן in (= nach, gemäss) den Ordnungen/Abteilungen Esr 6_{18} (↗ פְּלֻגָּה), חֲלָק בְּ Anteil an Esr 4_{16}, צְבוּ בְּ Da 6_{18} (↗ צְבוּ); 2.) räumlich auf die Frage wohin יְהַב בִּידָךְ Da 2_{38}, עֲדָה בְּ kommen an 3_{27}; 3.) zeitlich Da 2_{28} 3_5; 4.) instrumental: **durch, mittels** Da 2_{30} 7_8, dank Esr 6_{14}, mittels, mit Hilfe, kraft Esr 7_{14} (בְּדָת, s. zum unveränderten MT auf der einen und zur cj. כְּדָת auf d. anderen Seite Gunneweg KAT XIX/1, 128 mit Anm.[14]); קְנָה בְּ kaufen um (בְּכַסְפָּא) Esr 7_{17}; 5.) für begleitenden Umstand: בְּחֶדְוָה Esr 6_{16}; 6.) andere Verbindungen: a) שׁתה בְּ (cf. he.) trinken aus Da 5_2, הֵימִין בְּ vertrauen auf 6_{24} (↗ אמן haf.), שְׁלֵט בְּ herrschen über 2_{38}, עֲבַד בְּ verfahren mit, handeln an 4_{32}; b) יוֹם בְּיוֹם Tag für Tag

Esr 6_9 (= he. ↗ I יוֹם 2 [HAL 382b] und sy. [LS 300a]); 7.) Zusammensetzungen: ↗ בָּאתַר u. *נַר.

*בְּאִישׁ: באשׁ; (< בְּאִישׁ, s. BLA 66 l, Vogt 25a); Ram. äga. (AP, AD, BMAP), Klas. Uruk 35: *bi-ʾi-šā-ti-ia* = *b^eʾišāti* "das für mich Schlechte", pl. fem.; palm. Hatra ija. (DISO 31, DNWSI 142 s.v. *bʾš₂*), ja., DSS (Dalman Wb. 46b, ATTM 528); באישׁ, neben seltenem בישׁ, in den Belegen aus Qumrān, s. ATTM l.c.; sonst בישׁ, so palm. (Rosenthal SprP 29); cp. (Schulthess Lex. 21b), sam. (BCh. Gl. 2b), sy. (LS 57a), md. (MdD 63a), naram. *bīšca* (Bgstr. Gl. 15 s.v. *bʿš*) und nsy. (Maclean 31a); akk. *bīšu*, *biʾšu* (adj. zu *baʾāšu*) schlecht (AHw. 131): f. בְּאִישְׁתָּא, Var. בְּאִישְׁתָּא u. בְּ(י)שְׁתָּא, BLA 22b.c, 60k: **böse** Esr 4_{12}. †

באשׁ: he. =; Grdb. stinken; Ram. Nerab II 9 haf. (KAI 226, s. auch Vogt 25b), ija. (DISO 32, DNWSI 142 s.v. *bʾš₁*); ja., DSS (Dalman Wb. 47a, ATTM 528), cp. (Schulthess Lex. 22b), sy. (LS 56b), md. *BIŠ* (MdD 63a):

pe: pf. בְּאֵשׁ **schlecht sein**, c. עַל pers. es missfällt jmdm (he. רעע אֶל/עַל ↗ I רעע qal 2 b) Da 6_{15} (:: טְאֵב עַל 6_{24}). †

בָּאתַר, Var. בָּתָר; < *בַּ-אֲתַר (s. VG II 371): aam. Znǧ. באשׁר (KAI 214, 27.32); Ram. pehl. (Frah. 25, 48, Paik. 191) u. nab. באתר; palm. (DISO 45, DNWSI 20b s.v. *btr*), sam. (BCh. Gl. 2a s.v. *ʾtr*), ja., DSS (Dalman Wb. 68b, ATTM 526) und sy. (exc. Syr^SIN, Black 219, LS 56a s.v. *ʾatrā*) בתר, so auch cp. (Schulthess Lex. 32f, Derselbe Gr. § 134, 3 = *bāṯar*); md. *abatar*, weniger häufig *batar* (MdD 2a), *batar* (באתר, בתר, MdD 51b, 2a); nsy. *bāthar* > *bār* (Nöldeke NsGr. 172, Maclean 41b); naram. *bōthar* (Bgstr. Gl. 17 s.v. *bṯr*, Spitaler 172e); BLA 261k: sf. בָּתְרָךְ: auf deiner Spur (↗ אֲתַר) praep.: **nach** Da 2_{39}, ↗ בָּאתַר דְּנָה 7_{6f}. †

בָּבֶל; he. =; בבל äga., ja., DSS (ATTM 730) u. palm. (Inv. Pa. IX 11, 4); Ram. neben בבל auch בבאל (AD 57); Demot. 7, 5 באבאל; sy. auch *bbjl*; BLA 42w: **Babylon** (↗ he. HAL 103b, BHH 177f) Da 2_{12} - 7_1 (15 ×), Esr 5_{12} - 7_{16} (10 ×). †

Der. *בָּבְלָי.

*בָּבְלָי: gntl. v. בָּבֶל; äga. בבלי (AP 6_{19}, s. dazu auch ATTM 528); akk. *Ba-bi-lu-a-a* (API 24, 16) ungewöhnliche Schreibung nach ape. für **Ba-bi-la-a-a* (APN 49b) = *Babilajja* (cf. GAG § 56p, S. 69), cf. ja. בָּבְלָאָה; BLA 196d: pl. det. בָּבְלָיֵא, Var. בַּבְ׳: **Babylonier** Esr 4_9. †

בדר: he. פזר u. בזר; mhe., Sard. (KAI 260 B 8; DISO 32, DNWSI 145 s.v. *bdr₁*); ja. (Dalman Wb. 49a), cp. (Schulthess Lex. 23a), sy. (LS 60a) und nsy. (Maclean 25b) בדר pe. und pa.; ja. auch בזר (Dalman Wb. 51b); pehl. (Frah. 4, 5) בזר (DNWSI 150); ja. sbst. בִּזְרָא (Dalman Gr. 99[1] und Wb. 51b); > ar. *bazr*, *baḏr* (Frae. 138) Samen, Samenkörner; > sy. *bazr* Leinöl (LS 65a):

pa: imp. pl. בַּדַּרוּ: **zerstreuen** Da 4_{11}. †

בְּהִילוּ: בהל (BLA 197g, auf S. 198); ja. (Dalman Wb. 49a): bab. talm.; sy. *bahīlūtā* (LS 61a): **Eile** Esr 4_{23}. †

בהל: he. =; ja., DSS (pa. beunruhigen, itpe. pass. [Dalman Wb. 49a, ATTM 529] und eilen) sy. pe. ruhen, aufhören (LS 60b):

pa: impf. pl. sf. יְבַהֲלוּנַּהּ, יְבַהֲלֻנַּהּ, יְבַהֲלֻנַּנִי (BLA 130f.i), juss. (BLA 89d, 131k) יְבַהֲלָךְ und יְבַהֲלוּךְ: **jmd erschrecken** Da $4_{2.16}$ $5_{6.10}$ $7_{15.28}$. †

hitpe: (ja.) **eilen**, inf. ↗ הִתְבְּהָלָה als sbst. Da 2_{25} 3_{24} 6_{20}. †

hitpa: (ja.) pt. מִתְבָּהַל, or. *-bahal* (BLA 67t) und *-b^ehal* (hitpa., ja.): **erschreckt werden** Da 5_9. †

Der. הִתְבְּהָלָה, בְּהִילוּ.

בטל: he. =, < aram. (Wagner 39); Ram. ija. pa. ausmerzen, annulieren (DNWSI 150 s.v. *bṭl₁*) בְּטֵל ja., DSS (Dalman Wb. 52b, ATTM 530); sam. (BCh. Gl. 2b); בְּטֵל ja. sy. (LS 66b), und md. *BṬL* (MdD 58a, Nöldeke MG 219); nsy. (Maclean 30a); cp. *bṭl* (Schulthess

Lex. 24b); palm. pt. *mbṭl*: akt., so DISO 33, DNWSI 151 s.v. $bṭl_2$, pass. s. Rosenthal SprP 63:

pe: pf. 3. f. בְּטֵלַת, Var. בְּטִלַת und בְּטְלַת (BLA 68x, 103x); pt. f. בָּטְלָא, Var. בְּטִילָא pt. pass. (BLA 106i): **aufhören, eingestellt werden** Esr 4_{24}. †

pa: pf. בַּטִּילוּ; inf. בַּטָּלָא: **Einhalt gebieten** Esr $4_{21.23}$ 5_5; דִּי־לָא לְבַטָּלָא Esr 6_8 (BLA 302g) ohne Unterbrechung, oder zeitlich unbegrenzt (cf. Thucyd. I 129, 3 μηδὲ κεκωλύσθω, cf. Olmstead AJSL 49, 1932/33, 160). †

*בין: he. =; palm. af. (DISO 34, DNWSI 152 s.v. byn_1), md. pe. (MdD 55b, Nöldeke MG 250); ja., DSS (Dalman Wb. 53b, ATTM 523), sy. (LS 68b), nsy.; pa.; cp. pol. (Schulthess Lex. 25a);

Der. בֵּין, בִּינָה.

בֵּין; he. =; akk. (*ina, ša*) *bīri-, birīt* (AHw. 128); aram. allg.; aam. Sefire *bnj* (KAI 224, 18.19.21), sf. *bnjhm* (cf. Degen Altaram. Gr. § 45a, S. 62); Ram. בין; äga. (AP, BMAP, AD, Aḥqr) Samaria, pehl. (Frah. 25, 38, Paik. 207), palm. nab. ija. (DISO 34, DNWSI 152 s.v. byn_2), ja., DSS (Dalman Wb. 53b, ATTM 531) cp. (Schulthess Lex. 25a), sam. (BCh. Gl. 2b); ja. בֵּינָת, בֵּינֵי, und בֵּי(ת) DSS (Dalman Wb. 53b, ATTM 531); sam. u. cp. בינ(ת) (Schulthess Lex. 25b); sy. *bajnaj, bajnāt* u. *bējt* (LS 68a); palm. ביני und בינות (Beryt. 2, 104, XII 4); nab. בני; md. *binat-, binia, bit, abinia* (MdD 61, Nöldeke MG 194f); naram. *bainṯ* u. *bainoṯ* (Bgstr. Gl. 13 s.v. *bjn*); nsy. *bīl*, auch *ben, bīn* (Maclean 30b); vgl. dazu auch Nöldeke NsGr. 171; *bēl* (*bējl*) "zwischen" aus *bejt-l* (§ 21), einem Rest von *bejt*, d.i. die Femininendung von *bejn, bīn* war äusserlich mit *bjt* Haus zusammenfallend; BLA 257i: בֵּין Da 7_5, sf. K יהוֹן בֵּינֵ, Q הֵין-, Var. הֵן- (BLA 75h) Da 7_8: **zwischen**. †

בִּינָה: בין; he. =; ja., cp. *bwnyw* (Schulthess Lex. 25a); BLA 180k, 239x: **Einsicht** Da 2_{21}. †

*בִּירָה: he.=; Lw. < akk. *birtu(m)* (AHw. 129b, s. Ellenbogen 49, Kaufman 44); G βειρα, det. βιρτα (Edgar Zenon Papyri I, 1925, 59003, 13; ATTM 95, cf. 532); Ram. pehl. auch abgekürzt בר, Paik. 211; äga. בירתא (AP, BMAP, Saqqara, AD) Persepolis, auch ברתא (AP u. BMAP, Beh.); בירתא Sardes (KAI 260 B 2, S. 306); nab. Tempel (Cant. 2, 70), cf. he. F בִּירָה 2); Hatra palm. (DISO 35, DNWSI 155); ja., DSS (Dalman Wb. 54b, ATTM 532); sy. (LS 69b); etym. Lewy HUCA 27, 1956, 58f: det. בִּירְתָא, Var. בִּירְתָּא (BLA 67r): (feste) **Stadt, Burg**; בְּאַחְמְתָא בְּבִירְתָא Esr 6_2 (? dl c. Vrss., s. BHS בְּ[2], dittgr., s. Rudolph EN 54 :: MT, ZüBi): im Schloss zu Ekbatana; Gunneweg KAT XIX/1, 103: in Ekbatana, in der Burg. †

בית: denom. < בַּיִת :: Jean MélSyr. 704; a) בית: ja., DSS (Dalman Wb. 54b: בִּית, ATTM 531); sam. (LOT 2, 498); akk. *biātum*, mittelspätbab. *bâtu*, ass. *biādu(m)* (AHw. 124); ar. *bāta(i)*; äth. *bēta* (Dillm. 534) = tigr. (Wb. 294); b) בות: ija. *b't* (DNWSI 148 s.v. bwt_1), cp. (Schulthess Lex. 23b); sy. (LS 63b); md. (MdD 57b, Nöldeke MG 249); nsy. (Maclean 24a, VG I 614):

pe: pf. בָּת: **die Nacht verbringen** Da 6_{19}. †

בַּיִת: he. =; Deir Alla; aam. Zkr. Znğ. (KAI 214; 215; 216; 217), Hama (KAI 203), Sefire (KAI 222; 223; 224), Zkr. (KAI 202), T. Fekherye: *bt* Z. 17, emph. *byth* Z. 8; Ram. äga. (AP, BMAP, Saqqara, AD, Hermopolis, Aḥqr) Beh. Tema; בֵּי (Leander 24h, s. auch ATTM 530): abs. Znğ. (KAI 216, 16), äga. (AP, BMAP), Uruk 4, 7 (*ba-a-a*), pehl. (Frah. 2, 15.16 etc., Paik. 212.213), nab. Hatra palm. ija. (DISO 35, DNWSI 156 s.v. byt_2); ja., DSS (Dalman Wb. 55a: בֵּיתָא; 53a: בֵּי II; ATTM 530 s.v. בי); cp. (Schulthess Lex. 26a: *byt* u. *by*), sam. *bet/bit* (BCh. Gl. 2b), sy. (LS 69b) und nsy. (Maclean 31a-b, doch s. auch Nöldeke NsGr. 119f); md. *baita* (MdD 47b, Nöldeke MG 183), naram. *bē* (Bgstr. Gl. 10

s.v. *bj*); cs. ja. (בֵּי), naram. (Spitaler 101f); BLA 247c: det. בַּיְתָא, Esr 5_{12} u. 6_{15} בַּיְתָה, cs. בֵּית, sf. בַּיְתִי (Da 4_1, or. u. schlechte Var. בֵּיתִי, BLA 231a), בַּיְתֵהּ (BLA 231k), pl. sf. בָּתֵּיכוֹן Da 2_5 (BLA 231b): — 1. **Haus** Da 2_{17} 3_{29} 6_{11} Esr 6_{11}, pl. Da 2_5; **Palast** 4_1: בֵּית מַלְכָּא Haus des Königs = der königliche Fiskus Esr 6_4, בֵּית מַלְכוּ Residenz Da 4_{27}, בֵּ׳ מִשְׁתְּיָא Festsaal 5_{10}, בֵּ׳ גִּנְזַיָּא Schatzhaus, -häuser (cf. ar. *bait el-māl* Schatzhaus, Staatskasse) Esr 5_{17}, cf. 7_{20} (BLA 310b), בֵּ׳ סִפְרַיָּא Archiv 6_1 (ғ סְפַר); — 2. **Tempel** (cf. akk. *bītu(m)* AHw. 132f, sub 2a) Esr $5_{3.9.11f}$ $6_{3.15}$, בֵּית אֱלָהָא Da 5_3 Gl.; Esr 4_{24}-7_{24} (17 ×), sf בֵּ׳ אֱלָהָךְ Esr 7_{19f}, בֵּ׳ אֱלָהֲכוֹם/הֹם Esr $7_{16.17}$, בַּיְתֵהּ Da 5_{23}, בֵּית אֱלָהּ שְׁמַיָּא Esr 7_{23}. †

בָּל: Ram. äga. (Aḥqr 97 Geist, DISO 36, DNWSI 165 s.v. *bl*$_1$), cp. (Schulthess Lex. 23b), sam. sy. (LS 62b: *bālā*) und nsy. (Maclean 32b); naram. *bōla* (Bgstr. Gl. 12); ar. *bāl* Geist, Herz, Sinn; BLA 179h: Herz (Lex.[1]), Geist, Sinn DSS (ATTM 532); **Sinn**: שָׂם בָּל c. לְ und inf. den Sinn richten auf Da 6_{15}. †

בֵּלְאשַׁצַּר: n.m., Da 7_1 und Var. 5_1 ғ בֵּלְשַׁאצַּר. †

***בלה** (nach ATTM 532: die urspr. Form der √בלי mit der Bedtg. "morsch sein/werden"): he. =; äga. בלא, pe. pt. pass. f. בליה abgetragen (Kleidung) BMAP 7, 12 (DISO 36, DNWSI 166 s.v. *bly*$_1$), ev. verwandt mit AP 26,1: *bl'h* verderben (DNWSI 165 s.v. *bl'*$_1$); ja. (Dalman Wb. 56a בלא/י), cp. (Schulthess Lex. 26b *bly*) und sy. (LS 74b) בְּלָא und בְּלִי; md. *BLA* II (MdD 65a), naram. *blj* IV ins Unglück bringen (Bgstr. Gl. 12):

pa: impf. יְבַלֵּא (BLA 158k): **aufreiben** Da 7_{25}, s. dazu auch Plöger KAT XVIII, 103 und bes. 117 :: Noth GesSt 286 (wegen pa.) schwer kränken, mit Hinweis auf ar. *balā(w)*, s. dazu Wehr 66a; cf. ZüBi quälen. †

בְּלוֹ, Lw. < akk. *biltu* (AHw. 126, Zimm. 10, Ellenbogen 51, Kaufman 44, s. auch ATTM 532); ? kan. pro *בְּלָה; BLA 196e :: Rosenthal AF 51 mit Anm.[3]; äga. (DISO 37, DNWSI 166): (Natural-) Abgabe (Lex.[1]), bzw. **Ertragsangabe** (Beyer l.c.) Esr $4_{13.20}$ und 7_{24} (zwischen ғ מִדָּה / מִנְדָּה und ғ הֲלָךְ). †

בֵּלְטְשַׁאצַּר (zu dem. n.m. siehe schon HAL 127), Var. בֵּלְטְ׳ u. Da 4_{5f} שַׁאצַּר-, or. *Belṭašaṣṣar* u. *Belaṭš-*: n.m., G Θ Βαλτασαρ (Ruž. 178), V *Baltassar*; Beltsazzar, bab. Name Daniels (Da 1_2) 2_{26} $4_{5f.15f}$ 5_{12}. BHH 215. Die dem n.m. zugrunde liegende bab. Gestalt lässt sich nicht (mehr) sicher angeben; Möglichkeiten (cf. auch Vogt 28a): a) **balāṭ-šarri-uṣur* "Schütze das Leben des Königs!"; b) **balātsu-uṣur* "Schütze sein (des Königs) Leben", cf. Kf. *balāssu/balāssi* (APN 50f); c)**Bēlēt-šarra-uṣur* "Belet schütze den König" (statt *uṣri*), so Berger ZA 64, 1975, 226ff. 231; d) Eine Entscheidung zwischen a,b,c wagen wir nicht zu fällen. †

בֵּלְשַׁאצַּר, Da 5_1 und Var. 7_1 בֵּלְאשַׁצַּר (he. 8_1), Q בֵּלְשַׁצַּר (s. auch BHS), בלשצר 4Q ps Dan. (RB 63, 411[4], ATTM 730); G, Θ Βαλτασαρ, V *Baltassar*: **Belsazar** (BHH 214), angeblich Sohn des ғ נְבוּכַדְנֶאצַּר und letzter König von בָּבֶל Da $5_{1f.9.22.29f}$ 7_1; tatsächlich = *Bēl-šarra-uṣur*, "Bel schütze den König" (APN 61b, cf. Berger ZA 64, 1975, 227.230f); aram. בלסראצר (Eph. 3, 117f, Lidzb. Urk. 15, Nr. 1) erstgeborener Sohn von *Nabû-na'id*, 555-539 v. Chr., cf. R.Th. Dougherty Nabonidus a. Belshazzar, 1929, 93ff; Bentzen 48f; Baumgartner ZATU 316f (Lit.); Plöger KAT XVIII, 90f. †

בנה: he. =; aam. Zkr. (KAI 202 B 9.10), Znğ. (KAI 214, 13.14; 216, 20), Ram. äga. (AP, BMAP, Saqqara), pehl. (Frah. 18, 7), Paik. 215; nab. palm. (pa. βανι, Dura 51) Hatra ija. (DISO 38, DNWSI 173); ja., DSS (Dalman Wb. 58a: בְּנָא, ATTM 533); cp. (Schulthess Lex. 27a), sam. (BCh. Gl. 2b), sy. (LS 78b), md. *BNA* (MdD 66b), *BNN*, *BUN* (MdD 67), s. zu diesen Formen Nöldeke MG 83; nsy.

(Maclean 34a):

pe: pf. pl. בְּנוֹ Esr 6_{14b} (doch s. dazu Rudolph EN 60 und BHS; zum MT cf. auch Gunneweg KAT XIX/1, 112), sf. בְּנָהִי (BLA 154n), 1. sg. בֱּנַיְתַהּ (Da 4_{27}), Var. בֶּ׳, בְּ׳ und בִּ׳ (BLA 155p), auch תָה-; impf. pl. יִבְנוֹן; inf. a) מִבְנֵא (BLA 156x) Esr 5_2 6_8, inf. sbst. מבני BMAP 9, 12; מִבְנְיָא Esr 5_9 (מִבְנְיֵהּ ? BLA 156z, doch s. dazu BLA 371); b) לִבְנֵא Esr $5_{3.13}$, was, nach BLA 156y Schreibfehler ist für לְמִבְנֵא :: 371 mit Hinweis auf לבנא Znğ. (KAI 214, 13.14), so wohl auch Lex.[1] und bes. Vogt 28b: לִבְנֵא alte Form ohne praef. *m-*, cf. VG 1, 579; pt. pl. בָּנַיִם, pass. בְּנֵה: **bauen** Da 4_{27} Esr 4_{12} $5_{2.3.4.9.11.13.17}$ $6_{7f.14a}$. †

hitpe: impf. תִּתְבְּנֵא, יִתְבְּנֵא; pt. מִתְבְּנֵא: **gebaut werden** Esr $4_{13.16.21}$ 5_{15f} 6_3; c. acc. materiae אֶבֶן גְּלָל 5_8 (BLA 338m). †

Der. *בִּנְיָן.

*בִּנְיָן: בנה; he. =, (< aram. Wagner 44); Grdf. (wohl) **bunjān*, s. BLA 195z, Wagner l.c., cf. ATTM 533); Ram. äga. (AP 30, 10; 31, 9; cf. S. 279b; BMAP 3, 22); nab. palm. (RT-Palm. 141), Hatra (DISO 39, DNWSI 178); ja., DSS (Dalman Wb. 58b, ATTM l.c.); sam. *binyån* (BCh. Gl. 2b), cp. (Schulthess Lex. 27a) sy. *benjānā* (LS 78b); md. *biniana* (MdD 61b, Nöldeke MG 136); nsy. (Maclean 34b); > ar. *bunjān* (Frae. 27); BLA 195z: det. בִּנְיָנָא, masc.: **Gebäude** Esr 5_4. †

בְּנַיִן: ↗ בר II.

בנס: ja. בְּנַס unwillig sein, adj. בְּנִיסָא unwillig, verdriesslich (Dalman Wb. 58b); sam. פנס (Kahle Bem. 53: Lw. < πόνος):

pe: pf. בְּנַס, or. *bᵉnes*: **ärgerlich werden, sich ärgern** (cf. ATTM 553) Da 2_{12}. †

בעה u. בעא (s. Vogt 29b, BLA 154k): he. =; nach Lex.[1] "ex aram?", doch wird es sich eher um eine gemeinsemit. √ handeln (Grdf. *bġj*, s. ar. *baġā[i]*), s. auch HAL 135b mit den Belegen aus den versch. sem. Sprachen; akk. immer in D Stamm: *bu᾽᾽û(m)* (AHw. 145a, GAG § 106u, so auch in EA, s. VAB 2, 138); aam. Sefire (KAI 222 B 30; 223 B 8.17; 224, 2.11; Degen Altaram. Gr. § 62, S. 77); Ram.: äga. (AP, AD, Aḥqr 34.53, Saqqara, Hermopolis), Xanthos, pehl. (Frah. 21, 14, Paik. 456), Kleinas. (KAI 258, 5; 259, 2f); nab. palm. Hatra (DISO 39, DNWSI 180); ja., DSS (Dalman Wb. 60a: בְּעָא, ATTM 533); cp. (Schulthess Lex. 29a), sam. (BCh. Gl. 2b), sy. (LS 82b), md. *BAA* (MdD 44f, Nöldeke MG 257ff) und naram. (Bgstr. Gl. 10), nsy. (Maclean 35bf):

pe: pf. בְּעָה/א, pl. בְּעוֹ, בְּעֵינָא; impf. יִבְעֵא, אֶבְעֵא; inf. מִבְעֵא; pt. בָּעֵה/א, pl. בָּעַיִן Da 6_5 (Q^or^ בָּעָן, BLA 235z): — 1. **suchen** Da 6_5; 2_{13}↗ 3; — 2. **erbitten**: c. מִן pers. Da $2_{16.23.49}$ 6_{13}, c. מִן־קֳדָם u. acc. rei 2_{18}, c. עַל rei 7_{16}, בָּעוּ ein Gebet sprechen 6_8 ($_{13}$ Var.)$_{.14}$, abs. 6_{12}; — 3. c. inf. **im Begriff sein, Gefahr laufen** Da 2_{13} (Targ. Jona 1_4 pro he. חִשְּׁבָה, nsy. pro fut. Nöldeke NsGr. 259f, cf. Georg Behrmann Das Buch Daniel [GHK III 3/2, 1894] 10, Torrey Notes 25^7, BLA 341v) :: man suchte (cf. BLA 290g), als ebenfalls mögliche Übers., ähnlich auch Bentzen 22 und Plöger KAT XVIII 42f.46. Nach Lex.[1] mit Charles ist auch die Vokalis. als pass. בְּעוֹ "sie wurden gesucht" zu erwägen. †

pa (sonst nirgends): impf. pl. יְבַעוֹן (BLA 130g.158n und bes. 283q), Var. יְבָעוֹן (BLA 58p): Da 4_{33} **aufsuchen, besuchen**, so u.a. Vogt 30a. Diese Übers. scheint gegenüber "eifrig suchen" (Lex.[1]) angemessener zu sein. †

Der. *בָּעוּ.

*בָּעוּ: בעה: Ram. pehl. (Frah. 30, 9), (DNWSI 150), ja. (Dalman Wb. 60b: בָּעוּתָא, s. ATTM 535); cp. **bʿw*, emph. *bʿwtʾ* (Schulthess Lex. 29a); sam. (LOT 2, 445); sy. *bāʿūtā* (LS 83a); md. *buta* (MdD 57b, Nöldeke MG 145. 146); nsy. (Maclean 36a) = sy. *bāʿūtā* (Nöldeke NsGr. 110); BLA 197g :: Blake 85f: sf. בָּעוּתֵהּ: **Bitte, Gebet** Da 6_8 ($_{13}$ Var.)$_{.14}$. †

*בעל: he. =; s. dort auch zu den anderen sem.

Sprachen; Ram. äga. (BMAP 7, 33) haf. heiraten (DISO 40 s.v. $b^{c}l_{II}$, DNWSI 182 s.v. $b^{c}l_{1}$), ja. (Dalman Wb. 60b beiwohnen), sy. etp. heiraten (LS 84b); Bemerkung: das sbst. בַּעַל ist wohl nicht Der. zu diesem vb. Dieses ist vielmehr denom. von sbst., cf. akk. *bêlu(m)* herrschen, verfügen, "wohl denom. von *bēlu*" (AHw. 120b).

? Der. *בְּעֵל.

*בְּעֵל: בעל, wohl vb. denom.; he. בַּעַל; aam. Herr, Gatte, Znğ. (KAI 215, 3.10.11.22; 216, 10.11), Sefire (KAI 222 A 4, B 4; 224, 23.26); Ram., äga. (BMAP, AP, Aḥqr), Xanthos, nab. palm. Hatra (DISO 40 s.v. $בעל_{I}$, DNWSI 182 s.v. $b^{c}l_{2}$), ja., DSS (Dalman Wb. 60b, Herr, Gatte, ATTM 534), cp. (hier nur in der Vbdg. *bʿ[j]ldbbʾ* Feind [Schulthess Lex. 29b] = sy. *bʿeldᵉbābā*); sy. (LS 83b: Herr, Gatte); md. *bil*, *bila* (MdD 60b, Nöldeke MG 16.101 < akk. *bēlu*); naram. (Bgstr. Gl. 11) BLA 47x: cs. =; **Besitzer, Herr**, ⸢ בְּעֵל־טְעֵם Esr $4_{8f.17}$, vs.$_{23}$ ins. c. 1 MS[K] G[L] S, s. Rudolph EN 44. †

*בקע: he. =: spalten; mhe. ja.(Dalman Wb. 62b: בקע); פקע: ja. (Dalman Wb. 344b), cp. (Schulthess Lex. 161b), sy. (LS 590a) und nsy. (Maclean 256a); md. *PQA* (MdD 376b, Nöldeke MG 47f, VG 1, 169).

Der. *בִּקְעָה.

*בִּקְעָה: בקע; he. =; aam. Sefire (KAI 222 B 10): n.l., s. dazu KAI II S. 254 und Noth AbLAk 2, 194 (Lit., DNWSI 187 s.v. *bqʿt*); ja. (auch בִּקְ'; s. auch Vogt 30b), DSS (Dalman Wb. 62b: בִּקְעֲתָא Ebene, ATTM 535); sy. *pᵉqaʿtā* (LS 590a); md. *paqata* pl. (MdD 362b, Nöldeke MG 101); BLA 243b: cs. בִּקְעַת **Ebene** Da 3_{1}. †

בקר: he. =, < aram. (Wagner 45); auch im akk. aram. Frw. (s. AHw. 1549a) ⸢ *buqquru* D, *baqārum/paqāru* D (AHw. 104b); nab. ija. (beide pa., DISO 41 s.v. $בקר_{III}$, DNWSI 187 s.v. bqr_{1}: prüfen); ja., DSS (Dalman Wb. 62b: pa., ATTM 535); sam. sy. (pe. und pa.) nachforschen, prüfen (LS 87b); md. *BQR* pe. (MdD 68b): a) spalten, aufbrechen (⸢ he. I בקר, HAL 144b); b) prüfen; naram. pa. wissen (Bgstr. Gl. 13):

pa: pf. pl. בַּקַּרוּ (BLA 42v, 134t) Esr 4_{19}; impf. יְבַקַּר; inf. בַּקָּרָא/ה **suchen, nachforschen** Esr 4_{15}: a) MT יְבַקַּר "man forsche nach", 3. sg. bei unbestimmten sbj. wie im he., s. Brockelmann HeSy § 36d; b) cj. entweder: α) pl. יְבַקְּרוּן "sie (= man) sollen nachforschen", s. Brockelm. l.c. § 36c, oder β) (wie 5_{17}) יִתְבַּקַּר "es soll nachgeforscht werden"; zu α) u. β) s. BL Kurzgefasste bibl.-aram. Gr., 1929, 63 (zu יִתְבַּקַּר > יְבַקַּר s. Lex.[1]) Esr 4_{19} 6_{1}; inf. בַּקָּרָא c. עַל eine Untersuchung anstellen über Esr 7_{14}. †

hitpa: impf. יִתְבַּקַּר **nachgeforscht werden** Esr 5_{17}, cj. 4_{15} (⸢ pa.). †

* I בַּר: he. IV =, aram., s. die dortigen Angaben aus den verw. Sprachen, cf. auch Wagner 47; asa. *barr* (Serta Cantabrig., 1954, 36, Sabdic 31); Ram. äga. (BMAP, Aḥqr 109, Saqqara), pehl. (Frah. 25, 32), Paik. 221f: *brʾ, blʾ* (Nyberg 34), palm. Hatra ija. (DNWSI 195 s.v. br_{3}); ja., DSS (Dalman Wb. 63a s.v. $בַּר_{III}$ u. בָּרָא, ATTM 537); cp. (Schulthess Lex. 31a), sam. (auch *elbar*); sy. (LS 88a: *barrā*), md. *bar* (MdD 30a, Nöldeke MG 360); nsy. (Maclean 37b) und naram. *elbar* (Bgstr. Gl. 14): freies Feld, aussen, ausser; adj. ברי nab. palm. Hatra (DISO 43, DNWSI 197); sy. md.; (מן) בר ausser, ausgenommen und ברא ausserhalb äga. (BMAP 310a); zu מן (א)בר s. auch ATTM 578; BLA 180n: det. בָּרָא: **Feld**, חֵיוַת בָּ' (he. חַיַּת הַשָּׂדֶה) Da 2_{38} $4_{9.18.20.22.29}$; דִּתְאָא דִי בָ' das frische Grün des Feldes Da $4_{12.20}$. †

II בַּר: he. I בַּר u. בֵּן (< aram. Wagner 46); zu der charakterist. Schreibung mit *a* mit den frühesten Belegen um 800 v. Chr. (= akk. *bar* und *ba-ar*, in Uruk 22 *ba-ri*) s. ATTM 535; hier auch zu den Schreibungen *bir/bur*. Das sbst. ist seit Ram., aber schon aam. (T. Fekherye 6) in allen Abschnitten/Zweigen des aram. vertreten, s. DISO 41-43, zu Ram. u. ja. s. bes. ATTM 535-537. (Ob das sbst. sich auch in den ph. Inschr. des Klmw [KAI 24, 1, DNWSI 188] findet, ist unsicher; es ist vielleicht Teil des Namens, so Landsbg. Samʾal 46[107], cf. auch Gibson TSSI 3, 35[1]; aam. Znğ. (KAI 214, 218, 221), Bredsch (KAI 201, 2), Zkr. (KAI 202 A 4), Sefire (KAI 222, 223, 224), Arslan Tasch (KAI 232), T. Fekherye 6; Ram. äga. (AP, BMAP, AD, Aḥqr, Hermopolis, Saqqara); Beh. 61 (akk. *apil-šú*); Uruk 22: *ba-ri*; Armazi (KAI 276, 5); Nerab (KAI 226, 5), Samaria, Xanthos, nab. selten (ex he.) בן und אבן (Cant. Nab. 71b), palm. Hatra ija.; pehl. (Frah. *br* u. *bl*; Paik. id.); sogd. (E. Benveniste Textes sogdiens, 1940, 113, DISO 41, DNWSI 188); ja., DSS (Dalman Wb. 63a: בְּרָא, ATTM 535), sam. *bår* (BCh. Gl. 2b), sy. *b^erā* (LS 88b), cp. *ber* (Schulthess Gr. § 31, Lex. 30a); md. *br, bra*, Var. d. st. emph. *abra, ʿbra* (MdD 68b, Nöldeke MG 25.97); naram. *erba* (Spitaler 63a, Bgstr. Gl. 13 s.v. *br*); nsy. (Maclean 37bf); Soq. *bar, ber* (Leslau Lexique Soqotri 95), fem. *birt* in mehri u. soq. (Nöldeke NB 138f; cf. B. Thomas Arabia Felix, 1931, 46[2].49[1]; Ruž. 68f; VG 1, 230); BLA 179f: cs. =, בְּרֵהּ, pl. cs. בְּנֵי, sf. בְּנוֹהִי, בְּנֵיהוֹן: — 1. a) **Sohn** Da 5_{22} Esr 5_2, pl. **Kinder** Da 2_{25}; b) α) Sohn/Söhne des Königs Esr 6_{10}, = seine Nachkommen 7_{23}; β) בַּר **Enkel** Esr 5_1 6_{14}, cf. Zch. 1_1 und he. בֵּן (⸗ בֵּן 2, HAL 132a); γ) cf. ברי ... ברך mein Sohn ... dein Sohn (Sefire, KAI 222 B 25); עקרי ... עקרך meine/deine Nachkommen; בר ביתא Sohn des Hauses = des Palastes AD 100a, von Driver l.c. mit Fürst (*prince*) übersetzt, womit Aršam, der pers. Satrap in Ägypten, gemeint ist; cf. *br bjth* Glied seines Hauses/Haushaltes, so in einer Inschrift aus *Ch. Ğēmar*, etwa 2 km. nw. v. *T. Bīt Mirsim*, 4. od. 7. Jh. n. Chr. (Meehan ZDPV 96, 1980, 59-66); pl. בני ביתא (AP 30, 3) Prinzen des Palastes, bzw. Glieder der königlichen Umgebung; δ) בני תורין junge Stiere Esr 6_9; — 2. von fernerer Zugehörigkeit BLA 312h (⸗ he. בֵּן 4-8); בְּנֵי יִשְׂרָאֵל Esr 6_{16}, בְּנֵי גָלוּתָא Da 2_{25} 5_{13} 6_{14} Esr 6_{16}; בַּר אֱנָשׁ ein Mensch Da 7_{13}; בְּנֵי אֲנָשָׁא die Menschen 2_{38} 5_{21}; בַּר אֱלָהִין ein Engel (⸗ אֱלָהּ) 3_{25}; כְּבַר שְׁנִין שִׁתִּין וְתַרְתֵּין im Alter von 62 Jahren Da 6_1. †

I ברךְ: he. I ברךְ (cf. ATTM 539); denom. < בְּרֵךְ; sy. (LS 96a) und nsy. (Maclean 39b) peʿal; md. *RBK* (Metath. von *BRK*) af. (MdD 423a und 70a *BRK* af.; Nöldeke MG 74) das Knie beugen:

pe: pt. בָּרֵךְ (BLA 293q), BHS c. הוּא, Var. c. הֲוָא pa. pf. II ברךְ Da 6_{11}: **niederknien**. †
Der.: sbst., von denen das vb. abgeleitet ist: בְּרַךְ, *אַרְכֻבָּא (?).

II ברךְ: he. II ברךְ; keilschriftl.-akk. PN **barak*, er segnete (APN 267b, WSPN 70; s. dazu ATTM 538); Ram. äga. Hermopolis Saqqara (KAI 267, 1) (AP, BMAP je in n.pr.); demot. 7, 3ff; nab., palm., Hatra, ija. (DISO 44, DNWSI 198); ja., DSS (Dalman Wb. 65b: segnen, preisen; ATTM 538), cp. (Schulthess Lex. 32: segnen), sam. (BCh. Gl. 2b), sy. (LS 96b), md. *BRK*, pe. *brak* (MdD 70; s. dazu bes. Nöldeke MG 215); naram. *brḫ* (Bgstr. Gl. 14):

pe: pt. pass. בְּרִיךְ **gepriesen** Da 3_{28}. †

pa: pf. (BLA 130h) בָּרֵךְ Da 2_{19}, בָּרֵךְ 6_{11} (⸗ I ברךְ), בָּרְכֵת 4_{31}; pt. pass. מְבָרַךְ (Gott) **preisen** Da 2_{19f} 4_{31} (6_{11} s.o.). †

*בְּרֵךְ od. wahrscheinlicher *בְּרַךְ: Grdf. *birk* (BLA 183g); s. akk. *birku(m)* (AHw. 129a), daneben auch *burku* (AHw. 140a): he. בֶּרֶךְ; Ram. pehl. (Frah. 10, 9; DISO 44 s.v. $ברך_{II}$, DNWSI 202 s.v. *brk₂*); ja., DSS בִּרְכָּא (Dalman Wb. 65b, ATTM 539); sy. (LS 96a) und md. בּוּרְכָא (MdD 57b, Nöldeke MG 157); nsy. (Maclean 39b) meist *birkā*; ⸗ denom. I ברךְ: pl. sf. בִּרְכוֹהִי (Var. בִּרְכּוֹהִי du., BLA 226x !): **Knie** Da 6_{11}. †

בְּרַם: ja., DSS (Dalman Wb. 66a, ATTM 539); sy. (LS 97a), sam. *berran* (BCh. Gl. 2b); cp. *b^eran(dē)* < **b^eram-dē* (Schulthess Gr. § 132, 1); cf. Paik. 223 (DISO 44, DNWSI 202 s.v. *brm*$_2$) < I בַּר u. מָה (:: BLA 264o) **ausser was, aber** Da 2_{28} $4_{12.20}$ 5_{17} Esr 5_{13}. †

בְּשַׂר: he. בָּשָׂר; בשר; Ram. äga. (Aḥqr 89.104) pehl. (Frah. 10, 2: *bsl*) und palm. (DISO 45, DNWSI 204); ja., DSS (Dalman Wb. 59b, 67a: בְּסְ/שְׂרָא, ATTM 539) sam. (LOT 2, 508) cp. *b^esar* (Schulthess Gr. § 87, 1 und Lex. 28b); ja. u. nsy. *bisrā* (Maclean 35b); sy. (LS 82a) u. naram. *besrā* (Bgstr. Gl. 15 s.v. *bsr*); md. *bisra* (MdD 62a) = בִּיסְרָא (Nöldeke MG 107); BLA 29x, 184p, 218a: det. בִּשְׂרָא: — 1. **Fleisch** Da 7_5; — 2. metaph. coll. (BLA 202m, he. בָּשָׂר 6) (כָּל־)בִּשְׂרָא alles, was Fleisch ist; die Menschen, Sterblichen Da 2_{11}: כָּל־בִּשְׂרָא alles was Fleich ist = die Tierwelt 4_9. †

***בַּת**: he. II בַּת; mhe. ja., DSS (Dalman Wb. 67b, ATTM 540); BLA 222t: pl. בַּתִּין: **Bat**, ein Flüssigkeitsmass Esr 7_{22}. †

בָּתַר: *F* בָּאתַר.

ג

ג: wechselt mit כ in סגר.

***גאה**: he. =, hoch sein/werden; > metaph. erhaben, hochmütig sein; ja. DSS (Dalman Wb. 68a, Beyer ATTM 540); sy. (LS 100a) und md. *GAA* pe. pa. etpa. (MdD 72a) sich freuen, frohlocken ... (Nöldeke MG 132).

Der. גֵּוָה.

***גַּב**: 1.) Etym.: diese ist nicht ganz sicher; Vorschläge: a) zu *גבב (HAL 163b u. Lex.[1]); b) zu גנב. In Lex.[1] sind a) und b) herangezogen, doch genügt b), aus dem sich die Bedtg. "Seite" zwanglos ableitet, zumal auf die von "Rücken" verzichtet werden kann (:: Vrss.!!), s. Vogt und ebenso Rosenthal Gr. 80, Beyer ATTM 544; 2.) Verw. Sprachen: a) zu גַּב < √גבב Rücken, s. dazu he. I גַּב (HAL 163a); mhe.; pehl. (Frah. 10, 7; DISO 46: גב$_{III}$, DNWSI 207 s.v. *gb*$_3$) und ja. גַּבָּא (Dalman Wb. 69a, 68b): עַל־גַּב / גַּבֵּי "auf" (Mtg. Da. 295); b) zu גַּב < √גנב s. auch Beyer ATTM 544; aram. aam. ZKR B 8 (KAI 202) בכל גב auf jeder Seite; palm. emph. *gbʾ* (DISO 46, DNWSI 207); ar. *ǧanb*; ja. sbst. u. praep. (Dalman Wb. 68b, 69a, Beyer ATTM l.c.); גב bei, לגב zu, (על גב(י an der Seite von, seitlich an/bei (= Lex.[1] עַל גַּב / גַּבֵּי); cp. **gb* Seite, auch *gp* und praep. *gb* (*ʿl gb*) neben (Schulthess Lex. 39a); sy. *gabbā*, cstr. u. abs. *ge(n)b*, *ʿal ge(n)b* neben, nahe bei (LS 123b); nsy. *gibbā* (Maclean 42a); naram. *ġapn* (Spitaler 127f); md. *gamba/ganba* (MdD 76b, 77a) Seite, Ufer, cf. Nöldeke MG 80: גאמבא neben גאנבא; 3.) Vrss.: G πτερὰ τέσσαρα ἐπάνω αὐτοῦ; Θ πτερὰ τέσσαρα ὑπεράνω αὐτῆς; V *et alas ... quattuor super se*; S *gappē ʾarbeʿā ʿal gabbēh*. Die Versionen verbinden גַּב mit der Bedtg. "Rücken" < √גבב ! So auch Bentzen 48, Lebram 85, TOB, cf. ANEP 651.659; 4.) Das sbst. im ba: pl. sf. K גַּבַּיַהּ, Q גַּבַּהּ (BLA 75c.79s, 223á) **Seite** עַל־גַּ׳ ... אַרְבַּע גַּפִּין Da 7_6 (ZüBi, cf. ANEP 644 :: Vrss.). †

גֹּב, גּוֹב: he. I * גֵּב; sem., akk. *gubbu*, hier wohl aram. Lw., s. AHw. 295b, cf. auch Rosenth. AF 90; nab. palm. גב (DISO 46 s.v. גב$_{II}$, DNWSI 207 s.v. *gb*$_2$); ja. גּוּבָּא (Dalman Wb. 69a); cp. **gb* und **gwb* (Schulthess Lex. 33a); sy. *gubbā* und *gubb^eṯa* (LS 100b); md. *guba* (MdD 82a, Nöldeke MG 105); ar. *ǧubb* Brunnen, Zisterne; Grube (Wehr 98a), s. dazu auch E. Cassin RHR 139, 1951, 138; BLA 181v: cs. גֹּב Da $6_{8.25}$, גּוֹב 6_{13} (BLA 222p), det. גֻּבָּא: (Löwen)**Grube** Da $6_{8.13.17.18.20.21.24.24.25}$. †

*נְבוּרָה: נבר; he. =; aam. Znğ. (KAI 214, 32), Ram. palm. (DISO 47, DNWSI 211 s.v. $gbrh_2$); ja. DSS (Dalman Wb. 69b: נְבוּרְתָא, Beyer ATTM 541); cp. (Schulthess Lex. 34a), cf. sy. *gabrūtā* (LS 102b); BLA 189m: det. נְבוּרְתָא, Var. תָא (BLA 22b.c, 67r): **Stärke** (Gottes) Da $2_{20.23}$. †

*נבר: he. =; stark sein; ja., DSS (Dalman Wb. 70b, Beyer ATTM 540); cp. itpa. (Schulthess Lex. 34a) sam. (LOT 2, 441) sy. (LS 102b) md. *GBR* (MdD 80a).

Der. *נְבוּרָה, נְבַר, *נִבָּר.

נְבַר: נבר; he. גֶּבֶר; aam. Sefire (KAI 222 A 39, B 24; 224, 1/2); Ram. (cf. pehl. Frah. 11, 2, Paik 234/5), Tema (KAI 228 A 12); äga. (AP, BMAP, AD, Aḥqr 37.42.56.98.130, Beh. 45: akk. *a-me-lu*, Saqqara, Ai-Gi 6, 1); Samaria; Uruk 12.37 *gab(a)rē*; nab. palm. Hatra, ija. (DISO 47, DNWSI 210 s.v. gbr_2); ja. auch גּוּבְרָא sg. u. pl. (Dalman Wb. 70b), cf. yFrey γωβαρ (s. auch DSS Beyer ATTM 541); cp. (Schulthess Lex. 33b) sam. (BCh. Gl. 3a; *gābår*) sy. (LS 102a) und md. *gabra*, pl. *gubria* (MdD 73a, cf. Nöldeke MG 18); naram. *ġabrōna* (Bgstr. Gl. 29; Spitaler Gl. 86a); nsy. *gōrā* (Polotski Gl. 106b, Maclean 43b): ba. pl. גֻּבְרִין, det. גֻּבְרַיָּא (BLA 225o; ja. u. md. cf. n.l. *Beth Gubrīn* [Neubauer 122]; or. [Da $3_{20\text{-}25}$] und cp. [Schulthess Gr. § 42, 2[1]] *gabr-*, s. Vogt 33: "vocal. babyl. *gabrīn*"): **Mann** Da 2_{25} 5_{11}; pl. $3_{12.21\text{-}25.27}$ $6_{6.12.16.25}$ Esr 4_{21} $5_{4.10}$ 6_8; גֻּבְרִין גִּבָּרֵי־חַיִל Da 3_{20} und גֻּ׳ כַּשְׂדָּאִין/יְהוּדָאִין $3_{8.12}$ (BLA 318g, cf. AD 6,4). †

*נִבָּר: נבר; he. גִּבּוֹר; 1.) n.m. נבר (Klmw = KAI 24, 2.15); keilschr. *Gabbaru* (APN 78a, 194b); *Gabbara* (Plinius VII 16 [ZAW 57, 1939, 150]); 2.) n. appellat. נבר (*נִבָּר): aam. T. Fekherye 12 als Beiwort zum n.d. *hdd* (*hādād*; cf. WbMy. I 254) Ram. ija. (DNWSI 211 s.v. gbr_3); ja. נִבָּרָא und גִּ/נִנְבָּרָא (Dalman Wb. 70b, 83a), DSS (Beyer ATTM 541); > ar. *gabbār* (Horowitz HUCA 2, 1925, 51); sy. *ga(n)bārā* (LS 103a), nsy. *gabāra* (Maclean 53b s.v. *gnbr'*), md. *gabara* (MdD 72, Nöldeke MG 120); Grdf. **gabbār* (Ruž. 109, BLA 191c :: VG 1, 361[1]): pl. cs. גִּבָּרֵי **starker Mann**, גֻּבְרִין גִּבָּרֵי־חַיִל etliche starke Männer Da 3_{20} (he. גִּבּוֹר חַיִל). †

*נְּדָבַר: ja. נִדְבָּרָא, גְּדָבְרָא u. נִדְבָּרָא; ba. pl. det. גְּדָבְרַיָּא Nf. von *F* *גִּזְבַר (Bemerkung: zur Schreibung des sbst. mit ד anstelle des etym. zu erwartenden ז, s. Baumgartner ZATU 82[1], Schaeder 47f und Beyer ATTM 415. - Eine Veränderung des MT bedarf es nicht): **Hofschatzmeister** Da 3_{2f}. †

נדד: he. =; ja. (Dalman Wb. 71a); sy. *gad* (LS 103b); md. *GDD* (MdD 80b):

pe: imp. גֹּדּוּ, or. *guddū* (BLA 166c): **umhauen** Da $4_{11.20}$; obj. אִילָנָא. †

*נדף: Die Wurzel נדף im hebräischen und aramäischen Teil des AT gibt zu Problemen Anlass. Handelt es sich um eine √ oder um zwei homonyme √ ? Die im bhe. belegte Bedeutung schmähen, lästern und die ba. Bedeutung fliegen, rudern (falls das Nomen גַּף darauf zurückgeht?) sind semantisch wohl nicht zusammenzubringen, obschon etym. für beide Bedeutungen asa. *gḏf*, ar. *gdf* bezeugt ist. Für eine √ plädieren GB, Beyer ATTM, für zwei √ Lex.[1], HAL. Die √נדף mit der Bedtg. schmähen findet sich in bhe. cf. auch ja. pa. גַּדֵּיף lästern (Dalman Wb. 72b) md *GDP* (MdD 81a), die √נדף mit der Bedtg. fliegen in ba. ja. גַּדְפָּא, Flügel, Geflügel (Dalman Wb. 72b) sy. *g^e daf* (LS 105b) fliegen, ar. *gadafa* I & II rudern, fliegen, *guḏafa* rudern, fliegen, cf. Frae. 227f.

? Der. גַּף.

*גַּו vel *גּוֹ (BLA 220b): he. II *גֵּו; aam. ZKR B 3 (KAI 202, bes. KAI II S. 210); Ram. äga. (AP, Aḥqr, BMAP, AD, Saqqara), oft בגו innen, innerhalb, darin etc. (s. dazu Leander 120m, cf. auch AD S. 69); cf. Körper > Sklave: גו Magd od. Konkubine BMAP 12, 24 (DISO s.v. $גו_{III}$, cf. DNWSI 217 s.v. gw_3), cf. palm. I גוי Inneres (auch nab.) u. II גוי Eunuch nab. Hatra ija. (DISO 49, DNWSI 215 s.v. *gw*$_2$); ja. גַּוֵּי inwendig, גַּוְיְתָא Körper, Leib (Dalman Wb. 73b); sy. *gawwājā*ʾ Inneres > Eunuch (LS 107b); md. *gawaia* (MdD 74b) Innerer, euphemist. Eunuch (s. Nöldeke MG 141, Rosenth. AF 98[2]); nab. palm. ija. und cp. *gw* (Schulthess Lex. 34b); ja. det. גַּוָּא, cs. גּוֹ(א) (Dalman Wb. 73a) ; DSS (Beyer ATTM 541f); sam. *go*/*u* (LOT 2, 583), c. ב und ל *egwu, elgu* (BCh. Gl. 3a); sy. *gawwa*ʾ, cs. *gaw* (LS 107a); md. *gawa* (MdD 74a) Innenseite, inneres (cf. Nöldeke MG 361); nsy. *go*/*u* (Maclean 45a); naram. *ġauwa*, c. ל *elġul* (*elğul* ?) (Spitaler 118g, Bgstr. Gl. 29); nsy. *lalgul* (VG 1, 293f); ph. גו Mitte; ar. *ğaww*, pl. *aǧwā*ʾ, *ǧiwā*ʾ Inneres von Haus, weites Tal; neuere, moderne Bedtgen: Luft etc, s. bei Wehr 131a; saf. (Littm. TS 110f) *gw* Tal; ba. BLA 220a.b: das א ist orthographisch, bzw. "nur graphisch" GB 899b :: Nöldeke, Göttinger Gelehrte Anzeiger 1884, 1021 und ZA 30, 167 und danach Mtg. Da. 204: das א ist Wurzelhaft; cs. גּוֹא Var. und or. גּוֹ, sf. גַּוַּהּ, (Var. גַּוָּהּ, so Esr 4_{15} Bombergiana, s. BHK[1], cf. BLA 79s): **Inneres**, immer mit praep.: a) c. בְּ: בְּגוֹא (mitten) in, c. נוּרָא Da 3_{25}, c. קִרְיְהָ Esr 4_{15}, v. Schriftstück Esr 5_7 6_2, c. אַרְעָא Da 4_7; 7_{15} cj. גוֹ vel גְּוָה, *F* נִדְנֶה; b) c. לְ: לְגוֹא in ... hinein Da $3_{6.11.15.21.23f}$; c) c. מִן: מִן־גּוֹא aus ... heraus Da 3_{26}. †

גּוֹא: *F* גּוֹ.

גּוֹב: *F* גֹּב.

גֵּוָה: he. =; נאה; ja. גֵּיוּתָא ,גֵּיאוּתָא (Dalman Wb. 76b.77a); DSS (cf. Beyer ATTM 540 s.v. גאוה); sy. *gajūtā, geʾūtā* (LS 99a.b); md. *gaiuta, giuta* (MdD 76a = Nöldeke MG 146); BLA 183f, ? < he.: **Stolz** Da 4_{34}. †

גוח: he. גיח ,גוח; ja. גּוּחַ (Dalman Wb. 73b); DSS (Beyer ATTM 542); sy. *gāḥ* (LS 108b):

haf: pt. pl. fem. אַרְבַּע רוּחֵי שְׁמַיָּא: מְגִיחָן. מְגִיחָן לְיַמָּא רַבָּא Da 7_2: Möglichkeiten der Übers. (cf. Mtg. Da. 286): a) intr. c. G Θ V losbrechen, c. לְ in (s. dazu GB); b) c. S trans. [das Meer] c. לְ nota acc. (BLA 340u; HAL aram. s.v. לְ Nr. 12) aufwühlen, erregen; c) Gegenüber a) ist wohl b) zu bevorzugen, so u.a. Mtg. l.c., BLA 340u, Lex.[1], Vogt, ZüBi, TOB, Bentzen 48, Plöger KAT XVIII 101, Lebram 85. †

***גִּזְבַר**: he. =, mhe. גִּזְבָּר; Ram. Persepolis *gnzbr*ʾ (R.A. Bowman: Aramaic ritual texts from Persepolis, Chicago 1970), Hatra: *gzbr*ʾ, ija. emph. *gyzbrh* (DISO 50, DNWSI 229) ja. גִּזְבָּרָא u. גִּזַּבְרָא DSS (Dalman Wb. 75a, Beyer ATTM 544 s.v. גנזבר); G Esr 1_8 γασβαρηνός; spbab. *ganzabāru* (AHw. 281a) Schatzmeister (pe. Lw. s. unten) s. auch Eilers AfO 17, 331 *ganzabar(r)a* ZDMG 90, 169[2] auf Mörsern aus Persepolis; Dura Europ. גיזברה (Beyer l.c.); sy. *ge(j)zabrā* (LS 111a); md. *ganzibra* (MdD 77; zur Bdtg. s. Nöldeke MG 51: Oberpriester, eig. Schatzmeister; zur Lit. s. ferner Lex.[1]); Lw. < ape. *ganzabara* (*F* *גְּנַז) Hinz 102 Hofschatzmeister, s. ferner Schaed. 47f, Eil. 123f, Ellenbogen 55, Driver AD ad X 5, H. Koch ZA 71, 1982, 232-47: pl. det. גִּזַּבְרַיָּא, Var. גִּזָּבְ׳ u. גִּזְבְ׳: **Schatzmeister**, G γάζα Esr 7_{21} G πάσαις ταῖς γάζαις, Nf *F* *גְּדָבַר. †

גזר: he. = schneiden, bestimmen (s. E. Kutsch Verheissung und Gesetz. Untersuchung zum sogenannten "Bund" im Alten Testament, BZAW 131, 1973, 48); aam. T. Fekherye 23 (s. auch S. 50) *ygtzr*, etpe. ausgerottet werden; Sefire zerschneiden (KAI 222 A 40), schneiden (KAI 222 B 43), bestimmen (Verträge) (KAI 222 A 7); Ram. cf. Frah. App. 33; Assbr. (KAI 233, 16) txt. inc.; äga.: 1.) Ostrakon aus Assuan (?), s. Cowley JRAS 1929, 107 = ZAW 47, 1929, 150: *gzr* versprechen (andere Vorschläge zur Übers. bei DISO 49); 2.) Aḥqr 134 (AP 224, 243, cf. Vogt 34b): pe: pt. pass. גזיר abschneiden (Hals) (DISO l.c., DNWSI 220 s.v. *gzr*$_1$); ja.

schneiden, beschliessen, anordnen (Dalman Wb. 76a); DSS (Beyer ATTM 542): schneiden, beschliessen, anordnen; ähnl. in der Bedtg. cp. (Schulthess Lex. 36a: beschneiden, anordnen) sy. (LS 112a: beschneiden, anordnen) und md. *GZR* (MdD 87a):

pe: pt. pl. גָּזְרִין, det. גָּזְרַיָּא Da 2_{27} 4_4 $5_{7.11}$; a) G Θ γαζαρηνοί Bestimmer (des Schicksals) = Astrologen (cf. he. חֹבְרֵי שָׁמַיִם oder b) V *haruspices*, Leberschauer, (ar. *ǧazzār* Metzger, Schlächter), so mit Lex.[1], s. ferner Mtg. Da. 163 und Bentzen 22; möglich ist auch die allgemeinere Wiedergabe durch "Seher" (Vogt 34b); c) bzw. "Wahrsager" (Beyer ATTM l.c.), cf. auch GB. †

Der sing. des sbst. *GZR* (**gāzer*) findet sich in 4Q Or Nab in Text A, Zeile 4; s. dazu R. Meyer GNbd bes. S. 24: "Als qātil-Form von der Wurzel *gzr* schneiden, bestimmen (cf. Beyer ATTM 542) bedeutet *gāzer* **Schicksalsbestimmer** sowie Astrologe und Leberschauer".

hitpe: pf. sf. 3. f. הִתְגְּזֶרֶת Da 2_{34}, אִתְגְּ׳ 2_{45} (Baumgartner ZAW 45, 1927, 108f = ZATU 96); BLA 108j: **ausgebrochen werden, losbrechen** (Stein). †

Der. *גְּזֵרָה. †

*גְּזֵרָה: נזר; he. fem. zu adj. *גָּזֵר in der Vbdg. אֶרֶץ גְּזֵרָה abgeschnittenes = unfruchtbares Land (↱ HAL 180a sub *גָּזֵר); ja. גְּזֵרָה, גְּזִירָה: 1.) abschüssiger Ort, Abgrund (Dalman Wb. 75b); 2.) Beschluss, Dekret (s. Levy 1, 320f), cf. DSS Beyer ATTM 542: substantiviertes pt. pass. (qal/pe.); BLA 186y; = sy. *g^ezīrtā* (LS 112b: Dekret); cf. ar. *ǧazīra* Insel: cs. גְּזֵרַת f: **Entscheidung, Beschluss** Da $4_{14.21}$. †

*גיר: ja. (Dalman Wb. 77b) cp. (Schulthess Lex. 36b) und sy. pa. tünchen; denom. von גִּיר.

*גִּיר: he. גִּר < aram. (Wagner 61); ja. Kalk (Dalman Wb. 77b); sy. Leim; BLA 180j: det. גִּירָא **Kalk** Da 5_5. †

Der. vb. גיר.

*גַּלְגַּל: גלל; he. = und * גִּלְגָּל (הַגִּלְגָּל); aam. Znğ. *glgl* Rad (KAI 215, 13; 216, 8); Ram. äga: PN גלגל (AP 49, 1) und גלגול (AP 10, 21) (DISO 50, DNSWI 222) = "Augapfel"; DSS (Beyer ATTM 544, cf. Kornfeld 45.46: mit diesem und weiteren Vorschlägen zur Deutung); ja. גַּלְגְּלָא (Dalman Wb. 78b); sy. (LS 103a) und nsy. *gīg^elā* (Maclean 50a); md. *gargul, gargla*, Var. *gargila, girgla, girgila* (MdD 78, s. Nöldeke MG 55); BLA 192h: pl. sf. גַּלְגִּלּוֹהִי: **Rad** Da 7_9. †

גלה: he. =; Ram. äga. (AP, Aḥqr 141) pehl. (Frah. 8, 1) ija: enthüllen, ins Exil gehen (DISO 50, DNWSI 223); ja., DSS (Dalman Wb. 78a s.v. גלא, Beyer ATTM 543): גלי[1] enthüllen, גלי[2] auswandern, ins Exil gehen (so auch Vogt 35a); cp. (Schulthess Lex. 37) sy. (LS 115b s.v. *g^elā*); md. *GLA, GLL* II (pa) (MdD 92f, cf. Nöldeke MG 257.253); nsy. *GL'* (Maclean 51a):

pe: pt. גָּלֵא/ה; inf. מִגְלֵא; pf. pass. גְּלִי Da 2_{19}, גֲּלִי 2_{30}, or. *gulī*; BLA 41o, 156t: **enthüllen** Da $2_{22.28f.47}$; pass. $2_{19.30}$. †

haf: pf. הַגְלִי: **in die Verbannung führen** Esr 4_{10} 5_{12}. †

Der. *גָּלוּ.

*גָּלוּ: גלה; he. גָּלוּת; nass. *galītu* Deportation (AHw. 1555b, mit Hinweis auf Deller Or. 35, 194: < aram.); ja. גָּלוּתָא (Dalman Wb. 79b); DSS (Beyer ATTM 543): *galū* (*galūt*): Auswanderung, Exil; so auch cp. **glw*, emph. *glwt'* Exil (Schulthess Lex. 37a) und sy. *gālūtā* (LS 116a); md. *galiuta* Klarheit (MdD 76b, cf. Nöldeke MG 146); BLA 197g ? < he. (Blake 85f, Schulthess Gr. § 73, 2 Anm.); R. Meyer Gr. § 56, 3: det. גָּלוּתָא f. **Wegführung, Exil**, בְּנֵי גָ׳ die Weggeführten Da 2_{25} 5_{13} 6_{14} Esr 6_{16}. †

*גלל: he. = akk. (AHw. 273b); ja. (Dalman Wb. 80a), sy. (LS 115b) md. (MdD 93b), cf. Beyer ATTM 543: rollen, wälzen.

Der. *מְגִלָּה, גְּלָל, גַּלְגַּל u. מְגִלָּה.

גְּלָל: גלל: ja. Stein (Dalman Wb. 80b); md. *glala* Stein, Fels (MdD 93); sy. Fels; Ram. Persepolis passim (R.A. Bowman, Aramaic ritual texts from Persepolis, Chicago 1970), pehl. (Frah. 16, 10); palm. gr. par. στήλη λιθίνη Stele aus Stein (DISO 50, DNWSI 224); akk. *galālu* (AHw. 273b = CAD G 11a.b, < aram.): 1.) Kiesel, 2.) Quader, so auch Or. 46, 1977, 196, wo als 3.) noch die Bedtg. "Statue" hinzukommt; BLA 187d: אֶבֶן גְּלָל Esr 5_8 6_4 coll., orig. **grosse Steine, Quadern**, akk. *aban ga-la-la* (API). †

נמר: he. = zu Ende sein, vergelten, ahnden; aam. Znğ. (KAI 214, 30), (DISO 51 s.v. $נמר_I$, DNSWI 226 s.v. gmr_1) Ram. *gmyr* Samaria, ija. vollständig (DISO 51 s.v. $_{II}$, DNWSI 227, s.v. gmr_4); ja. DSS (Dalman Wb. 82a, Beyer ATTM 544); cp. (Schulthess Lex. 38a) sy. (LS 124b) nsy. (Maclean 53a). und md. *GMR* (MdD 94f; zum etpa. s. Nöldeke MG 213): die Bedtg. ist stets beenden, vollenden u.ä., im aam., ja. und sy. auch vernichten:

pe: pt. pass. גְּמִיר (BLA 188k; DSS Beyer ATTM l.c.): **vollständig**, **fertig**; inc. Esr 7_{12}: entweder a) Abkürzungsformel (Ehrl. VII 172), s. dazu jetzt Gunneweg KAT XIX/1, 128[12] oder b) שְׁלָם davor ausgefallen (S, Esr 8_9; auch Rudolph EN 68, Vogt 35a, cf. Esr 5_7). †

*גנז; mhe. ja. (Dalman Wb. 83b) cp. (Schulthess Lex. 39a) verbergen, sy. *g^e^nizā* verborgen (LS 124b), md. *GNZ* (MdD 96a); denom. von *גְּנַז.

*גְּנַז; he. * גְּנָזִים, pl. cs. גִּנְזֵי ꜰ HAL 191b < aram. (Wagner 58); Ram. äga. (גנז AP, AD; DISO 52, DNWSI 229); ? andere Formen aus AD, cf. DISO 123 u. DNWSI 519 s.v. כנזסרם); ja. גִּנְזָא, גִּזָּא u. גִּיסָא (Dalman Wb. 83b.75a.84b); Targ. auch גַּנְזָא (J.F. Stenning The Targum of Isaiah 1949, XXIII); sy. (LS 111a) u. nsy. *gezā* (Maclean 49b); md. *ginza* (MdD 90f, Var. *ganza* l.c. 77a; cf. Nöldeke MG 13); γαζα, γαζοφ(υλαξ) (Fr. Cumont Fouilles de Doura-Europos. Les inscription Nr. 50); pe. Lw.: *ganza* (Schaed. 47, Hinz AS 102; s. auch Hinz ZA 61, 1971, 261f u. Ellenbogen 57); ba: pl. det. גִּנְזַיָּא, cs. גִּנְזֵי: **Schatz**, בֵּית גִּנְזַיָּא Esr 5_{17} 6_1 (sic l. !) 7_{20} (BHH 1686): Schatzhäuser (BLA 310b). †

Der. *גנז, *גְּזַבַר, *גְּדָבַר.

*גַּף: נדף: Assimilation von *d* an folgendes *p*, BLA 34j (cf. Beyer ATTM 541); ja. גַּדְפָּא u. גַּפָּא (Dalman Wb. 72b 85a), cf. mhe. אֲגַף, ja. אֲגַפָּא (Dalman Wb. 6a); s. unten akk. *agappu(m)*; cp. *gp < *gadpā (Schulthess Gr. § 37, 1c; Lex. 40a); sy. *geppā* (LS [105b s.v. *gdp*] 128b); md. *gadpa* (MdD 74a) u. *gapa* (MdD 78a; cf. Nöldeke MG 77[4]) u. *ganpa* (MdD 77b); akk. *agappu(m)* (AHw. 15b) Flügel: ꜰ גַּב: pl. גַּפִּין, sf. גַּפַּיהּ K גַּפַּיַהּ vel גַּפֵּיהּ (BLA 49e.79a), Q גַּפַּהּ, f. **Flügel** Da $7_{4.6}$. †

*גרם; he. =; ja. stark sein, pa. stärken, Knochen zermalmen (Dalman Wb. 87b); sy. itpa. bis auf die Knochen abgenagt werden (LS 133b). Denom. von *גְּרַם.

*גְּרַם vel *גֶּרֶם: wohl Primärnomen (ꜰ *גרם vb. denom.); he. גֶּרֶם; Ram. äga. (AP) Knochen (cf. Leander 105m) und ija. (DISO 53, DNWSI 235 s.v. grm_1); ja., DSS (Dalman Wb. 87b, Beyer ATTM 545) und sy. גַּרְמָא; cp. *germā* (Schulthess Gr. § 34, 1a, Lex. 40); naram. *ġermā* (Bgstr. Gl. 31); md. *girma* (MdD 92b, Nöldeke MG 14); BLA 182x: pl. sf. גַּרְמֵיהוֹן **Knochen** (der Feinde Daniels in der Löwengrube zermalmen, ꜰ דקק haf.) Da 6_{25}. †

*גשם: sy. pa. mit einem Körper versehen. Denom. von *גְּשֵׁם.

*גְּשֵׁם: ja. DSS גִּשְׁמָא u. גּוּשְׁמָא (Dalman Wb. 89a, ATTM 545); sy. (LS 136b) u. nsy. *gušmā* (auch *gumšā* Maclean 49a); md. *gišuma*, *gišma* (MdD 92f; cf. Nöldeke MG 20, 32); ar. *ǧism*; Grdf. *gismu*, BLA 183g: sf. גִּשְׁמֵהּ, גִּשְׁמַהּ, pl. sf. גֶּשְׁמְהוֹן Da 3_{27} (BLA 41s), גֶּשְׁמֵיהוֹן 3_{28}, K גֶּשְׁמְיהוֹן (:: BLA 306k), or. *giš*: **Körper** Da 3_{27f} 4_{30} 5_{21} 7_{11}. †

ד

ד: 1.) = ursem. *d*, ar. *d*, he. ד, in דוד, דבר, דבק etc; 2.) = ursem. *ḏ*, ar. *ḏ*, he. ז in אֱדַיִן, אֶדְרָע, דִּכֵּן, דְּקַק, דִּי, דְּהַב, דבח, דָּא, בדר, אחד, מַדְבַּח, כדב, חֲדֵה, דְּרָע, דְּנָה, דכר, wo öfter noch ז geschrieben wird, s. Baumgartner ZAW 45, 1927, 94ff = ZATU 81ff, Rowley Aram. 16ff, Schaeder 44f, Demot. 224[17]; 3.) assim. in נב u. נַף, cf. BLA 34j, cf. Beyer ATTM 412 u. 415 s.v. ז; BLA 34j; 4.) wechselt, ausser ba., mit ח in שמד.

דָּא: he. זֹה, זוֹ, זֹאת; זא aam. Znğ. (KAI 214, 18.19 ?), Sefire (KAI 222 A 35.37; 224, 9; DISO 78 s.v. זנה); T. Fekherye 15 und S. 48 *z'ṭ*; Ram. Nerab (KAI 225, 12), Tema (KAI 228 A 13); Assbr. (KAI 233, 8); äga. (AP 21, 3 u.ö.; 1 × כזה 18, 3, cf. DISO l.c.). דה (Hermop., s. Beyer ATTM 546), Demot. 228 חא; sogd. כזה (DISO 78); nab. und cp. דא; palm. u. sam. דה (LOT 2, 456); ja. דָּא/ה und (praemisso ק הָ) הָדָא; DSS (Beyer ATTM 548); sy. *hādēʾ*, *hād*; md. *haza* (MdD 117b) und *hada* (MdD 116a, Nöldeke MG 89f); nsy. *hādhe* (Maclean 72a) und *dhā* (Maclean 59a); naram. *hōdh(i)* (Spitaler 5g; VG 1, 322; BLA 81a-c): pron. demonstr. f. (ק m. דְּנָה) **diese** Da 4_{27} 7_8, דָּא לְדָא aneinander 5_6, דָּא מִן־דָּא voneinander 7_3 (BLA 87a). †

דֹּב: he. =; aam. Sefire דבהה Bärin ? (KAI 222 A 31): st. abs. sg. fem., doch ist das unsicher, vielleicht Fehler für דברה "Biene" (so DISO 55, DNWSI 238 s.v. *dbh*; s. dazu KAI II S. 248 und TSSI 2, 40); Ram. pehl. (Frah. 9, 7: *dwb*); äga. דבא ? (Aḥqr 120; s. dazu AP S. 240, DNWSI 237); ja., DSS (Dalman Wb. 90a: דֻּבָּא, דּוֹבָא; Beyer ATTM 546); sy. *debbā* (LS 138a); nsy. *dibā* Wolf (Maclean 59a); BLA 181v: **Bär** Da 7_5. †

דבח: he. זבח; 1.) זבח: aam. Znğ. (KAI 214, 15-16.21); Ram. Xanthos pehl. (Frah. 19, 7; DISO 71 s.v. $זבח_I$; DNSWI 301 s.v. $zbḥ_1$); 2.) דבח; ja. (Dalman Wb. 90a) cp. (Schulthess Lex. 41b) sy. (LS 138a) md. *DBA/DBH* (MdD 101b, Nöldeke MG 43) und nsy. (Maclean 60a) naram. (Bgstr. Gl. 20: *ḏbḥ*):

pe: pt. pl. דָּבְחִין **opfern**, obj. דִּבְחִין Esr 6_3. †
Der. *דְּבַח, *מַדְבַּח.

*דְּבַח: דבח; he. זֶבַח; 1.) זבח: aam. Znğ. (KAI 214, 18.22) *zbḥh* Opfer (DISO 71 s.v. $zbḥ_{II}$, DNWSI 302 s.v. *zbḥh*); md. (!) *zaba*, pl. *zabia*, Var. *zubia*/*zibia* (MdD 156a, Nöldeke MG 43); 2.) דבח: Ram. äga. (DISO 71 s.v. $זבח_{II}$, DNWSI 301 s.v. $zbḥ_2$); ja. (Dalman Wb. 90a: דִּבְחָא) sam. (LOT 2, 455) sy. (LS 138a: *debḥā*): BLA 183j; pl. דִּבְחִין **Schlachtopfer**, c. דבח Esr 6_3. †

דבק: he. =, Grdb. wohl haften, kleben an ק he. (HAL 201a); Ram. äga. (AP, BMAP angrenzen,—so auch in Qumrân—; kleben an (Hermop.), palm. anhängen (DISO 54, DNWSI 238); DSS (Beyer ATTM 546); ja. anhängen, kleben an, af. erlangen, erreichen (Dalman Wb. 90b). Die Bedtg. erreichen, gelangen (pe.) in Qumrân, s. Beyer l.c.; cp. hängen an, folgen, erreichen (Schulthess Lex. 41b); sy. zusammengeklebt, gefügt sein, folgen (LS 139a); nsy. (Maclean 60a), md. *DBQ* (MdD 101f) kleben, haften an:

pe: pt. pl. דָּבְקִין **haften an, zusammenhalten**, c. עִם Da 2_{43}. †

*דבר: he. = II דבר; äga. nur עלדבר u. 1 × עדבר (AP 45, 3 ק *דִּבְרָא).
Der. *דִּבְרָה.

*דִּבְרָה: דבר; he. = ק II דבר; ja., Deir Alla II 17; Ram. äga. nur עלדבר ק Leander 124x, (AP, BMAP, Aḥqr 202, Saqqara; DISO 55 s.v. $דבר_{II}$, DNWSI 239 s.v. dbr_3); ja. דִּבּוּרָא Rede, דִּבְּירָא Wort (Dalman Wb. 90a.b); md. *ʿldbar* (MdD 101b s.v. $dbar_2$); < kan. Amtssprache (Rosenthal AF 51); DSS (די) עלדברת (Beyer ATTM 547); ba. cs. דִּבְרַת (BLA

240b): **Angelegenheit**, עַל־דִּבְרַת דִּי zum Zweck, dass, damit Da 2_{30} = עַד־דִּבְרַת דִּי 4_{14}, lies *ʿaddibrat* (Vogt 36a): *ʿal d* > *ʿadd* (BLA 260z); cf. he. עַל־דִּבְרַת u. עַל־דְּבַר. †

דְּהַב: he. זָהָב; aam. זהב Znǧ. (KAI 215, 11; 216, 11); Ram. pehl. (Frah. 16, 2 דהבא); זהב auch äga. (AP, Aḥqr 143) (1 × דהב AP 10, 9); דהב nab. palm. (1 × δααβ) ija. (DISO 72 s.v. זהב, DNWSI 306 s.v. *zhb*); ja. DSS (Dalman Wb. 92a; Beyer ATTM 547); cp. (Schulthess Lex. 42b) sam. det. *dābå* (BCh. Gl. 3b) sy. *dahbā* (LS 142b) md. *dahba*, *zahba* (MdD 98b u. 157a, cf. Nöldeke MG 43.106); nsy. *da(h)ba* (Maclean 61a); naram. *ḏahba* (Bgstr. Gl. 20, Spitaler Gl. 85a); BLA 185p; ba. דְּהַב Esr 7_{15}, det. דַּהֲבָא Da, דַּהֲבָה Esr, or. *dahbā* (BLA 45f): **Gold** Esr $7_{15f.18}$, Werkstoff von Götterbildern Da $2_{32.35.38.45}$ $3_{1.5.7.10.12.14.18}$ $5_{4.23}$, von Tempelgerät Da 5_{2f} Esr 5_{14} 6_5, von Schmuck Da $5_{7.16.29}$. †

דהוא K, דֶּהָיֵא u. דֶּהָיֵא Q Esr 4_9. Trad. n. p. G^A, l.c. MSS und G^B דִּהוּא pro דִּי־הוּא (ᴦ דִּי 2a) **das ist** (BLA 212z, cf. äga. דהו (*W. Hammāmāt*, cf. Dupont-Sommer RA 41, 1947-48, 105ff). †

דוק: ᴦ דקק.

דור: he. =; Ram. pal. *dwr* ummauerter Ort; *dyr* Haus nab. *dyr* Hatra *dyr* Haus u. Bewohner (DNWSI 243 s.v. dwr_2, 246 s.v. *dyr*; DISO 57 s.v. $דיר_I$); ja. DSS (Dalman Wb. 93b, Beyer ATTM 547); sam. (BCh. Gl. 3b); sy. *dār* (LS 147b); md. *DUR* (MdD 105b); Subst. ja. דּוּרָא (Dalman Wb. 93b); sy. (LS 147b) auch Kloster und nsy. *dēra* (Maclean 65b); md. *daura* (MdD 99a, Nöldeke MG 100.159): Wohnung, auch Kloster > ar. *dair* Kloster (Frae. 275):

pe: impf. תְּדוּר, pl. יְדֻרוּן Da 4_9 K, יְדֻרָן Q (BLA 200j); pt. pl. דָּאֲרִין K, דָּיְרִין Q, cs. דָּאֲרֵי K, דָּיְרֵי Q (BLA 51h.j): **wohnen** Da 2_{38} (cf. BLA 367c, Mtg. Da. 172f), 3_{31} $4_{9.18.32}$ 6_{26}. †

Der. דָּר, *מְדוֹר, *מְדָר, *תְּדִיר. cf. auch דּוּרָא.

דּוּרָא, Θ Δεϊρα d.i. דֵּירָא, so 1 $MS^{Ken.}$, s. Mtg. Da. 199; V S *Dura*: בְּבִקְעַת דּוּרָא Da 3_1, G ἐν πεδίῳ τοῦ περιβόλου χώρας Βαβυλωνίας "Eine schwerlich erfundene, aber noch nicht sicher identifizierbare Lokalangabe", so Plöger KAT XVIII 59 mit Hinweis auf Mtg. l.c. und Bentzen 34. Der Name des n.l. ist gewiss mit dem akk. n. appellat. *dūru(m)* (AHw. 178) "Stadtmauer", "ummauerter Ort" zu verbinden, cf. Lex.[1]. Neuere Versuche zur Bestimmung der Ortslage: a) Dura, Name eines Flusses, der 7-8 Km. unterhalb von Hille in den Euphrat fliesst. "Denselben Namen trägt auch ein benachbarten Hügelzug", so Baumgartner ZAW 44, 1926, 40[1] (lit.); vgl. auch Mtg. Da. 197, s. ferner Curt Kuhl Die drei Männer im Feuer. Daniel Kap. 3 und seine Zusätze (BZAW 55, 1930) 5; b) "Eine Stadt *Dur* ... ist inzwischen durch Ausgrabungen bekannt geworden. Ihre heutige Ortsbezeichnung lautet *Tell el-Laḥm*, östlich von Eridu, südöstlich von Ur", so Berger ZA 64, 1975, 220; c) Zushg. mit dem Namen der Stadt Dura-Europos, s. dazu Bentzen 34 mit Lit.; d) von den 3 Möglichkeiten hat c) am wenigsten für sich; die Entscheidung zwischen a) und b) muss wohl offen bleiben.

דוש: he. =; ja., DSS (Dalman Wb. 94a; Beyer ATTM 548); cp. (Schulthess Lex. 43b); sam. sy. (LS 148a) md. *DUŠ*, *DIŠ* (MdD 106a, cf. Nöldeke MG 446); nsy. *Dʾ̌Š* (Maclean 59b):

pe: impf. sf. תְּדוּשִׁנַּהּ (BLA 148h 171e): **zertreten, niedertreten** (obj. Erde) Da 7_{23}. †

***דַּחֲוָה**, pl. דַּחֲוָן, or. *dahwān*: Da 6_{19}. Unsicheres Wort. a) Die Vrss. variieren, siehe u.a. Mtg. Da. 277, GB, Lex.[1], Vogt 37a, BHS: וּבָת טְוָת וְדַחֲוָן לָא־הַנְעֵל קָדָמוֹהִי Θ ἐδέσματα οὐκ εἰσήνεγκαν αὐτῷ = V *cibi* und S *mēʾkᵉlātā*, cf. G nur καὶ ηὐλίσθη νῆστις = וּבָת טְוָת und er verbrachte die Nacht nüchtern; b) verschiedene, auch rabbinische Vorschläge, s. dazu die Lit. bei Mtg. Da. l.c.: Musikinstrumente (Ibn Esra), Tische (Raschi), s. auch BMAP 242 ad דחה (Nr. 9_{14} u. DNWSI 244 s.v. *dḥy*, Segert ArchOr 24, 384f); cf. zu Raschi mhe. דַּחֲוָנוֹת Tischplatten (Dalman Wb. 94a); s. dazu Beyer ATTM 548: Tablett mit Speisen (?), Wohlgerüche, zu ar. *duḫān* "Rauch", so Rosenmüller (s. GB, Lex.[1], Vogt); c) דַּחֲוָה od. דַּחֲוָא vielleicht Beischläferin mit Hinweis auf ar. *daḥaj* Teppich ausbreiten in obszönen Sinn (GB) > *subegit feminam*, so Levy 1, 388b und König Wb. 571b, cf. auch Lex.[1]; d) Ersetzung des unsicheren sbst. durch die cj. לְחֵנָן (↗ * לְחֵנָה), so Lex.[1] und bes. Vogt l.c., s. auch BHS; e) die Entscheidung zwischen den verschiedenen Möglichkeiten ist nicht leicht. Der Satz mit der Wiedergabe des sbst. in Θ V S (Speise) scheint eine Umschreibung von טְוָת zu sein. Die Bedtg. des Wortes bleibt aber unbekannt.

דחל: nur aram.; ? ar. *ḏaḥl* Rachedurst (Nöldeke ZDMG 40, 1885, 741; 54, 1899, 163); 1.) זחל aam. Zkr. (KAI 202 A 13), Sefire (KAI 223 C 6); 2.) דחל Ram. pehl. (Frah. 21, 1); äga. (AP, Aḥqr. 45.54) palm. Hatra (DISO 73, DNWSI 309 s.v. *zḥl*); sam. *daal* (BCh. Gl. 3b s.v. *dḥl*); 3.) דְּחֵל ja., DSS. (Dalman Wb. 94b, Beyer ATTM 548); cp. (Schulhess Lex. 44a) und sy. (LS 148b), md. *DHL* pe. pf. *dhil* (MdD 103a):

pe: pt. pl. דָּחֲלִין, pt. pass. דְּחִיל, f. דְּחִילָה: **sich fürchten**, c. מִן־קֳדָם Da 5_{19} und 6_{27} || זוע; pt. pass. **furchtbar** (BLA 297c); ija (DNWSI 244) ja. cp. sy. (he. נוֹרָא); Da 2_{31} $7_{7.19}$. †

pa: impf. sf. וִידַחֲלִנַּנִי (BLA 130e.i) **erschrecken** Da 4_2 || בְּהַל. †

דִּי, דְּ in ↗ דהוא und דֵּי in Da 3_{15} (so in BHS, in BHK[2] und [3] dagegen דִּי (↗ עבד); = he. זֶה, זוּ; aram. (DISO 73-75) DSS (Beyer ATTM 548-552): זי, aam. Brēdsch 1.4 (KAI 201), Zkr A 1.16 (KAI 202), Znğ. (KAI 214, 1; 219, 2), Sefire (mehrfach s. KAI III 32a), T. Fekherye (pron. relat. 1.5.11.15, Beziehungspartikel "von" 1.13 bis .17.23, s. S. 51, s. dazu auch BLA 82h und § 90), T. Halaf 69f; Ram. Assbr. 14.19.21; sogd. (E. Benveniste Textes sogdiens, 1940, 279); äga. (auch די, DISO l.c., cf. Leander § 16); Mcheta; Saqq. 3f; nab. זי u. די; palm. די u. ד; Hatra u. ija. (DNWSI 310 s.v. *zy*); westarabisch *dhī* (Rabin AWAr. 39); דִּי u. דְּ ja. (Dalman Gr. § 18) und sam.; דְּ cp. sy. md. (MdD 97, s. Nöldeke MG 92f); naram. *ti, dhi, dh* (Spitaler 59a-e, 117c.d.g); nsy. *d', di* (Maclean 59a); jemen. *dhē* (Rabin Awar. 75f); Baumgartner ZAW 45, 1927, 94f = ZATU 81ff, Rosenth. Spr. 51. In ba. Deutewort, dann Beziehungspartikel. 1.) Wie ar. *ḏū* Ausdruck eines Genitivverhältnisses (BLA § 90); nach det. Nomen: שַׁלִּיטָא דִּי־מַלְכָּא Da 2_{15}, עַל־גִּירָא דִּי כְתַל הֵיכְלָא דִּי מַלְכָּא Da 5_5; nach indeterm. Nomen (BLA 313c): נְהַר דִּי נוּר Da 7_{10}. Wenn beide Nomm. determ. sind, gern mit vorweisendem sf. (BLA 314j): שְׁמֵהּ דִּי־אֱלָהָא Da 2_{20} sein (nämlich Gottes) Name, cf. Da $3_{8.26}$ Esr 5_{11}; zur Angabe des Stoffes (BLA 313f) רֵאשֵׁהּ דִּי דַהֲבָא Da 2_{38} das goldene Haupt (cf. Mtg. Da. 174), 2_{39} 3_1 5_7 7_7 Esr 5_{14} und 6_5 (BLA 314h.i); רֵאשֵׁהּ דִּי דְהַב Da 2_{32} sein Haupt war von Gold, 2_{33} 7_{19}; 2.) Zur Einführung eines Relativsatzes (he. אֲשֶׁר, שֶׁ; BLA § 23.108): a) nach Nomen הֵיכְלָא דִּי בִירוּשְׁלֶם der Tempel, der in Jerusalem ist Da 5_2 Esr $5_{14.15}$ 6_5, cj. 6_3; als sbj. דִּי ... יְהַבְתְּ Der du gegeben hast Da 2_{23}, s. dazu Mtg. Da. 161 :: דִּי als conj. "denn" ↗ 3e; b) דִּי als eindeutiges sbj. Da 4_{19} 6_{14}; c) als obj. חֶלְמָא דִּי־חֲזֵית Da 2_{26}; $2_{11.24}$ 4_6 6_{14} Esr 4_{10}; **das, was**: דִּי־בְעֵינָא מִנָּךְ was wir von dir erflehen Da 2_{23}; וְדִי und den, der Esr 7_{25}; כָּל־דִּי alles, was Esr 7_{23}, מָה דִּי (↗ 2 b), c. sf. als Rückweis (BLA 357j) דִּי־שְׁמֵהּ dessen Name Da 4_5; 2_{11} $5_{12.23}$ Esr 7_{25}; בְּעִדָּנָא דִּי sobald als Da $3_{5.15}$; אֲתַר דִּי Esr 6_3 (↗ אֲתַר); בְּכָל־דִּי überall wo Da 2_{38}; c. pron. pers. דִּי־הִיא das ist Esr 6_{15} (↗ דהוא 4_9); דִּי אִנִּין welche ... sind Da 7_{17}; d) nach Fragepron. (BLA 357m-o): מַן־דִּי (↗ מַן) Da $3_{6.11}$ $4_{14.22.29}$

5_{21} wer; דִּי מָה/א (F מָה) das was Da $2_{28f.45}$ Esr 6_8 7_{18} (he. מַה־שֶּׁ, מִי אֲשֶׁר; e) α) ... דִּי תַּמָּה Esr 6_1 wo (mit Beziehung auf בְּבֵית סִפְרַיָּא); דִּי לֵהּ־הִיא sind sein Da 2_{20} (Ansatz zu einem pron. poss. דִּילָךְ, דִּילִי etc. VG 1, 315f, BLA 359t), DSS (Beyer ATTM 552 sub דיל), Sefire III 20 (KAI 224, 20) זילי; Assbr. 13 (KAI 233) זלי die mein sind; Nērab (KAI 225, 20) זילך; äga. זילי etc. (DISO 73 A 2), דילך 1 ×, PN ? זלי "Der mein ist" (BMAP 12, 19), s. zum pron. Leander § 13; ja. דִּילִי etc. (Dalman Gr. § 18, S. 119); cp. (Schulthess Gr. § 61); sy. (Nöldeke SGr. § 69); md. (MdD 107, Nöldeke MG § 233), cf. he. שֶׁל; β) דִּי־לָא תִתְחַבַּל unzerstörbar Da 6_{27} 7_{14}, c. inf. (BLA 302g); דִּי־לָא לְהַשְׁנָיָה unwiderruflich Da 6_9, F דִּי־לָא לְבַטָּלָא ungesäumt Esr 6_8; דִּי־לָא ohne (BLA 359u, ja. cp. sam. und sy. d^e*la'*, > spbab. [GAG § 115s] *ša lā*) Esr 6_9 7_{22}; דִּי־לָא בִידַיִן ohne Zutun von Menschenhand Da $2_{34.45}$ (cf. he. Hi 34_{20} Da 8_{25}); 3.) conj. (BLA § 79, 109 und 110): nicht immer sicher von 2) zu scheiden (cf. he. אֲשֶׁר und כִּי, s. auch Vogt 40f): a) **dass**, nach vb. des Wissens Da 2_8 4_6 $6_{11.26}$, Mitteilens Da 5_{29} Esr 4_{16} 7_{24}, Sehens Da $2_{8.45}$ 3_{27}, Hörens Da $5_{14.16}$, Erkennens Da 2_{8f} $4_{6.14.23}$ 5_{21} Esr 4_{15}, Bittens Da 2_{16}, Befehlens Da 2_9 3_{10}, als Inhalt eines Erlasses Da $6_{8.16}$, nach עֲתִיד Da 3_{15}; מִן־קְשֹׁט דִּי 2_{47} (F מִן 6) es gehört zur Wahrheit dass = wahrlich, (וְ)דִּי $2_{41.43}$ $4_{20.23}$ was das betrifft dass, כָּל־קֳבֵל דִּי $2_{41.45}$ dementsprechend dass; b) leitet wie ὅτι direkte Rede ein (he. כִּי 7) Da 2_{25} 5_7 $6_{6.14}$; c) final **damit** Da 4_3 5_{15}, (im Wechsel mit inf.) Esr 6_{10}, damit nicht דִּי לָא Da 2_{18} 3_{28} 6_{18}, und (F מָה) דִּי־לְמָה Esr 7_{23}; d) konsekutiv: **so dass** Esr 5_{10} (Leander ZAW 45, 1927, 156); e) kausal: **denn, weil** Da $2_{20.23.47}$ $4_{15.31.34}$ $6_{24.27}$; f) c. praep.: α) כְּדִי (he. כַּאֲשֶׁר): Sefire (KAI 224, 24); Assbr. (KAI 233, 11.20); Kilikien (KAI 261, 4); pehl. äga. (DISO 74 Nr. 8); s. Leander S. 124y: כזי; BLA 361f-h: so wie Da 2_{43} (:: F הָא), als 3_7 5_{20} $6_{11.15}$; β) מִן־דִּי (מזי) Sefire [DISO 75 Nr. 9] doch ganz unsicher F מִן); BLA 361i-k: nachdem Esr 4_{23}, sobald als, insofern Da 4_{23}, weil Da 3_{22} (BLA 266i) Esr 5_{12}; γ) עַד־דִּי, F עַד; דִּבְרַת דִּי, F עַל/ד דִּבְרָה; כָּל־קֳבֵל דִּי, F קֳבֵל und לָקֳבֵל דִּי.

דין: he. =; äga. (DISO 56, DNWSI 246 s.v. *dyn*$_1$); ja. DSS (Dalman Wb. 96b, Beyer ATTM 552); übergehend in דון (VG 1, 614); cp. (Schulthess Lex. 43a), sam. (LOT 2, 446) sy. (LS 145b) md. *DUN* (MdD 104b, Nöldeke MG 250) und nsy. *D'N* (Maclean 59b):

pe: pt. pl. דָּאֲנִין K, דָּיְנִין Q (BLA 51j): **Rechtsprechen** Esr 7_{25}. †

Der. דִּין, *דַּיָּן, מְדִינָה, n.m. דָּנִיֵּאל.

דִּין: he. =; äga. (AP, BMAP, Saqqara, Aḥqr 198) Samaria, pehl. (Frah. 13, 6) ija. (DISO 56, DNWSI 254 s.v. *dn*), 1 × זין ! (BMAP 3, 17); nab. (DISO l.c.); pehl. (Frah. 13, 6); ja., DSS (Dalman Wb. 96b, Beyer ATTM 552f); cp. (Schulthess Lex. 43a); sam. *den* (BCh. Gl. 3b) sy. (LS 145a) md. *dina* (MdD 108a), nsy. Ritter Gl. 114a: *dino* Religion cf. < ar. < pers. *dīn* Religion (Wehr 275b, Hwb Isl. 98b); BLA 180k: det. דִּינָא: 1.) **Gericht**, c. עבד hitpe. und מִן Gericht wird gehalten über Esr 7_{26}; 2.) **Recht** || קְשֹׁט Da 4_{34}; 3.) וְדִינָא יְהִב לְ Da 7_{22}: zu den Vrss. und den Möglichkeiten der Erkl. s. bes. Mtg. Da. 310; a) MT: die Wiedergabe von דִּין ist schwankend; Vorschläge u.a. α) die Genugtuung ist/wird gegeben (GB, Lex.[1]); β) die Macht (ZüBi, Bentzen 50); γ) das Regiment (Plöger KAT XVIII 103.105); δ) die Entscheidung (der gerichtliche Entscheid) (Mtg. Da. 308f, TOB, Lebram 87); b) cj. pr. יְהִב prop. יְתִב et inser. יְהִב וְשָׁלְטָנָא: (bis) ... das Gericht Platz nahm und die Macht gegeben wurde (Bentzen 50, Vogt 43a, cf. BHS u. Lex.[1]), s. auch Beyer ATTM 554: דִּינָא $7_{10.22.26}$ Gerichtsversammlung, ähnl. zu vs.$_{10}$ und $_{26}$ u.a. GB, Lex.[1], Vogt, Bentzen 50.52. Mtg. Da. 296.311. †

*דַּיָּן: דין: he. =; äga. (AP, BMAP, Saqqara) nab.

ija. (DISO 57, DNWSI 246 s.v. *dyn*$_3$) ja., DSS (Dalman Wb. 96b, Beyer ATTM 553) cp. (Schulthess Lex. 43a) sam. (LOT 2, 449) sy. (LS 145b) md. *daiana* (MdD 99a, Nöldeke MG 120.179.436) nsy. *d*^{e}*jana* (Maclean 65a); BLA 191c: pl. דַּיָּנִין **Richter** Esr 7_{25} (ƒ דִּינַיָּא). †

דִּינָיֵא: m. pl. Esr 4_9, trad. n. p.: G Διναῖοι, danach Gunneweg KAT XIX/1, 82 “Leute von Dina”, s. dazu auch S. 84; doch eher lies דַּיָּנַיָּא Richter, cf. G^{L}, 3 Esr (Εσδρ. Α') 2_{13} οἱ κριταί ..., Meyer Jdt 39f, Rudolph EN 36, Lex.[1] :: Galling ZAW 63, 1951, 70: דָּנוּ “sie urteilten”. †

דֵּךְ, fem. דָּךְ; pehl. זך u. דך (Frah. 24, 2f); sogd. זך (Gauth.-B. II 238); äga. AD זך, זכי, דכי, זכם, auch Saqq. 8 (KAI 266); und זנך (Leander § 14, e-i.o, BMAP je 1 × דך und דכם, AP u. BMAP auch דכא; ija. *dk* (DISO 76 s.v. זך); ja. דֵּיךְ und דֵּיכֵי; DSS (Beyer ATTM 553); ar. *ḏāka*; äth. *z*^{e}*kū*; BLA 83 l, 269e.f: pron. dem. **jener**, immer adj.: שֵׁשְׁבַּצַּר דֵּךְ Esr 5_{16}; בֵּית אֱלָהָא דֵךְ 5_{17} (Var. דִּי BLA 356f, ƒ דִּי), cf. BHS; $6_{7f.12}$ (ƒ דְּנָה 1); קִרְיְתָא דָךְ $4_{13.15f.19.21}$; עֲבִידְתָּא דָךְ jene Arbeit 5_8. †

דִּכֵּן: palm. (Rosenth. Spr. 49f :: Ingholt Beryt. 2, 98, Cant. AfO 11, 379a); äga. זנך (Leander 34n, DISO 76 s.v. זך$_{I}$), זכם (ƒ bei זך und דך); BLA 83n, 84o: pron. dem. m. und fem.: **jener, jene**; m. Da 2_{31}, fem. 7_{20} (cf. Mtg. Da. 310), $_{21}$. †

I ***דכר**: he. זכר sich erinnern; aam.: זכר Znğ. (KAI 214, 16.17.21), so auch Ram. äga. (Aḥqr 53 :: neben דכר AP 34, 6); דכר Hatra, nab. u. palm. meist *dkr*; ija. *dkr* (DISO 76 s.v. זכר, DNWSI 321 s.v. *zkr*$_1$); ja. (Dalman Wb. 98a, Beyer ATTM 554); sam. (BCh. Gl. 3b) cp. *dkr* (Schulthess Lex. 46a); sy. etpe. (LS 154a) und naram. *ḏkr* (Bgstr. G. 21), nsy. *tkr* (Maclean 66a) < etpe.; md. *DKR* (MdD 110): Der. *דִּכְרוֹן, *דָּכְרָן.

II **דכר**: ƒ דְּכַר.

***דְּכַר**: II דכר; he. זָכָר; a) זכר aam. Znğ, Panammuwa I (KAI 214, 30.31) Ram. pehl. (Frah. 11, 6 u. 26, 2: *zkl*); äga. זכר ונקבה (BMAP 3, 21; 7, 28); Samaria-Sebaste; md. *zakra, zikra* (MdD 159a, cf. Nöldeke MG 43); b) דכר: äga. דכר ונקבה (AP 15, 17.20); nab. und palm. ija. (DISO 77 s.v. זכר$_{III}$; DNSWI 329 s.v. *zkr*$_3$); sam. *dakar* (LOT 2, 456); ja. (Dalman Wb. 98b) und nsy. דִּכְרָא (Maclean 66a); DSS (Beyer ATTM 554f); cp. *dkr* (Schulthess Lex. 46a); sy. *dekrā* (LS 153b) Mann, Männliches Tier; naram. *ḏaḫra* Penis (Bgstr. Gl. 20); BLA 220t: pl. דִּכְרִין: **Widder** Esr $6_{9.17}$ 7_{17}. †

***דִּכְרוֹן**: I דכר; he. זִכָּרוֹן; BLA 53t, 195y < kan.; cp. ד(י)כרון (Schulthess Lex. 46a); nsy. (Maclean 66a); ba. דִּכְרוֹנָה **Protokoll, Memorandum**; G ὑπόμνημα (Bickermann JBL 65, 250ff; W. Schottroff Gedenken im Alten Orient und im AT, 1961, 300ff) Esr 6_2 (ƒ דָּכְרָן). †

***דָּכְרָן**: I דכר; ƒ דִּכְרוֹן. a) זכרן: aam. Sefire (KAI 222 C 2f); Ram. äga. (AP 32, 1.2 u.a.) (DISO 78 s.v. זכרן, DNWSI 330 s.v. *zkrn*); b) דכרן: nab. palm. Hatra ija. (DISO 78); ja. DSS (Dalman Wb. 98b; Beyer ATTM 554); sam. (LOT 2, 456) sy. (LS 153b) und md. *dukran, dukrana* (MdD 104a, cf. Nöldeke MG 136); BLA 195z: pl. det. דָּכְרָנַיָּא: **Memorandum**; G ὑπομνηματισμός; סְפַר־דָּכְ׳ Esr 4_{15} Protokollbuch/bücher (BLA 310b), cf. he. סֵפֶר הַזִּכְרֹנוֹת Est 6_1. †

דלק: he. =; ja. DSS (Dalman Wb. 99b, Beyer ATTM 555); cp. (Schulthess Lex. 46b); sy. (LS 155b) md. *DLQ* (MdD 111a):

pe: pt. דָּלִק (BLA 106d.e, 188k) **brennend** Da 7_9. †

דמה: he. =; דמא Ram. pehl. (Frah. 18, 1) Armazi (KAI 276, 10: *dmʿ* !) und palm. (DISO 58, DNWSI 251); ja. דמא/ה, DSS דמה (Dalman Wb. 100a, Beyer ATTM 555); cp. *dmʾ* (Schulthess Lex. 46b); sy. *d*^{e}*māʾ* (LS 156a); md. *DMA* (MdD 111) und nsy. *dmʾ* (Maclean 66b); Mcheta 10 דמע; Subst. דְּמוּת (he. =):

aam. דמות (T. Fekherye 1.15) Statue; Ram. äga. Ähnlichkeit, Gleichheit (BMAP 3, 21; s. dazu auch Vogt 44a, s.v. דְּמָה) Hatra (DNWSI 251); ja. DSS (Dalman Wb. 100b, Beyer ATTM 555, s.v. דמו: *damū*); cp. (Schulthess Lex. 46b) sy. (LS 156b: *damjūtā*) md. *dmu, dmut, dmuta* (MdD 111f, s. Nöldeke MG 146) und nsy. *dmuta* (Maclean 67a):

pe: pt. דָּמֵה, f. דָּמְיָה (cf. BLA 156a-c. 157d): **gleichen** Da 3_{25} 7_5. †

דְּנָה: זנה und זן: aam. Zkr. Znğ. Sefire (cf. DISO 78 s.v. זנה); Ram. זנה (Nerab), זנה/א und דנה/א; äga. (DISO l.c., cf. Leander § 14, Baumgartner ZATU 81ff); זן: Tema (KAI 228 A 4); זנה pehl. Paik. u. Sogd. (DISO l.c.); זנה auch דנה/א Dura (Alth. 28), Pachtv. Rs 2; תנ(א) Demot. (Bowman 225); דנה/א nab. (1 × זנה) u. palm. u. ija. (DISO l.c.); ja. דֵּין, דְּנָא u. דְּנָן, praemisso ᑭ הָא ja. הָדֵין; zu den versch. Formen des pron. dem. siehe auch DSS, Beyer ATTM 555f; md. *hazin* (MdD 118a), *hadinu* (= *hazin hu*) (MdD 116b, s. Nöldeke MG 90); pehl. (Frah. 25, 5) u. ija. und sy.; naram. *hanna* (Spitaler 37p); ph. זן (Friedr. § 288a); asa. (Höfner Gr. 39ff, Sabdic 37) und tham. *ḏn*; äth. *zentū*; BLA 82h: pron. dem. m. (f. ᑭ דָּא) **dieser**; BLA § 73. — 1. adj. דָּנִיֵּאל דְּנָה Da $6_{4.6.29}$; חֶזְוָה ד׳ $2_{18.30.47}$; בִּכְסְפָּא ד׳ $5_{7.15.24}$; פִּתְגָמָא ד׳ Esr 6_{11}; כְּתָבָא ד׳ 7_{17}; בַּיְתָא ד׳ dieser Tempel (ᑭ בַּיִת 2 und דֵּךְ) Esr $5_{3.9.12f}$ 6_{15-17}; דְּנָה vor dem sbst. Da 4_{15} (oder Nr. 2 ?) Esr 5_4; — 2. sbst. dies ist Da 2_{28} (cf. BLA 330r u. Komm.)$_{36}$ 4_{15} (cf. Nr. 1)$_{.21}$ 5_{25f} Esr 4_{11}; — 3. sonst α) כִּדְנָה (pehl., äga. BMAP 5, 3 sonst כזנה, s. AP S. 286a, cf. DSS, Beyer ATTM 556); sogd. כזנה, כזה; Demot. 225 כאתנא; he. כָּזֶה, כְּ/כָּזֹאת) **so** Jr 10_{11} Da 3_{29} Esr 5_7, cj. 4_{24} (Rudolph EN 45 u. 47 :: MT Gunneweg KAT XIX/1, 85); מִלָּה כִּד׳ so etwas Da 2_{10}; β) דְּנָה עִם־דְּנָה aneinander Da 2_{43} (BLA 87a); γ) כָּל־ד׳ dies alles 5_{22} 7_{16}; δ) עַל־ד׳ darum Esr 4_{14f} 6_{11}, in Bezug darauf Da 3_{16} (:: Leander l.c.: hierauf) Esr 4_{22} 5_{17}; ε) אַחֲרֵי ד׳ Da $2_{29.45}$; entweder = בָּאתַר ד׳, so G (καὶ) μετὰ (δὲ) ταῦτα, und V *post hoc* oder nach diesem (Tier), so Θ ὀπίσω τούτου cf. Leander ZAW 45, 1927, 157: בָּאתַר דְּנָה bedeutet wahrscheinlich "nach diesem (Tier)", nicht "darauf" Da 7_{6f}; ᑭ קֳבֵל, קְדָמָה. †

דָּנִיֵּאל, or. *Danī'el*; דניאל 4 Q ps Dan. (RB 63, 1956, 411f): n.m. Da 2_{13}-7_{28}, ᑭ he. †

דקק: he. =; ja. DSS (Dalman Wb. 104a, Beyer ATTM 557); sy. (LS 163a: pa.) nsy. (Maclean 159b s.v. *mdqdq*) und md. *DQQ* (MdD 113a) zertreten, zermalmen; adj. דקק fein: DSS, Ram. (RÉSB 1942-1945, 71 Ostr. 16,3; DNWSI 258) cf. pun. דק (DISO 60, DNWSI 257):

pe: pf. pl. דָּ֫קוּ, sec. דוק (ja. u. sy., Dalman Gr. 328), Var. דָּ֫קוּ und דֹּ֫קוּ (BLA 166d): abs. intr. **fein zermalmt sein** (ᑭ he., BLA 273j) Da 2_{35}, cf. G Θ V, Bentzen 24, ZüBi, Lebram 57, TOB (:: Lex.[1]). †

haf: pf. 3. f. sg. הַדֶּקֶת, Var. הַדֶּקֶת (BLA 166i), pl. הַדִּקוּ; impf. תַּדִּק, or. *taddeq* (BLA 30b), sf. תַּדִּקִנַּהּ, Var. תַּדֵּ׳ (BLA 40m); pt. מְהַדֵּק (BLA 40m.n !, 166i): **zermalmen** Da $2_{34.40.44f}$ 6_{25} $7_{7.19.23}$. †

דָּר: דור, s. dazu Beyer ATTM 547; he. דּוֹר; ja. DSS (Dalman Wb. 104b, Beyer l.c.); sam. *dwr* = *dor* (BCh. Gl. 3b) cp. *dr* (Schulthess Lex. 43b); sy. (LS 147a) md. *dar, dara* (MdD 100f, cf. Nöldeke MG 339.478); nsy. *dora* (Maclean 63b); BLA 179h: **Generation**. עִם־דָּר וְדָר Da 4_{33} 4_{31} (עָלַם I I) von Geschlecht zu Geschlecht; md. *ldar daria* (MdD 100b = Nöldeke MG 310); cf. he. לְדֹר דֹּר Ex 3_{15} u. דּוֹר־וָדוֹר Dt 32_7, ferner דּוֹר־לְדוֹר Ps 145_4 (ᑭ HAL 209a bei II דּוֹר). †

דָּרְיָוֶשׁ: n.m.; ᑭ he.; **Darius**, Gr. Δαρεῖος; altpers. *Dārayava(h)uš* "das Gute aufrecht haltend"; bab. *Dārijawuš, Dāriwuš* (RLA II 121a); aram. (Rowley DarM 47f); Pachtv. I דרוש; äga. (cf. Vogt 45a) דריהוש, דריוהוש und

דריוש; mspt. דריהוש: — 1. **Darius der Meder** דָּ' מָדָיָא (cf. Komm., Rowley DarM 12ff) Da $6_{1f.7.10.26.29}$; — 2. **Darius** I (522-485) Esr 4_{24} $5_{5\text{-}7}$ $6_{1.12\text{-}15}$. Cf. RLA II 121ff, P-Wkl. I 1390ff, BHH 322. †

*דְּרַע: ⸢ אֶדְרָע; he. זְרוֹעַ; äga. דרע (DISO 61, DNWSI 342 s.v. *zrʿ*$_3$); ja. DSS: דְּרָעָא u. אֶדְרָעָא Arm. :: אדרע Gewalt, ⸢ ba. אֶדְרָע (Dalman Wb. 106a.8a, Beyer ATTM 558); cp. (Schulthess Lex. 48b); sy. (LS 168a); md. *dra* (MdD 114a, Nöldeke MG 70); nsy. *drʿnʾ* (Maclean 70b) naram. *ḏrōʿa* (Bgstr. Gl. 22); nass. *durāʾu* (aram. Fw; s. von Soden Or 46, 1977, 185 = AHw. 1551b): Arm, Vorderbein :: AHw. 177b Fuss mit Fussgelenk; BLA 189p: pl. sf. דְּרָעוֹהִי: **Arm** Da 2_{32}. †

דָּת: he. =; Lw. < pe. *dāta* (Hinz AS 84f, Rosenthal Gr. S. 189, Ellenbogen 61); nass. *dātu* (s. von Soden ZA 44, 1938, 181ff; AHw. 165b); Ram. Xanthos (DNWSI 263 s.v. *dt*$_{1)}$ äga. דתא (Aḥqr 177, so APE 61, 5, doch ist das ganz unsicher, AP S. 218 und bes. 246 liest רתא, so auch DISO 284 s.v. רתי; DNWSI 1088 s.v. *rty*); ja., DSS (Dalman Wb. 106b, Beyer ATTM 558); sam. sy. (LS 169b): cs. =, det. דָּתָא, sf. דָּתְכוֹן, pl. cs. דָּתֵי Esr 7_{25} (lies sg. c. Vrss, cf. vs.$_{14.26}$) :: Rendtorff ZAW 96, 1984, 171^{24}; das sbst. ist fem.: — 1. (königlicher) **Befehl** Da $2_{13.15}$, דָּתְכוֹן das Urteil über euch 2_9; — 2. **Staatsgesetz.** דָּת־מָדַי וּפָרַס Da 2_{16} $6_{9.13.16}$ (לְמָדַי), cf. auch Nr. 4); — 3. a) דָּתָא דִּי־אֱלָהּ שְׁמַיָּא das Gesetz des Himmelgottes = der von עֶזְרָא verehrte Gott, mit dem nur יהוה gemeint sein kann, דָּתָא ist dann = תּוֹרָה Esr $7_{12.21}$; u. דָּתָא דִּי אֱלָהָךְ 7_{25}, so auch בְּדָת אֱלָהָךְ 7_{14} und יָדְעֵי דָּת אֱלָהָךְ die das Gesetz deines Gottes kennen Esr 7_{25} (cj. דָּת pr. דָּתֵי ⸢ oben); b) בְּדָת אֱלָהֵהּ im Gesetz = in der Religion seines Gottes Da 6_6 (cf. Lex.[1] und Vogt 45b); — 4. דָּתָא דִּי־אֱלָהָךְ וְדָתָא דִּי מַלְכָּא Das Gesetz deines Gottes und das Gesetz (= die Vorschrift) des Königs Esr 7_{26}: das jüd. Religions- und das pers. Staatsgesetz sind in Parallele gesetzt. †

*דֶּתֶא: he. דֶּשֶׁא; akk. *daʾšum* (AHw. 165b) Frühling und *diššu(um)* (AHw. 173b) üppiger Graswuchs, Frühling; ja., DSS דִּתְאָה (Dalman Wb. 106b, Beyer ATTM 558); sy. *tadʾā* u. *tēdā* Grass (LS 816b, VG 1, 277); BLA 228h: det. דִּתְאָא **Gras**; דִּי בָרָא בְּדִתְאָא im frischen Grün des Feldes Da $4_{12.20}$. †

*דְּתָבַר: pe. Lw. (⸢ דָּת); < *dātabara* (Hinz AS 83) Rechtskundiger; Ram. דאתבר (Frah. 13, 3); keilschriftl. *dātabarra* (AHw. 165b) Rechtskundiger (s. zum sbst. auch Ellenbogen 62 und weitere ältere Lit. bei Lex.[1]); ja. דְּתָבְרָא (Dalman Wb. 106b): pl. det. דְּתָבְרַיָּא **Richter** Da 3_{2f}. †

ה

ה Wechselt mit ⸢ א.

הֲ הַ: he. =; Assbr. (KAI 233, 12.19; cf. II pag 285, 286, cf. DNWSI 960 s.v. *ṣdʾ*); ja. nur im Tg.; DSS (Dalman Wb. 106b, Gr. 224; Beyer ATTM 558); sy. *hāʾ* (selten, siehe LS 169a); behandelt wie he. BLA 253 g-j, 348 d-g: Fragepartikel Da 2_{26}; 3_{14} הַצְדָּא ist es wahr? (⸢ צְדָא, cf. Assbr. 12 הצדא הני מליא אלה sind diese Worte wahr?); 6_{21}; הֲלָא = lat. *nonne*? Da 3_{24} 4_{27} 6_{13}. †

הָא: he. הֵא; aam.: Znǧ. Bar Rekkub (KAI 216, 17f) *hʾ byt klmw lhm* siehe sie besassen das Haus des Kilamu; Ram. äga. (AP, BMAP, AD, Saqqara, cf. Leander § 64, S. 128); palm. (Rosenth. Spr. 83; DISO 62 s.v. הא$_{\text{II}}$; DNWSI 267 s.v. *hʾ*$_2$); ja., DSS (Dalman Wb. 107a, Beyer ATTM 558); cp. (Schulthess Lex. 48a); sam. (BCh. Gl. 4a); sy. (LS 169a);

md. *ha* (MdD 113a, Nöldeke MG 81); nsy. (Maclean 71a); BLA 266 c.d: interj. **sieh!** Da 3_{25}. †

הֵא: interj. ja. הֵי (Dalman Wb. 111b, Levy 1, 463a): pro הֵא־כְדִי Da 2_{43} prob. lies הֵאךְ דִּי (= הֵיךְ) **so wie**, siehe u.a. BLA 264w; cf. aam. Sefire איך זי (KAI 222 A 35) und הא איכה זי (KAI l.c. 37, DISO 11 s.v. איך); Ram. sogd.; äga. איך זי (AP, Aḥqr 37, Beh. 52, Saqqara, Leander 118c); pehl. (Frah. 25, 4; Paik 60-62; DISO s.v. איך; DNWSI 45); Armazi היך זי (KAI 276, 9); palm. היך די (Rosenth. Spr. 87; DISO 64, DNWSI 278); ja. אֵ/הֵיךְ דִּי (Dalman Wb. 15b, 112a), DSS (Beyer ATTM 561 sub היכה *hēkā*); Tg. הֵי כְ, הֵיךְ, הָא כְ (Dalman Gr. 220.226f); sam. הך די (BCh. Gl. 4a); cp. *hjk dᵉ* (Schulthess Lex. 50a); sy. *ʾa(j)k dᵉ* (Nöldeke SGr. § 364 B); nsy. (Maclean 10a) *ʾjk d*; naram. *eḫt* (Spitaler 122b, Bgstr. Gl. 47); איך Dura 19, 3; md. *aiak* (MdD 14a, Nöldeke MG 209.453f); ↗ he. אֵיךְ, הֵיךְ; BLA 264w :: BDB. †

*הַדָּבַר: etym. u. Bedtg. unsicher: ? pers. Lw < *hadabāra* (Hinz AS 109); DSS Beyer ATTM 559, cf. Mtg. 216f, Ellenbogen 64: pl. det. הַדָּבְרַיָּא, cs. הַדָּבְרֵי, sf. הַדָּבְרֵי, הַדָּבְרוֹהִי: hoher königlicher Beamter (so Lex.[1] und Beyer l.c.), etwas anders Plöger KAT XVIII 58.161: pl. **Staatsräte** Da $3_{24.27}$ 4_{33} 6_{8}. †

*הַדָּם: ja. DSS (Dalman Wb. 109a, ATTM 559) und sy. *haddāmāʾ* (LS 172a) Stück, Glied; md. *handama* (MdD 124b, s. Nöldeke MG 51); denom. ja. (Dalman Wb. 109a) und sy. (LS 172a): pa. in Stücke schlagen, zerstückeln, > ar. *hadama* zerstören; pers. Lw. *(h)andāma* Glied (P. de Lagarde Gesammelte Abhandlungen, Leipzig 1868, 38[94], Hinz AS 109); DSS: Beyer ATTM 559, cf. Ellenbogen 65 mit Hinweis auf armen. *andam* (Hübschmann 98): pl. הַדָּמִין **Glied**, **Stück**: הַדָּמִין הִתְעַבֵד zergliedert werden, in Stücke gehauen werden Da 2_5 3_{29}, die orientalische Strafart stückweiser Tötung, cf. Vierteilung im europ. Mittelalter z.B. Zwingli (R. Pfister Kirchengeschichte der Schweiz II 1974, 65; M. Haas Huldrych Zwingli und seine Zeit, 1969, 278), siehe die verschiedenen Wiedergaben in G und Θ: Da 2_5 G: παραδειγματισθήσεσθε ihr werdet an den Pranger gestellt werden; Θ: εἰς ἀπώλειαν ἔσεσθε; Da 3_{29} ist in G u. Θ = 3_{96}: G διαμελισθήσεται der wird in Stücke gehauen werden, Θ: εἰς ἀπώλειαν ἔσονται, zu G in Da 3_{96} cf. bes. μέλη ποιεῖν 2Mk 1_{16}, s. zur Sache Mtg. 146 u. Curt Kuhl Die drei Männer im Feuer Daniel Kap. 3 und seine Zusätze (BZAW 55, 1930, 49[6]). †

הדר: he. =; ja. auszeichnen (Dalman Wb. 109b s.v. הדר II); sy. (LS 172b); denom. von ↗ הֲדַר, BLA 273g:

pa: pf. 2. sg. הַדַּרְתָּ, 1. הַדְּרֵת; pt. מְהַדַּר BLA 133g: **verherrlichen**, ‖ שַׁבַּח Da $4_{31.34}$ 5_{23}. †

Der. *הֲדַר.

*הֲדַר: הדר; he. הָדָר, הֶדֶר; Ram. äga. (Aḥqr 108; DISO 63, DNWSI 270); ja. הַדְרָא, DSS (Dalman Wb. 109b, Beyer ATTM 559); sy. *hedraʾ* (LS 172a); md. *hidra* (MdD 141b, Nöldeke MG 326); BLA 185r: det. הַדְרָה/א, sf. הַדְרִי: **Herrlichkeit** Da $4_{27.33}$ (zu vs. 33 cf. Mtg. 246, BHS u. Vogt 46b sub [1]הֲדַר*) 5_{18}. †

Der. הדר

הוּא: he. =; aam. *hʾ* (Zenǧ u. Sefire cf. Degen. Altaram Gr. §35); Ram. äga. *hw* (Leander § 11); nab. *hw* und *hwʾ*; palm. Hatra ija. *hw* (DISO 61, DNWSI 264); ja., DSS (Dalman Gr. 106, Beyer ATTM 559); cp. (Schulthess Gr. § 56); sy. (Nöldeke SGr. § 63); md. *hu* (MdD 133a, Nöldeke MG 86); naram. *hū* (Bgstr. Gl. 32); nsy. (Maclean 72b, VG 1, 304); BLA 70m: pron. pers. **er** Da 2_{21} - 7_{24} (11 x), Esr 5_8 (oder eher pron. dem. = dieser/dieses); dem. dieser Da 2_{32} (:: BLA 268e); pron. pers. das sbj. betonend 6_{17}; אַנְתְּה־הוּא 2_{38} 4_{19} 5_{13}; als Kopula (BLA 267d) $2_{28.47}$ 3_{15}; 6_{11} lies הֲוָא (↗ I und II ברך); ↗ f.

הִיא, pl. אִנּוּן, אִנִּין u. הִמּוֹן.

הוה: he. היה, II הוה; הוי; aam. Znğ. (KAI 215, 2.5); Sefire (KAI 222 A 25.32; 223 A 4.6; 224, 22.24); T. Fekherye 12: impf./juss. + *l* (*lhwy*), s. dazu l.c. 58f und Kaufman 124-126; Ram. äga. (AP, AD, Beh., Aḥqr, BMAP, Saqqara, Hermopolis) Samaria, Carpentras; pehl. (Frah 22, 2 etc. Paik, Armazi (KAI 276, 9), cf. Leander 85e.f; nab. selten, sonst הוא; palm. Hatra ija. (DISO 63, DNWSI 271); ja., DSS (Dalman Wb. 110a: הֲוָא; Beyer ATTM 560); cp. (Schulthess Lex. 49b); sy. (LS 173a); md. *HUA* (MdD 133f, Nöldeke MG passim), auch haf. (Baumgartner ZAW 45, 1927, 112ff = ZATU 100ff):

pe: pf. הֲוָה Da 4_{26} 7_{13}, הֲוָא 5_{19} $6_{4.11}$ (cj. pro הוּא)$_{.15}$ Esr 5_{11}; 3. f. הֲוָת Da 2_{35}, הֲוָת 7_{19} Esr 4_{24} 5_5 (BLA 154k.l :: Torrey Notes 262f); 2. m. הֲוַיְתָ, 1. sg. הֲוֵית, 3. pl. הֲווֹ; impf. לֶהֱוֵה Da 4_{22}, לֶהֱוֵא $2_{20.28f.41.45}$ 3_{18} 5_{29} 6_3 Esr 4_{12f} 5_8 6_9 $7_{23.26}$ (inschriftl. יהוה/א/י, Baumg. ZAW 45, 1927, 124f = ZATU 112f, Rowley Aram 92f, BLA 152d, Rosenthal AF 173f), 3. f. תֶּהֱוֵה Da 2_{41f}, תֶּהֱוֵא 2_{40} 4_{24} 7_{23} Esr 6_8, pl. m. לֶהֱוֹן Da 2_{43} $6_{2f.27}$ Esr 6_{20} 7_{25}, f. לֶהֶוְיָן Da 5_{17}, or. *lihwē* etc; imp הֱווֹ Esr 6_6 und הֱווֹ 4_{22} (BLA 153i): **sein**: — 1. **geschehen** Da $2_{28f.45}$; — 2. **dasein** Da 7_{23}, קְצַף kommen über c. עַל Esr 7_{23}, c. לְ werden zu Da 2_{35}, c. כְּ werden wie 2_{35}, zuteil werden c. לְ 4_{24}, gehören c. לְ 5_{17} (= behalten); —3. **sein**: c. עִם Da 4_{22}, c. בְּ 2_{41} 6_2, c. עַל Esr 4_{20} 5_5; als Kopula Da $2_{40.42}$ 4_1 5_{29} 6_3 7_{19} Esr 6_6; — 4. c. pt. pass. zum Ausdruck des Passivs (BLA 296a.b) Da $2_{20.43}$ 3_{18} Esr 4_{12f} $5_{8.11}$ 6_{8f} 7_{26}; c. pt. act. zum Ausdruck des Futurs (BLA 292i) Da 2_{43} 6_3, der Vergangenheit (BLA 293p.q) 5_{19} $6_{4f.11}$ (pro הוּא), 7_{13} Esr 4_{24}; הֲוֵית / הֲוַיְתָ הֲוָה Da $2_{31.34}$ $4_{7.10}$ $7_{2.4.6.7\text{-}9.11.21}$. †

הִיא: he. =; aam. הא Sefire (KAI Nr. 224, 12), s. Beyer ATTM 560; Ram. הי äga. (AP, BAMP, Hermopolis, Saqqara), s. auch NESE 3, 1978, S. 34; nab. palm. ija. (DISO 61, DNWSI 264); cp. *hj* (Schulthess Lex. 49a); sy. (LS 174b); md. *hʾ* (MdD 151b, Nöldeke MG 86); היא ja., DSS (Dalman Wb. 112a, Beyer ATTM 560), sam. (LOT 2, 450); BLA 70m: pers. pron. f. (m. ↗ הוּא) **sie** Da 2_{44} 4_{21} 7_7; als Kopula (BLA 267d) Da $2_{9.20}$ 4_{27} Esr 6_{15}. †

*__הֵיכַל__: he. הֵיכָל, Lw. < akk. *ekallu* < sum. *e-gal* (Kaufman 27); Ram. äga. (nur Aḥqr) היכלא; palm. u. Hatra auch הכלא; ija. (Rosenth. Spr. 17[4], DISO 64, DNWSI 278); היכל ja., DSS (Dalman Wb. 112b, Beyer ATTM 562); md. (MdD 143b) u. nsy. היכלא (Maclean 75b); sy. *hajk*^{e}*lā* (LS 174b) > ar. *haikal* (Frae. 274); > naram. *haikla* Altar (-raum; Bgstr. Gl. 32): cs. =, det. הֵיכְלָא, sf. הֵיכְלִי, הֵיכְלֵהּ: — 1. **Palast** (äga. [nur Aḥqr]) Da $4_{1.26}$ 5_5 6_{19} Esr 4_{14}; — 2. **Tempel** (so auch palm. u. Hatra), in Jerusalem Da 5_{2f} Esr 5_{14f} 6_5; heidnischer Tempel in Babylon 5_{14}. †

*__הךְ__: Vorbemerkung: a) √הוך: **hāk* als Typus neben **qūm* und **śīm*, so BLA 143a; b) es liegt ein besonderes und von dem in der Bedtg. nahen הלך zu trennendes vb. vor, s. dazu bes. BLA 144b, ferner Vogt 30f, Beyer ATTM 562 und Rosenthal Gr. § 169, DISO 65 u. Lex.[1] (Lit.) sind die beiden vb'en gemeinsam bei הלך behandelt: aam. Sefire: impf. 1. sing. *ʾhk* (KAI 224, 6), 3. pl. m. *yhkn* (KAI 224, 5), 3. pl. fem. *yhkn* (KAI 222 A 24), s. dazu Degen Altaram. Gr. § 64 (S. 79); äga. (BMAP, AP, Aḥqr, Saqqara; Leander 61b.d); nab. Palm. ija. (DISO 65 s.v. הלך$_{I}$, DNWSI 280); ja. (Dalman Wb. 112b); DSS (Beyer ATTM 562); sam. (LOT 2, 452); äth. *hōka* (Dillm. 11f):

pe: impf. יְהָךְ; inf. מְהָךְ; pf. und imp. liefert ↗ אזל: — 1. **gehen** Esr 7_{13}, c. לְ nach und עִם mit; — 2. **gelangen** zu (ebenfalls mit לְ) Esr 5_5 (obj. Bericht) Esr 6_5 (obj. Gefässe). †

הלך: he. =; Ram. äga. (Aḥqr), nab. palm. (DISO 65), Taxila (KAI 273, 10); ja., s. auch Beyer ATTM 562; sam. (BCh. Gl. 4a); cp. (Schulthess Lex. 51a); sy. (LS 176b); naram. (Spitaler 184a); md. (MdD 148b); Anmerkung: nach Cant. Nab. 2, 86b bedeutet das vb. hier zugrunde gehen, sterben (DISO l.c.). Das entspricht ar. *halaka* (Wehr 916a), so das es als der √ zugehörig angesehen werden kann; ↗ auch *הדך:

pa: pt. מְהַלֵּךְ, pl. cj. pro haf. מְהַלְּכִין Da 3_{25} 4_{34}: **umhergehen** Da 4_{26}, cj. 3_{25} 4_{34}. †

haf: pt. pl. מַהְלְכִין, lies ↗ pa. (Var. or. BLA 274n) מְהַלְּכִין Da 3_{25} 4_{34}. †

Der. הֲלָךְ.

הֲלָךְ: Lw. < akk. *ilku* (Ellenbogen 69, Kaufman 58, AHw. 371a) > pers. *haräka* Grundsteuer > ja. הֲלָכָא eine Art Steuer (Dalman Wb. 114a) und כְּרָגָא Kopfsteuer (die Vokalisat. schwankt, s. Levy 2, 395f und Dalman Wb. 207a); > ar. *ḫarāǧ* Bodensteuer (cf. Frae. 283, Lexikon der arab. Welt 1972, 414 :: Hwb. Isl. 301b < gr. byzantinisch χορηγία); äga. (AD 8, 5) Delaporte 73, 3 st. emph. *hlkʾ* (DNWSI 283 s.v. *hlk*$_4$); s. auch Streck ZA 18, 198, Herzfeld 246f, Henning Or. 4, 1935, 291f; ba. **Land-** oder **Ertragssteuer** Esr $4_{13.20}$ 7_{24}, immer neben ↗ מִנְדָּה / מִדָּה und ↗ בְּלוֹ (cf. äga. AD Fragment 8, 1.2 [הל]ך ומנדה). †

הִמּוֹ Esr und **הִמּוֹן** Da הֵם, הֵמָּה; aam. הם Sefire (KAI 222 B 6) u. המו Zkr (KAI 202 A 9); Ram. äga. (AP, BMAP, Saqqara) Samaria u. Assbr. (KAI 233, 4.7.8.16) המו (cf. Leander § 11b, S. 25); הום Nerab; nab. הם; palm. הנן Hatra: *hnw*; ija. *hmwn* (DISO 61 s.v. הא$_I$, DNWSI 264); ja. הִמּוֹ(ן) u. אִ/הִנּוּן (Dalman Wb. 114b, Beyer ATTM 562.563); cp. (Schulthess Gr. § 56) u. sy. (Nöldeke SGr. § 63, 1) *hennōn*; md. *hinum* (MdD 146b) u. *hinin, hinʾn* (MdD 147a, Nöldeke MG 86); naram. *hinn(un)* (Spitaler 50ff). BLA 70; Baumgartner ZAW 45, 1927, 104f = ZATU 92f: pron. pers. pl. m. **sie**, nom. (als Kopula) Esr 5_{11} (BLA 268d), acc. (äga. AP 18, 3) $4_{10.23}$ $5_{5.12.14f}$ 7_{17} Da 2_{34f} 3_{22}; ↗ אִנּוּן. †

***המונך**, det. הַמְוֹנְכָא, Var. or. המונכא, המוניכא, המניכא und המינכא, Q הַמְנִיכָא, auch הַמֶנִיכָא und הֲמָנִיכָא, or. *hamūnika*, BLA 209n, 210p: pers. Lw. < npe. *hamyānak* (Hinz AS 114, Ellenbogen 70) Gürtelchen; ja. הַמְנִיכָא (Dalman Wb. 115a) u. מְנִיכָא, מֻנְיָקָא u. ähnl. (Dalman Wb. 241b) Hals- Armband (Krauss II 343f); sy. *hamnīka* Kette; > gr. μανιάκης, μινιάκιον u. μινικιον Dura 12, 3, 10 S. 370 Hals- u. Armband; Deminutiv von mpe. *hämyān* Gürtel; > ja. (Dalman Wb. 114b), sy. (LS 177b) und md. (MdD 145b) הִמְיָנָא, mhe. הִמְיָן Gürtel, ἑμιαν pro he. אַבְנֵט Jos. Arch. III 7, 2; > ar. *himjān* (Belot 905b); G ὁ μανιάκης < pers. goldener Halsschmuck. Siehe noch Hinz AS 160 u. Beyer ATTM 563. Ba. **Halskette** (לבשׁ) הַמְוֹנְכָא דִּי־דַהֲבָא עַל־צַוְּאר Da $5_{7.16.29}$: goldene Halskette als Ehrenzeichen (BHH 628; id. in Ägypten: ANEP Nr. 133.395, Erman-Ranke 132f; G.T. Martin The Memphite Tomb of Horemheb [Egyptian Exploration Society, 55th Excavation Memoir] London 1989: scène 72, p. 87-92 und pls. 99-108 [Sp. 106-107], schriftlich von Dr. M.J. Raven, Leiden; Mtg. 253f.256). †

הֵן: he. = אִם; aam. Znǧ. (KAI 214, 29), Sefire (KAI 222, 223, 224; Degen Altaram. Gr. § 92); Ram.: Nerab (KAI 225, 11), äga. (AP, BMAP, AD, Hermopolis, Aḥqr 124, Saqqara, Beh. 58) Samaria; 1 Mal הין (NESE 3, 1978, 48.53); הן pehl. (Frah. 25, 3, s. Schaed. ZDMG 96, 1942, 1ff); nab. palm. ija. Hatra *ʾyn* (DISO 66, DNWSI 285 s.v. *hn*$_3$); ja., DSS (Dalman Wb. 115b: הֵן, Beyer ATTM 563; cf. Lex.[1] הִין הֵין u. הֵן selten); md. *hin* (MdD 146a, Nöldeke MG 208; אן palm. ja. Dalman Wb. 24b); אִין sam. (BCh. Gl. 2a); cp. (Schulthess Lex 12b) u. sy. (LS 27b) אֶן: conj. BLA § 111: — 1. **wenn** Da 2_6 $3_{15.17}$ (BLA 265b :: alii interj., cf. AD 12, 3: הֵן = wenn, s. auch Plöger KAT XVIII 58.60) 5_{16} Esr $4_{13.16}$ 5_{17}; הֵן לָא wenn nicht Da 2_5 3_{15b}, הֵן ... לָא 2_9, ohne vb. fin. 3_{18}, ohne Nachsatz 3_{15a} (BLA

366f), הֵן ... הֵן ... הֵן sei es ... oder ... oder Esr 7_{26} (palm.); — 2. in abhängiger Frage (ꟳ he. אִם 6): **ob** Da 4_{24} Esr 5_{17b}; ꟳ II לָהֵן. †

*הַנְזָקָה, cs. הַנְזָקַת, < inf. haf. נזק (BLA 246n.q, Baumgartner ZAW 45, 1927, 115f = ZATU 103f, cf. Beyer ATTM 635 s.v. נזק: **Schädigung, Nachteil** Esr 4_{22}. †

הַצְדָּא: Da 3_{14} ꟳ צְדָה.

*הַרְהֹר: הרר: mhe. הִרְהוּר (unreine) Phantasie; ja. הַרְהוּרָא (Dalman Wb. 119a); sy. *harhārāʾ* Fata Morgana (LS 183a); md. *hrara* (MdD 152b, Nöldeke MG 64[2]) Täuschung, Blendwerk; BLA 192i: pl. הַרְהֹרִין **Erscheinungen, Traumphantasien** Da 4_2 (∥ חֵלֶם). †

*הרר: ug. *hrr* ∥ *ḥmd* חמד (KTU 1. 12 I 38f = CML[2] S. 134b; UT nr. 797, Aistl. 856); ar. *harra* kläffen (Hund), verabscheuen; sy. pe. streiten *harhar* (palp.) erregen, so die Bedtgen nach LS 182b.183a :: Beyer ATTM 564 sich aufregen; mhe. palp. nachdenken, unreinen Gedanken nachhängen; ja. palp. nachdenken (Dalman Wb. 119a) :: Beyer l.c. Sündhaftes denken; Lex.[1] ja. mhe.: nachdenken, phantasieren.

Der. *הַרְהֹר.

הִתְבְּהָלָה: inf. hitpe., cf. Beyer ATTM 529 s.v. בהל; BLA 246 o, Baumgartner ZAW 45, 1927, 115f = ZATU 103f: **Eile**, c. בְּ eilig (BLA 302i) Da 2_{25} 3_{24} 6_{20}. †

*הִתְנַדְּבוּ: נדב, orig. inf. hitpa.; BLA 245n. 302i, cf. Beyer ATTM 633 s.v. נדב; Baumg. ZAW 45, 1927, 115 = ZATU 103: cs. הִתְנַדָּבוּת: **Spende** Esr 7_{16}. †

ו

ו: 1) ursem. ו im Anlaut ו > י in ינר, ידע (?), יהב, *יסף, יקד, *ירח, *יְרֵכָה, יתב und יַתִּיר, exc. ꟳ וְ; 2) ba. ו entspricht he. י in הוה, akk. *m/w* in אַרְגְּוָן, זִיו, כַּוָּה (?) und נְוָלוּ/לִי (?).

וְ, וּ: behandelt wie he. וְ, vor Murmervokal וּ oder *wi* (BLA 21t, 36a-c, 262b-k); aram. (DISO 69); aam. (Zkr, Znğ., Sefire) cf. Degen Altaram. Gr. § 46a; Ram. Uruk *u-ma-aʾ = uma, u = wa*; Paik. 272; s. dazu Beyer ATTM 564; äga. nab. palm. ja. (Beyer l.c. 564f), cp. sy. md. (MdD 155a mit Hinweis auf Nöldeke MG): conj. **und** (BLA § 96). Verbindet wie im He. Wörter und Sätze. Bei drei und mehr Wörtern steht es entweder zwischen allen Da $2_{6.10}$ 4_{34} $5_{11.14.18}$ Esr 6_9, oder vor den zwei letzten Da 2_{37} 3_{21}, oder unregelmässig 3_2, Esr 4_9, oder es fehlt ganz Da 2_{27} 5_{11b} (BLA 350a.b). Speziell: a) **und zwar** Da 4_{10} (:: BLA 324h)$_{.20}$ Esr 6_{8f}; b) steigernd: **und auch** Da 6_{29}; c) gegensätzlich: **aber** Da 2_6 $3_{6.18}$ $4_{4.15b}$; d) **oder** Esr 7_{26} (BLA 324j); e) erklärend: **nämlich** Da 4_{22} Esr 5_{15}; f) weiterführend: **dann, so**; oft überhaupt nicht zu übersetzen: nach imp. Da $2_{4.9.24}$, nach impf. 2_7, nach pf. in der Erzählung (= he. impf. cons.) c. pf. Da 5_{29} $6_{2.17}$, c. impf. (BLA 281m) 4_2, c. pt. עֲנוֹ ... וְאָמְרִין (ꟳ ענה) 2_7; g) als Ausdruck des Zwecks: c. impf. Da 5_2, c. pt. 2_{13}, c. inf. (BLA 301e) $2_{16.18}$, cf. Vogt 56a sub 9; h) Unsicheres: — α) Da 7_1, hier sind in vs. a die Worte וְחֶזְוֵי רֵאשֵׁהּ עַל־מִשְׁכְּבֵהּ umstritten: Möglichkeiten, bzw. Vorschläge: א) die Worte bilden eine ergänzende Fortsetzung zu חֵלֶם חֲזָה, so Θ, V, S und von Neueren u. a. Mtg. 283, TOB (doch siehe auch die zugehörige Anm.); ב) die Worte bilden einen selbständigen Satz und als Prädikat ist noch 4_2 7_{15} einzufügen יְבַהֲלֻנֵּהּ bzw. יְדַחֲלֻנֵּהּ, so u.a. ZüBi, Bentzen 48, BHS, cf. auch Plöger KAT XVIII 103; ג) die betr. Worte sind "als Auffüllung aus vs. 15" zu streichen, so Plöger l.c. 101.103, cf. G; ד) In der Beurteilung sind א und ב gegenüber ג zu bevorzugen; ה) zu רֵאשׁ מִלִּין Da 7_1 ꟳ רֵאשׁ 2; — β) Da 7_{20}: beim Sbst. וְעַיְנִין dele c. Vrss וְ (BHS), s. auch BLA 324i.

ז

ז: 1) allgemein = ursem. *z*, ar. *z*; 2) ursem. *ḏ*, ar. *ḏ* > ד; > ז nur in Lw. *זכה, זְכוּ und n.m. זְכַרְיָה.

זבן: Ram. äga. (AP, BMAP, Saqqara, Hermopolis; DISO 71 s.v. $זבן_1$); pehl. (Frah. 21, 16, auch Paik 328, Avr. 3, 3.7); nab. palm. Hatra ija. (DISO 71, DNWSI 303); ja., DSS (Dalman Wb. 123b, Beyer ATTM 566f); cp. (Schulthess Lex. 53a); sy. (LS 187a); md. *ZBN* (MdD 161b); nsy. (Maclean 83a); naram. (> ar. *zbn* III); aram. pe. kaufen, pa. verkaufen; siehe he. n. m. זְבִינָה (aram. Lw. [s. Wagner 75]); < akk. *zibānītu(m)* (AHw. 1523b) Waage; spbab. auch *zībānu* (AHw. l.c., cf. Zimmern 16); md. *zabanita*, pl. *zbaniata* (MdD 156b); dazu äg. *dbn* Gewicht (EG V 438); > EA *ti-ba-an* (AHw. 1354a):

pe: pt. זָבְנִין: **kaufen**, metaph. עִדָּנָא Da 2_8 Zeit zu gewinnen suchen (:: *tempus emere* Eph. 5_{16} = Kol 4_5, Mtg. Da. 151). †

*זְהִיר: *זהר: ja., DSS (Dalman Wb. 124a, Beyer ATTM 567); cp. (Schulthess Lex 54a) und sy. (LS 190a), mhe. (Dalman Wb. 124a) זָהִיר; md. adv. *zahraiit* (MdD 157b) sorgfältig, sbst. *zahruta* Sorgfalt (MdD l.c., zu Beiden s. Nöldeke MG 201); BLA 188h: pl. זְהִירִין: vorsichtig, c. הוה und inf. **sich hüten** (he. זהר nif.) Esr 4_{22}. †

*זהר: he. II זהר; Ram. äga. (AP 21, 6; Hermopolis 2, 17; DISO 73; DNWSI 307); ja., DSS (Dalman Wb. 124b, Beyer ATTM 567); cp. (Schulthess Lex 54a); sy. (LS 190a s.v. *zhr* II); md. *ZHR* I (MdD 163a, Nöldeke MG 229.283) pe. und itp. sich hüten, pa. und af. warnen.

Der. *זְהִיר.

זוד od. eher זיד: he. = זיד; ja. af. mutwillig handeln (Jastrow 391a s.v. זיד); sy. *zaʾād*, *zāʾād* (P. Smith 1071) heiss; md. *zida* (MdD 165b, Nöldeke MG 109) Zorn, Rache:

haf: inf. הֲזָדָה (BLA 147z): **übermütig handeln** (Lex.[1]) :: Beyer ATTM 568: frevelhaft handeln (s. auch die bes. Übers. bei Vogt 57a) Da 5_{20}. †

זון: he. =; Ram. verb: (DNWSI 308 s.v. zwn_1), äga. (AP) u. nab: *zwn* Speise; pehl. (TiS 3, 5; DNWSI 308 s.v. zwn_2); ja., DSS (Dalman Wb. 125b, Beyer ATTM 567f und Vogt 37a); cp. (Schulthess Lex. 55a); sy. (LS 192b); md. *ZUN*, *ZWN* (MdD 165a) ernähren; sam. weiden:

hitpe: impf. יִתְּזִין, Var[S] und or. Q יִתְּזָן (BLA 145 n-q): **sich nähren** von, c. מִן Da 4_9. †

Der. מָזוֹן.

זוע: he. =; ja., DSS (Dalman Wb. 126a, Beyer ATTM 568); cp. (Schulthess Lex. 55a); sam. (BCh. Gl. 4b); sy. (LS 193a); md. *ZUA, ZUH, ZHA* (MdD 164a, Nöldeke MG 254f); naram.:

pe: pt. pl. זָאֲעִין K, זָיְעִין Q (BLA 51h.j): **beben**, c. מִן־קֳדָם vor Da 5_{19} und 6_{27}, ‖ דחל. †

*זִיו: he. זִו < akk. *zīmu(m)* (AHw. 1528) meist pl. Aussehen, Gesicht(szüge), cf. Kaufman 113; ja. זִיו, DSS (Beyer ATTM 568, auch fem. זִיוְתָא, Dalman Wb. 127a); sam. auch זיב (LOT 2, 545); sy. *zīwāʾ* (LS 195a); md. *ziu, ziua* (MdD 166, Nöldeke MG 175); adj. sy. *zīwājāʾ* glänzend; pehl. (Frah. 12, 4; DISO 75, DNWSI 318) זיון angesehen: sf. זִוֵי, Var. זִיוֵי, זִיוֵהּ; pl. sf. זִיוַי, זִיוַיִךְ K und זִיוָךְ Q (BLA 77 o), זִיוֹהִי: **Glanz** Da 2_{31}, G Θ ἡ πρόσοψις, 4_{33}, G vs. $_{36}$ ἡ δόξα Glanz als Charakteristicum des Königs, cf. akk. *melammu* (< sum.) Schreckensglanz (Maske) von Göttern u. Königen (AHw. 643a.b); pl. (BLA 305e) (frische) Gesichtsfarbe (ja. mhe.); שׁנה c. על pe. od. itpa. ‖ בהל = bleichwerden vor Schrecken, cf. he. I חור Js 29_{22} sbj. פָּנִים; Da 5_6 G ἡ ὅρασις, Θ ἡ μορφή, 5_9 Θ ἡ μορφή $_{.10}$, 7_{28} ἡ ἕξις. †

*זכה: he. =; s. zu 1) und 2) Beyer ATTM 569. 1) vb. a) זכה Uruk 10 *za-ki-it* = *zakit* ich gewann (Lex.[1]) od. ich siegte (Beyer l.c., cf. Koopm. II

184, DISO 76 rein sein, DNWSI 320 s.v. zky_1); דכא ja. (Dalman Wb. 128a); cp. (Schulthess Lex 56a: *zky*); sy. (LS 195b) unschuldig sein; sam. (BCh. Gl. 4b) naram. (Bgstr. Gl. 105) *zḥj* u. nsy. *zk'* siegreich sein (Maclean 86a); md. (MdD 168) pe. unschuldig, siegreich sein; pa. freisprechen, Sieg geben (s. Nöldeke MG 261); b) דכא ja. (Dalman Wb. 97b); cp. (Schulthess Lex 45b); sy. (LS 152b); md. (MdD 109b) nsy. (Maclean 65b) rein sein; 2) adj. a) Uruk 10 *za-ka-a-a* = *zakkāy*; äga. זכי (Aḥqr 46; Leander 77f, DISO 76 s.v. זך$_{II}$ rein, unschuldig, DNWSI 321 s.v. zky_2), ja. DSS זַכַּי, so auch sam. (BCh. Gl. 4b), cp. (Schulthess Lex 56a), sy. (LS 196a), md. (MdD 158b, Nöldeke MG 44) nsy. (Maclean 86b): unschuldig, siegreich; b) *dky*: äga. (AP); pehl. (Frah. 26, 4) Palm. Hatra; (DISO 76 s.v. זך$_{II}$, DNWSI 321 s.v. zky_2); ja. (Dalman Wb. 98a); sy. (LS 152b); md. (MdD 99b) rein, schuldlos; 3) Ob die Wurzeln זכה u. דכא ursprünglich auf eine Wurzel zurückgehen (so HAL 258a, cf. auch asa.) oder als zwei getrennte Wurzeln zu betrachten sind (so ? Lex.[1] 1071b, ? Beyer ATTM 569) muss unentschieden bleiben.

Der. זָכוּ.

זָכוּ: זכה: 1) ja. זָכוּתָא Gerechtigkeit, Recht, gute Tat, Heilstat (Dalman Wb. 128b); > ar. *zakāt* Reinheit, Gerechtigkeit, Almosen, Almosensteuer, cf. Hwb Isl. 821a, J. Horowitz, Jewish Proper Names and Derivatives in the Koran, HUCA II 1925, 206 (Hildesheim 1964, 62); Tg. pro he. צְדָקָה; sy. *zākūtā* Rechtschaffenheit, Unschuld (LS 196a); md. sg. *zaku*, emph. *zakuta*, pl. *zakawata* (MdD 158f, Nöldeke MG 163) Unschuld, Reinheit, Sieg; 2) Es liegt wohl ein Lw. vor, das entweder a) aus dem akk. oder b) aus dem kanaan. kommt. Für a) s. Lex.[1], Vogt 57b und Rosenth. Gr. 16.58; für b) s. bes. Bauer OLZ 29, 803, Kaufman 112 und danach Beyer ATTM 569; dabei würde b) wahrscheinlicher sein als a); zumal letzteres (*zakûtu* [AHw. 1507b]) nur die spezielle Bedtg. "Freistellung, Befreiung" hat. 3) Das sbst. in ba. (BLA 197g): **Unschuld** Da 6_{23}. †

זְכַרְיָה: n.m. **Sacharja**, der Prophet Esr 5_1 6_{14} F he. 3. †

זמן: he. mhe.; Ram. klas. (Eph. 1, 325, 4; DISO 78: ?; DNWSI 332 s.v. zmn_1); ja., DSS (Dalman Wb. 130a, Beyer ATTM 569, Wagner 78); sam. (BCh. Gl. 4b); sy. (LS 199b) und md. *ZMN* (MdD 169) pa. einladen, versammeln; denom. von זְמַן, cf. bhe.: festgesetzt sein (Zeiten):

hitpe: pf. הִזְמְנְתּוּן, Q הִזְדְּמִנְתּוּן und הִזְדַּמִּ׳ (BLA 32a); K hitpa. הִזַּמִּנְתּוּן (BLA 111k, Rosenth. Spr. 56f), vel haf. הַזְמִנְתּוּן: **übereinkommen, sich verabreden** (c. inf.) Da 2_9, so u.a. GB, ZüBi, ähnl. Vogt 57b, s. dazu auch Plöger KAT XVIII 46: "Die Bedeutung des Verbs entspricht hebr. יעד niphal «sich verabreden»" :: Lex.[1] eine Bestimmung treffen. †

זְמָן Da 2_{16} und זְמַן 7_{12} (BLA 220 o.p): he. זְמָן < aram. (Wagner 77.78). **A.** Das sbst. in den verw. Dialekten und die Frage seiner Herkunft: 1) זמן: Ram. äga. (Saqqara), pehl. (Frah. 27, 3); Paik. nab. זמן, ija. (DISO 78, DNWSI 332 s.v. zmn_2); ja. זְמַן, det. זִמְנָא, DSS (Dalman Wb. 130a, Beyer ATTM 569); sam. זימון (BCh. Gl. 4b); naram. *zamōna* (Bgstr. Gl. 105, Spitaler Gl. 96a, cf. ar. *zamalān*); 2) > זבן (Ruž. 92f); nab. palm. (DISO 72: זבן$_{III}$, DNWSI 305 s.v. zbn_3); sam. *azbån* (BCh. Gl. 4b); cp. *zabnā* (Schulthess Gr. § 47, 2, Lex. 53b); sy. *zabnā* (LS 187b); nsy. *zaman* (Maclean 87a) und *zbn'* (> *zōnā*, Maclean 83a) und naram. *zebna* (Bgstr. Gl. 104, Spitaler 69a); md. *zibnā* (MdD 165a, Nöldeke MG 152); Lw., dessen Herkunft umstritten ist, s. dazu ausser Lex.[1] Wagner l.c. (mit Lit.) und THAT II 375: a) entweder von akk. *simānu(m)* (AHw. 1044b; *s* > *z* cf. VG I 170^{δ}) (richtiger) Zeitpunkt, Zeit oder b) von ape. *ǰamāna*, mpe. *zamān*. Zu a) siehe u.a.

Zimmern 63, Schaed. ZDMG 95, 1941, 269f, LS 187b, BLA 33h, Kaufman 91f. Zu b) siehe Nyb. II 251f, Widgr. ISK 106, Telegdi 242. **B.** Das sbst. in ba.: det. זְמְנָא, pl. זִמְנִין, det. זִמְנַיָּא (BLA 218e, 219f); masc.: — 1. (bestimmte) **Zeit** Da $7_{12.22}$, pl. 2_{21} (‖ עִדָּן), **Frist, Aufschub** 2_{16}; **Zeitpunkt,** בֵּהּ זִמְנָא damals Esr 5_3 Da 3_8; zur selben Zeit 4_{33}; בֵּהּ־ז׳ כְּדִי sobald als 3_7; **heilige Zeit, Fest** 7_{25} (לְהַשְׁנָיָה זִמְנִין וְדָת), s. dazu Plöger KAT XVIII 103: Termine und Gesetz zu verändern mit der Erläuterung S. 105: "Gemeint sind die Termine des kultischen Kalenders", s. dazu auch Lebram VT 25, 1975, 745: "Bei «Zeiten und Gesetz» muss man nicht an die schriftliche Tora Moses denken, sondern an die kultisch-kosmischen Ordnungen, die für die wirkungsvolle Durchführung des Kultus grundlegend sind"; cf. ausführlicher: Lebram 91f. — 2. **Mal** (ja. sy., he. עֵת Ne 9_{28} רַבּוֹת עִתִּים), זִמְנִין תְּלָתָה dreimal Da $6_{11.14}$; cf. זִמְנִין zeitweise Test. Levi (RB 63, 1956, 391f, 4-6). †

Der. זמן.

*זמר: he. I זמר; pehl. (Frah. 19, 9f; DISO 78 s.v. $זמר_{III}$, DNWSI 332 s.v. zmr_1); ja. (Dalman Wb. 130a), sy. (LS 199b), nsy. (Maclean 87a) und md. *ZMR* (MdD 169b, Nöldeke MG 221); cp.

Der. *זְמָר, *זַמָּר.

*זְמָר: זמר; ja. (Dalman Wb. 130b: זִמְרָא); cp. (Schulthess Lex. 56b); sam. (LOT 2, 490); sy. (LS 200a); md. *zmara* (MdD 169a, Nöldeke MG 115); nsy. (Maclean 87a); BLA 187d: det. זְמָרָא: **Saitenspiel, Musik**(instrumente) Da $3_{5.7.10.15}$. †

*זַמָּר: זמר; ja., DSS (Dalman Wb. 130b, Beyer ATTM 569); cp. (Schulthess Lex. 56b); sy. (LS 200a); md. *zamar* (MdD 159b, Nöldeke MG 183); nsy. (Maclean 87b); BLA 191c: pl. det. זַמָּרַיָּא: **Musikant, Sänger** Esr 7_{24}. †

*זַן: he. =; Ram. äga. (AP; DISO 78 s.v. $זן_{II}$, DNWSI 333 s.v. zn_1); ja. (Dalman Wb. 130b); sy. (LS 200b); md. *zan* (MdD 159b, Nöldeke MG 97); nsy. (gramm. *zna la mtaḥma* "der Infinitivmodus", Maclean 87b); Lw. < pers. *zana* (Hinz AS 276, Telegdi 242f, Ellenbogen 71f); BLA 11y: pl. cs. זְנֵי: **Art** Da $3_{5.7.10.15}$. †

*זְעֵיר: *זער; he. =; Ram. äga. (Aḥqr 106.114.145, Beh. 24; akk. *mi-i-ṣi*; AP) Persepolis; nab. palm. auch זער (palm. *zʿjr*, emph. *zʿrʾ*, pl. f. abs. *zʿwrnʾ*); ija. (DISO 79, DNWSI 337 s.v. z^cr_2); ja., DSS (Dalman Wb. 131a, Beyer ATTM 570); זעור sam. *zʿwr* = *zūr* (BCh. Gl. 4b); cp. (Schulthess Lex. 57a); sy. (LS 202b); nsy. (Maclean 88a) und naram. (*izʿur* Spitaler 76a, Bgstr. Gl. 104); BLA 190v.w; Lit. cf. Littm. OLZ 31, 580, Blake 93, Kutscher Tarbiz 22/23, 17f. Fem. זְעֵירָה **klein** (adj. zu קֶרֶן) Da 7_8. †

זעק: he. = u. צעק; Ram. äga. זעק (AP; DISO 79, DNWSI 337); ja., DSS זְעַק (Dalman Wb. 131b, Beyer ATTM 569f); sy. (LS 202a) und naram. *zeʿaq* (Bgstr. Gl. 103, Spitaler Gl. 95):

pe: pf. זְעִק, or. *zeʿeq* (BLA 131 l) **schreien** Da 6_{21}. †

*זער: he. = und צער; Ram. (DNWSI 337 s.v. z^cr_1); ja. זְעֵר, זְעֵיר (Dalman Wb. 131b), cp. (Schulthess Lex. 57a), sy. (LS 202b) und nsy. (Maclean 88a).

Der. *זְעֵיר.

זקף: he. =; pehl. (Frah. App. 3; DISO 79, DNWSI 208 s.v. gbh_1); ja., DSS (Dalman Wb. 132a, Beyer ATTM 570); cp. (Schulthess Lex. 57b); sy. (LS 204a); nsy. *zqp* kreuzigen (Maclean 88b); md. *ZQP* (MdD 169f) aufrichten; so auch akk. *zaqāpu(m)* (AHw. 1512) mit den Bedtgen aufrichten, pflanzen, pfählen; זקף aufhängen, henken, kreuzigen auch ja. und sy.; nach Zimmern 36 und danach Lex.[1] wäre "pfählen" aus dem akk. entlehnt, zur Sache s. auch G. Kittel ZNW 35, 1936, 283ff. Zum pfählen im akk. als Strafe Lebender, bzw. als Schändung Toter siehe u.a. J. Delitto D. peinl. Strafen d. Bab.

u. Ass. 1913, 41ff; Meissner BuA 1, 112 etc.; W. Eilers Die Gesetzesstele Chammurabis (AO 31, 3/4, 1932) S. 37 mit Anm. 4 zu § 153; cf. Driver-M. BL 108f, 496[3]: *zaqāpu*; Abb. s. bei Meissner l.c. Tafel-Abb. 66, ferner AOB[2] 132.141, ANEP 362.373; cf. auch zur Sache & Lit. HAL 412a s.v. יקע; auch bei Persern ist pfählen eine der Todesstrafen, cf. Herodot III 159: ἀνασκολοπίζω:

pe: pt. pass. זְקִיף: **gepfählt**, als Gepfählter, s. dazu u.a. Gunneweg KAT XIX/1, 105.110 und ZüBi, TOB; doch bleibt das unsicher, weil im MT das pt. זְקִיף dem impf. (juss.) יִתְמְחֵא (עֲלֹהִי) vorangeht; das führt zur Übers. "einen Balken..., an dem er aufrecht angeschlagen wird", so Rudolph EN 58, auch Galling ATD 12, 197. Esr 6_{11}. †

זְרֻבָּבֶל: n.m., **Zerubbabel**, Esr 5_2, ⌐ HAL 268b. †

*זרע: he.=; aam. Sefire A 36 (KAI 222), T. Fekherye 19 (2 x) impf. juss. *lzrʿ* "damit er säe!", siehe S. 25.34; Ram. Pachtv. 3f; pehl. (Frah. 18, 11); ija. (DISO 80, DNWSI 340); ja., DSS (Dalman Wb. 133b, Beyer ATTM 570); cp. (Schulthess Lex. 58a), sam. (BCh. Gl. 4b), sy. (LS 207a), md. *ZRA* (MdD 170a, Nöldeke MG 70); nsy. (Maclean 89b) und naram. (Bgstr. Gl. 106); ja. auch דרע; die Belege aus den anderen sem. Sprachen und zu *z/dr*ʿ als Grdf. ⌐ bei he. זרע (HAL 270b), dort auch Lit.

Der. *זְרַע.

*זְרַע; he. זֶרַע; aam. Znğ. (KAI 214, 20), T. Fekherye 8: *zrʿh* "seine Nachkommenschaft", cf. S. 52; Ram. äga. (AP, AD, Saqqara, Aḥqr 85), Nērab (KAI 225, 11), Tēmā (KAI 228 A 12.14.22), Pachtv. 4; pehl. (JA 241, 195); klas. (KAI 259, 5); palm. Hatra ija. (DISO 80, DNWSI 341); ja., DSS (Dalman Wb. 133b, Beyer ATTM 570); cp. (Schulthess Lex. 58a), sam. (BCh. Gl. 4b), sy. (LS 207a: Saat, Nachkommenschaft), md. *zira* (MdD 167b, Nöldeke MG 445); nsy. (Maclean 89b), naram. (Bgstr. Gl. 106); BLA 183e: cs. =: **Same, Nachkommenschaft**, זְ׳ אֲנָשָׁא Da 2_{43}. †

ח

ח: wie he. ח = ursem. *ḥ* und *ḫ*, cf. ar. *ḥ* und *ḫ* (s. Beyer ATTM 415).

חֲבוּלָה: חבל; ja. חֲבוּלָא / חִבּוּל (Dalman Wb. 134a); BLA 189m: **schädigende Handlung, Verbrechen** Da 6_{23}. †

חבל: he. III חבל (dort auch weitere sem. Sprachen); Ram. äga. (AP, Aḥqr), Tēmā (KAI 228 A, 13); Sard. (KAI 260 B, 6); ija. (DISO 81, s.v. $חבל_{III}$, DNWSI 344); ja., DSS (Dalman Wb. 135a, Beyer ATTM 571); cp. (Schulthess Lex. 59a); sy. (LS 211a); md. *HBL, HMBL* (MdD 129b, Nöldeke MG 76); meist pa., ja. sy. md. auch pe.:

pa: pf. pl. sf. חַבְּלוּנִי; imp. pl. sf. חַבְּלוּהִי; inf. חַבָּלָה: — 1. **verletzen, Leid antun** Da 6_{23}; — 2. **zerstören** Da 4_{20} (אִילָנָא), Esr 6_{12} (Tempel in Jerusalem). †

hitpa: impf. תִּתְחַבַּל, תִּתְחַבַּל **zerstört werden, zugrunde gehen** (מַלְכוּ) Da 2_{44} 6_{27} 7_{14}. †

Der. חֲבוּלָה, חֲבָל.

חֲבָל, Var. חֲבַל: ja., DSS (Dalman Wb. 135b, Beyer ATTM 571); sy. (LS 210b); md. *hbala*, Var. *hbi!a* (MdD 128b); Ram. Palm., ija. Mcheta (KAI 276, 7; DNWSI 345 s.v. *ḥbl*$_4$); jemen. (Rabin 26): Schaden, Unglück; s. auch äga. מחבל (AP 27, 2.[11.13], cf. Leander 32d) Unredliches (disloyal) so Cowley, bzw. Tadelnswertes, Sträfliches, so Grelot DAE Nr. 101, S. 402 (DNWSI 344 s.v. *ḥbl*$_1$); im ja. ija. palm. sy. und md. (*hbal* MdD l.c.) ist das sbst. auch bzw. nur interj. "wehe!", s.

dazu Joüon Syr. 19, 1938, 186ff; ferner DISO 81, Rosenthal Spr. 83, Beyer l.c., s. auch KAI 276, 4; BLA 187d: det. חֲבָלָא, m.: — 1. **Verletzung** Da 3_{25} 6_{24}; — 2. **Schaden** Esr 4_{22}. †

*חבר: he. II חבר; palm. (DISO 81, DNWSI 345); ja. DSS (Dalman Wb. 136a, Beyer ATTM 511); sy. (LS 212b); md. *HBR* (MdD 130a) verbunden, Gefährte sein.

Der. *חֲבַר, *חַבְרָה.

*חֲבַר: חבר; he. חָבֵר; aam. Sefire (KAI 222 A, 4, doch ist die Übers. des sbst. חב[ר] "Genosse", "Verbündeter", so mit ? KAI II S. 239 u. 244 und III S. 33a ganz unsicher, s. dazu Noth AbLAk 2, 186; Ram. äga. *(')ḥbrwhy*, NESE 3, 1978, 48), Text 4 Z. 2 Tf. für *wḥbrwhy* "und seine Genossen", s. dazu NESE l.c. 51; nab. palm. ija. (DISO 82 s.v. $חבר_{II}$, DNWSI 346 s.v. *ḥbr*$_2$); ja., DSS u.a. GenAp. XXI 26 (Dalman Wb. 136a: חַבְרָא, Beyer ATTM 571); cp. (Schulthess Lex. 59a); sy. (LS 212a); md. *habra* (MdD 115b, Nöldeke MG 321); nsy. (Maclean 91b); BLA 185v, 218b: pl. sf. חַבְרוֹהִי **Gefährte** Da $2_{13.17f}$. †

*חַבְרָה: חבר, f. von חֲבַר; ja., DSS (Dalman Wb. 136a: חֲבֶרְתָּא, Beyer ATTM 571 s.v. חבר); sy. (LS 212a); md. *habarat* + sf. (MdD 115b); Ram. Uruk 16 pl. f. *ḫa-ba-ra-an* (DISO 82, DNWSI 346 s.v. *ḥbr*$_2$); BLA 241p.q: pl. sf. חַבְרָתַהּ Var. תָהּ–; BLA 79s: **Gefährtin**, pl. sf. Da 7_{20}: seine Gefährtinnen = die anderen (Hörner, קֶרֶן ist fem.!), zur Bedtg. cf. ja. cp. und sy., ↗ he. רֵעַ, I רְעוּת 2. †

חַגַּי, Var. חַגָּי (BLA 196d): he. n.m., Esr 5_1 6_{14} ↗ he. †

חַד: he. אֶחָד; aam. Znğ., Sefire: m. חד, f. חדה (DISO 9 s.v. $אחד_{IV}$; cf. Degen Altaram. Gr. § 43 I); Deir Alla; Ram. äga. m. חד, f. חדה (AP, BMAP, AD, Aḥqr, Saqqara); pehl. (Frah. 25, 18; DISO l.c., cf. Leander § 60); nab. palm. m. חד, f. חדה (vereinzelt אחד Rosenthal Spr. 31); Hatra und ija. (DISO l.c., DNWSI 32 s.v. *'ḥd*$_4$); ja., DSS (Dalman Gr. 125, Beyer ATTM 572); cp. *ḥd* = *ḥad*, f. *ḥd'* = *ḥᵉdā* (Schulthess Gr. § 124A); sy. *ḥad*, f. *ḥᵉdā'* (Nöldeke SGr. § 148) md. *had*, f. *hda* (MdD 116a, Nöldeke MG 346); naram. *aḥḥad* (Bgstr. Gl. 34, Spitaler 114c, Gl. 87a); nsy. m. *ḥā*, f. *ḥdhā* (Maclean 92a); BLA 249e: f. חֲדָה: **einer, eine, eines**: a) als Zahlwort Da 4_{16} 6_3 $7_{5.16}$ cj. Esr 6_4 l. חד pro חֲדַת; b) ein und dasselbe, nur ein (he. HL 6_9) Da 2_9; c) unbestimmter Artikel Da 2_{31} 6_{18} Esr 4_8 6_2; d) zur Jahreszählung (BLA 252y) בִּשְׁנַת חֲדָה im 1. Jahr Da 7_1 Esr 5_{13} 6_3; e) als Multiplikativ äga. חד אלף (AP 30, 3) tausendfach (cf. Leander § 61k; ja. חד תרין, bzw. עַל חַד תְּרֵין T° Ex $22_{3.6.8}$ doppelt (Dalman Wb. 137a, cf. Beyer ATTM 572); cp. (Schulthess Gr. § 166.1b); sy. (Nöldeke SGr. § 241); sam. (BCh. Gl. 1a, wie ja.) in Ex $22_{3.6.8}$ אחד שנים; md. *(ʿ)had trin* (MdD 116a) doppelt (cf. Nöldeke MG 249), ebenso nsy. *ḥ(d) btry* (Maclean 92a); Mk $4_{8.20}$ εἷς ... ἓν ... ἓν (Bl.-Debr. § 248, 3); VG 2, 281; BLA 323p, Mtg. 210f; חַד שִׁבְעָה siebenmal Da 3_{19}; f. כַּחֲדָה zusammen Da 2_{35} (pehl. Nyb. II 297); Pachtv. 6 u. äga.; ja. auch אַכְחֲדָה (Dalman Wb. 16b); sy. *'akḥᵉdā*, *'akḥad* (LS 17a); cp. *hjkḥd'*; he. כְּאֶחָד. †

*חדה: he =, < aram. (Wagner 83) sich freuen; Ram. äga. (AP, AD, Aḥqr); pehl. (Frah 19, 17; cf. Leander § 40f [S. 63f]); Hatra; klas. (Eph. I 325, 5; DISO 82, DNWSI 349 s.v. *ḥdy*$_1$); ja. (Dalman Wb. 137a: חדא), DSS (Beyer ATTM 573); cp. (Schulthess Lex. 60a); sam. (LOT 2, 490) u. sy. (LS 215b) חֲדִי; md. *HDA* (MdD 130b) pe. pf. *hda* (Nöldeke MG 257); *ḥdᵉja* (Rosenthal Aram. Handbook II 2, 103b :: *ḥadi* Maclean 92b); naram. *eḥdi* (Bgstr. Gl. 34).

Der. חֶדְוָה.

*חֲדֵה: he. חָזֶה; pehl. (Frah. 10, 26 **ḥdj'*; DISO 82, DNWSI 349 s.v. *ḥdy*$_5$); ja., DSS (Dalman Wb. 137b, Beyer ATTM 573); cp. (Schulthess Lex. 60b) und sy. *ḥadjā'* (LS 216a); md.

hadia (MdD 116, Nöldeke MG 109, cf. 177); nsy. (Maclean 92b) *ḥidjā*; (BLA 185p, cf. Ginsb. HeWf 71 und Anm.[1]): pl. sf. חֲדוֹהִי (BLA 305e :: du. Schulthess ZAW 22, 1902, 63f; ob pl. oder du. bleibt bei Rosenthal Gr. § 54 unentschieden): **Brust** Da 2_{32}. †

חֶדְוָה: *חדה; he. =; aram. Lw. (Wagner 84); ja. חֶדְוָתָא, חֲדוּתָא; DSS (Dalman Wb. 137b, Beyer ATTM 573); cp. (Schulthess Lex. 60a); sy. (LS 216a) und nsy. (Maclean 92b) *ḥadūtā*; md. *haduta*, abs. *hadua*, cs. *haduat* (MdD 116a, Nöldeke MG 155); naram. *ḥadjūtha* (Bgstr. Gl. 34); akk. *ḫi/edûtu(m)* (AHw. 344f); BLA 243b: **Freude** Esr 6_{16}. †

*חדת: he. חדשׁ pi. erneuern (Jenni 232); akk. *edēšu(m)* neu sein, werden, D erneuern (AHw. 186f); nab. palm. Hatra (DISO 83, DNWSI 350 s.v. *ḥdš*$_1$); sy. *ḥ*^{e}*det* neu sein, pa. caus. (LS 217b); ja. (Dalman Wb. 138a), cp. (Schulthess Lex. 60b) und sy. (akk.) erneuern; md. *HDT* (MdD 132f) neu, frisch sein; erneuern, erneuert sein; sam. חדת/ד schaffen (Perles OLZ 15, 1912, 218).
Der. חֲדַת.

חֲדַת: חדת; he. חָדָשׁ; aam. T. Fekherye 11 *ḥds* neu; Ram. äga. (AP, BMAP); palm. Hatra (DISO 83, DNWSI 351 s.v. *ḥdš*$_3$); ja., DSS (Dalman Wb. 138a, Beyer ATTM 573); cp. (Schulthess Lex. 60b); sam. *ʿādåt* (BCh. Gl. 4b); sy. (LS 217b); md. *hadta* (MdD 116b, Nöldeke MG 107); nsy. (Maclean 93b) und naram. (Bgstr. Gl. 34); BLA 185q: **neu** Esr 6_4, cj. pr. MT חֲדַת lies c. G חד, s. auch BHS. †

חוה: he. I חוה; aram. Lw. (Wagner 91/92; Jenni 112ff); a) pa: äga. (AP, Saqqara, Hermopolis, Aḥqr, AD), Hatra pehl. (Paik 356/7; DISO 84 s.v. חוי$_{II}$, DNWSI 353 s.v. *ḥwy*$_1$); ja., DSS (Dalman Wb. 138a s.v. חוא, Beyer ATTM 574); cp. (Schulthess Lex. 61a), sam. sy. (LS 220a s.v. *ḥwy*), md. (MdD 134a) u. wohl auch in Deir Alla (ATDA 7 [179 u. 191], cf. H. u. M. Weippert ZDPV 98, 1982, 87.103: *ʾḥwkm* "ich werde euch verkünden"); b) haf./af.: äga. (AP, Saqqara, Aḥqr, AD; DISO 84, DNWSI 353); ja., DSS (s.o.); md. (MdD 134b); Rosenthal Spr. 65[4], Driver zu AD VIII5, s. auch Jenni l.c.:

pa: impf. אֲחַוֵּא/ה u. נְחַוֵּא, Var. -וֵּה (BLA 24 l), sf. יְחַוִּנַּהּ, יְחַוִּנַּנִי (Var. -נָּה, BLA 81z !): etwas **zeigen, kundtun** Da $2_{4.24}$ 5_7, 2_{11} c. קֳדָם. †

haf: impf. נְהַחֲוֵה, יְהַחֲוֵה (Var. -וֶה BLA 24 l), pl. תְּהַחֲוֺן, sf. תְּהַחֲוֻנַּנִי; imp. pl. sf. הַחֲוֺנִי; inf. הַחֲוָיָא/ה, or. *haḥwāʾā* (BLA 160t, anders af. Baumgartner ZAW 45, 1927, 106f = ZATU 93f, BLA 91h !), אַחֲוָיַת Da 5_{12} (BLA 246n-q): — 1. **kundtun**, ⸢ pa. (BLA 274n. 372) Da $2_{6f.9f.16}$ (BLA 301e :: Torrey Notes I 257, cf. auch Mtg. 156)$_{.27}$ 3_{32} $5_{12b.15}$ (|| הוֹדַע); — 2. **deuten** (אֲחִידָן) 5_{12a} (he. הִגִּיד Ri 14_{14f}). †

חוט od. חיט: ⸢ he. חוט HAL 284a; Bedtg. nähen; es ist ungewiss, ob primär vb. oder eher vb. denom. vom sbst. חוּט (HAL l.c.). Ram. äga. (AP BMAP: Faden; DISO 84, DNWSI 353 s.v. *ḥwṭ*$_3$); ja. חוט nähen (Dalman Wb. 139a); sy. (LS 220a); md. *HUṬ* (MdD 135a); cp. *ḥwṭ* (Schulthess Lex. 61a):

pe. od. **haf**: impf. יַחִיטוּ, cf. BLA 148e, Var. יָחִיטוּ (Form = יְחִיטוּן ? :: Vogt 75b: יַחְטוּ [*yaḥḥîtū*]): c. אֻשַּׁיָּא Esr 4_{12}. Da der übliche Sinn des vb.'s hier nicht ausreicht, ist entweder a) eine Sonderbedtg. anzunehmen oder b) der MT durch eine cj. zu ersetzen (zu a) und b) ⸢ auch Lex.[1]). Zu a): α) חוט/חיט zusammenfügen, mit sy. *ḥāṭ*, pa. *ḥajjaṭ* und ar. *ḫajjaṭa*, > ausbessern (Schulthess ZAW 22, 1902, 162, so auch ZüBi und Vogt 81 sub חוט und 75b s.v. יחט, ⸢ dazu oben); β) zu ar. *ḥaṭṭa* legen (Torrey ESt. 187), doch s. zum ar. vb. auch Wehr 168 und Rudolph EN 38; γ) abstecken (die Fundamente), so Galling ATD 12, 195; δ) G καὶ θεμελίους αὐτῆς ἀνύψωσαν und sie erhöhten seine Fundamente. Zu b): nach Esr 5_{16} prop. יְהִיבוּ pf. pe. pass., so u.a. Rudolph EN 38, cf. BHS, GB,

Lex.[1], BLA 148e; Gunneweg KAT XIX/1, 82 übersetzt das vb. nicht, da seine Bedtg. unsicher sei (84). Die genaue Bedtg. ist nicht auszumachen; wir halten aber die Übersetzung “**ausbessern**” für die plausibelste.†

*חור: he. I חור; palm. (DNWSI 356), ja. (Dalman Wb. 140b) u. sy. (LS 223a) חֲוַר weiss sein.
Der. חִוָּר.

חִוָּר: חור: Grdf. *ḥuwwār > aram. ḥiwwār (BLA 52n); a) ja. חִוָּרָא, DSS (Dalman Wb. 104b, Beyer ATTM 575); cp. *ḥewwār* (Schulthess Gr. § 102 u. Lex. 61b sub *ḥwr*); sy. *ḥewwār* (LS 223a); md. *hiwara, hawara* (MdD 142, Nöldeke MG 122); nsy. (Maclean 95a); naram. *ḥuwwār* (Bgstr. Gl. 39, Spitaler 81a); b) äga. AD VI 3 חורי = *ḥewwārāy* Zugehörigkeitsadj., sing. abs. m. (DISO 84, Segert ArchOr 24, 1956, 386f, DNWSI 357): **weiss** Da 7_9. †

חזה: he. =; < aram. (Wagner 93-98, s. bes. 98) :: Ginsbg. HeWf 71; ähnl. Fuhs BN 2, 1967, 7-12: *ḥzh/ḥdj* “sehen” im Kanaanäischen (he./phön./ug.) und Aramäischen ursprünglich beheimatet”; zu keilschr. *ḫa-za-a/aʾ* s. Beyer ATTM 575; aam. Zkr (KAI 202 A 12), Sefire pe. (KAI 222 A 12.13, itpe. l.c. 28), cf. Degen Altaram. Gr. § 62e; Ram. Nērab (KAI 226, 5); Assbr. (KAI 233, 14 [?].17.20); pehl. חדי (Frah. 20, 4f, Paik. 376-381); äga. Ostr. pe. (KAI 270 A 2, etpe. ? l.c. 5, AP, Aḥqr, AD, Saqqara, Hermopolis, Beh. 54), Uruk 6f (*ma-aḫ-zi-ia-aʾ di-iʾ ḫa-za-ú-ni-ʾ*), pehl. (Frah. 20, 14, Paik 376; DISO 84); palm., auch in n.m. בולחזי PNPI 8b, 74b, Hatra ija. (DNWSI 357 s.v. *ḥzy*$_1$); ja., DSS (Dalman Wb. 141a: חזא, Beyer ATTM 575); cp. träumen (Schulthess Lex. 61b); sam. (BCh. Gl. 4b); sy. (LS 224a); md. *ḤZA* (MdD 138f, Nöldeke MG 257); nsy. (Maclean 96b); abab. Mari n.m. *Ḫa-a-zu-ila* (Noth Fschr. Alt 152 = AbLAk 2, 233, s. Huffmon 201 wo der PN *Ḫa-a-su-AN* gelesen und [fragend] u.a. zur √*ḥws [= he. חוס, HAL 286] gestellt ist):

pe: pf. חֲזָה/א, 2. m. חֲזַיְתָ, Da 2_{41} ־תָה, 1. pers. sing. חֲזֵית, pl. חֲזַיתוּן (or. -tōn, ja. cp. und sy.); pt. חָזֵה, pl. חָזַיִן (BLA 233g); pt. pass. חֲזֵה; inf. מֶחֱזֵא: — 1. **sehen**: etwas Da $3_{25.27}$ 5_5 Esr 4_{14}, c. דִּי Da 2_{45}, c. עַד דִּי Da 2_{34} $7_{4.9.11}$, s. auch Beyer l.c. 576, abs. Da 5_{23}; visionär und im Traum Da $4_{17.20}$, חֵלֶם Da 2_{26} $4_{2.6.15}$ 7_1, c. doppelten acc. $2_{41.43}$, abs. (pt. c. הֲוָה) $2_{31.34}$ $4_{7.10}$ $7_{2.4.6f.9.11.13.21}$; — 2. **einsehen** Da 2_8; — 3. pt. pass. **angemessen, üblich** (ja., DSS [Beyer ATTM 576]; mhe. רָאוּי) Da 3_{19}. †
Der. *חֱזוּ, trad. חֲזוֹת.

*חֱזוּ od. חֵזוּ: חזה; ja., DSS (Dalman Wb. 141b, Beyer ATTM 576); sam. (LOT 2, 590); sy. (LS 224a); md. *hizua* (MdD 142b, Nöldeke MG 102); nsy. *ḥizwā* (Maclean 96b); Grdf. **ḥizw* (or.) BLA 232p-s: det. חֶזְוָא, sf. חֶזְוִי Da 7_2, חֶזְוֵהּ, pl. cs. חֶזְוֵי: — 1. **Gesicht, Vision** Da 7_2; חֶזְוֵי רֵאשׁ Da 2_{28} $4_{2.7.10}$ $7_{1.15}$; Nachtgesicht Da 2_{19} 7_2 (bzw. G καθ’ ὕπνους νυκτός, Θ ἐν ὁράματί μου τῆς νυκτός; nach G bevorzugt Mtg. 286 den pl. חֶזְוֵי, so auch Plöger KAT XVIII 101) $_{.7.13}$; חֶזְוֵה חֶלְמִי Da 4_6 l imp. חֲזִי “sieh her!” so Mtg. 228 u. danach Lex.[1], BHS (Θ = 4_9 ἄκουσον τὴν ὅρασιν τοῦ ἐνυπνίου) oder אֲחַוִּי (BLA 232r); — 2. **Aussehen** Da 7_{20}, cf. DSS (Beyer ATTM 576).

חֲזוֹת: MT Da $4_{8.17}$ Baum: v. $_{8b}$: וְרוּמֵהּ יִמְטֵא לִשְׁמַיָּא; v. $_{8c}$: וַחֲזוֹתֵהּ לְסוֹף כָּל־אַרְעָא; v. $_{17b}$ id.; v. $_{17c}$ liest לְכָל pro לְסוֹף כָּל; und c. mlt. MSS ut 8; Die Etym. von חֲזוֹת ist unbekannt und die Bedeutung kontrovers. Zwei Interpretationen stehen sich gegenüber: **A.** (trad.!): Etym. חזה: he. =; חֲזוֹתֵהּ BLA 185s; Var. [CVS BHS] חֲזוּתֵהּ, Mtg. Da. 230f; ja. חֲזוּתָא Aussehen (Dalman Wb. 141b), DSS Sichtbarkeit (Beyer ATTM 577); sy. *ḥezwā* Aussehen (LS 224a); md. (MdD 139b, Nöldeke MG 146); Vrss. Θ $4_{11.20}$ (ἔφθασεν) τὸ κύτος αὐτοῦ εἰς τὰ πέρατα πάσης τῆς γῆς; G 4_{11} τὸ κύτος αὐτοῦ ἕως τῶν νεφελῶν πληροῦν τὰ ὑποκάτω τοῦ οὐρανοῦ; $_{20}$ ἡ ὅρασις μεγάλη; S $4_{11.20}$ (*mṭ'*) *ḥzwh lkl swpyh d'r*ʿ Anblick, Aussehen. **B**. Die von Gesenius im Thesaurus (S. 461a) angebotene Lösung, ohne Etym. (!) G^V (= Codex Venetus: Griechische Bibelübersetzung sogenannt Codex Venetus herausgegeben von Oskar von Gebhardt, Leipzig 1875) οἱ ὄσδοι (auch = ὄζοι) pl. von ὁ ὄζος = ὄσδος Ast, Zweig (Menge-Güthling, Langenscheidts Grosswörterbuch Griechisch-Deutsch mit Etym., Berlin-Zürich [25]1924, 480a) etym. verwandt mit deutsch "Ast"; Kimchi חֲזוֹתֵהּ ענפים כמו קֶרֶן חָזוּת (David Kimchi: סֵפֶר שָׁרָשִׁים. Radicum liber sive Hebraeorum bibliorum Lexicon edit. J.H.R. Biesenthal et F. Lebrecht, Berlin 1847, 99); Vers. hebr. פארותין; u. Θ τὸ κύτος αὐτοῦ (s.o. sub A Versionen) τὸ κύτος Höhlung, Wölbung (Menge-Güthling l.c., 412a): Geäst > **Krone** (des Baumes), so auch ZüBi. **C**. B verdient — obschon ohne Etymologie, ev. Lw. aus ? — des Zusammenhangs wegen den Vorzug gegenüber A. †

חטא: he. =; pehl. (Frah. app. 2), palm. sündigen (DISO 85 s.v. $חטא_I$, DNWSI 362); ja., DSS (Dalman Wb. 143a, Beyer ATTM 577); cp. (Schulthess Lex. 62a); sy. (LS 227a); md. *HṬA* (MdD 140a, Nöldeke MG 164. 257); naram. (Bgstr. Gl. 41) und nsy. (Maclean 97a) überall ל׳ י:

` **pa**: inf. חַטָּיָא: חַטָּיָא K, חַטָּאָה Q: **entsündigen** Esr 6_{17} c. עַל (< he. pi., cf. HAL 293a, so mit Vogt 63a und Beyer l.c. :: GB, Lex.[1], BLA 192d: sbst. ꜰ חַטָּיָא K, חַטָּאָה Q ꜰ dort; Rudolph EN 62 lässt die Wahl zw. vb. und sbst., ähnl. Gunneweg KAT XIX/1, 113). †
Der. חֲטָי, ? חַטָּיָא.

חֲטָי: חטא; Form qatāl: GB, BLA 187d, Lex.[1], Beyer ATTM 577; :: חֲטָא so Rosenthal Gr. § 14 u. S. 85, Vogt 63a; Ram. äga. חטא (Aḥqr 50, DISO 85, DNWSI 362 s.v. $ḥṭ'_2$, cf. Leander 75q: er geht von einer Form *qitl* aus); ja., DSS (Dalman Wb. 143a: חִטְאָה, Beyer l.c.); sy. *ḥ*ᵉ*ṭā'* (LS 227a); cp. חטיא (Schulthess Lex. 62a); md. nur pl. *haṭaiia* (MdD 118a, Nöldeke MG 29): sf. חֲטָיָךְ K, חֲטָאָךְ Q (Var. auch K): **Sünde** Da 4_{24} ‖ עֲוָיָתָךְ. †

חַטָּיָא K, **חַטָּאָה** Q: חטא; Lw. < he. חַטָּאת; ja. חַטָּתָא (Dalman Wb. 144a); BLA 10u, 192d: fem. (Baumgartner ZAW 45, 1927, 92 = ZATU 79) **Sündopfer** Esr 6_{17}, so Lex.[1], doch s. dazu auch חטא pa. inf., was wohl vorzuziehen ist. †

I **חַי**: חיה: he. =; aam. Znğ (KAI 215, 12); Ram.: Nērab (KAI 225, 10), Behistun 1.6.11 (akk. *bal-ṭu-tú*); äga. (AP, Hermopolis); pehl. (Frah. 11, 1); nab. u. ija. (DISO 86 s.v. $חי_I$, DNWSI 367 s.v. $ḥy_2$); ja. DSS (Dalman Wb. 144a, ATTM 578); cp. (Schulthess Lex. 62b); sam. (BCh. Gl. 5a); sy. (LS 228b); md. *haia* (MdD 118b, Nöldeke MG 108); nsy. (Maclean 97b); pl. חין (Nērab, äga., bes. Behistun [s. AP S. 287a]): cs. חַי (BLA 221k, 222u), det. חַיָּא, pl. det. חַיַּיָּא: **lebend, lebendig**: חַיַּיָּא die Menschen Da 2_{30} 4_{14}, אֱלָהָא חַיָּא der lebendige Gott $6_{21.27}$, חַי עָלְמָא der ewig lebende 4_{31}, cf. 12_7, Sir 18_1, I Hen 5_1. †

II ***חַי**, plurale tantum חַיִּין: חיה: he. =; aam. T. Fekherye 7 pl. cs. *ḥyy*, 14 pl. sf. *ḥywh* "sein Leben"; Ram. äga. auch sg., meist aber pl. (AP, Aḥqr, BMAP, Hermopolis, Saqqara), pehl. (Frah. 10, 34), nab. pl., palm. pl. Hatra pl., Tema pl. (DISO 86 s.v. $חי_{II}$, DNWSI 365 s.v. $ḥy_1$); ja. DSS חיין (Dalman Wb. 144a: חַיָּא, ATTM 578), cp. (Schulthess Lex. 62b: חיין), sam. (BCh. Gl. 5a), sy. (LS 229a: *ḥayyā*), md. *hiia* (MdD 143a), naram. *ḥaija* u. *ḥajōṭa* (Bgstr. Gl. 34 Spitaler Gl. 87a), nsy *ḥaji* (Maclean 97b): cs. חַיֵּי: **Leben** Da 7_{12} Esr 6_{10}. †

חיה: he. =; Ram. äga. (AP, Aḥqr), nab. palm. (DISO 87 s.v. *ḥyy*, DNWSI 354 s.v. $ḥwy_2$); ja., DSS (Dalman Wb. 144a, Beyer ATTM 578); cp. (Schulthess Lex. 62b); sam. (BCh. Gl. 5a); sy. (LS 228b); md. *HIA* (MdD 140, Nöldeke MG 268); naram. (Bgstr. Gl. 34, Spit. § 169a); nsy. (Maclean 97b):

pe: imp. חֱיִי (BLA 153h), or. *ḥajī*: **leben**; מַלְכָּא לְעָלְמִין חֱיִי (ꟻ he. qal 1) Da 2_4 3_9 5_{10} $6_{7.22}$. †

haf: pt. מַחֵא (Var. מָחֵא pe. pt. akt. von ꟻ מחה, cf. Θ ἔτυπτεν), BLA 170k: **am Leben erhalten, beleben** Da 5_{19}. †

Der. I, II חַי, חֵיוָה.

חֵיוָה: חיה; he. חַיָּה; klas. חיוא Eph. I 70, 2; ja., DSS (Dalman Wb. 144b: חֵיוְתָא, Beyer ATTM 578) und cp. (Schulthess Lex. 62b) חֵיוָה; sy. *ḥajūtā* (LS 229a); md. *haiuta* (MdD 119b, Nöldeke MG 22 *hiua*) und *hiuta* (MdD 142a, Nöldeke MG 23.101), st. abs. zu *hiua* (MdD l.c.); naram. *ḥiwōna* (Bgstr. Gl. 34); ar. *ḥayawān*; BLA 186y: cs. חֵיוַת, det. חֵיוְתָא, pl. חֵיוָן, חֵיוָתָא: **Tier** Da 4_{13} $7_{3.5\text{-}7.11f.17.19.23}$, coll. **Getier** 4_{11f} 5_{21}, חֵיוַת בָּרָא die Tiere/das Getier des Feldes 2_{38} $4_{9.18.20.22.29}$. †

*__חיל__: denom. v. חַיִל; pa. stärken; ja. (Dalman Wb. 144b), sam. (BCh. Gl. 5a), sy. (LS 230a); cp. (Schulthess Lex. 63b); md. *HIL* pa. (MdD 143b).

חַיִל: he. =; aam. Sefire (KAI 222 B 31.32); Ram. Saqqara (KAI 266, 7); äga. (AP, Aḥqr, BMAP, AD, Saqqara), Behistun; klas. (KAI 265, 1); palm. (DISO 87, DNWSI 369 s.v. *ḥyl*$_2$); ja., DSS (Dalman Wb. 144b, Beyer ATTM 578f); cp. (Schulthess Lex. 63a); sam. *īl* Stärke (BCh. Gl. 5a); sy. (LS 229b); md. *haila* (MdD 120a, Nöldeke MG 100); naram. (Bgstr. Gl. 37); nsy. (Maclean 98a); BLA 230z: חַיִל (BLA 23d), cs. חֵיל, sf. חֵילֵהּ (or. *ḥēlēh*), BLA 231a: — 1. **Stärke**, בְּאֶדְרָע וְחָיִל mit starkem Arm (:: Rud. EN 44: mit Waffengewalt, ähnl. Gunneweg KAT XIX/1, 83: mit Gewalt und Macht [cf. 2]) Esr. 4_{23} ἐν ἵπποις καὶ δυνάμει, גִּבָּרֵי־חַיִל Da 3_{20}, קָרֵא בְחַיִל laut rufen Da 3_4 4_{11} 5_7; — 2. **Heer** (s. Driver ZAW 62, 1950, 223; cf. jungb.-nb. aram. Lw. *ḫiʾālu*, *ḫi/ajālu* [AHw. 342b] eine Art Truppen) Da 3_{20}, חֵיל שְׁמַיָּא (he. צְבָא הַשָּׁמַיִם) 4_{32}. †

Der. *חיל.

*__חַכִּים__: חכם; he. חָכָם; Deir Alla; Ram. äga. (Aḥqr, s. AP 287b), Uruk 26 *ḫa-ki-mi*; klas. (KAI 264, 5); pehl. Ps 130b (DISO 87, DNWSI 371 s.v. *ḥkm*$_2$); ja., DSS (Dalman Wb. 145b, Beyer ATTM 579); cp. (Schulthess Lex. 64a); sam. (BCh. Gl. 5a), sy. (LS 231a); md. *hakima*, st. abs. *hakim* (MdD 120b, Nöldeke MG 124); naram. *ḥkīma* Arzt (Bgstr. Gl. 36); nsy. > ar. *ḥakīm* (Horowitz Koran Untersuchungen, 1926, 72 :: Maclean 99a: nsy. *ḥakim* in der Bedtg. "vollkommen sein" < ar.); palm. n.m. PNPI 163; gr. Αχιμ Wuthn. 31; BLA 192e: pl. חַכִּימִין, det. חַכִּימַיָּא, cs. חַכִּימֵי: **weise, Weiser**, Da 2_{21}, pl. das Kollegium der Weisen von Babylon Da $2_{12\text{-}14.18.24.27.48}$ $4_{3.15}$ $5_{7f.15}$. †

*__חכם__: he. =; Ram. äga. (Aḥqr DISO 88, DNWSI 371 s.v. *ḥkm*$_1$); ja., DSS (Dalman Wb. 146a, Beyer ATTM 579); sam. (BCh. Gl. 5a), sy. (LS 230b); md. *HKM*, pf. *hkum* "sie wussten" (MdD 147f, Nöldeke MG 218), naram. ärztlich behandeln (Bgstr. Gl. 36).

Der. *חַכִּים, חָכְמָה.

חָכְמָה, or. *ḥūkmā*: חכם; he. =; aam. Znğ. (KAI 215, 11); Ram. äga. (Aḥqr ; DISO 88, DNWSI 371); ja. ח/חָכְמְתָא, DSS (Dalman Wb. 146a, Beyer ATTM 579); cp. (Schulhess Lex. 63b) und sy. *ḥekm*^{e}*tā* (LS 230b); md. *hikumta*, Var. v. *hukumta* (MdD 143b, Nöldeke MG 103); BLA 243b: cs. חָכְמַת, det. חָכְמְתָא: **Weisheit** Da $2_{20f.23.30}$ $5_{11.14}$ Esr 7_{25}. †

*__חלם__: he. = (ꟻ HAL 307b); Ram. pehl. (Frah. 19, 19) schlafen (DISO 89, DNWSI 375 s.v. *ḥlm*$_1$); ja., DSS (Dalman Wb. 149b, Beyer ATTM 579); cp. (Schulthess Lex. 64a); sy. (LS 234b); nsy. (Maclean 100a) auch schlafen.

Der. חֵלֶם.

חֵלֶם, or. *ḥ*^{e}*lem*: חלם; he. חֲלוֹם; aam. Sefire (KAI 222 A 25); Ram. äga. (Elephantine [KAI 270 A 1], Saqqara); Hatra (DISO 89, DNWSI 375 s.v. *ḥlm*$_3$); ja. ח/חֶלְמָא, DSS (Dalman Wb. 149b, Beyer ATTM 580); cp.

(Schulthess Lex. 64b) und sy. *ḥelmā* (LS 234b); md. *hilma* (MdD 144b); nsy. (Maclean 100a) *ḥilmā*; naram. *ḥelma* (Bgstr. Gl. 37); BLA 224h-i: det. חֶלְמָא, sf. חֶלְמִי, חֶלְמָךְ, pl. חֶלְמִין, or. *ḥilm-* (BLA 225r): **Traum** Da $2_{4-7.9.26.28.36.45}$ $4_{2-6.15f}$ 5_{12} 7_{1}. †

חלף: he. I חלף; aam. Sefire (KAI 224, 22): die Erkl. ist unsicher, entweder sbst. חלף "Wechsel" od. vb. pe./pa. + sf. 3. pers. "(ihn) ersetzen"; s. dazu KAI II S. 270; Ram. äga. pe. (c. לְ) jmdm nachfolgen (als Schreiber) (Aḥqr 18, AP 71, 14 (unklar)), haf. tauschen/im Tausch geben (Saqqara; Sabb. Ostr. 5, s. DAE S. 370, cf. Vogt 65a); ija. (DISO 89, DNWSI 376 s.v. $ḥlp_{1}$); ja., DSS (Dalman Wb.149b, Beyer ATTM 580); cp. (Schulthess Lex. 64b); sam. (BCh. Gl. 5a); sy. (LS 235b); md. *HLP*, pe. pf. *hlip* (MdD 149a, Nöldeke MG 219); nsy. *mḥlp* (= *mḥalip*, Maclean 169a) u. *mšḥlp* (= *(m)šaḥlip*, Maclean 202a); prep. חֲלָף anstatt: äga. (AD, Aḥqr, AP; DISO 89 s.v. $חלף_{III}$, DNWSI 377 s.v. $ḥlp_{4}$); ja., DSS (Dalman Wb. 149b, Beyer l.c.); cp. (Schulthess Lex. l.c.); sy. (LS 235b):

pe: impf. יַחְלְפוּן, or. *jiḥ-*; BLA 128b-c: **vorübergehen** (עִדָּן) c. עַל pers. Da $4_{13.20.22.29}$. †

***חלק**: he. II חלק teilen, zuteilen; Ram. pehl. (Frah. 21, 8); nab. (DISO 90, DNWSI 378 s.v. $ḥlq_{1}$); klas. teilen, obj. *ʾrq* (das) Feld, (s. Naveh WdO 6, 1971, S. 44, sub C); ja. zuteilen, verteilen, DSS (Beyer ATTM 580); sy. (LS 237b); md. *HLQ* (MdD 149b) verteilen.

Der. חֲלָק.

חֲלָק: חלק; a) Vorbemerkung: nach Beyer ATTM 580 führt die Vokalisat. des MT auf den Typus *qutāl* = Deminut. von חֵלֶק (:: BLA 187d: Typus *qatāl*); für Belege ohne Vokal (äga. etc.) ist auch der Typus *qitl* nicht auszuschliessen. b) Belege aus den aram. Dialekten und im ba.: Ram. äga. (AP, BMAP), Pachtv. 11 und nab. palm., ija. (*ḥwlq*, DISO 89f, DNWSI 378 s.v. $ḥlq_{3}$); ja. חֲלָקָא, DSS (Dalman Wb. 150b, Beyer ATTM 580); ja. auch חוּלְקָא (so die Vokalisat. des sbst. bei Levy 2, 66a :: Dalman Wb. 150a: חֲלָקָא danach auch Lex.[1]) mit Hinweis auf Dt 14_{27}, doch wird diese Lesung durch T° nicht bestätigt: T° liest *ḥūlāk* (חוּלָךְ), so auch ija. (s.o.), entsprechend auch cp. (Schulthess Lex. 65a) und sam. "Teil" (BCh. Gl. 5a); ja. חֲלָקָא Feld < Teil des bebauten Landes (Dalman Wb. 150b); sy. *ḥelqā* = *Fatum* < das Zugeteilte (LS 237b); md. *hilqa* (MdD 145a) Los, Anteil, Glück; jemen. Glück (Rabin 27): sf. חֲלָקֵהּ: **Anteil** Da 4_{20}, c. בְּ an Da 4_{12} Esr 4_{16}. †

חֱמָא Da 3_{19}, **חֲמָה** 3_{13}: יחם; he. חֵמָה, aam. Znğ. חמא (KAI 214, 33); Ram. äga. חמתא (Aḥqr 140; DISO 90, DNWSI 381 s.v. $ḥmh_{2}$); ja. חֲמְתָא, indet. חֲמָא, cs. חֲמַת (Dalman Wb. 153a); DSS (Beyer ATTM 581); cp. (Schulthess Lex. 65b) und sy. *ḥemtā* (LS 238a); md. *himta* (MdD 146a, Nöldeke MG 111) Zorn, Gift; BLA 40n, 179g, 242y.a: fem.: **Wut** Da $3_{13.19}$. †

***חמר**: he. II חמר gären, s. dazu bes. cp. (Schulthess Lex. 66b: s.v. חמר II); ja. (Dalman Wb. 152b, Jastrow 480a); sy. (LS 241b); md. *HMR* II (MdD 150a); sam. עמיר (LOT 2, 602) und ausserhalb des aram. tigr. *ḥamra* (Wb. 60a) und ar. *ḫamara* (Wehr 235a); s. auch Levy 2, 76.

Der. חֲמַר.

חֲמַר: חמר; he. חֶמֶר: a) Vorbemerkung: חֶמֶר meint, im Unterschied zu יַיִן, nach Lex.[1] (312b) "den noch schäumenden, gärenden Wein", danach auch HAL 317a "noch gärender Wein", cf. auch BRL[2] 362 und BHH 2150. Im aram. tritt die besondere Bedtg. des sbst. zurück, so dass es allgemein n. appellat. für "Wein" wird und das im bhe. und anderen Dialekten gebräuchliche sbst. יַיִן verdrängt; b) verw. Sprachen und ba.: akk. *ḫimrum* (kan. Fw.; AHw. 1561a) ein gegorenes Getränk; Ram. pehl. (Frah. 5, 5); äga. (AP, Aḥqr, AD); palm. (DISO 99, DNWSI 383 s.v. $ḥmr_{5}$); T.-

Chelēfe (BASOR 80, 1940, 7f, 82, 1942, 15f); ja., DSS (Dalman Wb. 152b, Beyer ATTM 581); cp. (Schulthess Lex. 66b); sy. (LS 241b); md. *hamra* (MdD 123b, Nöldeke MG 29); naram. (Bgstr. Gl. 38); nsy. (Maclean 102a); BLA 183e: det. חַמְרָא: **Wein** Da $5_{1f.4.23}$ Esr 6_9 7_{22}. †

*חִנְטָה: he. חִטָּה; aam. חטה Znğ. (KAI 214, 6; 215, 6.9); Ram. mspt. חנטתא; äga. חנטא, u. חטה (AP Aḥqr); palm. ח(י)טא (? pl. s. Rosenthal Spr. 76); ija. pl. חנטין (DISO 85 s.v. חטה, DNWSI 363 s.v. *ḥṭh*); ja. חִנְטְתָא u. חִטְּתָא, DSS (Dalman Wb. 153b, Beyer ATTM 582 s.v. חנטה); cp. (Schulthess Lex. 62a) und sy. *ḥeṭṭ*[e]*tā* (LS 227a); naram. *ḥṭṭ* (Bgstr. Gl. 41); md. *hṭita*, pl. *hiṭia* (MdD 140b, 143a, Nöldeke MG 172 zum pl., cf. HAL 294b zum sg. u. pl.); nsy. *ḥiṭī* (Maclean 97b); BLA 240f: pl. (wie überall gebildet als m., cf. Michel Grundl. heSy S. 36 u. 40f): חִנְטִין: **Weizen** (-körner) (BLA 305h-i) Esr 6_9 7_{22}. †

*חנך: he. =; einweihen (cf. Reif VT 22, 1972, 495-501); palm. (DISO 92, DNWSI 388 s.v. *ḥnk*$_1$); ja. (Dalman Wb. 154a).
Der. *חֲנֻכָּה.

*חֲנֻכָּה: חנך: Lw. < he.; ja., DSS (Dalman Wb. 154a, Beyer ATTM 582); palm. (DISO 92, DNWSI 388); BLA 187b: cs. חֲנֻכַּת: **Einweihung**: חֲנֻכַּת צַלְמָא Da 3_{2f}, חֲנֻכַּת בֵּית־אֱלָהָא Esr 6_{16f}. †

חנן: he. I חנן; ja., DSS (Dalman Wb. 154a, Beyer ATTM 582); cp. (Schulthess Lex. 67a); sy. Adj.: palm. st. emph. *ḥnn'* gnädig, gütig (DISO 92, DNWSI 389 s.v. *ḥnn*$_3$); nsy. (Maclean 103a). Sbst. aam. Znğ. (KAI 217, 8); Ram. äga. (Aḥqr 132, cf. Leander 71w, DNWSI 386 s.v. *ḥn*$_1$); ja. חֵן (Dalman Wb. 153a):

pe: inf. מִחַן (BLA 166f): **sich erbarmen** Da 4_{24}. †

hitpa: pt. מִתְחַנַּן (schlechte Var. חַנֵּן-, BLA 166h): **flehen** Da 6_{12}. †

Der. חֲנַנְיָה.

חֲנַנְיָה: n.m. Da 2_{17}, ↗ he. Da 1_{6f} (HAL 322a). †

חַסִּיר: חסר; he. חָסֵר; ? äga. חס]יר] (Aḥqr 131); Uruk 15 (f. det. *ḫa-as-si-ir-ta-a*); palm. (DISO 93, DNWSI 394 s.v. *ḥsr*$_2$); ja., DSS (Dalman Wb. 155a, Beyer ATTM 584); cp. (Schulthess Lex. 68a); sy. (LS 248b); md. *hasir* (MdD 125b, Nöldeke MG 124); nsy. (Maclean 104a); BLA 192e: **mangelhaft, minderwertig** Da 5_{27}. †

חסן: he. =; Ram. äga. (AP, Saqqara, AD, BMAP), Samaria; pehl. (Frah. 21, 3); Paik. (DISO 93, DNWSI 391 s.v. *ḥsn*$_1$); ja., DSS (Dalman Wb. 155b, Beyer ATTM 583), sam. (LOT 2, 469: אסניו), sy. (LS 247b) stark sein; Sam. סחן (Kahle Textkritische u. lexikalische Bemerkungen zum sam. Pentateuch-targum 1898, 33f) und sy. (h)af. (LS 248a) in Besitz nehmen, besitzen; adj. äga. (AP, AD, Saqqara) חסן u. חסין (DNWSI 393 s.v. *ḥsn*$_6$); ja., DSS (s. Beyer l.c. u. Dalman Wb. 155a) u. sy. חַסִּין (LS 248a) stark, adv. sehr:

haf: pf. pl. הֶחֱסִנוּ, or. *haḥ*-, BLA 128f; impf. יַחְסְנוּן: **in Besitz nehmen, besitzen** Da $7_{18.22}$ (מַלְכוּתָא). †

Der. *חֱסֵן.

*חֱסֵן od. *חֲסַן: חסן; he. חֹסֶן; im aram. sowohl nach *qutl* als auch nach *qitl* gebildet, s. dazu Beyer ATTM 583; a) sing. Ram. äga. חסן (AP, AD, Saqqara) Gewalt, so im Ausdruck כחסן mit Gewalt (DISO 93, DNWSI 393 s.v. *ḥsn*$_4$); b) α) sing. u. pl. ja. חִסְנָא, sg. Stärke, Recht, pl. Speicher, Festung (Dalman Wb. 156a); DSS (Beyer ATTM 583); sy. *ḥesnā*, pl. *ḥesnē, ḥesnawātā* Burg (LS 247b; cf. auch *Ḥisn*- in Ortsnamen); β) sg. (und allenfalls pl. möglich?): sy. *ḥusnā* Tapferkeit (LS 247b), doch fällt auf, das es Hi 28_{10} das he. צוּרוֹת (↗ I צור) wiedergibt; cp. (Schulthess Lex. 61b) *ḥzn* (= *ḥiznā*) Befestigung, und denom. pt. pa. befestigt; c) pl. aam. ZKR (KAI 202 B 8) stat. det. חסניא Befestigungsanlagen (s. KAI II S. 210), idem äga. (AP 27, 11), die Übersetzung hier entweder wie KAI II l.c., so DAE Nr. 101 (S. 403) oder Magazine/Speicher (AP Nr. 27, 11, S. 100), cf. DISO 93 s.v. $חסן_{III}$ (DNWSI 393 s.v. *ḥsn*$_3$) und Lex.[1]; BLA 183j: det. חִסְנָא, sf. חִסְנִי, or. *ḥu*-: **Macht** חִסְנָא וְתָקְפָּא Da 2_{37}; בִּתְקַף חִסְנִי, so BHK (BHK[3] mit Var. בִּתְקֹף, s. dazu BLA 184n, 187d), aber בִּתְקַף חִסְנִי BHS (mit Var. … בִּתְקֹף) mit meiner gewaltigen Kraft, wörtl. in der Stärke meiner Kraft, so u.a. ZüBi. mit Plöger KAT XVIII 69. 72, Da 4_{27}. †

חֲסַף: ija. Ton (DNWSI 393 s.v. *ḥsp*$_2$); ja. חַסְפָּא, DSS (Dalman Wb. 156a, Beyer ATTM 583) und חַצְבָּא; mhe. חָצָב (Dalman Wb. 157b); cp. *ḥsp* (Schulthess Lex. 68a) irden, tönern, und *ḥsb* (Schulthess Lex. 68b) irdener Topf; sy. *ḥespā*, *ḥezbā* u. *ḥeṣbā* (LS 225a, 251a.b; > ar. *ḥazaf* Frae. 169: Tongefäss, Scherbe); md. *haspa* (MdD 125b) Ton, Topfscherbe, Topf aus Ton; jemen. *ḥašaf* dicker Ton (Rabin 27); äth. *ṣāḥ*^{e}*b* (Dillm. 1265) Tongefäss; Lw. < akk. *ḫaṣbu(m)* (AHw. 332a, CAD Ḫ 132a) Töpferton, Scherbe (cf. Zimmern 33, Kaufman 54); BLA 224g: חֲסַף, cs. =, det. חַסְפָּא **geformter Ton** (Mtg. 167, *terra cotta* Kelso 7, cf. BHH 2005f) Da $2_{33\text{-}35.42.45}$; ϝ חֲסַף דִּי־פֶחָר (= sy.) **Töpferwerk** 2_{41}, חֲסַף טִינָא **Tonware** $2_{41.43}$. †

*חסר: he. =; mangeln; Ram. äga. (AP, AD), palm. (DISO 94, DNWSI 394 s.v. *ḥsr*$_1$); ja., DSS (Dalman Wb. 156a, Beyer ATTM 583); cp. (Schulthess Lex. 68a); sy. (LS 248a); md. *HSR* (MdD 151, Nöldeke MG 408); nsy. (Maclean 103b).

Der. חַסִּיר.

חצף: Ram. äga. (Ostr. 16, 3) grob (Salz :: דקק fein, cf. DISO 95, DNWSI 400); sy. frech sein (LS 251b); [ar. *ḥaṣufa* s. Wehr 165a: gesundes Urteil haben, klug sein; homonyme √ ?]; mhe. hif. und ja. frech handeln / auftreten (Dalman Wb. 158a); cp. (Schulthess Lex. 69a) und sy. af. wagen (LS 251b); ja. u. sy. *ḥuṣpā* Frechheit (Dalman Wb. 158a, LS 251b); md. *huspa* (MdD 136b) Schamlosigkeit, Frechheit, cf. Nöldeke MG 44:

haf/af: pt. f., wahrscheinlich pt. pass. (BLA 129q-s, cf. Vogt 67a) מְהַחְצְפָה Da 2_{15}, מַחְצְפָה 3_{22}, beidemale Var. צְפָה- (BLA 45i.129r. 130u), 3_{22} Var. auch מְחַ׳: **streng** (מִלְּה, דָּת) Da 2_{15} 3_{22}. †

חרב: he. I חרב; a) als vb. wüst liegen (pe.); ja., DSS (Dalman Wb. 159a, Beyer ATTM 585); cp. (Schulthess Lex. 69b); sy. (LS 254a); md. *HRB* (MdD 152f, s. bes. Nöldeke MG 219: wird wüst); naram. (Bgstr. Gl. 39) und nsy. (Maclean 105a); b) vb. verwüsten: α) pe: ja. (Dalman Wb. 159a) u. cp. (Schulthess l.c.) und naram. (Bgstr. l.c.); β) af: nab. ija. (DISO 95, DNWSI 402); ja. (Dalman Wb. 159a), sy. (LS 254b), naram. ; γ) pa. af. md. (MdD l.c.); c) adj. pl. f. Znğ. חרבת (KAI 215, 4, DISO 95, DNWSI 403 s.v. *ḥrb*$_6$).

hof: pf. 3. f. sg. הָחָרְבַת, BLA 115r. 129j: **verwüstet sein** Esr 4_{15}. †

חַרְטֹם, or. -*ṭum*, BLA 221d; ϝ he. =: Lw. < äg. *ḥr(j)-tp* (EG III 140: Amtstitel), auch nass. *ḫar-ṭi-bi* (AHw. 328b, CAD Ḫ 116b); DSS חרטמו Wahrsagerei (Beyer ATTM 585), zur Bedtg. des sbst. im äg. und zur Lit. ϝ HAL 339a; s. dazu ferner H.-P. Müller UF 1, 1969, 83; Derselbe VTSu 22, 1972, 271[4] und ThWAT 3, 138; Görg BN 11, 1980, 9; Beyer ATTM 585: pl. חַרְטֻמִּין, det. חַרְטֻמַּיָּא (:: BLA 221e, Var. טֻמַּיָּא-): **Magier** Da $2_{10.27}$ 4_4; רַב חַרְטֻמִּין Obermagier 4_6 5_{11}. †

חרך: he. =? (I חרך, HAL 339b): mhe. ja., DSS (Dalman, Wb. 160b, Beyer ATTM); sy. (LS 256a); md. *HRK* (MdD 153a, Nöldeke MG 40); naram. *ḥrḥ* (Bgstr. Gl. 46) u. nsy. (Maclean 106b): brennen, versengen; ar. *ḥaraqa* sengen, rösten; cf. dazu auch ug. *ḥrk* (Aartun UF 12, 1980, 1.5);

hitpa: pf. הִתְחָרַךְ (BLA 130h): **versengt werden** Da 3_{27} (שְׂעַר רֵאשׁ). †

*חֲרַץ: he. du. חֲלָצַיִם; so auch mhe.; ja. so auch im Hiob-Targum aus Qumran (11 Q Tg Job) als Hebraismus, s. dazu Beyer ATTM 585: חלציך deine Lenden; ja. u. DSS (Dalman Wb. 161b, Beyer ATTM 585) u. sam. חלצין (LOT 2, 466); cp. *ḥirṣ'* > *ḥirs'* (Schulthess Gr. § 36a, Lex. 70a); > ar. *ḫaṣr*; md. *halṣa*, *haṣa* (MdD 122a, Nöldeke MG 54); sy. *ḥaṣṣā* (LS 250b), nsy. Rücken, Lenden (Maclean 104b); naram. *ḥaṣṣā* Rücken (Bgstr. Gl. 40f); BLA 185p; Grdf. *ḥalṣ* (Nöldeke l.c. :: VG 1, 246); sf. חַרְצֵהּ: **Hüfte** קִטְרֵי חַ׳ seine Hüftgelenke Da 5_6. †

חשב: he. =; nass. u. spät-bab. *ḫašābu* (AHw. 1560a) rechnen; Deir Alla; Ram. nab. palm. Hatra (DISO 97, DNWSI 409); ja., DSS (Dalman Wb. 162b, Beyer ATTM 586); cp. (Schulthess Lex. 70b); sy. (LS 260b); md. *HŠB* (MdD 154a, Nöldeke MG 215); naram. (Bgstr. Gl. 41: meinen); nsy. (Maclean 107b); äga. (AP) u. palm. ija. חשבן Rechnung (DISO 97, DNWSI 411 s.v. *ḥšbn*$_1$):

pe: pt. pass. pl. חֲשִׁיבִין **rechnen, achten, halten für**, pt. pass. c. כְּלָה (Var. Cairensis, mlt. MSS כלא, ↗ לָא [auch ja. s. Beyer l.c.] für nichts) Da 4_{32}. †

*חֲשׁוֹךְ: חשך; he. חֹשֶׁךְ; Deir Alla; Ram. äga. חשוכא (Aḥqr 125); palm. ev. *ḥškk'* (DISO 98, DNWSI 411 s.v. *ḥšk*$_2$); ja. חֲשׁוֹכָא, indet. חֲשׁוֹךְ (Dalman Wb. 163a, DSS (Beyer ATTM 586f); sy. *ḥeššokā* (LS 262b); md. *hšuka* (MdD 154, Nöldeke MG 118); *'eššūkā* Drower MI 321; cp. (Schulthess Lex. 71b) und sy. *ḥwšk'* (*ḥuškā*); ja. und sy. auch חֶשְׁכָא; kan.? s. BLA 188g: det. חֲשׁוֹכָא **Finsternis** Da 2_{22}. †

חשח: sy. (LS 261b) und nsy. (Maclean 107b) nötig, geeignet sein (nsy. auch würdig sein, verdienen); cp. ištaf. gebrauchen (Schulthess Lex. 71b); cf. akk. *ḫašāḫu(m)* (AHw. 332b, CAD Ḫ 134b-136a) brauchen, begehren (ob das aram. vb. Lw. aus dem Akk. ist, ist ungewiss, s. dazu Zimmern 70, Kaufman 54 und Rosenthal Gr. § 188 (S. 58) :: Vogt 67: Ableitung aus dem Akk., ↗ unten b):

pe: a) pt. pl. חָשְׁחִין (BLA 176x), Var. חַשְׁחִין: **nötig haben** c. לְ u. inf. Da 3_{16}; b) Nach Lex.[1] wäre חַשְׁחִין eine schlechte Var. :: Vogt 67: der sg. *חַשַׁח und das fem. *חַשְׁחָה (= *חַשַׁחַת) entsprechen dem akk. *ḫašiḫ* (CAD Ḫ 134a) = *ḫa-še-eḫ* (AHw. 332b) "benötigt"; c) mit b) wird man neben a) rechnen müssen und b) stellt wohl die ältere und später ins pt. umgesetzte Form dar. †

Der. *חַשְׁחָה, *חַשְׁחוּ.

*חַשְׁחָה: חשח; sy. *ḥ^ešaḥtā* (LS 262a). a) MT pl. f. חַשְׁחָן Esr 6_9, BLA 185s u. bes. Rosenthal Gr. § 44 benötigte Dinge, ähnl. Lex.[1], **Bedarf**, was man braucht, ähnl. Galling ATD 12, 196, TOB, Gunneweg KAT XIX/1, 104; b) cj. pr. MT prop. pt. חָשְׁחִין was sie bedürfen, so u.a. Torrey ESt. 194, ZüBi, Rudolph EN 56.57, Vogt 67b; c) Die Entscheidung zw. a) u. b) ist nicht leicht und kann wohl offen bleiben. †

*חַשְׁחוּ: חשח; sy. *ḥašḥūtā* Gebrauch (LS 262a; s. auch Vogt 67b: das he. sbst. Lw. aus akk. *ḫišiḫtu* Notwendigkeit, Bedarf zitiert aus CAD Ḫ 204a, cf. AHw. 349a: *ḫiši/eḫtu(m)*, doch spricht sy. wohl eher gegen diese spezielle Ableitung); BLA 245g: cs. חַשְׁחוּת: **Bedarf** Esr 7_{20}. †

*חשך: he. =, dunkel sein; ja. חֲשׁוֹךְ (Dalman Wb. 163a; Levy 2, 123 hat daneben auch חֲשַׁךְ); DSS (Beyer ATTM 586); cp. *ḥšk* (Schulthess Lex. 71b); sy. *ḥ^ešek* (LS 262a); md. *HŠK* (MdD 154b), pf. pe. **hšik* (s. Nöldeke MG 219); nsy. (Maclean 108a).

Der. *חֲשׁוֹךְ.

חשל: zu den Bedtgen des vb.'s in den aram. Dialekten, s. DSS Beyer ATTM 587: a) ja. pe. (Dalman Wb. 163b), mhe. pi. zerquetschen, zerschlagen; so auch akk. *ḫašālu(m)* (AHw. 333a), cf. ? ar. *ḥasala* stossen, zerstossen, verstossen (Nöldeke MG 135[2]); b) ja. (Dalman Wb. 163b), sy. (LS 263a); md. *HŠL* (MdD 154b) hämmern, schmieden, verfestigen (zum ja. s. auch Levy 2, 124a und zum sy. LS 263a mit der Angabe weiterer Bedtgen); c) für sich steht äga. (AD 8, 6; DISO 98, DNWSI 412: Bedeutung unbekannt) חשל beisteuern, (Steuer) bezahlen, so Driver AD[2] 101a.

pe pt. חָשֵׁל: **zermalmen** Da 2_{40}. †

חתם: he. =; a) vb. Ram. äga. (AP 21, 9) Samaria, pehl. (Frah. 23, 2); Paik. (DISO 98 s.v. חתם$_{I}$, DNWSI 413 s.v. *ḥtm*$_1$); ja., DSS (Dalman Wb. 164b, Beyer ATTM 587); cp. (Schulthess Lex. 71b); sy. (LS 264a); md. *HTM* (MdD 154b, Nöldeke MG 278); nsy. (Maclean 108b); b) sbst. Siegel: Ram. äga. חותם (AP 76, 1), חתם (AD S. 4[1] u. Saqqara), ija. (DISO 98 s.v. חתם$_{II}$, DNWSI 413 s.v. *ḥtm*$_2$); ja. חוֹתָמָא (Dalman Wb. 141a); sy. *ḥātmā* (LS 264a); cp. *ḥtjm*ʾ (Schulthess Lex. 71b), Umschrift *ḥātⁱmā* (Schulthess Gr. § 91, S. 45); md. *hatma* (MdD 128b, Nöldeke MG 112):

pe: pf. sf. חַתְמַהּ, Var. מָהּ- (BLA 81z, siehe BHK): **versiegeln** Da 6_{18}. †

ט: 1.) Wechselt in Assimilation und Dissimilation mit ת in קטל, קטר (?), קשט; 2.) = ursem. Ẓ (VG 1, 128), im ar. als ẓ erhalten; he. צ; > aram. ט in טור, II טלל, *טְפַר, יעט und קְיִט, עֲ(י)טָה.

טאב: ↗ יטב; he. טוב u. יטב; Ram. äga. טיב (AP, Aḥqr, BMAP); Xanthos טאב (DISO 100, DNWSI 421, 415); ja. pe. nur pt. טָיֵב u. טָאֵב DSS (Dalman Wb. 166b s.v. טוב, Beyer ATTM 588/9); syr. *ṭēʾb* (LS 265a); sam. (BCh. Gl. 5a) u. cp. טוב (Schulthess Lex. 72b); naram. *ṭjb* u. *ṭbj* (Bgstr. Gl. 98); md. *ṬAB, ṬUB* (MdD 171f), *YṬB* (MdD 192a):

pe: pf. טְאֵב (wie sy., sec. בְּאֵשׁ, BLA 141g), or. *ṭeʾob* (BLA 102v, s. BHK[3]): **gut sein**, c. עַל es ist gut für ihn = er freut sich Da 6_{24}. †

Der. טָב.

טָב: טאב, טוב; he. טוֹב (s. Beyer ATTM 589): aam. T. Fekherye Z. 5: *ṭbh* (s. dazu S. 47 adj. f. sg., akk. *ṭābu*); Znğ. (KAI 216, 16); Sefire (KAI 222 B 6; 224, 3.22); Ram. pehl. (Frah. 13, 12, Paik. 447), Bori תב (Inschr. von Bori [Frz. Altheim. Litt. u. Gesellsch. im ... Altertum II, 1950, 46ff], Nyb. II 289); Nērab (KAI 226, 3); äga. (AP, Aḥqr, AD, Saqqara 8, KAI 266), Pachtv. 5, Uruk 34: f. pl. sf. *ṭa-ba-ti-ia*; *ṭb* = der Gute, substantiviertes adj. (Naveh WdO 6, 1971, 44 D 5: aram. Inschr. aus Armenien, Mcheta KAI 276, 9); nab. palm. Hatra ija. (DISO 98f, DNWSI 415 s.v. *ṭb*$_2$); ja., DSS (Dalman Wb. 165a, Beyer ATTM 589); cp. (Schulthess Lex. 73a); sam. *ṭob* (BCh. Gl. 5a); sy. (LS 269a) u. nsy. (Maclean 109b), naram. *ṭōb* (Bgstr. Gl. 98, Spitaler § 5c); md. *ṭab*, *ṭaba* (MdD 172); akk. *ṭābu(m)* (AHw. 1377f); zu den Formen im amor. s. Huffmon 37a. 207; BLA 179h: **gut**, דְּהַב טָב, he. Gn 2_{12}, ug. *ksp ṭb*, gediegenes Gold Da 2_{32}; הֵן עַל־מַלְכָּא טָב wenn es dem König beliebt Esr 5_{17}, cf. הן על מראי טב (AD III 5 S. 15b; cf. AP 27, 21). †

***טבח**: he. =; ja. schlachten, kochen (Dalman Wb. 165a); sy. pe. (?) besprengen (LS 266a); md. *ṬBA* (MdD 176a) kochen, rösten, dörren. Der. *טַבָּח.

***טַבָּח**: טבח; he. =; aam., Ram. Palm. Schlächter (DNWSI 419); ja. (Dalman Wb. 165a); sy. (LS 266a); md. *ṭabahia* pl. (MdD 172b, Nöldeke MG 64) Schlächter, Koch (letzteres im md. die alleinige Bedtg.); BLA 191c: pl. det. טַבָּחַיָּא: **Scharfrichter, Leibwächter** (σωματοφύλακες Jos. Ant. X 10, 3, Mtg. 155, G, Θ ἀρχιμάγειρος) רַב־טַבָּחַיָּא "Oberster der Köche, Schlächter > Scharfrichter" (↗ רב 2.)

Da 2_{14}. †

*טוה: sy. *ṭwāʾ* fasten (LS 269a); id. ar. (cf. Beyer ATTM 388 s.v. טוי). Vielfach wird dies vb. mit der sem. √*ṭwī* verdrehen; he. spinnen verbunden, so HAL 357a, u. LS l.c.; doch ist das ganz ungewiss, wie denn auch das akk. vb. *ṭawûm, ṭamû* nur die Bedtg. "spinnen, zwirnen" hat (AHw. 1382b).

Der. טְוָת.

טוּר: he. צוּר; keilschr. in PN *-ṭu-ri-(i)* APN 286a; Ram. pehl. Šapur I (244-272 n. Chr.) Kaʿba-i Zardušt Zeile 2 (E. Honigmann - A. Maricq Recherches sur les res gestae Divi Saporis, Bruxelles 1953, S. 40, in Académie Royale de Belgique, Classe des lettres: Mémoires Tome XLVII, Fasc. 4); äga. (Aḥqr 62); nab. (:: Cant. 2, 101, s. dazu DISO 100 s.v. טור$_{II}$); ija. (DISO 100 s.v. טור 1, DNWSI 974 s.v. *ṣr*$_1$); ja., DSS (Dalman Wb. 168a, Beyer ATTM 588); cp. (Schulthess Lex. 73b); sam. *ṭor* (BCh. Gl. 5a); sy. (LS 272a); md. *ṭur, ṭura* (MdD 178b, Nöldeke MG 105); naram. (Bgstr. Gl. 99) u. nsy. (Maclean 110b) "Berg"; ja. cp. (Schulthess l.c.) und asy. (Black 216) auch "Feld"; BLA 180 l: det. טוּרָא **Berg** Da 2_{34} (cj.)$_{.35.45}$. †

טְוָת: טוה; ja. nüchtern (Dalman Wb. 168a) und sy. (LS 269a; sbst. *טוה) im st. abs. mit erhaltenem ת, das adverbialen Sinn hat (s. dazu Beyer ATTM 444, 588, Nöldeke SGr. § 155a, cf. auch VG 1, 493 :: BLA 185s. 377f: sbst. Fasten, doch ist demgegenüber wegen der Endg. die adv. Bedtg. vorzuziehen, = Lex.[1]) **fastend, nüchtern** בָּת טְוָת die Nacht nüchtern verbringen Da 6_{19}. †

*טין: denom. pa. sy. (LS 274a) und naram. (Bgstr. Gl. 99): bestreichen mit ꟳ טִין.

טִין: he. טִיט; Ram. pehl. (Frah. 2, 4); Sard. (KAI 260 B8) Erde (neben (מים Wasser, KAI II S. 308; DISO 100, DNWSI 421); ja., DSS (Dalman Wb. 169a, Beyer ATTM 589); sam. (BCh. Gl. 5a); cp. (Schulthess Lex. 74a); sy. (LS 274a); naram. (Bgstr. Gl. 99); md. *ṭina* (MdD 179b) Lehm; denom. sy. und naram. ꟳ oben *טין; > ar. *ṭīn* (Frae. 8), denom. *ṭjn* II (Wehr 523b); BLA 180j: det. טִינָא: (nasser) **Lehm** (Kelso 5f); חֲסַף טִ׳ Lehmware Da $2_{41.43}$, präzisierend blossem חֲסַף hinzugefügt :: חֲ׳ allein $2_{33\text{-}35.42}$; חֲסַף דִּי־פֶחָר vs. $_{41a}$ (Mtg. 177). †

*טַל: he. =; > denom. I טלל; ja., DSS (Dalman Wb. 169b, Beyer ATTM 589f); sam. טלל (LOT 2, 539); cp. (Schulthess Lex. 75a s.v. טל III); sy. *ṭallā* (LS 275b); md. *ṭala* (MdD 174a, Nöldeke MG 306); nsy. *ṭlūlā* (Maclean 112a); BLA 222n: cs. =; **Tau,** טַל שְׁמַיָּא Da $4_{12.20.22.30}$ 5_{21}. †

I *טלל: denom. von טַל; sam. Tau fallen lassen; mhe. טָלוּל feucht (Dalman Wb. 169b); sy. af. herabträufeln (LS 275b); nicht zu verwechseln mit GnAp XIX 16: בטלל. "mit Hilfe von" cf. Fitzmyer 101 u. DNWSI 423 s.v. *ṭll*$_2$).

II טלל: he. III צלל. Verwandte Sprachen: a) ja. pa. und af. DSS (Dalman Wb. 170b, ATTM 590), palm. pa. (DISO 101 s.v. טלל$_{II}$, DNWSI 423 s.v. *ṭll*$_1$), sy. pa. und af. (LS 275b), cp. af. (Schulthess Lex. 74b), md. *ṬLL* pa. (MdD 180a). Die Bedtg. des vb.'s in den erwähnten Idiomen ist (Beyer ATTM 590) beschatten, bedecken, bedachen; b) denom. < sbst. he. צֵל, akk. *ṣillu* und *ṣulūlu* (AHw. 1101a, 1111a), nach von Soden (bei Lex.[1] Suppl. S. 201b) wären diese beiden sbst. voneinander zu trennen; ar. *ẓill, ẓilāl* und *ẓulūl*; ja. טוּלָא DSS (Dalman Wb., Beyer l.c.); aam. Sefire (KAI 222 B 42) u. Ram. *ṭll* Schatten, Schutz; äga. (AP; Leander 71v, DISO 101, DNWSI 423 s.v. *ṭll*$_2$); ja.; cp. (Schulthess Lex. 74b), sam. (LOT 2, 539) und md. *ṭula* (MdD 177a, Nöldeke MG 20. 105, Mtg. AIT) und nsy. *ṭlʾ* (= *ṭilā*) Schatten (Maclean 111b; auch *ṭilanītā*, Maclean 112a); ja. טְלָלָא (Dalman Wb. 170b), äga. (Leander 80z); ja. cp. (Schulthess l.c.) und md. *ṭlala* (MdD 180a, Nöldeke MG 115); sy. *ṭelālāʾ* (Nöldeke SGr.

§ 116); cp. *ṭlwlʾ* (s.o.); md. *ṭulala* (MdD 177a, Nöldeke MG 123);

haf: impf. תַּטְלֵל (BLA 167j) Da 4_9, sbj. חֵיוַת בָּרָא: Möglichkeiten zur Übers. des vb.'s: a) trad. c. G ἐσκίαζον Schatten aufsuchen/ suchen (BLA 274m, sy. af.); b) c. Θ κατῴκουν, V *habitant*, cf. cp. af. u. Lk 13_{19}: **wohnen, Schutz suchen** Da 4_9 | | יִשְׁכְּנָן (*F* שׁכן) 4_{18}; c) Lex.[1] spricht sich, wenn auch zurückhaltend, für b) aus. Trotzdem ist wohl a) zu bevorzugen; es hat G für sich und es bringt den Sinn des vb.'s (der √) besser zur Geltung. †

טעם: he. =; Ram. äga. (Aḥqr 105, 209) schmecken, kosten (Leander § 33); Assbr. 8 (KAI Nr. 233, Kontext fragmentär und [genaue] Bedtg. unsicher, s. KAI II S. 284, cf. DISO 102, DNWSI 426 s.v. *ṭʿm*$_1$); ja. טְעֵים (Dalman Wb. 172b); cp. (Schulthess Lex. 76b) und sy. טְעֵים *ṭeʿēm* (LS 283a); md. *ṬAM* (MdD 174b, Nöldeke MG 256); naram. (Bgstr. Gl. 97); nsy. (Maclean 113a) schmecken kosten:

pa: impf. יְטַעֲמוּן; sf. יְטַעֲמוּנֵּהּ (BLA 130g.i, 131j, 123m): **zu essen geben** Da $4_{22.29}$ 5_{21}, cj. $4_{12\,(20)}$ (Mtg. 235, cf. BHK[3] und BHS) :: ZüBi, Bentzen 34, Plöger KAT XVIII 68, TOB: MT. †

Der. טְעֵם.

טְעֵם: טעם; he. טַעַם; Ram. palm. טעמתא Speisen (DNWSI 428); Entscheidung, Befehl: äga. (Hermopolis, AP, AD, Saqqara) Samaria; nab. (DISO 102, caus. Cant. Nab 2, 102, DNWSI 427 s.v. *ṭʿm*$_2$); ja. טְעֵים, טַעְמָא (Dalman Wb. 172b); sy. *ṭaʿmā* (LS 283a); md. *ṭama* (MdD 174b, Nöldeke MG 16); nsy. Geschmack, (richtiges?) Benehmen (Maclean 113a); Geschmack, Verstand (ja. sy. nsy.); Entscheidung (nab., s. DISO 102 u. bes. Cant. Nab. 2, 102); BLA 224g, Rowl. Aram. 117); cs. = u. טְעֵם, טַעַם Da 5_2 Esr 6_{14}, in 6_{14} טְעֵם כּוֹרֶשׁ neben טַעַם אֱלָהּ, letzteres auch Esr 7_{23}. Der Unterschied in der Vokalisation ist unklar. Möglichkeiten: a) masoret. Konstruktion, so BLA 228f; b) טַעַם (wie צֶלֶם Da 3_5) echter Hebraismus, so BLA l.c.; c) "Die differenzierende Vokalisierung von טעם ist vielleicht als Versuch der Masoreten zu werten, zwischen Gottes Wort und menschlichen Auftrag zu unterscheiden", so Gunneweg KAT XIX/1, 112; det. טַעְמָא, or. *ṭaʿᵉmā* (BLA 45f): — 1. **Verstand**: הֲתִיב עֵטָא וּטְעֵם Da 2_{14} (*F* תוב), שִׂים טְ׳ עַל Rücksicht nehmen auf Da 3_{12} 6_{14}; 2.) a) **Befehl** (< akk. *ṭēmu* AHw. 1385b, Kaufman 109); מִן־טַעַם אֱלָהּ (s.o.) nach dem Befehl Gottes Esr 6_{14} 7_{23} :: מִטְּעֵם כּוֹרֶשׁ Esr 6_{14} (s.o.), שִׂים טְעֵם (äga.) Da 3_{10} Esr 4_{21} $5_{3.9.13}$ $6_{1.3.12}$, pass. Da 3_{29} 4_3 6_{27} Esr 4_{19} 5_{17} $6_{8.11}$ $7_{13.21}$; בְּעֵל טְעֵם (*F* 4); b) בִּטְעֵם חַמְרָא Da 5_2 entweder "unter Einfluss des Weins" (Lex.[1]) oder eher "beim Kosten/Geniessen des Weins", so wegen sem. *ṭaʿm* Geschmack (AHw. 1385b); — 3. **Gutachten, Bericht** (< akk. Kaufman l.c.), cf. *ṭēma turru* Bescheid, Bericht zurückbringen (AHw. 1334, 8c, s.v. *târu*, D *turru* und l.c. 1387a, 9e zu *ṭēmu(m)*): c. הלך לְ "bis der Bericht gelangt wäre ... zu" Esr 5_5; יָהֲב טְ׳ Rechenschaft ablegen Da 6_3; — 4. בְּעֵל־טְ׳ neben סָפְרָא Esr $4_{8f.17}$ Kanzleivorsteher (so u.a. mit Lex.[1], Beyer ATTM 534 :: trad. Befehlshaber), äga. בעל טעם (AP 26, 23, dazu S. 97; DNWSI pag. 183, 2): "Urheber des Befehls" < akk. *bēl ṭēmi*, s. Zimmern 10, der das sbst. übersetzt mit "Befehlshaber" od. "Berichterstatter". Das letztere entspricht dem Gebrauch in dem akk. Opferschauberichterstatter, s. dazu E. Georg Klauber, Politisch-relig. Texte aus der Sargonidenzeit, Leipzig 1913, S. XXIV u. 161, cf. AHw. 1387b s.v. *ṭēmu(m)* 10: Formulierungsbeauftragter für Anfrage u. Antwort? Nach Schaed. 97 stellt Ram. בעל טעם = בְּעֵל טְ׳ und dessen "Vorbild" *bēl ṭēmi* die Wiedergabe eines pers. Beamtentitels dar; zum Ganzen s. auch Kaufman 109, bes. mit Anm.[390]. †

*טְפַר: he. צִפֹּרֶן; bT. cp. (Schulthess Gr. S. 135b) und nsy. *ṭiprā* (Maclean 113b); sy. (LS 286b) u. naram. *ṭeprā* (Bgstr. Gl. 98); ja. *ṭuprā* (Dalman Wb. 174a); md. *tupra* (MdD 178, Nöldeke MG 18); akk. *ṣupru(m)* (AHw. 1113) u. *ṭupru* < aram. Huf (AHw. 1395b); ar. *ẓufr/ẓifr*; Grdf. *ẓifr*; BLA 183g: pl. sf. טִפְרוֹהִי, or. *ṭofr-*, Da 4_{30} טִפְרַהּ 7_{19} Q, K טִפְרַיַּהּ: BLA 75c: — 1. **Nagel** Da 4_{30}; — 2. **Kralle** 7_{19}. †

טרד; he. =; ja. (Dalman Wb. 175a); cp. (Schulthess Lex. 77a); sam. (LOT 2, 447); sy. (LS 288a); md. (MdD 182b); nsy. (Maclean 114a):

pe: pt. pl. טָרְדִין; pf. pass. (BLA 104b-e !) טְרִיד: **vertreiben**, c. לְ pers. obj. (*F* לְ 11) und מִן Da $4_{22.29}$; pass. 4_{30} 5_{21}. †

*טַרְפְּלָי, pl. det. טַרְפְּלָיֵא (BLA 196d, 204 l, Rosenthal Gr. § 191) Esr 4_9: Möglichkeiten: a) G Ταρφαλλαῖοι V *Terphalaei*, d.h. Bewohner der Stadt Tripolis; Bedenken dagegen Rosenth. l.c.; b) pers. Kanzleibeamte von Ebirnari in Tripolis, so Galling ZAW 63, 1951/52, 71 und Derselbe Stud. 48, s. auch 191[3]; c) allgemeiner: Lex.[1] "Beamtenklasse", Rud. EN 36 "Beamtentitel", cf. auch Eilers 39f; d) unter a-c verdient wohl b) den Vorzug; e) Erwägungen zum Namen der Stadt bei Galling VT 4, 1954, 418-422 und Stud. 191[3]. †

י

י: 1.) wechselt mit *F* א (*F* יָת), mit ו in הוה; 2.) < anlautendem *F* ו.

יבל: he. =; Deir Alla; aam. Znǧ. (KAI 215, 6.14.21), Tell Fekherye 11; Ram. pehl. (Frah. 20, 21; Paik. 460-462); 1.) pe.: äga. (AP, Aḥqr, Saqqara Hermopolis) יבל impf. akt. = *יִבַּל u. inf. מובל, so Vogt 69f, cf. Leander § 38d, DISO 103; pass. = *יֻבַל Hermopolis nab. Palm. ija. (DISO 103, DNWSI 431); 2.) pa.: ja. und sy.; 3.) af.: ja., DSS (Dalman Wb. 179a, Beyer ATTM 592 [s. auch HAL 366b s.v. I יבל]), cp. *ʾjbl* u. *ʾwbl* (Schulthess Lex. 78a); sy. *ʾaubel* (LS 293b), md. *YBL*, af. pf. *auil* (MdD 188, Nöldeke MG 49) = naram. *aupel* (Bgstr. Gl. 12, Spitaler 171c); nsy. *lābil* (Maclean 144b):

haf: pf. הֵיבֵל; inf. הֵיבָלָה (BLA 50b, 141e): **bringen** Esr 5_{14} 6_5 7_{15}. †

saf: (VG 1, 526, BLA 92k, Rosenthal Gr. § 130. 188), vel < akk. *šūbulu*, ass. *šēbulu* (GAG § 103w, AHw. 1452b) von *(w)abālu*; trad. *F* סבל po: pt. pl. מְסוֹבְלִין: **darbringen** Esr 6_3 (cj. pr. אֻשּׁוֹהִי prop. אִשַּׁיָּה vel אֶשּׁוֹהִי (*F* bei *אֻשִּׁין :: Rudolph *F* כיל). †

*יבשׁ: he. =; ja. (Dalman 179b), cp. (Schulthess Lex. 78a); sy. (LS 294b); md. *YBŠ*, *ʿBŠ* (MdD 188b, Nöldeke MG 244); nsy. (Maclean 115b); ? naram. (Bgstr. Gl. 16); adj. יַבִּישׁ; ja., DSS (Dalman Wb. 179a, Beyer ATTM 592); cp. sy.; md. *iabuša, iabiša* (MdD 184a). Der. *יַבֶּשְׁתָּ.

*יַבֶּשְׁתָּה: יבשׁ; he. יַבָּשָׁה; palm. (DISO 103, DNWSI 433); ja. DSS (Dalman 179b, Beyer ATTM 592); sam. (BCh. Gl. 5b), cp. יבשׁ u. יבשה (Schulthess Lex. 78a); sy. (LS 294b, 295a); nsy. masc. (Maclean 115b); md. *iabša* (MdD 184a) Trockenheit, trockenes Land; fem. ja. יַבֶּשְׁתָּא; cp. *jabbeštā* (Schulthess Gr. S. 135b, Lex. 78a); sy. *jabbištā*; BLA 41s. 191a. 199d, ? < he.: det. יַבֶּשְׁתָּא: trockenes Land: die **Erde** Da 2_{10}. †

*יְגַר: ja. יְגָרָא (Dalman Wb. 179b) und sy. Steinhaufen (LS 295a); DSS (Beyer ATTM 593); Ram.; nab. וגרא Stele, Grotte, Felsengrab (DISO 69, DNWSI 296); asa. *wgr* Steinmal (BASOR 102, 1946, 5, Sabdic 158 steinigen s.v. *wgr* II); äth. *wagr* Hügel (Dillm. 937), *wagara* (Steine) werfen (Dillm. 936); tigr. u.

amh. werfen (Lillman-Höfner Wb. 448a); ar. *wağr* Höhle, Grotte (Wehr 932b); BLA 28p. 182x: cs. =: **Steinhaufen**, יְגַר שָׂהֲדוּתָא Gn 31_{47} = he. גַּלְעֵד. †

*יַד: he. יָד: sem. se. Nöldeke NB 113-116; spez. aram. (Beyer ATTM 593): Deir Alla; aam. ZKR (KAI 202 A 12), Znğ. (KAI 214), Sefire (KAI 222, 223, 224), T. Fekherye 18 (bis) c. sf. *ydh*, s. dazu S. 47; Ram.: pehl. (Frah. 10, 30, Paik 464); Assbr. (KAI 233 5.9.12); äga. (AP, BMAP, AD, Aḥqr, Saqqara, Hermopolis); Persepolis; nab. palm. ija. (DISO 103f, DNWSI 433); det. יְדָא: ja. (Dalman Wb. 180a); DSS (Beyer l.c.); oft *īdā*: cp. (Schulthess Lex. 78b; Gr. § 85p); sy. (LS 295a s.v. *ʾīdā*); md. *ʿda* (MdD 341a, Nöldeke MG 184, s. auch Derselbe NB 114); nsy. (Maclean 9a s.v. *ʾjdʾ*) und naram. (Bgstr. Gl. 19); cs. *jad*, in cp. nur mit praep. *bjd, ljd* (Schulthess Lex. 78b, cf. Gr. § 85p); βιδ (ϝ Cumont Fouilles de Doura-Europos, 1926, Les inscriptions, S. 367, 11); BLA 178c: cs. =; det. יְדָא, Da 5_5 יְדָה, du. יְדַיִן, sf. יְדִי, יְדָךְ, יְדֵהּ, יְדְהֹם (BLA 81y), pl. sf. יְדַי Da 3_{15} (BLA 23d, Var. יְדִי), fem.: — 1. **Hand**: a) des Menschen Da $2_{34.45}$ 5_5 יַד (ϝ פַּס), $5_{5.24}$ Esr 5_8; b) Gottes Da 4_{32} (metaph. ϝ מְחָא); c) **Tatze** (d. Löwen) Da 6_{28} (TOB :: alii sec. 2, so ZüBi, Bentzen, so auch Vogt 71b); שְׁלַח יַד die Hand ausstrecken gegenüber einer Sache = Hand anlegen, sich an einer Sache vergreifen, es wagen (= he.) Esr 6_{12}; — 2. **Macht**, c. בְּ des Menschen Da 2_{38} 7_{25} Esr 5_{12} $7_{14.25}$ (zu vs. $_{25}$ דִּי־בִידָךְ cf. זי ליד AD IV, 1 zur Verfügung von [s. Driver S. 49]), Macht Gottes Da 5_{23}, c. מִן des Menschen Da $3_{15.17}$, s.o. bei 1 zu Da 6_{28}. †

ידה: he. =; preisen, palm. ידא af. u.a. pt. מודא, sbst. ודא M. Ingholt et J. Starcky Recueil des Inscriptions, in D. Schlumberger La Palmyrène du Nord-Ouest 1951, 139-147 (cf. Suppl. XXVII, Rec 52ter A 3, B 3, DNWSI 296 s.v. *wdʾ*); af. Ram. (Samaria), Palm. ija. (DNWSI 439 s.v. *ydy*$_1$: anerkennen, bekennen); cp. (Schulthess Lex. 78b) u. sy. af. u. eštaf. *ʾawdī, ʾestawdi* (LS 296a); sam. *udi*; bekennen; ja. pa. und itpa., DSS (Dalman 180a: bekennen, preisen; ATTM 565 s.v. ודי); md. af. (MdD 189a: pf. *audia*, Nöldeke MG 215):

haf: pt. מְהוֹדֵא Da 2_{23} > מוֹדֵא 6_{11} (Baumg. ZAW 45, 1927, 107 = ZATU 94); BLA 169i: **preisen** Da 2_{23}, c. קֳדָם 6_{11}. †

ידע: he. =; Deir Alla; aam. Sefire (KAI 223 C 8); Ram. äga. (AP, AD, Aḥqr, Saqqara, Hermopolis); pehl. (Frah. 23, 8, Paik. 466/7), Palm. ija. (DISO 104f, DNWSI 439); ja., DSS (Dalman Wb. 180a, Beyer ATTM 593); cp. (Schulthess Lex. 79a); sy. (LS 296b); md. *YDA, ʿDA* (MdD 188f, Nöldeke MG 245); naram. (Bgstr. Gl. 19); nsy. (Maclean 115b):

pe: pf. יְדַע (or. *īdaʿ*, BLA 13c), יְדַעְתָּ, יִדְעֵת (or. *jad-*); impf. תִּנְדַּע, אִנְדַּע, pl. יִנְדְּעוּן; imp. דַּע; pt. יָדַע, pl. יָדְעִין, cs. יָדְעֵי, pt. pass. יְדִיעַ, BLA § 45d.i.j: — 1. **wissen, kennen**, c. דִּי Da 2_{8f} 4_6 6_{16}, c. acc. 2_{22} 5_{22}, בִּינָה 2_{21}, דָּת אֱלָהָא Esr 7_{25}; — 2. **erfahren**, c. דִּי Da 6_{11} Esr 4_{15}; — 3. **einsehen, verstehen**, c. acc. Da 2_{30}, c. דִּי $4_{14.22f.29}$ 5_{21}, abs. 5_{23}; — 4. יְדִיעַ לֶהֱוֵא es sei kund Da 3_{18} Esr 4_{12f} 5_8, cf. ידיע יהוה (AD IV 3, s. Driver l.c. 49f). †

haf: pf. הוֹדַע, sf. הוֹדְעָךְ, הוֹדַעְתַּנִי, הוֹדַעְנָא, הוֹדַעְתֶּנָא Da 2_{23} (Var. -תָּנָא, or. *-tánā*, BLA 53r); impf. יְהוֹדַע, pl. יְהוֹדְעוּן, תְּהוֹדְעוּן, sf. תְּ/יְהוֹדְעִנַּנִי, אֲהוֹדְעִנֵּהּ, תְּ/יְהוֹדְעֻנַּנִי; inf. הוֹדָעָה, sf. הוֹדָעוּתָךְ, הוֹדָעֻתַנִי/עוּתַנִי; pt. pl. מְהוֹדְעִין: **wissen lassen, mitteilen** (|| חוה pa. haf.) Da $2_{5.9.15.17.23.25f.28-30.45}$ $4_{3f.15}$ $5_{8.15-17}$ 7_{16} Esr 5_{10}, c. דִּי Esr 4_{16} 7_{24} (מְהוֹדְעִין): pt. pl. m. bezeichnet ein unpersönl. sbj. und ersetzt so eine passive Konstr., s. dazu Rosenthal Gr. § 181, cf. BLA 333d und Lex.[1].; שְׁלַחְנָא וְהוֹדַעְנָא (cf. äga. AP 30, 29, cf. Pul-i-D 8) Esr 4_{14}, belehren 7_{25}. †

Der. מַנְדַּע.

יהב: he. =; ersetzt im jungeren Aram. meist pf.

v. נתן cf. Degen Altaram. Gr. § 60 Anm. 73 (zu den keilschr. überlieferten Formen von יהב s. AHw. 1450a); aam. T. Fekherye 10 יהב (3. p. juss.), siehe l.c. 49; Znǧ. (?) (KAI 214, 12); Sefire (KAI 222 B 38, cf. KAI II S. 256); Ram. äga. (AP, AD, BMAP, Aḥqr, Saqqara, Hermopolis), mspt. Assbr. (KAI 233, 27), Tema (?) (KAI 228 A 15), Samaria, Xanthos, Tell Arad, s. ferner KAI III S. 34b (KAI 236 Rs. 7); pehl. (Frah. 21, 10, Paik 503-06); äga. Ostr. (KAI 271 B 6); nab. palm. (Rosenthal Spr. 36[b]); Hatra ija. > (DISO 105, DNWSI 442); ja., DSS (Dalman Wb. 180b, Beyer ATTM 595); cp. (Schulthess Lex. 79b); sam. (BCh. Gl. 5b); sy. (LS 298a); md. *YHB, ʿHB, AHB* (MdD 189f, Nöldeke MG 61. 245); naram. (Spitaler § 171, 184); nsy. *jhbl* (= *jā-wil*) (Nöldeke NsGr. 255f, Maclean 116a); impf. in aam. (Sefire), pehl. nab. (DISO 105), sy. u. md.

pe: pf. יְהַב (or. *īhab*, BLA 13c), יְהַבְתְּ (Var. תָּ-, BLA 101e :: Birkeland 15f), וִיהַבוּ; imp. הַב (he. =, BLA 141i; äga. AP, AD, s. DISO 105; GnAp XXII 19 s. Fitzmyer GnAp u. Beyer l.c.); pt. יָהֵב, pl. יָהֲבִין; pf. pass. (BLA 104b-e ! s. auch Vogt 72a, Rosenthal Gr. S. 62) יְהִ(י)ב, 3. f. יְהִיבַת, Da 7_{12} יְהִיבַת (BLA 24p), וִיהִ֫יבוּ; impf. ersetzt ܦ נתן (ja. cp.): **geben** Da $2_{21.23.37.48}$ 5_{17-19}, pass. 5_{28} $7_{4.6.12.14.22}$ (? post דִּינָא ins. יְהִב וְשָׁלְטָנָא, so auch ZüBi, Bentzen, Vogt 73a :: MT, siehe u.a. Plöger KAT XVIII 103. 105 דִּינָא = "Regiment"), vs.$_{27}$, Esr 5_{14}; בְּיַד Da 2_{38} Esr 5_{12}; נִשְׁמָא hingeben Da 3_{28}, pass. übergeben werden 7_{11}; ܦ טַעְמָא Bericht erstatten 6_3, אֻשַּׁיָּא (nab. ja. cp. Schulthess ZAW 22, 1902, 162f) Fundamente legen (cf. akk. *uššē nadû*, AHw. 707a. 1442a) Esr 5_{16}, cj. 4_{12} (ܦ חוט). †

hitpe: impf. תִּתְיְהֵב/הֵב, יִתְיְהִב, pl. יִתְיַהֲבוּן; pt. מִתְיְהֵב, f. מִתְיַהֲבָה, pl. מִתְיַהֲבִין: **gegeben werden** Da 4_{13} Esr 4_{20} 7_{19}, בְּיַד Da 7_{25}, bestritten, aufgebracht werden (נִפְקְתָא) Esr $6_{4.8f}$. †

יְהוּד: he. יְהוּדָה; keilschr. *Ja-a-ḫu-du* und *Ja-ku-du* (MélSyr 2, 926) und *Jaudu* (*Ja-u-du*), s. dazu HAL 376f zu he. יְהוּדָה (mit Lit.), äga. יהוד (AP 30, 1; 31, 18); ja. cp. sy. יה(ו)ד auf Münzen und Krughenkeln (zur Lit. s. Beyer ATTM 396); das n. terr. (n. top.) ist rückgebildet aus ܦ יְהוּדָי, BLA 189n: **Juda, Judäa** Da 2_{25} 5_{13} 6_{14} (:: coll. die Juden, s. Marti § 68b, cf. מָדַי), Esr $5_{1.8}$ 7_{14}. †

***יְהוּדָי**: he. יְהוּדִי; äga. (AP, BMAP) sg. יהודי(א), pl. יהודין, יהודיא; ja., DSS (Beyer ATTM 595) יְהוּדָאָה > יוּדָאָה; cp. *jhwdj* > *jwdj* (Schulthess Lex. 80b); sy. und nsy. *īhūdājā* (Maclean 116b); naram. *ūdaj* (Bgstr. Gl. 19); keilschr. *Ja-a-ḫu-da-a-a, Ja-u-da-a* (MélSyr. 2, 925. 927): pl. יְהוּדָאִין K, יְהוּדָיִן Q und det. יְהוּדָיֵא, BLA § 13k-m: **aus Judäa stammend, Jude** Da $3_{8.12}$ Esr $4_{12.23}$ $5_{1.5}$ $6_{7f.14}$. †

יוֹם: he. =; aam. T. Fekherye 7 יומוה (Länge) seiner Tage, pl. c. sf. 3. pers. m., siehe l.c. S. 47; Znǧ. (KAI 214, 9.10.12; 215, 8.9.10.18): 214 pl. c. sf. mit defektiver Schreibung des sbst. ובימי "und in meinen Tagen", Schreibung plene 215, 9 ביומיה "in seinen Tagen", Z. 10 (ו)יומי pl. cs. "und in den Tagen", Z. 18 c. sf. 1. pers. "in meinen Tagen"; Sefire (KAI 222 A 12, B 31, C 15; 223 B 12, C 17, cf. Degen Altaram. Gr. S. 46); Ram. pehl. (Frah. 27, 3, 8; Paik 471) hier auch pl. mit fem. Endg. יומת in Grafitto Dura (Parola del Passato 31, 311); Assbr. (KAI 233, 16 [?]); Nerab (KAI 226, 3.4), Tema (KAI 228 A 4): äga. (AP, BMAP, AD, Saqqara, Aḥqr,); nab. palm. Hatra, ija. (DISO 107f s.v. ים$_{II}$, DNWSI 448); יוֹמָא ja., DSS (Dalman Wb. 181a, Beyer ATTM 596f); cp. (Schulthess Lex. 81b); naram. (Bgstr. Gl. 55) und nsy. *jomaljum(a)* (Maclean 117b); sam. (BCh. Gl. 5b); md. (MdD 190b, Nöldeke MG 175); sy. *jaumā* (LS 299b); יָמָמָא ja. (Dalman Wb. 184b), sy. *ʾimāmā* (LS 303a); md. *ʿumoma* (MdD 344a, Nöldeke MG 140 und NB 133, Brockelmann VG 1, 474); BLA 182a: det. יוֹמָא, pl. יוֹמִין, יוֹמַיָּא, יוֹמֵי Da 5_{11}

und יוֹמָת Esr $4_{5.19}$ (f. pl. auch sy. BLA 201j, cf. he.): sf. יוֹמֵיהוֹן: **Tag** Esr 6_{15} Da $6_{8.13}$, יוֹם בְּיוֹם (dreimal) am Tag Da $6_{11.14}$, בְּיוֹמָא Tag für Tag Esr 6_9; pl. **Regierungszeit** Da 2_{44} 5_{11}; **Lebenszeit**: עַתִּיק יוֹמַיָּא/ע׳ יוֹמִין hochbetagt Da $7_{9.13.22}$; לִקְצָת יוֹמַיָּא nach Ablauf dieser Zeit 4_{31}, ↗ מִן יוֹמָת עָלְמָא seit alters Esr $4_{15.19}$; eschatologisch ↗ בְּאַחֲרִית יוֹמַיָּא (he.) am Ende der Tage Da 2_{28}; יוֹם תְּלָתָה לִירַח am 3. Tag des Monats Esr 6_{15}, BLA 252y. †

יוֹצָדָק: n.m. Esr 5_2, Vater des Hohenpriesters Josua; zur Bedtg. des PN ↗ he. יְהוֹצָדָק. †

*יזב: ↗ שֵׁיזִב.

*יזן: ↗ *מֹאזְנֵא.

*יחם: he. =; brünstig sein; aram. nur ja. pa. brünstig machen (Dalman Wb. 182b).

Der. חֱמָה.

יטב: he. =; pe. aam. T. Fekherye 15: תיטב (3. pers. fem. juss.), s. auch l.c. 49; יטב ja., DSS (Dalman Wb. 183a, Beyer ATTM 589); sam. (LOT 2, 496) und cp. (Schulthess Gr. § 151, 2 S. 75); (h)af. aam. היטב Znǧ. (KAI 215, 9; 216, 12; cf. Degen Altaram. Gr. § 60, S. 75) und Ram. äga. הוטב (AP, Saqqara; DISO 106, DNWSI 454); sam. cp. (Schulthess l.c. § 151, 4 und Lex. 82b); naram. (Bgstr. Gl. 98); אוטב ja., DSS (Beyer l.c.); sy. (ettaf. LS 301a) und md. *YṬP*, af. *ʾauṭip* (MdD 192a, Nöldeke MG 279); ↗ טאב:

pe: impf. יֵיטַב (cf. ja.; BLA 141f :: Brockelm. ZDMG 94, 1940, 252: **es gefällt, beliebt**, c. עַל Esr 7_{18}; als pf. dient ↗ טאב. †

haf: pt. *מְהֵיטַב (BLA 141e) in PN מְהֵיטַבְאֵל (↗ HAL 523b). †

יכל: he. =; Wurzelverw. mit ↗ כהל, oder das eine Nf. zum anderen. Ram. äga. (Hermopolis, AP, Aḥqr, BMAP cf. Leander § 38d.e); nab. (DISO 107, DNWSI 456); sam. (BCh. Gl. 5b); ja. pe. pf. יְכֵל; impf. יְכוֹל (Dalman Wb. 183b); DSS (Beyer ATTM 597); cp. *jᵉkol* (s. Schulthess Gr. § 137, 2c, Lex. 83a); naram. *awkel* (Bgstr. Gl. 49):

pe: pf. יְכִל (or. *jᵉkol*, cf. ? BLA 102v), יְכֵלְתָּ; impf. יִכֻּל Da 3_{29} und תִּכֻּל 5_{16Q} (or. *tikol*), falsch יוּכַל Da 2_{10} und תוכל 5_{16K} (Hebraismus ! BLA 142j.k), die letztere Form auch in Ram. (RÉS 1973, 10f, s. DISO 107); pt. יָכִל, f. יָכְלָה, pl. יָכְלִין: — 1. **können**, c. לְ und inf. Da $2_{10.27.47}$ $3_{17.29}$ $4_{15.34}$ 5_{16} $6_{5.21}$; — 2. **überwältigen, besiegen** (he. HAL 393a; ja., DSS Beyer l.c.; naram. af.) Da 7_{21} c. לְ pers. †

*יַם: he. יָם: aram.; Ram. pehl. (Frah. 3, 2); äga. (AP, Aḥqr, Saqqara); palm. ija. (DISO 107 s.v. ים$_I$, DNWSI 458); ja., DSS (Dalman Wb. 184a, Beyer ATTM 597); cp. (Schulthess Lex. 84a); sy. (LS 303a); md. *iama* (MdD 186a, Nöldeke MG 100); nsy. (Maclean 120b); > ar. *jamm* (Frae. 231); BLA 221e: det. יַמָּא: **Meer** Da 7_{2f}. †

יסף: he. =; aam. ZKR haf. [תוספ[ת 1. pers. pf. (KAI 202 B 4/5), cf. Degen Altaram. Gr. § 60, S. 74; Ram. äga. (AP, AD, Saqqara) haf. impf. (Leander 60j); nab. af. *ʾwsp* Hatra (DISO 109, DNWSI 462); ja., DSS (Dalman Wb. 185a, Beyer ATTM 598) und cp. af. אוֹסֵף (Schulthess Lex. 85a); sy. *ʾausep* (LS 304b); sam. *usef*; md. *YZP* ettaf. *ʾtauzap* hinzugefügt, verbunden werden (MdD 191b, Nöldeke MG 173, 315, 343, 347):

hof: pf. 3. f. הוּסְפַת (Var. BHK[1] הוּסֲפַת, cf. BLA 40m!); BLA 141h: **hinzugefügt werden** Da 4_{33}. †

יעט: he. יעץ; Ram. äga. pt. יעט Ratgeber (Aḥqr; cf. Leander 82j, DISO 110 s.v. יעץ, DNWSI 464), sbst. עטה Rat (Aḥqr, DISO 206, DNWSI 880 s.v. *ʿṣh*); ja. pa. (h)itpa. DSS (Dalman Wb. 185b, Beyer ATTM 599) u. יעץ pe. itpe.:

pe: pt. pl. sf. יָעֲטֹ(ו)הִי (Var. Baumgartner Fschr. Eissfeldt, 1947, 48f): **beraten**, pt. sbst. (äga.) **Ratgeber** Esr 7_{14f}. †

itpa: (Baumgartner ZAW 45, 1927, 108f = ZATU 95f), BLA 110g, 140b אִתְיָעַטוּ, BLA 130g: **sich beraten** Da 6_8. †

Der. עֵטָה.

*יצא: he. =; יצא, מוצא sam.; יעא pehl. (Frah. 20, 4; DISO 110); ja., DSS (Dalman Wb. 185b, Beyer ATTM 599): יעי "sprossen"; sy. *ji'ā* (LS 304b) und md. *Y'A* (MdD 393a, Nöldeke MG 246f): spriessen lassen; sbst. aam. Znğ. מוקא (KAI 215, 13.14) Osten; Ram. äga. מועא/ה mit der gleichen Bedtg. wie aam., öfter in der cs.-Vbdg. מו' שמש (AP, BMAP, Saqqara, DISO 164 s.v. $מצא_{II}$, DNWSI 604 s.v. *mwṣ'*); sy. *jā'ītā* Pflanze(n), *mau'ītā* das Spriessen, Pflanze, Gras (LS 305a); BLA 26c, Baumgartner ZAW 45, 1927, 100f = ZATU 88f.

Der. שֵׁיצִיא.

יצב: he. =; יצב sam., ja. pe. יְצֵב stehen, pa: 1.) befestigen, begründen; 2.) die Wahrheit, Gewissheit sagen Da 7_{19}, so Levy 2, 256b zu diesem vb.; Dalman Wb. 186a gibt nur pa. danach auch Lex.[1]; Beyer ATTM 599 nennt für pa. nur Da 7_{19} und hat ausserdem d. sbst. יצבה (*yaṣbā*) "Gewissheit"; äga. (BMAP) *yṣb* legitim (DISO 110 s.v. $יצב_{II}$, DNWSI 465 s.v. $yṣb_2$), auch äga. (BMAP) pa. pt. *yṣb* 1, cf. sam. (BCh. Gl. 6a); sonst aram. נצב aufstellen, pflanzen (s. dazu HAL 408a.674f); aam. Znğ. (KAI 214, 10); nab. palm. (DISO 184 s.v. $נצב_I$, DNWSI 750 s.v. $nṣb_3$: Stele u. 749 s.v. *nṣb* 1 aufrichten); ja., DSS (Dalman Wb. 186a: יצב befestigen, begründen u. 275b: נצב pflanzen, einsetzen, Beyer ATTM 640); cp. *nṣb* (Schulthess Lex. 127b); sam. (LOT 2, 475) sy.; md. *NṢB* (MdD 305, Nöldeke MG 239); naram. (Bgstr. Gl. 64); nsy.

pa: inf. יַצָּבָא (zur Var. יצ(י)בָא s. Mtg. Da. 309) **genau feststellen**, c. עַל, denom. von יַצִּיב (BLA 273g): צְבִית לְיַצָּבָא עַל Da 7_{19}; Plöger KAT XVIII 105: der wörtliche Sinn der Form "die Wahrheit ergründen" dafür l.c. 102: "Genaueres erfahren" cf. ZüBi "ich begehrte sichere Kunde zu erfahren", cf. auch Beyer ATTM 599: "Gewissheit erlangen" und Vogt 76b *certa cognoscere*. †

Der. יַצִּיב.

יצד: ↱ צדא.

יַצִּיב: mhe. ja. (Dalman Wb. 186a): gewiss, wahr, unumstösslich; sam. *yiṣṣob* (BCh. Gl. 6a); Ram. äga. יצב gültig (BMAP 10, 17: ספרא; DISO 110 s.v. $יצב_{II}$, DNWSI 465 s.v. $yṣb_2$); ja.: 1.) feststehend, gültig, wahr; 2.) angestammt, bes. der angestammte Israelit, so Levy 2, 256f. Aufgrund von Ex 12_{19}, wo im T° יַצִּיבָא das he. אֶזְרָח wiedergibt, bietet Dalman Wb. 186a die wohl nicht zu verallgemeinernde Übers. "Einheimischer" (danach auch Lex.[1]); nach Lex.[1] würde diese auch für sam. gelten; BLA 192e; det. u. f. יַצִּיבָא **zuverlässig** (= he. נֶאֱמָן) מִלְּהּ Da 6_{13}, חֶלְמָא 2_{45}; fem. zuverlässige Auskunft Da 7_{16}, wörtl. "Sicheres, Zuverlässiges" vs.$_{19}$, Var. לְיַצָּבָא inf. pa. ↱ יצב; adv. מִן־יַצִּיב (BLA 255s) gewiss Da 2_8; יַצִּיבָא (det. vel fem. BLA 254p. 336d [auf S. 337]) bejahend: ja, sicherlich 3_{24}. †

יקד: he. =; aam. Sefire (KAI 222 A 35.37); Ram. äga. (Aḥqr 103); ija. (DISO 110, DNWSI 466); ja., DSS (Dalman Wb. 186b, Beyer ATTM 599); cp. (Schulthess Lex. 86a); sy. (LS 306b); md. *YQD* (MdD 193a, Nöldeke MG 244); nsy. (Maclean 121b):

pe: pt. fem. det. יָקִדְתָּא (BLA 241t), or. *jāqēdtā*: **brennen** נוּרָא יָ׳ Da $3_{6.11.15.17.20f.23.26}$. †

Der. *יְקֵדָה.

*יְקֵדָה: יקד; ja., DSS (Dalman Wb. 186b, Beyer ATTM 599); Kanaanismus BLA 186y :: Brockelmann ZDMG 54, 1900, 252f (↱ נְזֵרָה): cs. c. לְ: לִיקֵדַת: **Brennen**, יְקֵדַת אֶשָּׁא Feuerbrand Da 7_{11}. †

*יַקִּיר: יקר: he. =; Ram. pehl. (Frah. 26, 8: *ykl*); äga. (Aḥqr; DISO 110, DNWSI 466); ja. (Dalman Wb. 186b); cp. (Schulthess Lex. 86b); sam. (LOT 2, 488); sy. (LS 308a), md. *iaqir, iaqira* (MdD 187a, Nöldeke MG 124); nsy. (Maclean 121b); naram. *iqqer* (Bgstr. Gl. 70); BLA 192e: det. יַקִּירָא, f. יַקִּירָה: — 1. **schwierig** Da 2_{11}; — 2. **erlaucht** Esr 4_{10}. †

*יקר: he. =; aram. schwer, kostbar, geehrt sein: Ram. äga. haf. הוקר (Aḥqr); palm. af. (DISO 110 s.v. $יקר_{I}$, DNWSI 467 s.v. *yqr*$_1$); md. *YQR* (MdD 193a, Nöldeke MG 149 af.), im md. pe. und pa.; ja., DSS (Dalman Wb. 187a, Beyer ATTM 599); cp. (Schulthess Lex. 86a); sam. (BCh. Gl. 6a); sy. (LS 307b) pe. und pa. af., auch itpa./etpa.
Der. *יַקִּיר und *יְקָר.

*יְקָר: יקר; he. =; < aram. Wagner 121 (S. 63f); Ram. pehl. (יכלא Ps.); palm. Hatra ija. (DISO 110, DNWSI 467 s.v. *yqr*$_2$); ja. א/יְקָרָא (Dalman Wb. 187a, 16b); DSS (Beyer ATTM 599f); cp. (Schulthess Lex. 86b); sam. *ʾyqr* (*īqår*) (BCh. Gl. 6a); sy. *ʾīqārā* (LS 307b); md. *ʿqar, ʿqara* (MdD 356a, Nöldeke MG 115); nsy. *iqārā* (Maclean 11a); BLA 187d: c. וְ וִיקָר Da 7_{14}, cs. c. לְ לִיקַר $4_{27.33}$ (sic c. Var. pro לִיקַר), det. c. וְ וִיקָרָא 2_{37} 5_{18}, רָה- 5_{20} (רֵהּ- Var. G^L S V): **Würde, Ehre** Da $2_{6.37}$ $4_{27.33}$ $5_{18.20}$ 7_{14}. †

יְרוּשְׁלֶם, Var. לֵם-, he., ja. und cp. =; äga. ירושלם (AP 30, 18); nab. אורשלם, sy. *ʾu/ʾorišlem*; md. *ʿurašlam* (עוראשלאם, MdD 346a): n.l. **Jerusalem** Da 5_{2f} 6_{11} Esr 4_8-7_{19} (22 x), ⸢ he. Lex. (HAL 417b). †

*יְרַח: he. יֶרַח; Ram. pehl. (Frah. 27, 1; Paik. 510); Pachtv. 1; äga. (AP, BMAP, Saqqara, Behistun) Xanthos Hatra nab. palm. ija. (DISO 111, s.v. $ירח_{II}$, DNWSI 469 s.v. *yrḥ*$_2$); ja., DSS (Dalman Wb. 188a, Beyer ATTM 600); cp. (Schulthess Lex. 87a, Gr. § 86); sy. (LS 309a); md. *iahra* (MdD 185a, Nöldeke MG 66.170); nsy. *jerḥā* (Maclean 122a); naram. (Bgstr. Gl. 75); BLA 224g: cs. c. לְ: לִירַח, pl. יַרְחִין: **Monat** Da 4_{26} Esr 6_{15}. †

*ירך; akk. *warka*: danach, hinten (AHw. 1467b).
Der. *יַרְכָה.

*יַרְכָה, or. *ji*-: ירך; in der Bedtg. = he. יָרֵךְ; ja. Targ. א/יַרְכָּא, DSS (Dalman Wb. 188a, Beyer ATTM 600); fem. Oberschenkel und *יְרֵכָה Rücken, formal-he. *יְרֵכָה (sic!); akk. *(w)arkatu(m)* Hinterteil, Rückseite, Nachlass (AHw. 1467b); ar. *warik* Hüfte; Grdf. **warikat*; BLA 186y: pl. sf. יַרְכָתֵהּ: **Oberschenkel** Da 2_{32}. †

יִשְׂרָאֵל: n.p. **Israel** Esr 5_1 ⸢ he. (HAL 422). †

יֵשׁוּעַ: n.m. **Jesua/Jesus** Esr 5_2; ⸢ he. I יֵשׁוּעַ. †

*ישן: he. =, schlafen; aram. nur in sbst. ⸢ *שְׁנָה.

יָת: he. I אֵת. a) אית (s. EHO 26); aam. ZKR (KAI 202 B 5-27), Sefire (KAI 222 B 32; 223 C 5; 224 11.13[?], Degen Altaram. Gr. § 47b: *ʾyt*); Ram. Assbr. 6 (?); b) ית: äga. (BMAP 3, 22); nab. palm. ija. (DISO 28 s.v. $את_{I}$, DNWSI 47 s.v. *ʾyt*$_3$); ja. (meist Targ. Dalman Gr. 110); DSS (Dalman Wb. 189a, Beyer ATTM 601); cp. (Schulthess Lex. 88a, Gr. § 58 u. 62, 3); sam.; sy. (Nöldeke SGr. 217[1], Rosenth. AF 201f, auch sbst. essentiae); c) Znǧ. (KAI 214, 28); auch pehl. Paik. nab. (DISO l.c.); auch in ⸢ לְוָת und כְּוָת: äga. (כות(א (Aḥqr, AD, BMAP) so später כות “wie, so” (Rosenth. Spr. 86f) äga. (Aḥqr, AD, BMAP, Hermopolis, AP, Ai.-Gi.); nab. palm. (DISO 117, DNWSI 495); ja., DSS (Dalman Wb. 195b, Beyer ATTM l.c.); cp. (Schulthess Lex. 92a); sy. (auch *ʾakwāt*, *hākwāt* LS 17a, 175b); md. *akuat, kuat* (MdD 16a, Nöldeke MG 195, 363); naram. (Spit. 128h, *ḫwōṯ* Bgstr. Gl. 48); VG 1, 314 *ʾijjāʾ* = fem. -*t* :: BLA 258j (s. dazu auch R. Meyer Fschr. Elliger 137-142, bes. 138): sf. יָתְהוֹן: **Zeichen des acc.** (doch s. R. Meyer l.c. 142): דִּי מַנִּיתָ יָתְהוֹן (Juden), die (du betraut hat) Da 3_{12}. †

יתב: he. ישׁב; ישׁב: aam. יסב: Deir Alla; T. Fekherye 5.16 (*ysb* pt. pe., cf. S. 49); ישׁב: Znǧ. (KAI 214, 8.15.20.25; 215, 4; 216, passim), Sefire (KAI 224, 6.7.17); יתב Ram. pehl. (Frah. 20, 1f, Paik. 479); äga. (AP, BMAP, Behist. 22, Saqqara), Uruk 13.38 (*ia-a-ti-ib-a-a-ʾi-i* = *jātibaihī*, pt. pl. sf. 3. m.), palm. ija. (DISO 112, DNWSI 473 s.v. *yšb*$_1$); ja. יְתֵיב, DSS (Dalman Wb. 189b s.v. יְמֵיב, Beyer ATTM 601); sam. *jateb* (BCh. Gl. 6a); cp. (Schulthess Lex. 88b) und sy. *īteb* (LS 311a);

md. *YTB* (MdD 193b, Nöldeke MG 244: pf. pe. עתיב; nsy. (Maclean 122b); jemen. *wathaba* (Rabin 28); sbst. משב Znğ. (KAI 214 u. 215, s. KAI III 37b; DISO 169); Ram. מיתב Tēma (KAI 229, 1) nab. *mwtbh*, palm. *mytbh* (DISO 150, DNWSI 697 s.v. $mšb_1$): ja. (Dalman Wb. 229a: מוֹתְבָא, ATTM 601); sy. (LS 311b), md. und nsy. *mwtb'*, Rat (nur in kirchl. u. lit. Spr. auch Sessel, Wohnstatt, Maclean 165b):

pe: pf. יְתִב, יְתֵב; impf. יִתִּב (BLA 142j); pt. pl. יָתְבִין: — 1. **sich setzen, Platz nehmen** Da 7_9, דִּינָא Da $7_{10.26}$, cj.$_{22}$ ℱ יתב (cf. akk. Kodex Hammurabi VI 28.30: *itti dajjānī ina dīnim ul uššab* "er setzt sich mit den Richtern nicht [mehr] zu Gericht", s. auch AHw. 1481a sub *(wa)ašabu(m)*; BMAP 13, 3 König bei Regierungsantritt); — 2. **wohnen** Esr 4_{17}. †

haf: pf. הוֹתֵב, BLA 140d (ja auch אַיְתֵיב, cf. Dalman Gr. 312); cp. (Schulthess Gr. § 151, 4a, Lex. 89a): **wohnen lassen, ansiedeln** Esr 4_{10}. †

יַתִּיר: יתר; Ram. äga. adv. (AP, AD), Uruk 17 fem. emph. *ia-ti-ir-ta-'* (*iatirta*); palm. ija. (DISO 113, DNWSI 481 s.v. ytr_3); ja., DSS (Dalman Wb. 189b, Beyer ATTM 602); cp. (Schulthess Lex. 89a); sam. (LOT 2, 481) und sy. überschüssig, aussergewöhnlich, adv. sehr (LS 313a); md. *iatir, iatira* (MdD 181f, Nöldeke MG 124) viel, zuviel, übertreffend; BLA 192e: fem. יַתִּירָה und Da 3_{22} 6_4 7_7 יַתִּירָא: — 1. **aussergewöhnlich** Da 2_{31} 4_{33} 5_{12} 6_4; — 2. fem. adv. BLA 254p, 337d; äga. יתרא (Aḥqr 96): **überaus** Da 3_{22} $7_{7.19}$. †

***יתר**: he. =; aam., T. Fekherye 15 pf. haf. *hwtr*; Znğ. pa. (?) (KAI 214, 11.12); Ram. pehl. (Frah. 27, 3); Hermopolis 4, 5; Dura (Alth. 18f); Ashoka Inschr. (DISO 113, DNWSI 481 s.v. ytr_1); ja., DSS (Dalman Wb. 190a, Beyer ATTM 602); cp. (Schulthess Lex. 89a); sam. (LOT 2, 552); sy. (LS 312b); md. *YTR* pe. pf. *'tar, tar* (MdD 194b, Nöldeke MG 29.249); Grdb. des vb.'s: übrig bleiben (pe.), zum (h)af. und pa. s. bes. Beyer l.c. Ausserdem nach Lex.[1] die Bedtg. überschiessen mit dem Hinweis auf das sbst. *'wtl'* Sommer (pehl. Frah. 27, 11; DNWSI 835 s.v. *'wtr*) und sy. *tautārā* Überschuss (LS 313a); akk. *tātu(r)ru(m), tattu(r)ru* (AHw. 1340b) Überschuss, Gewinn.

Der. יַתִּיר.

כ

ךּ: wechselt ausserhalb ba. mit ק, cf. קטל, קיט.

כְּ: he. =; aam. Sefire (KAI 222 A 25); Ram. äga. (AP, BMAP, AD, Saqqara), Assbr. (KAI 233, 16) (DISO 113f, DNWSI 482); ja., DSS (Dalman Wb. 190a, Beyer ATTM 602); nsy. (Maclean 123a); in cp. sam. sy. md. und naram. nur in Zusammensetzungen (כְּוָת, כַּד, אֵיךְ, etc.); behandelt wie בְּ; BLA 258k, 265x-a': A. **wie** Da $2_{35.40}$ 4_{32} (ℱ לָא) 5_{11} $7_{4.6.8f.13}$ (einer wie); B. als präp. (BLA 258k): — 1. entsprechend wie, **gemäss** Da 4_5 6_9 Esr $6_{9.18}$ $7_{18.25}$; — 2. Bei Zahl- und Zeitangaben: **ungefähr** כְּשָׁעָה חֲדָה Da 4_{16}, כְּבַר שְׁנִין 6_1 (ℱ II בַּר). C. Als Konjunktion: c. inf.: **sobald als** 6_{21} (Var. בְּ); D. Zusammensetzungen: כְּדִי, כִּדְנָה, כְּמָה und כַּחֲדָה (ℱ דְּנָה, דִּי etc.) :: ℱ כְּעַן, כְּעֶנֶת, כְּעֶת.

***כדב**: he. כזב, lügen; Ram. äga. (AP, BMAP, Behistun, Aḥqr); pehl. (Frah. 10, 6) (DISO 115, DNWSI 496 s.v. kzb_1); ja., DSS (Dalman Wb. 192b, Beyer ATTM 603); sy. (LS 318a); md. *KDB* I (MdD 203f, Nöldeke MG 370) pa.

Der. כִּדְבָה.

כִּדְבָה, or. *ka-*: כדב; he. כָּזָב; äga. Behistun, Aḥqr sing. cs. כדבת, sf. 3. pers. m. כדבתה,

emph. כדבתא (DISO 115, DNWSI 488); cf. sy. *kaddābta* (LS 318a); ja. כַּדְבָא/כְּ (Dalman Wb. 192b); md. *kadba* (MdD 195, Nöldeke MG 106); ba. כִּדְבָה sbst. f. BLA 185s: **Lüge**, מִלָּה כ׳ Da 2_9 Lügenwort, appos. (BLA 318g! :: 319e: "Adjectivierung eines Substantivs".) Die Auffassung als sbst. auch bei Beyer ATTM 603 :: Vogt 79b s.v. *כְּדַב (*kadab*): adj., so auch Rosenth. Gr. 87, doch s. dagegen Lex.[1]: "adj. (cf. וּשְׁחִיתָה) wäre כַּדַּב; ja. sy. md.". †

כָּה: he. כֹּה so, hier; aam. כה Sefire (KAI 222 C 1), לכה Uzzia 1 (BASOR 44, 1931, 8f); Ram. כא Assbr. 8 (KAI 233); כא nab. palm.; כה ija. (DISO 114, DNWSI 489 s.v. kh_1 u. 483 s.v. $k^{\flat}{}_2$); כא ja. "hier" (auch כָּה Dalman Wb. 190b); DSS (Beyer ATTM 602); cp. *kʾ* "hier" (Schulthess Lex. 90a); md. *ka* (MdD 194a, Nöldeke MG 204, כא); sy. in *hārkāʾ, lᵉkāʾ* etc. (Nöldeke SGr. § 155 B); naram. *hōḫa* (Spit. 188a, Bgstr. Gl. 32); BLA 252a: adv. **hier**, עַד־כָּה bis hieher Da 7_{28}. †

כהל: aam. Sefire (KAI 222 B 25.33; 223 B 6); Ram. äga. (AP, BMAP, Aḥqr, Saqqara; DISO 115, DNWSI 489); ja. כְּהַל und כְּהֵיל (Dalman Wb. 193b); äth. *kᵉhᵉla* (Dillm. 812); tigr. *kahala* (Wb. 389a); ar. *kahila* (Nöldeke, ZDMG 59, 1905, 417 und GB); asa. *khlt* (Conti 167b, Sabdic 77) Fähigkeit; ↱ יכל;

pe: pt. כָּהֵל (BLA 131 l), pl. כָּהֲלִין: **können, imstande sein**, c. לְ und inf. Da 2_{26} 4_{15} $5_{8.15}$. †

*כָּהֵן: he. כֹּהֵן; Deir Alla; Ram. äga. (AP s. Vogt 81b); nab; ija. (DISO 116, DNWSI 490); ja., DSS (Dalman Wb. 193b, Beyer ATTM 603); cp. (Schulthess Lex. 91a); sam. *kāʾᵉn* (BCh. Gl. 6b) sy. (LS 319a); md. *kahna* (MdD 195b, Nöldeke MG 61); BLA 190y: det. כָּהֲנָא (Var. -נָּה), pl. כָּהֲנַיָּא, sf. כָּהֲנוֹהִי(schlechte Var. כָּהֲ׳, Fschr. Eissfeldt 1947, 48ff): **Priester** Esr $6_{9.16.18}$ $7_{12f.16.21.24}$. †

*כַּוָּה: Ram. äga. (AP, BMAP) כוה 1x כון = *kawwān* (BMAP 12, 21), pl. כו(י)ן und nab. pl. emph. כויא (Cantineau 2, 106a), sf. כותך gnostischer Text (Dupont-Sommer La doctrine gnostique de la lettre "Waw" d'après une lamelle araméenne inédite, Paris 1946, cf. DISO 116 s.v. כו u. כוה, DNWSI 492 s.v. *kwh*); ja. כַּוְּתָא pl. כוין (d. fem. pl. כַּוָּתָא ist unsicher, Dalman Wb. 195b), DSS (Beyer ATTM 603f); cp. (Schulthess Lex. 91b s.v. כו) und sy. *kawᵉtā* (LS 320a); naram. *ḫauṭa* (Bgstr. Gl. 48 s.v. *ḫww*); md. sbst. m. sg. *kaua* (MdD 196a); pl. gebildet als masc.; md. pl. *kauia* (MdD 196a, Nöldeke MG 172); > ar. *kaluwwat* (Frae. 73); etym. inc., kaum Lw. < akk. *kamātu* (AHw. 466b) Ausserbezirke, Aussengebiete (pl. f. zum adj. *kawûm, kamû* äusserer), cf. Zimmern 32: pl. (BLA 180 o) כַּוִּין f.: **Fenster** Da 6_{11}. †

כּוֹרֶשׁ: n.m.: **Kyros II der Grosse**, König von Persien 559-529 (P-WKl. III. Bd. 417-419, BHH 1035) Da 6_{29} Esr $5_{13f.17}$ $6_{3.14}$ (cf. he. כּוֹרֶשׁ). †

cj. כיל: he. כול, wechselt auch aram. mit כול. Im aram. ist die Bedtg. messen. Ram. pehl. (Frah. 19, 1); palm. af. (DISO 116 s.v. $כול_I$, DNWSI 493 s.v. kwl_1); nab. *kylʾ* Land- vermesser, Geometer (DNWSI 498 s.v. kyl_2, DISO 118); ja. כול pe. af. itp. (Dalman Wb. 194 s.v. $כול_I$); cp. כיל af. (Schulthess Lex. 92b); sy. pass. ittaf. (LS 325b); md. pe. *KUL* u. *KIL* (MdD 206b, Nöldeke MG 250.241); nsy. (Maclean 123b); sbst. Mass ja. (Dalman Wb. 197a) und sy. כֵּילָא (LS 325a); md. *kila*, Var. *kaᶜla, kiᶜla* (MdD 212b, Nöldeke MG 5):

itpe. (BLA 145n!): pt. pl. מִתְכִּילִין, **bestimmt werden** Esr 6_3, cj. pro מְסוֹבְלִין, so Rudolph EN 54: "und seine Masse (וּמְשְׁחוֹהִי) sind zu bemessen", s. auch BHS, doch bleibt das bei dem verdorbenen Text unsicher, wie denn auch Gunneweg KAT XIX/1, 103.104 auf eine Wiedergabe verzichtet; ↱ noch סבל. †

*כַּכַּר: he. כִּכָּר, or. (Kahle MTB 73) und Hieron. (Sperber HUCA 12/13, 1937/38, 230) **kakkar*; EA (VAB 2, Nr. 41, Z. 42) *kakkaru* Rundscheibe aus Silber, s. AHw. 422a, CAD K 49b; Ram. äga. (AP) כנכר, pl. ככרן, כנכרן u. כנכרין; nab. palm. ija. (DISO 118, DNWSI 500 s.v. *kkr*); ja. DSS (Dalman Wb. 197b, Beyer ATTM 604); sy. (LS 326a) und nsy. כַּכְּרָא (Maclean 131b); md. *kakria* pl. (MdD 197a), die Bedtg. stets "Talent(e)"; ja. כַּכְּרִיתָא Honigseim, Wabe (Levy 2, 326a), cf. Dalman Wb. 197b; cp. *krkrj* (Schulthess Lex. 98a) und sy. *kakkārītā* Honigscheibe, Wabe (LS 326b); Grdf. **karkar*, Ruž. 7f, VG 1, 245, BLA 192h: pl. כַּכְּרִין, Var. כַּכְ׳ und כִּכְ׳ (BLA 216r, Blake 94`); ? fem. (sy. md., BLA 198b) :: Leander 90e: **Talent** (BRL 174ff, BHH 1928, de Vaux Inst. I 309ff = Lebensordnungen 327-331) Esr 7_{22}. †

*כֹּל: כלל; he. =; Deir Alla; aam. כל Gesamtheit, alles, ganz (KAI III 35a); Zkr. (KAI 202), Znğ. (KAI 216), Sefire (KAI 222, 223, 224); Degen Altaram. Gr. § 67b S. 87f), T. Fekherye *כל: sf. m. pl. כלם 4, sf. f. pl. כלן 3.5, cf. S. 52; Ram. כל (vereinzelt auch כול bes. Hatra); äga. emph. כלא u. Formen mit sf. (AP, BMAP, AD, Hermapolis, Saqqara, Aḥqr); Saqqara (KAI 267 A 1), Elephantine (KAI 270 B 2); pehl. (Frah. 25, 26: *kr*ʾ, Paik 535: *kl*ʾ); s. Leander S. 38-40; Uruk 14: *kul*; Tema (KAI 228 A 19), nab. palm. Hatra, ija. (DISO 119, DNWSI 500); ja. כֹּלָּא, DSS (Dalman Wb. 197b, Beyer ATTM 604-606); cp. *kl* u. *kwl* (Schulthess Lex. 93a); sy. (LS 326b); md. *kul* (MdD 206b, Nöldeke MG § 226); nsy. *kul* (Maclean 132a); naram. *ḫull* (Spit. 62h, Bgstr. Gl. 44); BLA 87g: cs. =, Da 2_{12} $3_{2f.5.7.15}$ 4_{3} $5_{8.19}$ 6_{8} $7_{14.27}$, sonst כָּל־ or. *kol* ohne Maqqef; כֹּלָּא Da $4_{9.18.25}$, כֹּלָּא 2_{40} Esr 5_{7}, cj. כֹּלָּה (= כֹּלָּא) ins. post. וִיהָךְ Esr 6_{5} (Rudolph EN 56; BHS, cf. Gunneweg KAT XIX/1, 103), det. od. erstarrter acc., BLA 88h, Leander 39n :: -*ā*ʾ adv. Endg. wie AD VIII 2, XXII 6f, Avr. 3, 3 (Driver AD pag. 27a zu VIII 2); sf. כָּלְּהוֹן Da 2_{38} 7_{19K} (Q הֵין-) BLA 32k: **Gesamtheit**; im allgemeinem vor dem betreffenden Wort in cs.; nachgestellt (BLA 318e, äga. Leander 39, l, Hatra 23, 1 = KAI 244; he. 3 c. sf.) כֹּלָּא שְׁלָמָא alles Heil Esr 5_{7}: — 1. vor determ. sg. **ganz** Da $2_{35.39}$ 3_{31} $4_{8.17}$ 6_{26} 7_{23}, cf. Da 2_{48} $6_{2.4.27}$ 7_{27} Esr 4_{20} 6_{17} $7_{16.25}$; — 2. vor determ. pl. **alle** Da $2_{12.30.44.48}$ $3_{2f.5.7.10.15.31}$ $4_{3.15.32.34}$ $5_{8.19.23}$ $6_{8.25f}$ $7_{7.14.23}$ Esr $7_{21.24f}$; c. sf. כָּלְּהוֹן sie alle Da 2_{38} 7_{19K}, כָּל־אִלֵּין diese alle 2_{40}; vor dem sbst. coll. alles כָּל־בִּשְׂרָא 4_{9}, כֹּל כְּסַף (abs.! BLA 308k) Esr 7_{16}, כֹּלָּא (s.o.) alles Esr 5_{7} dies alles 4_{25} (he. הַכֹּל Jos 21_{45}), לְכֹלָּא für alle Da $4_{9.18}$, כָּל־דְּנָה dies alles 5_{22} 7_{16}, כָּל־דִּי alles was Esr $7_{21.23}$, בְּכָל־דִּי über alles was Da 2_{38} (Anakoluth :: überall wo BLA 367c ↗ Komm.); — 3. c. sg. indet., **jeder** Da 3_{29} 6_{16}, כָּל־אֱנָשׁ 3_{10} 5_{7} 6_{13} Esr 6_{11}, c. pt. 7_{13}, כָּל־דִּי jeder der Da 6_{8} Esr 7_{26}, כָּל־אֱנָשׁ דִּי Da 6_{13}, כָּל־ (nomen regens vor sbst.) **irgend ein** (nab. ja. sy.) Da 2_{10} $6_{8.13}$, לָא ... כָּל־מֶלֶךְ 2_{10} kein König, cf. 2_{35} 4_{6} $6_{5.16.24}$, כָּל־ ... לָא 6_{6}, לְכָל־ ... לָא 3_{28}, כָּל־קֳבֵל ↗ קֳבֵל. †

כלל: he. ↗ כלל qal vollenden, keine weitere Stammformen; ja., DSS (Dalman Wb. 199b, Beyer ATTM s.v. שכלל 708); cp. (Schulthess Lex. 206a s.v. *škll*) und sy. šaf. und i/eštaf. (LS 327b), md. šaf. (MdD 217a); ob das Vb. Lw. aus dem Akk. *ušaklil*, pass. *uštaklil* ist (so Zimmern 70, Lex.[1], Beyer ATTM 708, BLA 92i und Vogt 166a [cf. auch AHw. 1264b, sub *šuklulu(m)*]) scheint wahrscheinlich, doch ist nicht ganz sicher, s. dazu Kaufman 104:

šaf. (BLA 92i): pf. sg. שַׁכְלֵל, pl. שַׁכְלִלוּ Esr 4_{16} und 4_{12Q} (K corr. prop. יְשַׁכְלְלוּן, so u.a. BHK[3], Gunneweg KAT XIX/1, 84:: Rudolph EN 38, cf. BHS שָׁרִיו שׁוּרַיָּא לְשַׁכְלָלָה), sf. שַׁכְלְלֵהּ; inf. שַׁכְלָלָה **vollenden** Esr 4_{12}(s.o.) $5_{3.9}$, בְּנָה וְשַׁכְלֵל zu Ende bauen 5_{11} 6_{14}. †

hištaf. (BLA 93m): impf. pl. יִשְׁתַּכְלְלוּן **vollendet werden** Esr $4_{13.16}$. †

כְּמָה: ↗ מָה.

כֵּן: he. =; aam. Sefire (KAI 222), T. Fekherye Z. 10: *ʾḥr kn* mit der Übers. (S. 24) in der Zukunft, wohl "später"; Ram. äga. (AP, AD, Aḥqr Behist. 37 [akk. *ki-a-am*] Saqqara), Saqqara (KAI 267 A 3); klas. Arebsun (KAI 264, 3.4); pehl. (Frah. 25, 33, Paik. 538); ija. (DISO 122, DNWSI 516 s.v. kn_4); ja., DSS (Dalman Wb. 201a, Beyer ATTM 607); cp. (Schulthess Lex.94b); sy. (LS 333a); sam. (BCh. Gl. 6b); md. *kin* (MdD 213b, Nöldeke MG 207: כין, כען [als Var. auch כעין]); cp. sy. und md. dann; Hatra 6, 1 אכין (? :: DISO 117 s.v. $כון_{II}$); sy. *ʾaken*, Mcheta 8 (KAI 276: Armazi, Alth.-St. Am. Spr. 268, DNWSI 279 s.v. *hkyn*), sy. *kākan, kākanna* "so" (Nöldeke SGr. § 155c): כֵּן־ Esr 6_2: adv. **so**, c. אמר, und Esr 6_2 c. כתב, immer vorwärtsweisend, Da 2_{24f} 4_{11} 6_7 $7_{5.23}$ Esr 5_3 6_2. †

כְּנֵמָא u. כְּנֵמָּא: äga. (Saqqara כ[נם]; BMAP 11, 2) u. Asoka 5 (KAI 279) (DISO 123, DNWSI 519); die Ableitung ist nicht sicher. Möglichkeiten: a) כְּ + נֵימָא < נֵאמַר (ja.); b) מָה + כֵּן (BLA 253d. 372); c) *kēn* "so" + Affix *-ām* + Adverbialendung *-ā* (Beyer ATTM 607); d) von den drei Möglichkeiten kommen wohl b) und c) in Betracht (in Lex.[1] ist es b); DSS (Beyer l.c.); adv. **so** vorwärtsweisend c. כתב Esr 4_8, c. אמר $5_{4.9.11}$, rückweisend c. עבד 6_{13}, s. Segert ArchOr 24, 1956, 387f. †

כנשׁ: he. כנס vb. versammeln; Ram. äga. (AP u. Behistun itp.), cf. Uruk 12 (pt. pass. m. pl. sf. *ka-ni-ša-a-a[-ʾi-i]* ʀ יחב); palm. (DISO 123, DNWSI 520 s.v. $knš_1$); ja., DSS (Dalman Wb. 202b, Beyer ATTM 607); cp. (Schulthess Lex. 95a); sy. (LS 335a); md. *KNŠ* (MdD 220a, Nöldeke MG 382); nsy. (wischen Maclean 136a), ? naram. (Bgstr. Gl. 45 s.v. *ḫnš* I); sbst. Versammlung pehl. (Frah. 12, 9 כנשיא, DISO 123, DNWSI 520 s.v. $knš_3$); ja. כְּנִישְׁתָּא, כְּנִסְתָּא, DSS (Dalman Wb. 202b, 202a, Beyer ATTM 607); בית כנשה Ostr. aus Elat (BASOR 82, 1941, 9f; 84, 1941, 4f); sy. auch *kenšā* (LS 335a) u. *keništā* (LS 335b); md. *kništa* (MdD 219, Nöldeke MG 117); aram. > spbab. *kiništu* (AHw. 480b) u. ar. *kanīsat* (Frae. 275):

pe: inf. מִכְנַשׁ **versammeln** Da 3_2. †

hitpa. (ʾitpe./ʾitpa.: ja. cp. sy. md.): pt. pl. מִתְכַּנְּשִׁין, Var. -כַּנְשִׁין (hitpa. od. hitpe., cf. die verwandten Dialekte u. BLA 216s) **sich versammeln** Da $3_{3.27}$. †

*כְּנָת: he. =, < aram. (Wagner 128); Ram. äga. (Aḥqr, AP, Saqqara, AD, BMAP) Samaria, Xanthos (DISO 123 s.v. $כנת_I$, DNWSI 520 s.v. knt_1); cp. (Schulthess Lex. 95a s.v. כנה); sy. (LS 334a: *kᵉnātā*); Lw. < akk. *kinattu(m), kinātu* (AHw. 479f) Angestellter, Kollege, s. dazu und zu weiteren Bedeutungen des sbst. Fritz Rudolph Kraus Vom mesopotamischen Menschen der altbabylonischen Zeit und seiner Welt, Amsterdam-London 1973, 60; Lw. aus dem Akk. auch nach Zimmern 46, BLA 201j, Kaufman 64, Wagner l.c., Lex.[1], Beyer l.c.; s. auch Ellenbogen 88; pl. sf. כְּנָוָתֵהּ, כְּנָוָתְהוֹן m.: **Kollege** Esr $4_{9.17.23}$ $5_{3.6}$ $6_{6.13}$. †

*כַּסְדָּי: ʀ כַּשְׂדָּי.

*כסף: he. I כסף abbrechen, schneiden, akk. *kasapu* in Stücke schneiden (Driver WdO 2, 25f, Eilers ib. 2, 322f) :: trad. Lex.[1] כסף = he. II כסף (HAL 467a) farblos, fahl sein. כְּסַף eher zu I כסף, cf. auch zur Etym. he. I כֶּסֶף (HAL 467a).

Der. כְּסַף.

כְּסַף: he. I כֶּסֶף; die. etym. Ableitung des sbst. ist unsicher; neuere Vorschläge bei I כֶּסֶף (HAL 467a) ? Primärnomen; aam. Znǧ. (KAI 215, 11; 216, 10-11); Ram. Nerab (KAI 226, 7; 227, Vs. 2); äga. (Abydos KAI 263, AP, AD, BMAP, Hermopolis, Saqqara); Pachtv. 12, Tell Arad, Samaria, Xanthos; pehl. (Frah. 16, 2); dazu die Berufsbezeichnung כספי Silberschmied, so AP 13, 18-19, doch s. dagegen Leander 88q und mit anderer Auffassung: "jemand, der etwas mit der Kontrolle des Geldes zu tun hatte" (BMAP 158 zu Nr. 3, 2; DNWSI 526 s.v. *kspy*); nab. palm. ija.

(DISO 124, DNWSI 524 s.v. ksp_2); ja., DSS (Dalman Wb. 204a, Beyer ATTM 608); sam. *kāsᵉp* (BCh. Gl. 6b); cp. (Schulthess Lex. 96a); sy. *kespā* (LS 338b); md. *kaspa* (MdD 199b) und naram. (Bgstr. Gl. 47 s.v. *ḫsf*); BLA 224g: כְּסַף, det. כַּסְפָּא: **Silber**: 1.) als Werkstoff Esr $7_{15f.18.22}$ (alii ad Nr. 2), von Götterbildern Da $2_{32.35.45}$ $5_{4.23}$ von Tempelgerät Da 5_2, cj. 5_3, Esr 5_{14} 6_5; 2.) als Geld Esr $7_{17.22}$ (s.o.). †

כְּעַן, Da 3_{15}, Var. כְּעֶן; dieses Temporaladv. stellt sich wie ≠ כְּעֶנֶת, כְּעֶת zu he. עֵת und עַתָּה, deren etym. Ableitung aber unsicher ist, s. dazu THAT II 370f. Am wahrscheinlichsten von der √ *jʿd* (*wʿd*) bestimmen, so mit THAT l.c. (mit Lit.), s. auch AHw. 16b sub *adānum* etc.; aam.; Sefire (KAI 224, 24: *kʿt*) Ram. äga. (AP, BMAP, AD, Saqqara, Hermopolis; s. THAT II 371), Eleph. (KAI 270 A 1, B 1), s. Leander 120m; pehl. (Frah. 25, 23; Paik. 541; DISO 125, DNWSI 526 s.v. $k^ʿn_4$); ja., DSS (Dalman Wb. 204b, Beyer ATTM 661 s.v. ען); BLA 255u: **jetzt** Da 2_{23} 3_{15} 4_{34} $5_{12.15f}$ 6_9 Esr $4_{13f.21}$ 5_{17} 6_6, immer zu Anfang eines Satzes: עַד־כְּעַן bis jetzt Esr 5_{16}. †

כְּעֶנֶת, Esr 4_{10f} 7_{12} und כְּעֶת 4_{17}; aam. כעת Sefire (KAI 224, 24); Ram. כעת Assbr. (KAI 233, 20); äga. *kʿnt* (AP) (s. THAT II 371), AP (כעת Hermopolis u. כענת), AD (כעת), s. Leander 120m; pehl. ≠ כען (DISO 125 s.v. $כען_I$, DNWSI 526 s.v. $k^ʿn_4$ ≠ auch כְּעַן); DSS (Beyer ATTM 661 s.v. ענה); fem. zu ≠ כְּעַן, dem Briefstil eigen; im MT immer c. ו am Ende eines Satzes und darum früher als "usw." genommen, aber wie כְּעַן mit dem Folgenden zu verbinden als Übergang zum eigentlichen Anliegen des Briefes, Eph. 2, 229f, he. וְעַתָּה, καὶ νῦν 2 Mk 1_6: **und nun**; Esr 4_{10} dl. †

כְּעֶת ≠ כְּעֶנֶת.

כפת: ja., DSS (Dalman Wb. 206b, Beyer ATTM 609); mhe.; cp. (Schulthess Lex. 97a); sy. u. md. *KPT* (MdD 222a, Nöldeke MG 85): pe. u. pa. binden; akk. *kapâtu(m)*, D *kupputu* (AHw. 443b) zusammenbringen, zusammenfassen; ar. *kafata* sammeln:

pe: pf. pass. (BLA 104b-e, 289d) כְּפִתוּ, or. כְּפִיתוּ: **gebunden werden** Da 3_{21}. †

pa: inf. כַּפָּתָה; pt. pass. pl. מְכַפְּתִין (BLA 112t): **binden** Da 3_{20}, pass. 3_{23f}. †

*כֹּר: he. =; Ram. mspt. כר, pl. כרן (Delaporte); äga. כרא (? AP 37, 13); nab. Hatra (DISO 126 s.v. $כר_I$, DNWSI 533 s.v. kr_1); ja. כּוֹרָא (Dalman Wb. 195a); sy. *kōr* u. *kōrā* (LS 342a), auch *kūrā* (PSmith 1713); md. *kura* (MdD 209a); > ar. *kurr* (Frae. 207); κόρος (Lewy FW. 116), Lw. < akk. *kurru(m)* (AHw. 511b < sum. *gur*), s. dazu u.a. Zimmern 21, AHw. l.c., Lex.[1], Kaufman 65: pl. כֹּרִין: **Hohlmass für Trockenes** Esr 7_{22}. †

*כַּרְבְּלָה: mhe. כַּרְבָּלָה Hahnenkamm (Dalman Wb. 206b); Ram. äga. sg. abs. כרבלה (AP 55, 11), pl. abs. [כ]רבלן (AP 57, 2) eine Kopfbedeckung, wohl Mütze (DISO 126, DNWSI 534); diese Bedtg. (und die "Hahnenkamm") auch ja. (Dalman Wb. 207a, Jastrow 464a) und sy. (LS 343a) כַּרְבָּלְתָא, diese Vokalisation des sbst. bei Dalman Wb. 207a und LS 343a, für ja. :: Levy 2, 395 כַּרְבְּלְתָא. Lw. < akk. (spbab.) *karballatu* (AHw. 449a, CAD K 215b: im akk. unbekanntes Lw.) Mütze, s. dazu Kaufman 63. Das sbst. bezeichnet die hohe spitze Mütze spez. der Kimmerier, die κυρβασία der Perser, cf. ὀρθοκορυβάντιοι Herodot III 92 (Streck in Sachau Fschr.; 1915, 399[1], Mtg. 211, Zimmern 36): pl. sf. כַּרְבְּלָתְהוֹן: **Mütze** (der 3 Männer im Feuerofen) Da 3_{21} (G Θ u. V *tiara*, S *šarbālā* [*šarbalaihōn*] ≠ ba. סַרְבָּל, die Wiedergabe des sbst. in LS 806b: *sarabala*; nach KE Georges Lateinisch-Deutsches Handwörterbuch II 1880.2226 ist *saraballa* = *sarabāra*, und dieses bezeichnet "die langen weiten Beinkleider, Pluderhosen der Perser"). †

כרה: sy. (LS 342a) und nsy. kurz sein (Maclean 138a), leiden; md. *KRA* I (MdD 222) betrübt sein (Nöldeke MG 365); ja. כַּרְיָא leidend (Dalman Wb. 207b); akk. *karû(m)* (AHw. 452b) kurz sein/werden, in Not kommen, ? das sbst. *kūru* I (AHw. 512) Benommenheit, Depression gehört zum vb. *kâru(m)* II benommen sein (AHw. 452a); Begriffsentwicklung wie he. קצר (ק II קצר HAL 1051f); cf. (√ verw. ?) ja. כְּרֵה (Dalman Wb. 207a), sy. $k^{e}rah$ (LS 343b), nsy. betrübt sein (Maclean 138a); ar. *kariha* verabscheuen; äth. $ku^{a}rha$ (Dillm. 833) abgeneigt sein, verabscheuen, IV unwillig sein:

itpe. (Baumgartner ZAW 45, 1927, 108f = ZATU 96): pf. 3. f. אֶתְכְּרִיַּת/א, BLA 159r, 333f: **bekümmert sein** (רוּחַ) Da 7_{15}. †

*__כָּרוֹז__: mhe. כָּרוֹז öffentliche Bekanntmachung (Jastrow 664b); nab. *krwz* (DISO 126, DNWSI 534); ja., DSS (Dalman Wb. 207a, Beyer ATTM 609); cp. (Schulthess Lex. 97b s.v. כרז); sam. (LOT 2, 598, ZA 16, 1902, 99[16]); sy. *kārōzā* (LS 344a); md. *kaluza* (MdD 197a, Nöldeke MG 55: "md. nicht 'Rufer', sondern 'Stimme'"; nsy. (Maclean 139a) naram. (Bgstr. Gl. 50); mhe.; Lw. nicht < κῆρυξ (BLA 191z), sondern < altpers. *ḫrausa* Rufer (Schaed. IrB 56, Eil. 19f :: Telegdi 198[1]); pehl. *ḫrōs*; ba. det. כָּרוֹזָא **Herold** Da 3_{4}. †

Denom. כרז.

כרז: denom. < כָּרוֹז (BLA 274m); (h)af. ja. (Jatsrow 665b); cp. (Schulthess Lex. 97b); sy. (LS 344a), nsy. (Maclean 177b s.v. *mkrz*)und naram. (Bgstr. Gl. 50); sam. pe. *krz* proklamieren (BCh. Gl. 6b), mhe. qal und hif; > ar. *karaza* predigen, verkünden (Wehr 330a):

haf: pl. sf. הַכְרִזוּ **öffentlich ausrufen** Da 5_{29}. †

*__כָּרְסֵא__, or. *kursē*; he. כִּסֵּא; aam. כרסא Znǧ. (KAI 216, 7), Sefire (KAI 224, 17): כהסאי wohl Fehler für כרסאי "mein Thron"; T. Fekherye 13: *krsʾh*, sf. 3. pers. m. "sein Thron"; Ram. äga. (AP): emph. כרסאא (Aḥqr 133), c. sf. 3. pers. m. כרסאה (AP 6, 2); pehl. כסיא (TiS 1, 1); ija. (DISO 127, DNWSI 537); ja., DSS (Dalman Wb. 209a: כָּרְסְיָא, Beyer ATTM 610); cp. כורסי (Schulthess Lex. 98a); sy. (LS 348a); nsy. *kursi* (Maclean 129a); md. *kursia* (MdD 209, Nöldeke MG 166); naram. *korsa* (Bgstr. Gl. 50); > ar. *kursī*; > tigr. *kursi* (Wb. 399a, Leslau 27); Lw. < akk. *kussû(m)*, altakk. und ass. *kussīum* (AHw. 515, CAD K 587b-93a), < sum. *guza* (VG 1, 245, Zimmern 8 :: BLA 233[1], Beyer l.c.: "Lehnwort unbekannter Herkunft": cs. =, sf. כָּרְסְיֵהּ, pl. כָּרְסָוָן (ja. sy. md.) BLA 233i: — 1. **Sessel** Da 7_{9}; — 2. **Thron**, für König 5_{20}, für Gott 7_{9}. †

כַּשְׂדָּי: he. כַּשְׂדִּים (HAL 477b): keilschr. *Kal-da-a* (APN 111a); palm. כלדיא Chaldäer, Astrolog (DISO 121) und אכלדיא Eph. 1, 197, CIS II 4358.4359); ja. כַּשְׂ/סְדָאָה DSS (Dalman Wb. 203a, 210b, Beyer ATTM 610); sy. *Kaldājā* (LS 329a) = md. *Kaldaia* (MdD 197a), dazu vb. denom. sy. *kaldī* u. *ʾakled* (LS 329a); md. *KLDA* (MdD 216b, Nöldeke MG 89: "bezaubern, magische Praktiken üben"); sy. sbst. *kaldājūtā* chaldäische/magische Pratik (LS 329a); jba. כסדיאל Engel der Chaldäer: det. כַּשְׂדָּיָא Da 5_{30}, i.e. K דָּיָא-, Q דָּאָה- (BLA 51k) und ebenso כַּסְדָּיָא (BLA 27h) Esr 5_{12}; pl. כַּשְׂדָּאִין, det. כַּשְׂדָּיֵא Da 2_{5} K und or., Q דָּאֵי-, BLA 204 l: — 1. n.p. **chaldäisch, Chaldäer** Da 3_{8} (:: sec. 2, Bentzen 35) 5_{30} Esr 5_{12}; — 2. **Chaldäer als Astrolog** palm., (DNWSI 510) Herodot, Strabo, Diodor etc., P-W III 2055ff, P-WKl. I 1123, s. RAC II 1006ff, cf. auch Beyer l.c., BHH 296), Da $2_{5.10}$ 4_{4} und $5_{7.11}$. †

כתב: he. =; aam. Sefire (KAI 222 C 1[?] 2); Ram. Assbr. (KAI 233, 9.12); pehl. (Frah. 23, 1f, Paik. 481), Pachtv. 17; äga. (AP, BMAP, Saqqara, Hermopolis); Samaria, Xanthos, nab., palm., Hatra (KAI 245, 1; 256, 7; Pul-i D, 7); ija. (DISO 128 s.v. $כתב_{I}$, DNWSI 540 s.v. ktb_1); ja., DSS (Dalman Wb. 211a, Beyer ATTM 610); cp. (Schulthess Lex. 98b); sam. (LOT 2, 493); sy. (LS 351b); md. *KTB* (MdD 225, Nöldeke MG 42) u. KDB_{II} (MdD 204a); naram. (Bgstr. Gl. 48 s.v. *ḫtb*); nsy. (Maclean 142a):

pe: pf. כְּתַב, pl. כְּתַ֫בוּ; impf. נִכְתֻּב; pt. f. כָּתְבָה/א, pl. f. כָּתְבָן, pass. (oder pf. pass.? < BLA 173 o) כְּתִיב: **schreiben** Da 5_5 6_{26} 7_1 Esr 4_8 5_{10}, pass. Esr 5_7 6_2. †

Der. כְּתָב.

כְּתָב: כתב; he. =, < aram.; nab.; palm. Malerei (Dura Inv. 15); ija. Ram. כתבה u. Xanthos, Hatra, ija. (DISO 129 s.v. $כתב_{II}$, DNWSI 546); ja., DSS (Dalman Wb. 211b, Beyer ATTM 611); cp. (Schulthess Lex. 98b); sam. *aktåb* (BCh. Gl. 6b) und sy. (LS 351b); ? > ar. *kitāb* (Frae. 249); äth. *keṭab* (Dillm. 852), so auch Tigr. (Wb. 414b); md. *kdaba* (MdD 203b); BLA 189r: cs. =, Esr 6_{18} schlechte Var. כְּתַב (BHK[1.2]); det. כְּתָבָא, Da 5_7 und $_{15}$ כְּתָבָה: — 1. **Schrift, Inschrift** Da $5_{7f.15-17.24f}$; — 2. **Urkunde** und ihr Inhalt Da 6_{9-11}, **Vorschrift** Esr 6_{18}, דִּי־לָא כְ׳ (↗ דִּי 2 c) ohne Vorschrift > unbegrenzt Esr 7_{22}, s. Rudolph EN 70: unbeschränkt, wörtl. "ohne Aufschrieb", cf. sy. *dᵉlā ḥušbān* ohne Berechnung (zu *dᵉlā* s. Nöldeke SGr. § 328 F). †

***כְּתַל**, or. *kōtal* (BLA 224k.l): he. *כֹּתֶל; palm. כתל (DISO 129, DNWSI 547); ja. כּוּתְלָא (Dalman Wb. 211b); DSS (Beyer ATTM 611), so auch cp. (Schulthess Lex. 99a), sy. (LS 352b); md. (MdD 211a); naram. *ḫotla* (Bgstr. Gl. 48); > ar. *kauṭal, kauṭall* (Frae. 223: skeptisch). Das he. sbst. ist vielleicht aus dem Aram. übernommen, wo es besser verwurzelt ist (s. dazu Wagner 142 u. Kaufman 65). Zugehörig ist akk. *kutlu(m)* (AHw. 518b) etwa Seitenwand. Mit dem sbst. *kutallu(m)*, sum. Lw. (AHw. 517f) besteht entgegen älterer Annahme (Zimmern 32.45 und danach Lex.[1]) kein Zushg., s. dazu HAL 480b, wo aus dem Akk. nur auf *kutlu* und nicht (mehr) auf *kutallu* verwiesen wird. Ob das aram. כֻּתְלָא als Lw. direkt mit akk. *kutlu* zu verbinden ist, bleibt ungewiss. Vielleicht liegt ein altes, in beiden Sprachen (dazu im He.?) aufgrund etym. Verwandtschaft bewahrtes Erbe vor: cs. =, pl. det. כֻּתְלַיָּא: **Wand** Da 5_5 Esr 5_8. †

ל

ל: 1.) als Präfix impf. in היה (BLA 152d): so im Westaram. um in Konsonantentext die Identität mit dem Konsonantentext des Gottesnamens zu vermeiden: dagegen spricht mandäisch ל Präfix auch in anderen Verben (Nöldeke MG § 166), und in ar. maghrebinischen Mundarten; 2.) assimiliert in סלק, cf. הלך; 3.) als ר in חֲרַץ :: he. חֲלָץ.

לְ: he. =; keilschr. *la* (aram. Lw.) s. AHw. 520a; aam. s. die Belege bei Degen Altaram. Gr. § 45, 2a (S. 61): ל c. sf. לי, לה, להם; T. Fekherye S. 82 ל und 1 x c. sf. לה; 1 x auch למען; Ram. Nerab (KAI 225, 14, לך "dir"), Tema ל (KAI 228, 3.12.17); Assbr. (KAI 233, 11 ל, 8.13 לי, 19 לך, 8 לה); äga. (zu den Formen mit sf. s. Leander 123 i); pehl. (Frah. 24, 1; DISO 130, DNWSI 549 s.v. l_5); die sem. praep. *lalli* (mit oder ohne sf. auch in den übrigen aram. Dialekten: palm., nab., Hatra); ja., DSS (Beyer ATTM 611ff); cp. (Schulthess Lex. 99a); sy.; md. (MdD 226a); naram. (Bgstr. Gl. 51), cf. DISO und he. HAL 482f; BLA 258 l-p: sf. לִי, לָךְ, לֵהּ, לַהּ und לַנָא (Var. לָנָה, לָה, BLA 79s.t, 81z); לְכֹם (äga.) Esr $5_{3.9}$ 7_{24}, לְכוֹן Da 3_4, לְהוֹם Jr 10_{11}, לְהֹם (Znğ. u. äga.) Esr $5_{3f.9f}$ 6_9, לְהוֹן (palm.) Da 2_{35} 3_{14} 6_3 7_{12} Esr 4_{20} 5_2, לְהֵן (äga. Var. לְהוֹן) Da 7_{21}: praep., im allgemeinen entsprechend he. לְ, aber auch he. אֶל und עַל. — 1. Für Richtung und Ziel einer Bewegung, c. אזל Da 2_{17}, אתה 3_{2}, I עלל 6_{11}, הֵיבֵיל Esr 5_{14}, רמה Da 6_{17}, נְטַל עַיְנַיִן 4_{31}, הלך (טַעְמָא ad pers.) Esr 5_5 (:: alii sec. 10 = genitiv); — 2. zeitlich: לִקְצָת **gegen**, wörtl. gegen das Ende Da $4_{26.31}$, לְעָלְמִין für (die ferne Zeit) Da 2_4; — 3. zur Angabe der Bestimmung: **als**, **zu** Da 4_{27} Esr 6_9 7_{19}, c. הוה werden zu (BLA 341x) Da 2_{35}; — 4. c. inf. nach Verben des Gehens, Schickens, Sagens, Befehlens, Beschliessens, Schreibens, Kommens usw.: **(um) zu** Da $2_{9.12.14}$ $3_{2.16.32}$ $6_{4f.8}$ Esr 4_{22} 7_{14} u.a.; — 5. c. inf. nach לָא für Verbot (BLA 302g.h; Megillath Taʿanith, Dalman Aram. Dialektproben, Leipzig 1898, 1f, לָא לְהַשְׁנָיָה nicht zu ändern Da $6_{9.16}$, F לָא לְבַטָּלָא Esr 6_8; — 6. bei persönlichem Objekt: **zu**, **an**: sagen Da 2_4, am Briefeingang ohne vb. Da 3_{31} Esr 5_7 7_{12}, schreiben Da 6_{26}, geben 2_{16}, pass. Esr 6_8, darbringen 6_{10}, spenden 7_{15f} (F נדב hitpa. 2.), kundtun Da 2_{15}, c. יְדִיעַ 3_{18}, גְּלִי 2_{19}; — 7. dat. commodi **für** Da $4_{9.23}$ Esr 6_{10} (Fürbitte), c. pass. 7_{23}; — 8. dat. poss.: gehören = haben Da 6_{16} $7_{4.6f.20}$, zuteil werden 4_{16}, לַהּ 5_{23} (:: alii c. הַדְּרָתָךְ conjungunt sec. 11), דִּי לַהּ *eius, suus* (F דִּי 2 c), c. הוה 4_{24} 5_{17}, c. אִית Esr 4_{16}, c. נפל 7_{20}, c. הַשְׁכַּח (als zugehörig) finden an Da 6_{5f} (he. Dt 22_{14}), pass. 2_{35} (:: alii sec. 10); — 9. Ausdruck sonstiger Beziehung: jmd. gleichen Da 7_5, entsprechend לְמִנְיָן Esr 6_{17} (he. לְ 19); — 10. als Umschreibung für den gen. (BLA 315e.f, he. ל 14) Esr 5_5 (s.o. 1); — 11. in Daten יוֹם ... לְירַח (äga. u.a. AP 1, 1) Esr 6_{15}, שְׁנַת ... לְ (äga. u.a. AP 2, 1, שנת למוט im Jahr des Wankens Dura, Alth. 9, 1) Da 7_1 Esr 4_{24} 5_{13} 6_3; — 12. ersetzt den acc. des persönl. Objekt (VG 2, 315ff, BLA § 100 q-z), im älteren Aram. selten; Ram. Tema (KAI 228 A 21f), äga. (s. Baumgartner ZAW 45, 1927, 117[1] [auf S. 118] = ZATU 105[1], Rowley Aram. 102f, Rosenth. Spr. 68[3], RTP 151), determ. Da $2_{12.14.19.25}$ $3_{2.27}$ $4_{22.33}$ 5_{23} Esr 5_2 6_7 (s. dazu bei 12) 7_{25}, bei sächlichem obj. Da 2_{34f} 3_{19} $5_{2.23}$ 7_2 Esr 4_{12} (BLA 341u), indeterm. Da 2_{10}; — 13. zur Einführung einer betonten Apposition: nämlich Esr 7_{25}, in Weiterführung einer anderen Konstruktion (BLA 324k) Esr 6_7 (corr. ? doch s. auch Rudolph EN 56: לְ zu 11 als Bezeichn. des acc.), 7_{14}, s. Rudolph EN 68; — 14. zusammengesetzt c. קֳבֵל, עַד, מָה, נוֹא.

לָא, Da 4_{32} לה: he. לֹא; aam. ל (Sefire), s. Degen Altaram. Gr. § 47a; Ram. ל Nerab (KAI 226, 4.6.8), Assbr. (KAI 233, 8); לא Tema (KAI 228 A 21), äga. (AP, AD; BMAP 11, 8 ולעד steht für ולא עד s. Kraeling l.c. S. 283); pehl. (Frah. 25, 7, Paik. 573), Sogd. (Gauth.-B. II 222; DISO 133 s.v. לא$_1$, DNWSI 558 s.v. *l'*$_1$); לא so auch ja., DSS (Dalman Wb. 212 a, Beyer ATTM 615); sam. (BCh. Gl. 6b); cp. (Schulthess Lex. 100a); sy. (LS 354a); md. *la-*, sporadisch auch *l-*, *li-*, *l'-* (MdD 227a); nsy. *lā* (Maclean 143a-b); naram. *la, la'* (Spit. 2f, 124b.c, Bgstr. Gl. 52); F II לָהֵן; BLA § 104a-c: **nicht**: — 1. zur Verneinung eines Satzes Jr 10_{11} Da 2_5 - 7_{14} (25 x) Esr $4_{13.21}$ $5_{5.16}$ 7_{26}, c. דִּי und impf. damit nicht (F דִּי 3 c); als Verbot nur Esr 4_{21} (F אַל); c. pt. Da $2_{27.43}$ $3_{12.16}$ (F חשׁח) $4_{4.6.15}$ $5_{8.15.23}$, c. adj. Esr 4_{14} 7_{24}; F לָא אִיתַי (= he. אַיִן) Da 2_{10f} $3_{14.18.25.29}$ 4_{32} (l.c. Cairensis כְּלָא, BHS) Esr 4_{16}; elliptisch וְהֵן לָא und wenn nicht Da 3_{18}; — 2. zur Verneinung eines Wortes לָא בְחָכְמָה Da 2_{30}, כְּלָה חֲשִׁיבִין 4_{32} wie Nichtgeartete, BLA 297c (חשׁב, cf. Θ ὡς οὐδὲν ἐλογίσθησαν, ähnl. V und S; lies c. Cairensis כְּלָא, BHS), לָא ... כָּל־מֶלֶךְ kein König Da 2_{10}, cf. 2_{35} 4_6 $6_{5.16.24}$ כָּל־ ... לָא, 6_6 דִּי לָא ohne (F דִּי 2 e β); c. לְ und inf. דִּי לָא הַשְׁנָיָה unwiderruflich Da 6_9, דִּי לָא לְבַטָּלָא Esr 6_8 ohne Stockung, s. dazu Rudolph EN 56, auch Gunneweg KAT XIX/1, 104 (F לְ 5 :: ZüBi ungesäumt); הֲלָא, F הֲ. †

לאך: he. =; aram. von dieser √ nur das sbst.

מַלְאַךְ + Derivate (ꜰ *לאך HAL 488a).
Der. מַלְאַךְ.

*לֵב: he. =; äga. בלבה ? in seinem Herzen (AP 71, 6); klas. Arebsun אנתת לבי (?) die Gattin meines Herzens (KAI 264, 8/9, doch s. auch KAI II, S. 311); ija. (DISO 134, DNWSI 561); ja., DSS (Dalman Wb. 212b, Beyer ATTM 616 s.v. לבב); sam. (BCh. Gl. 6b); cp. (Schulthess Lex. 100b); sy. (LS 354b); md. *liba* (MdD 234b, Nöldeke MG 77); nsy. *libā* (Maclean 144a)und naram. (Bgstr. Gl. 52 s.v. *lpp*); BLA 221e: sf. לִבִּי: **Herz** Da 7_{28}. †
Der. *לבב.

*לבב: he. =; denom. von לֵב u. לְבַב; sy. pa. (LS 355a) und sam. (Kahle Bem. 25, LOT 2, 499) palp.; md. *LBB* (MdD 228) ermutigen > anstacheln, letzteres auch pa.; cp. (Schulthess Lex. 100b); sy. i/etpa. sich ermutigen, Mut fassen (LS 355a).

*לְבַב: he. לֵבָב; aam. Sefire (KAI 223 B 5; 224, 14.15.16); Ram. äga. (Hermopolis, AP, BMAP, Aḥqr); pehl. (Frah. 10, 35; DISO 134, DNWSI 562); ja., DSS (Dalman Wb. 212b: לִבְבָא, Beyer ATTM 616); md. *lbab*, st. abs. und cs. von *liba* (MdD 228b, Nöldeke MG 78); BLA 186z: cs. =, sf. לִבְבָךְ, לִבְבֵהּ, BLA 218c: **Herz** Da 2_{30} 4_{13} $5_{20\text{-}22}$ 7_{4}. †
Der. לבב.

*לְבוּשׁ: לבשׁ; he. =; Deir Alla; Ram. לבש Nerab (KAI 226, 7); äga. לב(ו)ש (AP, BMAP, Saqqara, Aḥqr); pehl. (Frah. 8, 1; DISO 135, DNWSI 565 s.v. $lbš_2$); ja., DSS (Dalman Wb. 213a, Beyer ATTM 616f); cp. (Schulthess Lex. 101a); sam. *lbwš* = *lēboš* (BCh. Gl. 6b); sy. (LS 358a); md. (MdD 228f, Nöldeke MG 301) und nsy. (Maclean 144b); ja. (Dalman Wb. 214a) u. sy. (LS 358a) auch לְבָשׁ; naram. *labša* (Bgstr. Gl. 52); BLA 189 o: Lw. < kan. oder akk., danach auch Lex.[1], doch unwahrscheinlich, das sbst. ist gewiss echt he. und formgleich mit akk. *lubūšu(m)* (AHw. 561b), cf. GAG § 55 l (Nr. 17 a II): sf. לְבוּשֵׁהּ, pl. sf. לְבֻשֵׁיהוֹן: **Gewand** Da 3_{21} 7_{9}. †

לבשׁ: he. =; Ram. pt. *labiš(u)* Uruk 20, 24; af. pf. 1. sg. sf. *al-bi-iš-te-e* Uruk 31, äga. (Hermopolis AP, DISO 135 s.v. $לבש_{I}$, DNWSI 565 s.v. $lbš_1$); ja., DSS (Dalman Wb. 213b: לְבֵשׁ, Beyer ATTM 616); cp. (Schulthess Lex. 101a) und sy. לְבֵשׁ (LS 357b); sam. *labaš* (BCh. Gl. 6b); nsy. (Maclean 145a); md. *LBŠ* (MdD 229):

pe: impf. יִלְבַּשׁ, תִּלְבַּשׁ: **anziehen** Da $5_{7.16}$. †

haf: pf. pl. הַלְבִּישׁוּ (Var. BHK[1] besser הַלְבִּשׁוּ, *i* breve [BLA 114h.j]): jmdn **bekleiden** Da 5_{29}. †
Der. *לְבוּשׁ.

לָה: ꜰ לָא.

I לָהֵן: he. =; Ram. (DISO 136 s.v. $להן_{II}$, DNWSI 567 s.v. lhn_2): Tema להן (KAI 228 A 8.10); < **la-hinna*; deshalb; Lw. < he. oder kan., BLA 256v.x :: Driver AnOr 12, 1935, 65f, Mtg. 150f: **deshalb** Da $2_{6.9}$ 4_{24}. †

II לָהֵן: mhe.; Ram. äga. (AP, BMAP, Aḥqr, Saqqara); nab. (DISO 135 s.v. $להן_{I}$, DNWSI 566 s.v. lhn_1); ja. להן (*lā* "nicht" + *hen* "wenn"; Dalman Wb. 214b), DSS (Beyer ATTM 564); cf. c. Lex.[1] אִלָּא u. אֱלָהֵין; sam. אלא, אלאן (BCh. Gl. 1b); cp. אלא (Schulthess Lex. 8b) und sy. *ʾella* (LS 20a); md. *ʿla* (MdD 350, Nöldeke MG 208); nsy. *ilā* (Maclean 12a s.v. *ʾlʾ*); naram. *illa* wenn nicht, ausser, nur, aber (Bgstr. Gl. 51 s.v. *ʾl*); ar. *ʾillā*; äth. *ʾalā* (Dillm. Gr. § 168b); he. אִם לֹא; < לָא und הֵן, BLA 264q, 366e ꜰ schon oben bei ja. (:: VG II 482f = I לָהֵן): — 1. conj. **ausser**, zur Einleitung eines Satzes (cf. הֵן לָא BLA 366d) Da 6_{6}; vor Satzglied Da 2_{11} 3_{28} $6_{8.13}$; — 2. advers. ptcl. (auch äga.) **aber, sondern** Da 2_{30} Esr 5_{12}. †

*לֵוָי: gntl.; he. לֵוִי; ihe. (DISO 136); ja. לֵיוָאָה, DSS (Dalman Wb. 217a, Beyer ATTM 617); cp. (Schulthess Lex. 101b) und sy. *lewājā*; BLA 196d: pl. det. K לֵוָיֵא, Q לֵוָאֵי BLA 51k: **Levit** Esr $6_{16.18}$ $7_{13.24}$ (de Vaux Inst. II passim 213-231, 253-263 = Lebensordnungen II passim, bes. 192-334, BHH 1077-79). †

*לְוָת: pehl. (Frah. 25, 36); palm. (Rosenth. Spr. 85, cf. DISO 29 s.v. $אתּ_I$, DNWSI 47 s.v. $'yt_3$ cf. S. 49, 6; Gawlikowski Sem. 23, 1973, 115, Z. 2.5); klas. Eph. I 170, 1.3; ja., DSS (Dalman Wb. 216a, Beyer ATTM 601 s.v. ית); cp. (Schulthess Lex. 102a, Gr. § 134, 1); sam.; sy. (LS 362b); md. *luat* (MdD 232, Nöldeke MG 194) und nsy. (Maclean 147a); nicht zu he. לוה (ja. cp. und md., Kautzsch Gr. 128[1]) sondern < לְ und וָת (ꟻ ית), BLA 259s: praep. **bei**, c. מִן (ja. מִלְּוָת, cf. Beyer l.c.; sy. *men lᵉwāt* Nöldeke SGr. § 156; he. מֵעִם) und sf. מִן־לְוָתָךְ von dir her Esr 4_{12}. †

לחם: a) he. I לחם, s. dazu HAL 500a); cp. pt. (Schulthess Lex. 102b); sy. pa. zusammenfügen (LS 363b); md. šaf. bedrohen (MdD 467b); Grdb. aneinander gedrängt sein > handgemein werden; dazu wohl he. לֶחֶם und aram. לְחֶם (cf. Lex.[1] und HAL); b) he. II לחם: denom. von den vorstehenden Substantiven.

לְחֶם, Var. לְחֵם: לחם: he. לֶחֶם; לְחֶם; aam. Sefire (KAI 222 A 24, B 38.39; 224, 5.7), T. Fekherye 22: לחם, sf. Z. 17.18 לחמה; Ram. äga. (AP, Aḥqr, Saqqara); pehl. (Frah. 4, 10), palm. ija. (DISO 137, DNWSI 572 s.v. $lḥm_4$); ja., DSS (Dalman Wb. 216b, Beyer ATTM 618), abs. לְחֵם, det. לַחְמָא: ja. sam. (*lem* BCh. Gl. 7a), cp. (Schulthess Lex. 102b) und sy. (LS 364a), bTa לַחֲמָא; md. *lahma* (MdD 227, Nöldeke MG 54) und nsy. *laḥma* u. *liḥma* (Maclean 147b), cp. (c. sf.) und naram. *leḥma* (Bgstr. Gl. 53, Spitaler Gl. 89a); BLA 182x: **Brot, Mahlzeit** (letzteres auch sy. [LS 364a: *laḥmā* sub 2]) Da 5_1. †

*לְחֵנָה: **A.** Ram. äga. (AP, BMAP, Aimé-G.): BMAP 12, 2 לחנה זי יהו אלהא :: 12, 1 לחן זי יהו Diener/Dienerin des Gottes Jahu (cf. BMAP S. 144, DISO 137 s.v. לחן, DNWSI 537); mhe. לְחֵינָה Magd (Dalman Wb. 216a); ja. לחינתא: 1.) Magd, 2.) Kebsweib (Dalman Wb. 216a), Var. ליחנן (FLexa ArchOr 9, 1937, 8; BHrozny 7, 1935, 2); Targ. לְחֵינְתָא pro he. אָמָה u. פִּילֶגֶשׁ; md. *lihania* (adj. von *liha* Netz) Netzgeister, eine Art böser Geister, orig. *succubae* (Mtg. 252, MdD 235b, Nöldeke MG 139); Lw. < akk. *laḫḫinatu* Verwalterin der Hofhaltung (AHw. 528a) u. *alaḫḫinatu* Beamtin am Hof der Königin (CAD A I 294a), cf. zum Lw. auch Kaufman 66 u. besonders Landsb. HeWf 198-204, bes. 198 u. 204: Verwalterin der Hofhaltung: "Die tendenziöse Herabsetzung ist das Produkt späterer Überlieferung", s.o. S. 204 ja. md. **B.** Ältere Deutungen: Dirne (WBaumgartner ZAW 45, 1945, 90, Lewy Or. 19, 1950, 34f); zu akk. *laḫannu* Gefäss, cf. σκεῦος 1Thess 4_4 1Pe 3_7 u. Strack-Bi. III 632f, Lidzb. Johb. II 127[8]; < *laḫinnatu* Müllerin, Sängerin (Couroyer VT 5, 1955, 83.88). **C.** BLA 186y: pl. sf. לְחֵנָתֵהּ, לְחֵנָתָךְ: **Kebsweib, Konkubine** Da $5_{2f.23}$, immer in der Reihenfolge שֵׁגַל וּלְחֵנָה, Θ παράκοιτοι; [Cj. a) Da 6_{19} pro דַּחֲוָן prop. לְחֵנָה, ? cf. 5_2; b) Pr 31_3 pro לַמְחוֹת prop. לְמֹחוֹת denen, die vertilgen (pt. pl. f.) od. לְלַחֲנוֹת, cf. Da 5_2, s. BHS :: Plöger KAT XVIII 369 MT: Könige vertilgen doch auch 371.] †

*לֵילֵי: he. לַיִל; aam. Znğ. לילא (KAI 214, 24), Sefire לילה (KAI 222 A 12) = *lailē* (AfO 8, 1932-33, 5 :: EHO 27: *lēlāh* [c. acc. -*i* Endung]); Beyer (Beyer ATTM 618) stellt zu diesem sbst. auch den PN *La-a-a-li-e* (= *Laylē*, bzw. *Laialê*, so Borger S. 56b, Z. 72b), König des Landes Jadi'; der PN auch in APN 119b; Ram. pehl. (Frah. 27, 4); לילא nab. ija. (DISO 138 s.v. לילי, DNSWI 574 s.v. *lylh* u. *lyly*); ja., DSS (Dalman Wb. 217a s.v. לֵילְיָא, Beyer ATTM 618) לילה; sam. *līli* (BCh. Gl. 7a); cp. לילי (Schulthess Lex. 103b); sy. abs. *lajlē'* und *lajlaj* (Nöldeke SGr. § 146, cf. LS 366a); md. *lilai* (MdD 236a, Nöldeke MG 127: *leljā*); naram. *lēlja* (Bgstr. Gl. 53); ja. und cp. auch לֵילָא; nsy. *lēlī* oder *līlī* (Maclean 148a); Grdf. **lajlaj*, BLA 192h:

det. לֵילְיָא, masc. **Nacht**, als Zeit der Vision Da 2_{19} $7_{2.7.13}$, בַּהּ בְּלֵילְיָא in derselben Nacht Da 5_{30}. †

*לשן: he. =; ja. af. verleumden (Dalman Wb. 221b), denom., Lw. < he. ↗ לָשׁוֹן. ↗ ba. לִשָּׁן.

לִשָּׁן: he. לָשׁוֹן; Deir Alla; aam. לשן Znğ. (KAI 214, 9), Sefire (KAI 224 C 17/18.21); Ram. Uruk 5.8.9 *li-i-ša-an*; äga. Aḥqr; pehl. (Frah. 10, 22); aam. & Ram.: Zunge, Wort; ija. (DISO 140, DNWSI 584); ja. לִשָּׁנָא Zunge, Sprache (Dalman Wb. 221b); DSS (Beyer ATTM 619); cp. (Schulthess Lex. 105b) und sy. *leššānā* (LS 371a); md. *lišana* (MdD 273a, Nöldeke MG 122) mit den gleichen Bedeutungen wie in ja.; cf. nsy. *lišānā* (Maclean 151a) u. naram. *liššōnā* (Bgstr. Gl. 54); BLA 189p, Littm. OLZ 31, 1928, 580; Gordon AfO 12, 1937-39, 117: pl. det. לִשָּׁנַיָּא, masc.: **Zunge, Sprache** (he. 4); neben עַם und אֻמָּה in sg. Da 3_{29}, pl. $3_{4.7.31}$ 5_{19} 6_{26} 7_{14}: **Sprachgemeinschaft, Volk**, cf. Js 66_{18} u. spbab. (achäm.) *šar mātāte ša napḫar li-ša-nu gabbi* (Darius I) der König der Länder aller Völker insgesamt (s. AHw. 556a, s.v. *lišānu(m)* 3 c, CAD L 214 a.c.). †

מ

מ: 1. Wechselt mit ן innerhalb ba. in (הַמּוֹ(ן :: אִנּוּן (BLA 70i), ausserhalb ba. in הֵן ,תַּמָּה, בְּרַם; 2. Wechselt mit ף nur ausserhalb ba.: נפשא > נמשא; aam. Ram. nab. Hatra u. palm. (DISO 183, Cant. Gr. S. 39).

מָא: Esr 6_{8} ↗ מָה.

מְאָה: he. מֵאָה; aam. T. Fekherye: *m'h*, Z. 20.21.22, cf. S. 47; Znğ. (KAI 214, 28); Ram. äga. מאה (AP, Leander § 60, 116n.o, 117q), nab. palm. ija. (DISO 140, DNWSI 586); ja., DSS (Dalman Wb. 221a, Beyer ATTM 619); sam. *mā* (BCh. Gl. 7a); cp. (Schulthess Lex. 106a); sy. (LS 372b: *mā*); md. *ma* (MdD 238a, Nöldeke MG 189); nsy. *mā* (Maclean 151a); naram. *em'a* (Bgstr. Gl. 55, Spitaler 115m); BLA 250q: du. מָאתַיִן (= he. pro מָאתַיִם, ja. מָאתַן [Dalman l.c.]), cp. מאתין [Schulthess l.c.]); sam. pl. *mā'bān* (BCh. Gl. l.c); du. *maatem/n*, cf. Leander 117q; BLA l.c., cf. Vogt 96a: **hundert** Da 6_{2} Esr 6_{17} 7_{22}; du. 200 Esr 6_{17}. †

*מֹאזְנֵא: √*wzn*, s. Leander 85za, Vogt 98b; he. מֹאזְנַיִם; äga. מוזנא (AP 15, 24, BMAP 7, 26); pehl. מזנא (Frah. 19, 4; cf. DISO 144 s.v. מוזן, DNWSI 587 s.v. *m'zn*$_1$); ja. מוֹזַנְיָא, DSS (Dalman Wb. 227a, Beyer ATTM 565 s.v. מוזן); ja. auch מוֹדְנָא, pl. מוֹדְנִין (Dalman Wb. 226b); cp. *mwznj'* (Schulthess Lex. 5a s.v. *'zn*)= md. *muzania* (MdD 261a, Nöldeke MG 148); Lw. < he. sg. mit ו zurückgebildet < du. BLA 234 l, Leander 85a: det. מֹאזַנְיָא, Var. pl. מֹזְנַיָּא: **Wage** Da 5_{27}. †

*מֵאמַר: אמר; he. מַאֲמָר; aram. Lw. (Wagner 149); ja., DSS (Dalman Wb. 222a, Beyer ATTM 515) מֵאמְרָא = sy. (LS 26b); md. *mimra* (MdD 267a, Nöldeke MG 129); BLA 194s: cs. =: **Wort, Befehl** Da 4_{14} Esr 6_{9}. †

*מָאן: he. אֳנִי u. אֳנִיָּה; kan. *anaji* (EA 245, 28, CAD A II 106a); ug. *'njt* und (?) *'nj*, alle Schiff; akk. *unūt(m)* u. (selten) *enūtu(m)* Gerät (AHw. 1422b); ar. *'inā'* Gefäss, Essgeschirr; die dem sbst. zugrundeliegende √ ist ungewiss: entweder he. II אנה (Vogt 96b), cf. BLA 194r mit der Bedtg. "fassen, enthalten" oder ? *'*ūn* "stark, wuchtig sein" (Beyer ATTM 620!): aam. T. Fekherye 16, S. 47: *m'ny'* (pl. emph.) die Geräte = akk: *ú-nu-te*; Ram. מאן Nerab (KAI 226, 6); äga. (AP, BMAP, Aḥqr, Saqqara); pehl. (Frah. 5, 7); ija. Gefäss (DISO 141, DNWSI 588); ja., DSS (Dalman Wb. 222a: מָאנָא, Beyer l.c.); cp. (Schulthess Lex. 106a); sy. *ma(')nā* (LS

373a); md. *mana* (MdD 246, Nöldeke MG 129); BLA 194r: pl. מָאנַיָּא, מָאנֵי, Var. מָנַ׳: **Gefäss** Da $5_{2f.23}$ Esr 5_{14f} 6_5 7_{19}. †

מְגִלָּה: גלל; he. =. Spbab. u. ar. Lw. aus dem aram.; Ram. pehl. (Frah. 15, 4: *mglt'*, DNWSI 593); ja. (Dalman Wb. 223b: מְגִלְּתָא cf. ATTM 644); sy. *m*^{e}*gall*^{e}*tā* (LS 115b); md. *magalta* (MdD 238b); BLA 194u: **Schriftrolle** Esr 6_2. †

מגר: he. = (HAL 518a), < aram. (Wagner 150) Ram. äga (AP 30, 14; DNWSI 594 s.v. *mgr*$_1$); ja. (Dalman Wb. 224a); sy. (LS 374a).

pa: impf. יְמַגַּר (BLA 132c): **stürzen** (trans.) Esr 6_{12}. †

***מַדְבַּח**: דבח; he. מִזְבֵּחַ, or. *ma-*, Sperber HUCA 12/13, 1937/38, 235; Ram. äga. *mdbḥ'*(AP; DISO 146, DNWSI 607 s.v. *mzbḥ*); ja. מַדְבְּחָא, = DSS (Dalman Wb. 224b, Beyer ATTM 546); cp. sy. (LS 138b) nsy. (Maclean 158a) und naram. (Bgstr. Gl. 20); sam. *medbaḥ* (LOT 2, 506); md. *madba* u. *madbha* (MdD 239a, Nöldeke MG 43; cf. Ζεὺς μάδβαχος (Baud. Kyr. III 506 Anm.); Grdf. **madbiḥ* (BLA 194t, WBaumgartner ThZ 9, 1953, 155): det. מַדְבְּחָה: **Altar** Esr 7_{17}. †

מִדָּה Esr 4_{20} 6_8 und **מִנְדָּה** 4_{13} 7_{24}: he. II מִדָּה: < aram. (Wagner 151) < akk. *ma(d)dattu(m)*, *mandattu* (AHw. 572); spbab. spec. Zahlung (AHw. 572b, Driver ad AD 10, 3; Segert ArchOr 24, 1956, 389; zum Lw. aus dem akk. s. auch Zimmern 9, Ellenbogen 98, Kaufman 69; Ram. äga. מנדה (AP, AD [↗ auch הֲלָךְ] BMAP 5, 7, Saqqara; DISO 158, DNWSI 656 s.v. *mndh*$_1$); ja. מַדַּאתָא Tribut, מִנְדָּה Steuer (Dalman Wb. 224b, 240b); DSS מדא (Beyer ATTM 627); sy. *madda'tā* (LS 374b); BLA 29x, 50e: cs. מִדַּת: **Abgabe** Esr 6_8; neben בְּלוֹ וַהֲלָךְ $4_{13.20}$ 7_{24}. †

***מְדוֹר** u. Da 2_{11} ***מְדָר**: דור; mhe. מָדוֹר (Dalman Wb. 225a); ja. מְדוֹרָא u. מְדָרָא (Dalman Wb. 225a.b); DSS (Beyer ATTM 548); sy. *medjārā* (LS 147b); md. *mdurta* (MdD 258a, Nöldeke MG 130), Var. *mda-*, *mdi-*; BLA 194r, 42 ×: sf. מְדוֹרֵהּ Da 5_{21}, מְדֹרָךְ $4_{22.29}$, מְדֹרְהוֹן (Var. מְדוֹר׳) 2_{11}: **Aufenthaltsort, Wohnung** Da 2_{11} $4_{22.29}$ 5_{21}. †

מָדַי: he. =; aram. n. terr. Beh. 12.26 מדי (AP S. 251f); md. *madai* (MdD 239a) Medien, :: n.p. ape. keilschr. *Māda*; akk. *Madaia*; adj. מדי medisch, der Meder (BMAP 5, 17): det. מָדָיָא K, מָדָאָה Q (BLA 51k): — 1. **Medien** Esr 6_2; — 2. coll. **die Meder** Da 5_{28} $6_{9.13.16}$, immer mit וּפָרַס; sg. det. **der Meder** Da 6_1. †

***מְדִינָה**: דין, orig. Gerichtsort, -bezirk; > he. (Wagner 152); Ram. äga. sg. abs. מדינא/ה, det. מד(י)נתא (AD, AP, Saqqara); Tell Arad, Samaria; pehl. (Frah. 2, 7); nab. palm. (DISO 143, DNWSI 597); ja., DSS (Dalman Wb. 225a, Beyer ATTM 553); cp. (Schulthess Lex. 43a); sam. *emdinta*; md. *mdinta* (MdD 258) > *mdin* (Nöldeke MG 155[3]); sy. (K, LS 145b) und naram. *mdīnča* (Bgstr. Gl. 56); *m*^{e}*dittā* nab. auch palm. sy. (Q) und nsy.: Provinz äga.; Stadt pehl. nab. (?), palm., sam. nsy. (Maclean 158b) und naram.; beide Bedeutungen ja. sy. md. (Torrey HThR 17, 1924, 83ff); BLA 194u: cs. מְדִינַת, det. מְדִינְתָּא (BLA 204i), pl. מְדִינָן, det. מְדִינָתָא, pl. מְדִנָן: — 1. die **Satrapien** des Perserreiches (G χώρα) Da 3_{2f} Esr 4_{14}; יְהוּד מְדִינְתָּא 5_8, מְ׳ מָדַי 6_2; — 2. **Stadt**, cf. G Θ מְדִינַת בָּבֶל Da 2_{48f} $3_{1.12.30}$ Esr 7_{16} (cf. palm. JCantineau Syr. 12, 1931, 122, 3f). †

***מְדָר**: ↗ *מְדוֹר.

מָה, Esr 6_8 מָא: he. מָה. **A.** Ausser ba.: 1.) pr. interr.: a) was? aam. מה Sef. (KAI 222 B 26); מ: מחזה אנה was sah ich? Nerab (KAI 226, 5); Ram. מה Aḥqr 79, 165 (Leander § 16.17); nab. מה (Cant. Nab. 2, 115a, auch מן); מא ja., DSS (Beyer ATTM 620f) u. sam. neben מה (BCh. Gl. 7a); cp. (Schulthess Lex. 105); sy. (Nöldeke SGr. § 68); md. *ma* (MdD 237a, Nöldeke MG 94); nsy. *mā* (Maclean 151a s.v. *m'*); naram. *mō* (Bgstr. Gl. 55); b) wie? Aḥqr 151, 160; 2.) pr. interr.-relativ "das was": aam. Znğ. מה אשאל was ich erbitte (KAI

214, 12; cf. Degen Altaram. Gr. § 41.42); Sef. מה כתבת was ich geschrieben habe (KAI 222 C 1-2), מה טב בעיני was mich gutdünkt (KAI 224, 3); äga. לא ידע איש מה בלבב keiner weiss, was im Herz ist (Aḥqr 163, cf. 177; cf. Leander 36d); 3.) *מה די > מז Znğ. (KAI 214, 3.22); palm. מדי (Rosenthal Spr. 52; DISO 144, DNWSI 599 s.v. mh_2). **B**. ba.: BLA 86a, 357/8m-o: 1.) pr. interr. **was**? Da 4_{32}; 2.) pr. interr.-relativ "das was" Da 2_{22} Esr 6_9; 3.) מָה־ דִּי (cf. BLA 86a) Da $2_{28.29a.45}$, מָה־ דִּי Da 2_{29b} Esr 7_{18}, מָא דִּי Esr 6_8 ꜰ דִּי 2; 4.) מה c. praep.: a) כמה, ja. כמה/א (= *kamā*, s. Beyer ATTM 621); cp. sy. *k^emā, akmā*; md. *kmā* > *hakmā* MdD 218a, Nöldeke MG 206. 438); he. כַּמָּה wie! Da 3_{33} (BLA 348c); b) למה (äga. AD 12, 8) Esr 4_{22} u. דִּי־לְמָה (ja. und cp. דלמא); sy. *dalmā*; md. *ᶜdilma* (MdD 341b, Nöldeke MG 209 > he. אֲשֶׁר לַמָּה und שַׁלָּמָה) Esr 7_{23} wozu > damit nicht (BLA 265c, 363w :: מָה cf. ar. *mā* nicht, damit nicht), לְמָא דִּי dafür wie Esr 6_8 (BLA 358n); c) עַל־מָה warum? Da 2_{15}. †

***מות**: he. =; aam. Znğ. (KAI 215, 16); Sef. pe. (KAI 224, 16), haf. (224, 11.15.16) cf. Degen Altaram. Gr. § 61 (S. 75 zum pe. und S. 76 zum haf.); Ram. Nerab pe. (KAI 225, 2, ꜰ DNWSI 707 s.v. mt_5; 226, 4), äga. (AP, Aḥqr, Saqqara, BMAP, Hermopolis); pe. Hermopolis 5, 8, Saqqara (KAI 266, 9: כמתא, ob die Form zu מות gehört ist ungewiss, s. dazu KAI II S. 314); Armazi (KAI 276, 11); pehl. (Frah. 22, 5); nab. palm. Hatra ija. (DISO 145, DNWSI 605 s.v. mwt_1); ja., DSS (Dalman Wb. 235a s.v. מִית, Beyer ATTM 621); cp. (Schulthess Lex. 107b); sam. (BCh. Gl. 7a); sy. (LS 378a s.v. *mīt*); md. (MdD 263b, Nöldeke MG 248); naram. (Bgstr. Gl. 60); nsy. (Maclean 165b) *mj^et^e* (Polotsky Gr. 100b).

Der. מות.

מות: *מות; he. מָוֶת; Deir Alla; aam. Sef. (KAI 222 B 30 [?]); Ram. Nerab (KAI 225, 10); äga. Saqqara 9 (ꜰ oben sub מות), sbst. מות(א), auch mit sf. (AP, BMAP); nab. palm. Hatra (DISO 146, DNWSI 607 s.v. mwt_2); מות(א) ja., DSS (Dalman Wb. 229a, Beyer ATTM 621); sam. *mūtå* (BCh. Gl. 7a); cp. (Schulthess Lex. 107); sy. *mautā* (LS 378a); md. *muta* (MdD 263b, Nöldeke MG 337); naram. (Bgstr. Gl. 60) und nsy. *motāna* (Maclean 175a); a) akk. *mūtānu(m)* (AHw. 687b) Seuche, Pest; ja. מוֹתָנָא pehl. Dura (Alth. 2, 4); ja. מותן, DSS (Dalman Wb. 229a, Beyer ATTM 621); cp. *mwtan* (Schulthess Lex. 107); sy. *mutānā* (LS 378a); md. *mutana* (MdD 263b, Nöldeke MG 22 u. 136); b) nach Zimmern 49 wären die westsem. sbst. aus dem akk. entlehnt, doch ist das unsicher, s. dazu Kaufman 74, der für das sbst. einen amorit. Ursprung annimmt; c) zur Endg. *ānu* (*mūtānu*) cf. ? GAG § 56r "bestimmter Tod, der unerwartet od. grausam ist". BLA 182a: **Tod** Esr 7_{26}. †

מָזוֹן: זון; he. =; ja. מְזוֹנָה (Dalman Wb. 229b); cp. *mzwn* (Schulthess Lex. 55a); sy. *māzōnā* (LS 192b); cf. äga. זון (AP 10, 10.17), nab. Ernährung, Unterhalt (DISO 73, DNWSI 308 s.v. zwn_2); md. *zawana* (MdD 157b) Ernährer (nom. act. pe. √*ZWN* (MdD 165a); BLA 194r: **Nahrung** Da $4_{9.18}$. †

מחא: he. מחץ, so auch akk. und ug., s. dazu Wagner 160a, Grdf. der √ **mḫḏ*; aram. Lw. im he. I מחא u. II מחה (Wagner l.c.); א < ע < צ Leander 17h und Wagner l.c.; מחא (א conson.): zur Gestalt der √ mit urspr. א im Aram., s. bes. Degen Altaram. Gr. S. 42. Aam. Zkr (KAI 202 A 15.16), Sef. (KAI 222 A 42); Ram. äga. (Aḥqr, Saqqara) Pachtv. 9: *y[m]ḥnk* [Ergänzung controvers cf. DNWSI); pehl. (Frah. 21, 4) (DISO 147 s.v. מחי, DNWSI 610 s.v. *mḥ'*): מחי; מחא ja., DSS (Dalman Wb. 230a: I מחא, Beyer ATTM 621); cp. (Schulthess Lex. 108a); sam. *mḥh* (BCh. Gl. 7a); sy. (LS 380a); md. *MḤA*

(MdD 258b, Nöldeke MG 373); nsy. (Maclean 167b) und naram. (Bgstr. Gl. 56):

pe: pf. 3. f. מְחָת, Var. מְחַת (ƒ הוה, BLA 161a) **schlagen** Da 2_{34f}; מַחֵא 5_{19} Var. (ƒ חיה haf., BLA 170k.l).

pa: impf. יְמַחֵא: **schlagen,** בְּיַד (ja. pa., > mhe. pi.); cf. ar. *ḍaraba ʿalāj jadihi* (Mtg. 246) in den Arm fallen, hindern Da 4_{32}. †

hitpe: impf. *יִתְמְחֵא עַל אָעָא an den Pfahl geschlagen werden Esr 6_{11}; zum Einzelnen s. Rudolph EN 58 und Gunneweg KAT XIX/1, 110; s. auch Vogt 99a. †

*מַחְלְקָה: חלק teilen; he. מַחֲלֹקֶת, ja. מַחֲלֹקָה, מַחֲלוֹקְתָא (Dalman Wb. 231b); DSS nur vb. (Beyer ATTM 580); BLA 194v: pl. sf. מַחְלְקָתְהוֹן: **Abteilung** (der Leviten) Esr 6_{18}. †

מְחַן: ƒ חנן.

מטא: he. מצא; Ram. מטא: pehl. (Frah. 23, 4; Paik. 483-490) und äga. Behist. 8 (= akk. *ka-ša-du*); Saqqara (KAI 266, 4), Assuan (JHempel ZAW 47, 1929, 150f), AP, BMAP, AD. Siehe dazu Leander § 40b und f; Hermopolis; palm. ija. (DISO 148, DNWSI 616); ja., DSS (Dalman Wb. 232a, Beyer ATTM 622); cp. (Schulthess Lex. 108b); sam. (BCh. Gl. 7a); sy. (LS 381b); md. *MṬA* (MdD 264, Nöldeke MG § 190); nsy. (Maclean 171a) u. naram. (Bgstr. Gl. 60) meist übergegangen in ל״י:

pe: pf. מטא Da 4_{25}, מטה $7_{13.\ 22}$, 3. fem. מְטָת, Var. מְטַת (ƒ הוה) $4_{19.21}$ und מטית 4_{21}K (äga. u. cp., = מְטִית od. מְטַיִת, BLA 155r, Leander 64f.l), pl. מְטוֹ; impf. יִמְטֵא: — 1. **reichen** an (cum לְ) Da $4_{8.17.19}$, **erreichen** 6_{25}, **gelangen** zu (c. עַד) 7_{13}; c. עַל pers. ergehen über Da 4_{21}, sbj. גְּזֵרַת עִלָּיָא "der Beschluss des Höchsten"; **kommen über, widerfahren** 4_{25}, sbj. כֹּלָּא "das alles"; — 2. abs. **eintreten, da sein** (זְמְנָא, cf. AP 10, 7) Da 7_{22}. †

מִישָׁאֵל: he. =; n.m.; G Μισαηλ, Μιζαηλ (Wuthn. 76); DSS מישאיל (Beyer ATTM 735) Da 2_{17} ƒ 1_7 und HAL 547b. Die Deutung des PN ist noch immer ungewiss, s. dazu Noth N. 80. Gegenüber den Vorschlägen wie sie HAL l.c. genannt sind, bleibt es eben beim Satz: "Die Ableitung von מִישָׁאֵל, vokalisiert wie מִיכָאֵל, bleibt unsicher, eine cj. nach dem letzteren PN wird man schon wegen des in den VSS durchgängig bewahrten *s*-Lautes nicht wagen dürfen. †

מֵישַׁךְ: bab. Name vor מִישָׁאֵל (Da 1_7) 2_{49} $3_{12\text{-}30}$ (13 x), ƒ HAL 548a); DSS מישך und auch משך (Beyer ATTM 735); der PN ist unerklärt, zu Vorschlägen s. bes. BHH 1196 und IDB 4, 302f; PRBerger in ZA 64, 1975, 225 bietet für den PN die Übers. "ich bin gering geachtet", was auf das akk. vb. *mêšu(m)* (AHw. 649) zu führen scheint, aber nicht überzeugend ist. †

מלא: he. מָלֵא; aam. Znğ. (KAI 215, 4); Tell Fekherye 22; Ram. äga. (Hermopolis 1, 6, AP, Aḥqr); pehl. (Frah. 25, 5; DISO 151, DNWSI 627 s.v. ml'_1); Ram. Assbr. (KAI 233, 19f), Uruk 4, 7 pt. *ma-li-e*; ja., DSS (Dalman Wb. 236b, Beyer ATTM 623 s.v. מלי); cp. (Schulthess Lex. 111a); sam. (BCh. Gl. 7a); sy. (LS 388a); md. *MLA* (MdD 272); nsy. (Maclean 178a); naram. (Bgstr. Gl. 56); sbst. מלאחא Pachtv. 9 (DISO 151, DNWSI 628 s.v. $ml'h_1$):

pe: pf. 3. fem. מְלָת, Var. מְלַת (ƒ הוה), מְלָאת und מְלָאת, BLA 154m: **füllen** Da 2_{35}. †

hitp: pf. הִתְמְלִי, BLA 159q: **erfüllt werden**, c. acc. Da 3_{19}, obj. חֱמָא. †

*מַלְאַךְ: לאך schicken; ƒ he. מַלְאָךְ. Aam. Sefire (KAI 224, 8) Gesandter, Bote; Ram. ija. (DISO 151, DNWSI 629 s.v. $ml'k_1$); Engel ja. (Dalman Wb. 236b, Beyer ATTM 616); cp. (Schulthess Lex. 160b); sy. (LS 354b); md. *m(a)laka* (MdD 243b, Nöldeke MG 129[1]; nsy. *malākā* (Maclean 178b) und naram. (Bgstr. Gl. 57); ? palm. in n.d. מלכבל Μαλαχβῆλος, s. Otto Eissfeldt Tempel und Kulte syrischer Städte in hellenistisch-römischer Zeit (AO 40, 1941, 86ff) :: PNPI 95b מלך בל "Bēl ist König"; BLA 194q, 217a: sf. מַלְאֲכֵהּ

Engel, Gesandter Gottes Da 3_{28} 6_{23}. †

מִלָּה: מלל; he. =, Lw. < aram. (Wagner 172). Aam. Sefire (KAI 222 B 8.41, C 17.19; 224, 2, Degen Altaram. Gr. § 33 S. 52); Ram. Nerab (KAI 226, 4), Assbr. (KAI 233, 12), Pachtv. 12, Samaria; pehl. (Frah. 10, 23: *mry'*; Paik. 637); äga. (AP, BMAP, AD, Aḥqr, Saqqara); Uruk 4, 7 pl. *mi-il-li-ni*; nab. Hatra ija. Wort, Sache (DISO 152, DNWSI 630); ja., DSS (Dalman Wb. 239a, Beyer ATTM 625); cp. (Schulthess Lex. 110b); sam. *millå* (BCh. Gl. 7a); sy. *mell^etā* (LS 386b); md. *milta, minilta* (MdD 268b, Nöldeke MG 54.184); nsy. *milta* (Maclean 180b); ? > ar. *millat* "Religion" (Hwb.Isl. 505b); BLA 181u, 199h, 238r: cs. מִלַּת, det. מִלְּתָא, pl. wie allgemein מִלִּין, מִלֵּי, מִלַּיָּא (cf. ? Michel Grundlage HeSy 40): — 1. a) **Wort**; das gesprochene Wort Da $2_{5.8}$ $3_{22.28}$ 4_{28} 5_{10} 6_{13} $7_{11.25}$ (c. מַלִּל) ꜰ כִּדְבָה מִלָּה 2_9; Gottes Strafwort (c. √ סוף) 4_{30}; b) geschriebenes Wort $5_{15.26}$, pl. מִלִּין (ꜰ רֵאשׁ) Erzählung 7_1 (alii sec. 2b: fehlt in Θ) so auch TOB; — 2. a) **Sache, Angelegenheit** (cf. he. דָּבָר) Da $2_{10f.15.17.23}$ 6_{15}; b) vom Inhalt/Gegenstand einer Vision, die (geschaute) Sache Da 7_1 (:: Nr. 1b)$_{.28}$, pl. 7_{16} (cf. Vogt 101a, sub 2 :: Plöger KAT XVIII 102f), מִלְּתָא vs.$_{28}$ = Vorgang, pl. מִלַּיָּא vs.$_{16}$ = Vorgänge. †

מלח: he. II מלח; denom. v. מְלַח; ja., DSS (Dalman Wb. 237b, Beyer ATTM 623); sy. (LS 390b) und nsy. salzen (Maclean 179a); sy. itpa. c. *ʿam* (LS 391a) vertraut sein mit, mit Salz geniessen > vertrauten Umgang haben, eig. verbunden sein mit (τινί) cf. F. Passow Handwörterbuch der griech. Sprache, 5. Aufl. Leipzig 1857, 1666b:

pe: pf. 1. pl. מְלַחְנָא **Salz essen** (schon Ges. Thes. 790b), cf. S Ps 141_4 *'etmallaḥ ʿamhōn min melḥa*. מְלַחְנָא הֵיכְלָא מְלַח Esr 4_{14} das Salz des Palastes essen, d.h. dem König verpflichtet sein, so u.a. ZüBi, Galling ATD 12, 195, TOB und bes. Gunneweg KAT XIX/1, 83.84.91 mit Hinweis auf den Ausdruck "Salzbund", bzw. "Salz des Bundes" (מֶלַח בְּרִית - בְּרִית מֶלַח Lv 2_{13} Nu 18_{19} 2C 13_5); [einer cj. bedarf es wohl nicht, wie eine solche wie von Rudolph EN 40 und danach von Vogt 101b vorgeschlagen wird: lies statt des vbs. מְלַחְנָא vielmehr sbst. c. sf. מִלְחַנָא "das Salz des Palastes ist unser Salz"]. †

מְלַח: denom. מלח; he. II מֶלַח; aam. Sefire (KAI 222 A 36); Ram. äga. (Aḥqr 111, Saqqara); pehl. (Frah. 16, 12); palm. (DISO 152 s.v. $מלח_{II}$, DNWSI 632 s.v. *mlḥ*$_2$); ja., DSS (Dalman Wb. 237b, Beyer ATTM 623), s. T° Lv 2_{13} מִלְחָא, so auch nsy. (Maclean 179a); sy. (LS 390b); cp. (Schulthess Lex. 112b) und naram. *melḥā* (Bgstr. Gl. 57); md. *mihla* (MdD 266a); BLA 183g: cs. =: **Salz** Esr 4_{14} (ꜰ מלח); in Reihe mit Weizen, Wein u. Öl 6_9, 7_{22}. †

I ***מלך**: he. I מלך; (denom. < מֶלֶךְ ?) als König herrschen; aam. pe. herrschen Znğ. (KAI 214, 25); pa. (KAI 215, 7), Sefire (KAI 222 A 25, B 6.22); haf. Zkr (KAI 202 A 3.13); Ram. (DISO 152, DNWSI 633); ja. pe. und af., DSS (Beyer ATTM 625, Dalman Wb. 238a); cp. pe. (Schulthess Lex. 112b); sy. (LS 392b) als König regieren; cf. he. hof. (Da 9_1) :: cj. הַמְלִיךְ, so u.a. Mtg. 360f und Plöger KAT XVIII 131.135, s. auch BHS;

Der. מֶלֶךְ, מַלְכָּה, מַלְכוּ.

II ***מלך**: raten, sich beraten ja. (Dalman Wb. 238a s.v. $מְלַךְ_{II}$), cp. (Schulthess Lex. 112b), sy.; versprechen Ram. (AD 12, 4) palm. (DNWSI 634 s.v. *mlk*$_2$) und sy. (LS 391b).

Der. מְלַךְ.

מֶלֶךְ: I מלך: he. =; Deir Alla; aam. Bredsch, Barhadad. (KAI 201, 3); Zkr (KAI 202 A 1 u.ö., B 3.17); Hama (KAI 203); Znğ. (KAI 214, 215, 216, 217, 1; 219, 3); Sefire (KAI 222-224); (? Sefire [KAI 227, 5]); T. Fekherye 6.7.13; Ram.: Tema (KAI 228 A 1.9); Assbr. (KAI 233, 4 etc.); äga. (AP, Aḥqr, Behist., AD, BMAP, KAI 271 B 7, Saqqara)

Pachtv. 12, Xanthos, Samaria, Armazi = Mcheta (Kai 276, 3.5); pehl. (Frah. 12, 2; Paik. 545, 632ff.); sogd. (Gauth.-B II 223); Hatra; nab. palm. ija. (DISO 153); aram. Inschr. aus Armenien (WdO 6, 1971, 44f, DNWSI 634 s.v. *mlk*$_3$); ja., DSS (Dalman Wb. 238a, Beyer ATTM 624); cp. (Schulthess Lex. 112b); sy. (LS 391b); md. *malka* (MdD 244b, Nöldeke MG 151: מְלֵיךְ); nsy. *malkā* (Maclean 179b) und naram. (Bgstr. Gl. 57); BLA 223f: cs. =; det. מַלְכָּא (Da 2_4 u.a. Vokativ), 2_{11} מַלְכָּה, pl. מַלְכִין, fälschlich מַלְכִים Esr 4_{13} (BLA 201f: ם Schreibfehler für ן, so auch Gunneweg KAT XIX/1, 84 :: Rudolph EN 39: lies מַלְכֵי, so auch BHS); pl. det. מַלְכַיָּא: **König** Da 2_4 - 7_{24} und Esr 4_8 - 7_{26}; מֶלֶךְ מַלְכַיָּא (BLA 312i) Da 2_{37} (K. von בָּבֶל), Esr 7_{12} (von פָּרַס), Titulatur, cf. *šar šarrāni* (AHw. 1189b), palm. *mlk mlkʾ* Titel des palm. Königs (DISO 153, s.v. מלך$_{II}$ Nr. 4, DNWSI 634 s.v. *mlk*$_3$: S. 637), THAT I 912, cf. auch Bentzen zu Da 2_{37}; Epith. des isr. Gottes aus dem Mund Nebukadnezars מָרֵא מַלְכִין Da 2_{47} (*F* מָרֵא), cf. מֶלֶךְ שְׁמַיָּא Da 4_{34} (*F* שְׁמַיִן); בֵּית מַלְכָּא Esr 6_4 (*F* בַּיִת); מַלְכִין Könige Da 7_{17}; der genaue Sinn ist umstritten, Möglichkeiten: a) MT: "die Könige repräsentieren die Reiche", so Plöger KAT XVIII 105, ähnl. Mtg. 305f: "der einzelne König kann für sein Reich stehen", cf. Vogt 102b: Könige oder Reihe v. Königen; b) cj. α) pr. מַלְכִין lies c. G Θ V u. 1 MS מַלְכְוָן Königreiche; β) pr. MT l. מַלְכִין, sg. *F* he. מֶלֶךְ, ar. *mulk*; ug. pun. (Ginsb. 1) cf. BHS; c) der unter b) genannten cj. bedarf es wohl nicht.

*מְלַךְ: II מלך; he. cj. III מֶלֶךְ; Hatra (DNWSI 644 s.v. *mlk*$_{10}$); ja. מ/מַלְכָּא, DSS (Dalman Wb. 238b, Beyer ATTM 624); cp. (Schulthess Lex. 112b); sy. *melkā* (LS 392a); md. *milka* (MdD 267a). Grdf. **milk* (BLA 183j): sf. מִלְכִּי, or. *ma-*: **Rat** Da 4_{24}. †

*מַלְכָּה: I מלך, fem. v. מֶלֶךְ; he. =; Ram.: pehl. (Frah. 12, 11), Hermopolis 4, 1 (Vogt 102a), Demot. IX 5: pl. cs. מאלאכאת; nab. palm. ija. (DISO 153, DNWSI 634 s.v. *mlk*$_3$); ja., DSS (Dalman Wb. 238b, Beyer ATTM 624); cp. (Schulthess Lex. 113a); sy. *malkᵉtā* (LS 391b); md. *malakta* (MdD 243b, Nöldeke MG 101); nsy. *malktā* (Maclean 179b), naram. (Bgstr. Gl. 57); BLA 243a: det. מַלְכְּתָא: **Königin**, d.h **Königinmutter** Da 5_{10}. †

מַלְכוּ: I מלך; he. מַלְכוּת; aam. Sefire מלכת (KAI 222 A 25); Ram. äga. מלכותא (AP, Aḥqr 95), so wohl auch zu lesen für מלוכתא (AP 6, 1), s. dazu Leander 80y; Samaria, pehl. (Frah. 12, 2); ija. (DISO 152, 154, DNWSI 644); ja., DSS (Dalman Wb. 238b, Beyer ATTM 624); cp. (Schulthess Lex. 113a); sam. (LOT 2, 556); sy. (LS 392a); md. *malkuta* (MdD 245a, Nöldeke MG 144); naram. (Bgstr. Gl. 57); BLA 197g: cs. מַלְכוּת, det. מַלְכוּתָא, Da 2_{44} 4_{28} $7_{24.27}$ ־תָה, sf. מַלְכוּתֵהּ, מַלְכוּתָךְ, מַלְכוּתִי, pl. (BLA 245c.d) cs. מַלְכְוָת, det. מַלְכְוָתָא: — 1. **Königswürde, -herrschaft** Da $2_{37.44}$ $4_{28.33a}$ 5_{18} 6_1 $7_{14a.18.22.27a}$, בֵּית מַלְכוּ Residenz (Babylon) 4_{27}, הֵיכַל מַלְכוּתָא Königspalast 4_{26}, כָּרְסֵא מַ׳ Königsthron 5_{20}; — 2. **Regierungszeit** Da 6_{29} Esr 4_{24} 6_{15}; — 3. (nicht leicht abzugrenzen gegen 1: Da 4_{23} 5_{26} 6_5) **Königreich** Da $2_{39\text{-}42.44}$ 3_{33} $4_{15.23.33b}$ $5_{7.11.16.26.28f}$ $6_{2.4f.8.27}$ Esr $7_{13.23}$, Königreich des Menschen ידע דִּי שַׁלִּיט (אֱלָהָא) עִלָּיָא בְּמַלְכוּת אֲנָשָׁא Da $4_{14.22.29}$ 5_{21}; Königreich Gottes 3_{33} 4_{31} $7_{14b.27b}$. †

מלל: he. III מלל < aram. (Wagner 171): aam. Sefire (KAI 224, 2); Ram. äga. (AP, Aḥqr 178, Saqqara), pehl. (Frah. 18, 3, Paik. 492-495); ija. (DISO 154, DNWSI 644), Pul-i D 7; ja., DSS (Dalman Wb. 238b, Beyer ATTM 625); cp. pa. (Schulthess Lex. 111a); sy. pa. (LS 387a); md. *MLL* (MdD 273b, Nöldeke MG 253):

pa: pf. מַלִּל; impf. יְמַלִּל; pt. מְמַלִּל, מְמַלְּלָה, Var. מְמַלְּלָא/ה (BLA 166g): **reden**

Da $7_{8.11.20.25}$, abs. עִם 6_{22}. †

Der. מִלָּה (:: vb. denom. BLA 273g).

מַן, Var. Da $3_{6.11}$ u. 4_{22} מָן: he. II מָן was?, u. cj. מַן wer? (HAL 564b): wer, wer auch immer, cf. Degen Altaram. Gr. § 41 (S. 60); aam. Zkr (KAI 202 B 16.18.21), Znğ. (KAI 214, 15), Sefire (KAI 222-224 passim), T. Fekherye 10.16 (S. 53); Ram. Nerab (KAI 225, 5; 226, 8); äga. *mn*, *mnzj* (AP, BMAP, Aḥqr; cf. Leander § 16. 17), klas. pehl. (Frah. 25, 6 und Nyb. II 297 מנו [< **man-hū*], Paik. 641), Uruk 19f *man-nu*; nab. palm. Hatra ija. (DISO 157 s.v. מן$_{II}$, DNWSI 648 s.v. *mn*$_4$); ja., DSS (Beyer ATTM 625f, cf. auch Dalman Wb. 240a u. Lex.[1]); cp. *mn* (*man*) (Schulthess Lex. 113a), später *mjn* (*men*) (Schulthess Gr. § 64); sy. *mān, mānā, mōn* (LS 393b); md. *man* (MdD 246, Nöldeke MG 94); nsy. *man* (Maclean 181b); naram. *mōn* u. *mannu/e* (Spit. 57a-e, Bgstr. Gl. 57); BLA § 24: — 1. pron. interr. **wer**? Esr $5_{3.9}$, מַן־הוּא אֱלָהּ דִּי Da 3_{15} wer ist ein Gott, der = welcher Gott?, מַן אִנּוּן שְׁמָהָת Esr 5_4 welches sind die Namen? (↗ שֻׁם) auch asy. (Black 219) und md. (Nöldeke MG 341[2]); cf. BLA 268d und Lande 39 :: Mtg. 208; — 2. pron. rel. מַן־דִּי (BLA 358n, ↗ דִּי 2b): **wer** Da $3_{6.11}$, לְמַן־דִּי **wem** $4_{14.22.29}$; **wen** 5_{21}. †

מִן: he. =; aam. Zkr, Znğ. Sefire (Degen Altaram. Gr. § 45a), T. Fekherye מן von, seit (Z. 16.17.18.22.23), *mnh* (Z. 9.11.19), cf. S. 53; Ram. Nerab, Tema (s. KAI 225, 8.10; 228, 18), Assbr. (KAI 233, 9.15.16), Uruk *mi-in*; äga. (Leander § 62, 9); pehl. (Frah. 25, 6, Paik. 638/9); Demot. 227 VII 3f, Hatra (KAI 247, 5 ?, 257, 3); Kleinas. (KAI 264, 6); nab. (Cant. Nab. II 115a); palm. (Cant. Gr. 138), s. ferner KAI III S. 37b; DISO 155ff, DNWSI 649 s.v. *mn*$_5$); ja., DSS (Dalman Wb. Gr. 47, 2, Beyer ATTM 626); cp. (Schulthess Lex. 113b); sy. (LS 393b); md. *mn*, mit sf. immer *min-* (MdD 273b, Nöldeke MG 10.193); naram. *m(u-)* (Spit. 129p. Bgstr. Gl. 57); BLA 259t-w: sf. מִנִּי, מִנָּךְ, מִנֵּהּ, מִנָּה (Var. מִנָּהּ, BLA 73 o.p, 81z), מִנְּהוֹן K u. מִנְּהֵ(י)ן Q Da $2_{33.41f}$; ן selten assimiliert מִטּוּרָא Da 2_{45}, מֵאַרְעָא Jr 10_{11} (BLA 259u): praep. — 1. räumlich: a) **aus, von** Da 2_{35} (BLA 316h)$_{.45}$ $5_{2f.13}$ 6_{24} $7_{3f.24}$ Esr 6_{11}; **herab von** Da $4_{10.20}$ 5_{20}, **weg von** $4_{11.22.28.30}$ 5_{21} Jr 10_{11}, מִן־תַּמָּה von dort Esr 6_6; zusammengesetzt mit ↗ גּוֹא, ↗ לְוָת, ↗ צַד; ↗ קֳדָם und ↗ תְּחוֹת; b) besondere Fälle: c. ↗ שׁיזב retten מִן־יַד Da 3_{15}, *דִּינָא מִתְעֲבֵד מִן Gericht halten/vollziehen an (↗ דִּין sub 1) Esr 7_{26}, בְּעָה מִן erbitten von Da $2_{16.23.49}$ 6_{13} (↗ בעה 2), לִבְבֵהּ מִן־אֲנָשָׁא יְשַׁנּוֹן (↗ שׁנה pa.) 4_{13}, s. dazu Marti Das Buch Daniel (KHC XVIII 1901), 29: לְבַב מִן־אֲנָשָׁא Ausdruck für מִן לְבַב אֲ' Menschenherz: מִן cf. ar. zur Umschreibung des Genitivs: Menschenherz, cf. BLA 316i; Ausgaben bestreiten aus Esr 6_4 7_{20}; — 2. zeitlich: **seit** Esr $4_{15.19}$; מִן ... וְעַד Da 2_{20} Esr 5_{16}; מִקַּדְמַת דְּנָה vordem Esr 5_{11}; מִן־דִּי conj. nachdem, weil (↗ דִּי 3 f β) Da 3_{22}; — 3. bei Vergleichen: **verschieden von** Da $7_{3.7.19.23f}$, vor 2_{30}; komparativisch (BLA 319h) אֲרַעא מִן geringer als Da 2_{39} (↗ אֲרַעָא 2); עֵלָּה מִן über (ihnen) 6_3; — 4. partitiv: aus, von Da 2_{25} 5_{13} $6_{3.14}$ $7_{8.16}$ (חַד מִן) Esr 7_{13}; מִן־נִצְבְּתָא etwas von Da 2_{41}, cf. Rosenthal Gr. § 80; מִנְּהוֹן ... וּמִנְּהוֹן $2_{33.41f}$ teils ... teils (cf. VG II 360.397), ... מִן־קְצָת וּמִנַּהּ 2_{42} teils ... teils (cf. Vogt 104a, 3b; cf. auch cp. Schulthess Gr. § 168, 6 :: VG II 361f); — 5. zur Angabe von Urheber oder Ursache: מִנִּי Da $2_{5.8}$ (BLA 316h, ↗ אזד), מִטַּל $4_{22.30}$ 5_{21} (= בְּ $4_{12.20}$), sich nähern von 4_9, c. זון hitpe.; wegen, infolge 5_{19} 7_{11} (:: Mtg. 301f); — 6. normativ: nach, gemäss (palm. מן נמוסא nach dem Gesetz, DISO 179, מן עידא nach dem Herkommen, cf. Rosenthal Spr. 85, DISO 207, Cantineau Gr. 138), מִן־טַעַם nach dem Befehl Esr 6_{14} 7_{23} (↗ dazu sub טְעֵם, adv. BLA 255s oder zu 4); מִן־יַצִּיב gewiss Da 2_8; מִן־קְשֹׁט דִּי es entspricht der Wahrheit dass = tatsächlich, gewiss 2_{47}. †

מְנֵא Da 5_{25f}: Bedeutung kontroverse: 1.) als sbst. Mine; he. מָנֶה; Lw. < akk. *manû(m)*, < sum. *mana* (s. Zimmern 20f, AHw. 604a, Kaufman 69); LXX u. Pseudo Theodotion Da 5_{25f} neben μνᾶ auch μανη (Beyer ATTM 129); Ram. äga (AP), pl. מנ(י)ן (cf. Leander 15c), mspt. מנה; Xanthos, Samaria, palm. Hatra ija. (DISO 158 s.v. $מנה_{II}$, DNWSI 658 s.v. *mnh_2*); ja., DSS (Dalman Wb. 241a, Beyer ATTM 628) מְנֵא/י; ja. sy. (LS 394a), nsy. (Maclean 183a) מְנְיָא = md. *mania* (MdD 275a); BLA 234 o :: 2.) als vb. pt. pass. ↗ מנה. †

מִנְדָּה: ↗ מִדָּה.

מַנְדַּע: ידע; he. מַדָּע; äga. מנדע (Aḥqr 53), die genaue Übers. ist ungewiss, s. dazu AP S. 232; ija. (DISO 158, Leander 37d, Ginsberg ANET 428a, Vogt 106b, DNWSI 656 s.v. *mndʿ₁*); ja., DSS (Dalman Wb. 240b, 225b, Beyer ATTM 594) *mandaʿ, maddaʿ*; cp. מדע (Schulthess Lex. 79) und sy. *madd^eʿā* Wissen, Verstand, Einsicht (LS 297a); md. *manda* (MdD 247 Wissen, Erkenntnis, γνῶσις, Nöldeke MG 75, s. auch Rosenth. AF 244; akk. < aram. *mandētu* (AHw. 602a Rekognoszierungsergebnis). [Der. מנדעם etwas < *maddaʿ-mā* "etwas Gewusstes" mit nachgestelltem indefinitem *-mā*; Ram. pehl. (Frah. 16, 9; Paik. 640); äga. (AP, Aḥqr, Behist., Hermopolis, Saqqara מ(נ)דעם; cf. Leander § 18d bes. S. 38 + Beyer ATTM 594f); Sardes (KAI 260 B 6; 8 מנדעמתה fem. + sf.), so auch Carpentras (KAI 269, 2); nab.; palm. Hatra, ija. מנדעם/ן (DISO 158, Rosenth. Sprache 52, DNWSI 598 s.v. *mdʿm*); ja. מִדְּעַם u. מִדֵּי (Dalman Wb. 225a.b); DSS מנדע (Beyer ATTM 594); sy. *meddem* (LS 375b); nsy. *mi(n)di* (Maclean 182a); md. *mindam* (MdD 267b, Nöldeke MG 186, cf. MG 50); naram. *mette* (Bgstr. Gl. 59) :: akk. *mindē(ma)* (Torcz. Entst. 47ff, Landsberger OLZ 26, 1923, 73; doch s. dazu auch GAG § 121e und AHw. 655a; *minde, midde*, auch *manda* (< *mīn īde* was weiss ich) vielleicht; eine jüngere Form der Partikel ist *mindēma*. Ein etym. Zushg. mit dem aram. dürfte bestehen, aber ob es sich um ein Lw. aus den akk. (bab.) handelt muss fraglich bleiben.] BLA 194r: det. מַנְדְּעָא, sf. מַנְדְּעִי **Verstand** Da 2_{21} $4_{31.33}$ 5_{12}. †

מנה: he. =; pi. < aram. (Wagner 174); Ram. äga. Aḥqr (AP pe. und öfter pa. Aḥqr, Saqqara; AD pu.); pehl. (Frah. 23, 6); nab. ija. (DISO 159 s.v. מני, DNWSI 660 s.v. *mny*); ja., DSS (Dalman Wb. 240b: מנא, Beyer ATTM 628 s.v. מני); cp. (Schulthess Lex. 114a); sam. (LOT 2, 538); sy. (LS 394a); nsy. (Maclean 181b s.v. *mnʾ*); md. *MNA* (MdD 274a), etpe./etpa. *ʿtminiit* "ich wurde gezählt" (MdD 247b, Nöldeke MG 284):

pe: pf. מְנָה; pt. pass. מְנֵא (BLA 147i): **zählen** Da 5_{25f}; pt. pass. מְנֵה gezählt (Kautzsch Gr. 10f), ↗ פְּרֵס u. תְּקֵל & Komm., s. bes. BLK z. Stelle (S. 58f), s. ferner Eissfeldt ZAW 63, 1951, 105-114 (= KlSchr 3, 210-217) :: ↗ מְנֵא.

pa: pf. מַנִּי, מַנִּית; imp. מֱנִּי (BLA 159p) **bestellen, einsetzen** (äga. AP, AD pu., ja.) Esr 7_{25} (c. acc. pers.) über עַל (äga. עם) Da 2_{49} 3_{12}, c. inf. u. לְ 2_{24}. †

Der. מְנֵא (?), מִנְיָן.

מִנְחָה: Lw. < he.; äga. (AP; DISO 159, Vincent Rel. 185ff, DNWSI 659 s.v. *mnḥh₁*); ja., DSS (Dalman Wb. 241a, Beyer ATTM 627f) מִנְחֲתָא; BLA 244d: pl. sf. מִנְחָתְהוֹן: **Opfer** Da 2_{46}, s. dazu Martin (ZAW 85, 1973, 81), spez. **Speiseopfer** (he. mhe. ja.) Esr 7_{17}. †

*מִנְיָן: מנה; Ram. äga. (AP, BMAP, Saqqara); nab. ija. (DISO 159, DNWSI 661); ja., DSS (Dalman Wb. 241b, Beyer ATTM 628); cp. (Schulthess Lex. 114b); sam. (LOT 2, 560); sy. (LS 394b); nsy. *miniānā* (Maclean 183a); md. *miniana* (MdD 268a, Nöldeke MG 176.179); BLA 195z: cs. =: **Zahl** Esr 6_{17}. †

*מַעֲבָד: עבד; he. =; ja., DSS (Dalman Wb. 244b, Beyer ATTM 651) u. sy. *ma^{ce}bādā* (LS 505b); md. *mabada* (MdD 238a, Nöldeke

MG 130); sy. Zauber; BLA 195w: pl. sf. מַעְבָדוֹהִי: **Tat** Da 4_{34}. †

*מְעֵה: he. *מֵעֶה; mhe. מֵעֶה, pl. מֵעִים, du. מֵעִים, מֵעַיִם, מֵעַיִן (Dalman Wb. 245a, Levy 3, 184b), Eingeweide, Bauch; ja. מְעָא, pl. det. מֵעַיָּא (Dalman Wb. 244b, Levy 3, 185a); DSS (Beyer ATTM 629 s.v. מעין) *meʿēn* Bauch; cp. pl. sf. *mʿwj* (Schulthess Lex. 115a); sy. (LS 397b) und nsy. *maʿjā* (Maclean 187b), pl. *meʿajjā*; md. *mia* pl. (MdD 265b) Var. *maia* (MdD 242a), *mʿia, mʿiia* (MdD 276b, Nöldeke MG 109: מעיא, sprich etwa *mêjâ*) Eingeweide; BLA 186z, 305e: pl. sf. מְעוֹהִי: **Bauch** (he. HL 5_{14}) Da 2_{32}. †

*מֶעָל: עלל; spbab. < aram. *manḫalu* (AHw. 603a) Eintritt; nab. palm. (Rosenth. Spr. 44f, Cant. Gr. 79f); ija. (DISO 161, DNWSI 669 s.v. $m^{c}l_1$); ja. (die genaue Gestalt des sbst. ist ungewiss), Möglichkeiten: 1.) מֵעָלָא (Dalman Wb. 246a, danach Lex.[1]); 2.) מֵעֲלֵי/מַעֲלֵי (Levy 3, 193a); 3.) מעל *maʿʿál* (DSS Beyer ATTM 658); cp. (Schulthess Lex. 146a) und sam. מעול; sy. *maʿʿelā, maʿʿaltā*, pl. cs. *maʿʿālaj* (LS 524b, 525a); md. *mala* (MdD 243a, Nöldeke MG 129); Grdf. **maʿʿāl*; BLA 195w: pl. cs. מֶעָלֵי, Var. מֵעָלֵי und מַעֲלֵי, or. *maʿalē* und *mʿalē* (BLA 45f): מֶעָלֵי שִׁמְשָׁא **Sonnenuntergang** Da 6_{15}, cf. äga. [מן] מערב שמשא (AP 21, 8; DISO 162) und he. מְבוֹא הַשֶּׁמֶשׁ (HAL 514a). †

*מָרֵא: Syllab. Trskr. in äg. *ma-ru-ʾi/u* (Albr. Voc. 43); altsinait. *mrʾ* (WFAlbright BASOR 110, 1948, 21); keilschr. *ma-ri-iʾ* (APN 134b, s. dazu auch Beyer ATTM 629) teilweise verkürzt > *mār* (APN 135a). Aam. Arslan Taš (KAI 232); Brēdsch (Barhadad) (KAI 201, 3); Znǧ. (KAI 215-218); Sefire (KAI 224, 21.22); T. Fekherye Z. 6.16, *mry* Z. 17 (s. S. 53). Formen mit sf.: *mry, mrh, mrʾn, mrkm* (s. bei Degen Altaram. Gr. S. 56); *mr* Siegel aus Assyrien (Beyer l.c. 630); Ram. Assbr. (KAI 233, 6) c. sf. 1. sg. מרי; äga. מרא, (Hermopolis, Saqqara, Aḥqr); Formen mit sf. s. AP S. 298a, Leander 22e und 107k, hier auch die Schreibungen ohne א: מרי und מרן, BMAP מראי Nr. 13, 1.9, die gleiche Form AD 3, 3.5; 4, 2; 10, 1-2 מראיהם 7, 4.5; pehl. (Frah. 1, 1; 13, 5; Paik. 651); Tax. (KAI 273, 9, 12); nab. palm.; Hatra ija. (DISO 166, DNWSI 682); מָרָא ja., DSS מרה: diese Schreibung wiederholt in DSS (Dalman Wb. 251a, Beyer l.c. 629f), oft noch neben מרא, s. dazu auch Lex.[1] 1096a; cp. (Schulthess Lex. 115b); sam. *mr* = *mår* (BCh. Gl. 7b); sy. (LS 401a); md. *mara, maria* (MdD 251, Nöldeke MG 184); nsy. *māra* (Maclean 197a) und naram. *mōra* (Bgstr. Gl. 58 s.v. *mwr*); n.m. palm. מריא (PNPI 97a); jemen. *māriyyun* (Rabin 28); Baumgartner ZAW 45, 1927, 104 = ZATU 91f, Rowley Aram. 111ff, Schaed. 41f, Rosenth. Spr. 30; ar. *imrāʾ* und *imruʾ* (mit art. *al-marʾ*); asa. *mrʾ* (Conti 180b, Sabdic 87: Mann); BLA 190y: cs. =, sf. מָרְאִי K, מָרִי Q, BLA 60k :: Gordon BASOR 78, 1940, 10f. **Herr**: 1.) v. König: מָרִי/מָרְאִי mein Herr Da 4_{16} (ZüBi: O Herr); מָרִי/מָרְאִי מַלְכָּא, c. עַל + מטא (was ergehen wird) über meinen Herrn, den König Da 4_{21}; vom König/Pharao מ׳ מלכין Saqqara (KAI 266, 1.6); 2.) von Gott (als n.d. siehe Baud. Kyr. 357ff); a) מָרֵא־שְׁמַיָּא Da 5_{23}; b) מָרֵא מַלְכִין Da 2_{47}; cf. אדן מלכם der Herr der Könige (KAI 14, 18); vergleichbare Attribute von Gottheiten: akk. *bēl šarrāni* = Marduk, s. Tallqvist AkGE 54; *bēl bēlē, šar šarri* (Tallqvist l.c. 42. 237); cf. KAI II S. 23. Da 2_{47} ꟳ oben sub 2a. †

*מרד: he. =; äga. (AD; DISO 167, DNWSI 690 s.v. mrd_1); ja., DSS (Dalman Wb. 252a, Beyer ATTM 629); cp. (Schulthess Lex. 116b); sy. (LS 402b); md. *MRD* (MdD 278). Der. מְרַד, **מָרָד*.

מְרַד: מרד; he. מֶרֶד; ja. מְרָדָא T^J (2K 11_{14}) s. Dalman Wb. 252a; sy. *merdā* (LS 403a); md. *mirda* (MdD 270a, Nöldeke MG 102); Grdf. **mird* ? :: BLA 183e: **mard*: **Empörung** Esr 4_{19}. †

*מָרָד; מרד, Grdf. des adj. *marrād (BLA 191c, Leander 82n); Ram. AP, Beh. passim, st. emph. pl. מרדיא, akk. ni-ik-ru-tu (DISO 167, DNWSI 690 s.v. mrd_2); ja. מָרָדָא, pl. מָרָדִין (Dalman Wb. 252a); sy. marrīdā (LS 403b): fem. מָרָדָא, > מָרָדְתָּא (BLA 16z), f. st. emph. מָרָדְתָּא: **rebellisch** Esr $4_{12.15}$. †

מרט: he. =; Ram. äga. etpe./etpa. … עמרא מתמרט בכבא "die Wolle (des Schafes/der Schafe) ist/wird ausgerissen durch Dornen" (Ed. Sachau APO S. 233 Nr. 76 I A 4; DISO 168; die obige Übers. nach der lateinischen Wiedergabe bei Vogt 108b, DNWSI 693); ja. (Dalman Wb. 253b); sy. (LS 404a); nsy. (Maclean 199a):

pe: pf. pass. (BLA 104b-e), pl. מְרִיטוּ: **ausraufen** (גַּפִּין "Flügel") Da 7_4. †

מֹשֶׁה: n.m. **Mose** Esr 6_{18} (ₓ HAL 607). †

I *משׁח: he. I משׁח salben; aam. Sefire (KAI 222 A 21); Ram. äga. (AP); ija. (DISO 169, DNWSI 699 s.v. $mšḥ_1$); Dura Europos (Beyer ATTM 631); ja. (Dalman Wb. 256b); sam. (LOT 2, 593); cp. (Schulthess Lex. 117a); sy. (LS 407 s.v. $mšḥ_{II}$); md. MŠA, MŠH (MdD 279a, Nöldeke MG 235); nsy. (Maclean 201b).

Der. I מְשַׁח.

II *משׁח: he. II משׁח messen; Ram. äga. (AP 71, 17 ?; DISO 170 s.v. $משח_{IV}$, DNWSI 699 s.v. $mšḥ_2$); ja., DSS (Dalman Wb. 256b, Beyer ATTM 631); cp. (Schulthess Lex. 117b); sy. (LS 406b s.v. $mšḥ_I$); md. MŠA I (MdD 279a) messen, ausstrecken, Nöldeke MG 66 messen.

Der. cj. II *מְשַׁח.

I מְשַׁח: I משׁח; aam. Znğ. (KAI 215, 6); Ram. äga. (Hermopolis, AP, BMAP, Saqqara); Delap. 76; mspt. (CIS II 44); pehl. (Frah. 7, 19); palm. משח und משחא, zu letzterem noch Gawlikowski Semitica 23, 1973, 115 Z. 5 (DISO 170, DNWSI 699 s.v. $mšḥ_3$); ja., DSS (Dalman Wb. 256b: $מִשְׁחָא_I$, Beyer ATTM 631); משח und משחא auch nsy. mišḥa (Maclean 201b); cp. m(j)šḥ(ʾ) (Schulthess Lex. 117a); sy. (LS 407a) u. naram. mešḥā (Bgstr. Gl. 59); md. miša (MdD 270b, Nöldeke MG 64); Grdf. ? mišḥ :: BLA 183e mašḥ: **Salböl** Esr 6_9 7_{22} (pr. מְשַׁח בַּתִּין l בַּתִּין מְשַׁח). †

cj. II *מְשַׁח: II משׁח; äga. משחת (AP 9, 4, BMAP; DISO 170 s.v. משחת, DNWSI 700); ja. II מִשְׁחָא u. מִשְׁחֲתָא (Dalman Wb. 256b); DSS (Beyer ATTM 632: משחא, mešḥā Mass, Abmessung); cp. mšwḥ (Schulthess Lex. 117b); sy. m^ešuḥtā und mūšḥ^{e}tā (LS 406b); md. mašihta (MdD 255b, Nöldeke MG 461): pl. sf. cj. (Rudolph EN 54) מְשְׁחוֹהִי **Mass** Esr 6_3. Bemerkung: der Text ist verderbt und darum sehr unsicher; entsprechend ist auch die obige cj. unsicher, s. dazu Gunneweg KAT XIX/1, 104. †

*מִשְׁכַּב: שׁכב: he. מִשְׁכָּב, or. מַ׳ (MTB 70, MdO 197); Deir Alla; nab. משכבא Ort der Ruhe = Grab ? (DISO 170 s.v. $משכב_I$, DNWSI 701 s.v. $mškb_1$); ja. מִשְׁכְּבָא (Dalman Wb. 257a) :: DSS (Beyer ATTM 707 משכב maškáb [maqṭál]); cp. mškwbj, sf. mškwbjth (Schulthess Lex. 205b); sy. mašk^{e}bā (LS 775b); md. škibta ruhend, liegend (MdD 465b, Nöldeke MG 177: מישיכבאך "dein Liegen"; auch MdD 465a s.v. ŠKB pe. inf.); Grdf. *miškab od. *maškab (BLA 194q, ThZ 9, 1953, 155): sf. מִשְׁכְּבָךְ, מִשְׁכְּבֵהּ, מִשְׁכְּבִי, Da 2_{28f} or. ma-: **Lager** Da 2_{28f} $4_{2.7.10}$ 7_1. †

*מִשְׁכַּן: שׁכן; he. מִשְׁכָּן, or. ma- (MTB 70); Ram. Hermopolis, palm. (JCantineau Syr. 17, 1936, 353, 9); Hatra (DISO 170, DNWSI 702 s.v. $mškn_3$); ja. מִשְׁכְּנָא (Dalman Wb. 257a); DSS משכן maškán (Beyer ATTM 709); sam. meškan (BCh. Gl. 11b s.v. škn); cp. *mškn (Schulthess Lex. 206a tabernaculum); sy. mašk^{e}nā (LS 776b), auch nsy. (Maclean 202b); md. maškna (MdD 255b, Nöldeke MG 129); Grdf. *miškan (BLA 194q) od. eher maškan (ThZ 9, 1953, 155): sf. מִשְׁכְּנֵהּ, Var. מַ׳: **Wohnung** (Gottes = Jerusalem) Esr 7_{15}. †

*מַשְׁרוֹקִי: שׁרק; sy. (LS 810a: *mašrōqītā*) und nsy. *mašruqita* (Maclean 204b); md. *mašrukta* (MdD 256a, Nöldeke MG 130f); kan. (BLA 10t, 195w, 197f): det. מַשְׁרוֹקִיתָא, מַשְׁרֹקִיתָא Da 3_{10}: **Rohrpfeife** (Kolari 35f), G Θ σύριγξ, V *fistula* Da $3_{5.7.10.15}$, zur Wiedergabe in G Θ V s. auch Grelot VT 29, 1979, 26-28. †

*מִשְׁתֵּא: שׁתה; he. מִשְׁתֶּה, or. מִ׳ (ThZ 9, 1953, 156); ja. emph. מִשְׁתְּיָא; indet. מִשְׁתֵּי (Dalman Wb. 258b); DSS (Beyer ATTM 720: משתה *maštē*); md. *mišitia* = *mištia*, inf. von *ŠTA* Trank (MdD 270b, Nöldeke MG 129); cp. *meštē* Trank (Schulthess Gr. § 111, cf. Lex. 216b); sy. *mašt^ejā* Trank, Gelage (LS 811b); ja. מִשְׁתּוּתָא Mahl, Hochzeitsmahl (Dalman Wb. 258b), cf. *nuptiae* Hochzeitsmahl; cp. emph. *mštwt*ʾ (Schulthess Lex. 216b) = sy. *meštūtā* (LS 811b); naram. *maščuta* Hochzeitsfeier (Bgstr. Gl. 88); BLA 194s, ThZ 9, 1953, 156: det. מִשְׁתְּיָא, or. *mištijā* (BLA 38a): **Trinken, Gelage**, בֵּית מִ׳ Festsaal Da 5_{10}. †

*מַתְּנָה: נתן; he. מַתָּן, I מַתָּנָה; Ram. (Ed. Sachau APO 75 II 7.11, DISO 172 s.v. מתן$_{II}$, DNWSI 709 s.v *mtn*$_2$); keilschr. *mat-ta-na-at* (Uruk, WSB 77), s. dazu Beyer ATTM 643; ja. מַתַּנְתָּא (Dalman Wb. 259b); DSS (Beyer l.c.); cp. *mattūnā* (Schulthess Lex. 129b); BLA 194r: pl. מַתְּנָן, sf. מַתְּנָתָךְ, f. **Gabe** Da $2_{6.48}$ 5_{17}. †

נ

נ: 1.) wechselt mit ⸢ מ; cf. (ן)הִמּוֹ; 2.) assimiliert sich einem folgenden Konsonanten (BLA 34k): נַב (?), הַדָּם und עֵז, נזק, נפל und נחר; 3.) ist a) nicht assimiliert, bzw. b) die Verdoppelung wieder aufgelöst (BLA 50e :: Leander 18j): zu a) *אֲנַף, אַנְתָּה, אַנְתּוּן und *חִנְטָא, in נפק, נתן und zu b) Auflösung der Gemination durch נ (BLA 50d) in ⸢ ידע, סלק, u. עלל haf.: הַנְעֵל :: צַפַּר und שַׁפִּיר !

נבא: mitsamt den Ableitungen Lw. < he. נבא ?; pa. sy. itpa. ja. (Dalman Wb. 260b); cp. (Schulthess Lex. 118a); sy. (LS 411b); md. af. u. ettaf. (MdD 287a, Nöldeke MG 265); itpa. nsy. (Maclean 181b):

hitpa: pf. הִתְנַבִּי, Q Var. נַבִּיא- (BLA 168a): **als Prophet auftreten, weissagen** Esr 5_1. †

Der. *נְבוּאָה, *נְבִיא.

*נְבוּאָה: נבא; < he.; ja. (Dalman Wb. 260b); cp. *nbjw* (Schulthess Lex. 118a, Gr. § 73); sy. *n^ebījutā* (LS 411b); BLA 189m: cs. נְבוּאַת: **Prophezeiung** Esr 6_{14}. †

נְבוּכַדְנֶצַּר: Da 2_{28} - 5_2 (25 ×), Esr $5_{12.14}$ 6_5, נְבֻכַ׳ Da 3_{14} $5_{11.18}$: n.m. **Nebukadnezar II** (604-562 v. Chr.) König v. Babylon, cf. auch P.-W. Kl. IV 36, ⸢ HAL 624a, cf. Berger ZA 64, 1974, 224f. †

נְבִזְבָּה: Da 2_6, Var.^{S} נְבַ׳: Tg. pl. נְבִזְבַּן u. נְבִזְבִּין; etym. inc., verw. ? mit akk. (nass. nbab.) *nibzu* (AHw. 786a, Kaufman 77) Dokument, Urkunde (u. das darin genannte Gut); Ram. äga. נבז Quittung (DISO 173, cf. AP 11, 6, S. 34, DNWSI 711); Tg. sam. נִבְזָא (LOT 2, 547) Lev 16_{8-10} pro bhe. גּוֹרָל, cf. Levy 3, 325b und cp. *נבז (Schulthess Lex. 118b) Los; md. *nibza* (MdD 296) Übers. mit Lex.[1] 1097 Stück der Liturgie; cf. ar. *nubḏa* kleines Stück, Traktat; zu älteren Versuchen der Ableitung des sbst. cf. Ges. Thes. 842a, Zimmern 19 und Mtg. 150; aus neuerer Zeit Rosenth. Gr. § 190: pl. sf. נְבְזְבְיָתָךְ Da 5_{17}, Var. נְבִ׳ u. נְבַ׳ (BLA 244k.l). Cj. zu diesem sbst., das u.a. mit BLA und Rosenthal vielleicht doch in der überlieferten Form zu belassen ist: a) נְבִזְבַּת בַּיְתָךְ, so c. Θ καὶ τὴν δωρεὰν τῆς οἰκίας σου und c. V *et dona domus tuae*, so auch BLK 58; b) נִבְזָתָךְ (Joüon Bibl. 8, 1927,

183) c. נְבִזְבְּיָתָךְ (Lex.[1], beide aus נְבִזְבָּה, s.o.): **Geschenk** Da 2_6 5_{17}, neben מַתְּנָה. †

***נְבִיא**: נבא; < he. נָבִיא; ja. (Dalman Wb. 261a); cp. (Schulthess Lex. 118a); sy. (LS 411b) u. nsy. נְבִיָּא (Maclean 209a); md. *nbiha*/*ʿnbiha* (MdD 288a, Nöldeke MG 432): det. נְבִיאָה K, נְבִיָּא Q, pl. נְבִיאַיָּא K, נְבִיַּיָּא Q (BLA 210o, 212z): **Prophet** Esr 5_{1f} 6_{14}. †

***נֶבְרְשָׁה**, or. *nab-*, mhe. נִבְרֶשֶׁת, ja. נַבְרַשְׁתָּא (Dalman Wb. 261b); sy. *nabreštā*, denom. *nabreš* anzünden (LS 412b); > ar. *nibrās* (Frae. 95f); pers. Lw. (Hinz 175), so schon Scheft. II 333, und diesem folgend Ellenbogen 110: avest. *brāzaiti* (*brāz* = scheinen) < ape. *nibrāza* helleuchtend, Leuchte, cf. Hinz :: Mtg. 255: sem. etym. √*brr* "klar, hell sein", > sbst. *mabrart* > *nabrart* > *nabralt* > *nabrašt*; die pers. Ableitung ist wohl vorzuziehen! Zur Sache, s. Kelso Nr. 61: נֶבְרְשָׁה = he. מְנוֹרָה; BLA 41t: det. נֶבְרַשְׁתָּא: **Leuchter** Da 5_5. †

נגד: he. =; Ram. äga. AP 26, 4.8: die Bedtg. des vbs., wenn eine solche beidemal vorliegt, ist ungewiss; es ist auch fraglich ob die äga. Form zum obigen vb. gehört (cf. DISO 174 s.v. נגד_{I}, DNWSI 713 s.v. ngd_1); ja., DSS (Dalman Wb. 262a, Beyer ATTM 632f: u.a. ziehen, aufbrechen, sich ausbreiten); cp. ziehen, intr. fliessen (Schulthess Lex. 119a); sy. ziehen, führen, fliessen (LS 413a); md. fahren, ausstrecken, führen, ziehen (MdD 288, Nöldeke MG 224); äth. *nagada* durchwandern (Dillm. 693); ja. נִגְדָּא Fluss (Dalman Wb. 262a); cp. (Blut) Fluss (Schulthess Lex. 119a); aam. Sefire (KAI 224, 10) Offizier; Ram. Saqqara 8 ? (KAI 266, 8, Bd. II S. 314) Saqqara (DISO 174 s.v. נגד_{II}, DNWSI 713 s.v. ngd_3); ja. (Dalman Wb. 262a) und sy. (LS 413b) נָגוֹדָא Führer; cp. *nagōd* (Schulthess Lex. 119a); ar. *nağd* und naram. *neğta* (Spit. 2b) Hochfläche; Tg. נִגְדָּא pro he. שְׁפָיִים; Nöldeke NB 197f:

pe: pt. נָגֵד **fliessen, sich ergiessen** Da 7_{10}. †

Der. נֶגֶד.

נֶגֶד: נגד; he. =; sbst. > praep. (BLA 260x, ? < he. Rowley Aram. 130): **in der Richtung nach, gegen** (*F* עַל 4) Da 6_{11}. †

***נגה**: he. =; ja. (Dalman Wb. 262a: dunkel werden, Jastrow 872b aufleuchten); cp. (Schulthess Lex. 119b); sy. (LS 414a: aufleuchten); md. *NGA* (MdD 288a) und *NHG* (MdD 290f; Nöldeke MG 235 u. 365): die Bedtg. ist stets (auf)leuchten, hell werden, tagen.

Der. *נְגַהּ.

***נְגַהּ** (Leander ZAW 45, 1927, 158): נגה, he. נֹגַהּ; ja. (Dalman Wb. 262a) und sy. *noghā* u. *nughā* (LS 414a); md. *nihga* (MdD 297a, Nöldeke MG 102) Tagesanbruch; BLA 184n: det. נָגְהָא, or. *na-* (falsch BLA 32i): **Helle**, בְּנָ׳ bei Tagesanbruch Da 6_{20} (Mtg. 279). †

נְגוֹ(א): *F* עֲבֵד נְגוֹ(א).

נדב: he. =; ja. etpa. gewillt sein, DSS spenden (Dalman Wb. 263b, Beyer ATTM 633); palm. n.m. נדבאל (PNPI 99a); aram. sbst. sf. 3. pers. m. נדבה Znğ. (KAI 214, 33, s. dazu KAI II S. 222; DISO 174 s.v. נדב_{II}, DNWSI 716 s.v. ndb_2):

hitpa: pf. pl. הִתְנַדַּבוּ; pt. מִתְנַדַּב, pl. מִתְנַדְּבִין; inf. cs. הִתְנַדָּבוּת; BLA 246n: —1. pt. **willens, gewillt** c. לְ und inf. Esr 7_{13}; — 2. **spenden** Esr 7_{15f} (ad vs.$_{16}$ BLA 339n); substantivierter inf. (BLA 302i) **Spende** 7_{16}. †

Der. *הִתְנַדָּבוּ.

נִדְבָּךְ: mhe. נִדְבָּךְ u. מִדְבָּךְ; ja. נִדְבָּכָא (Dalman Wb. 263b, cf. Beyer ATTM 633: *nadbāk* Steinlage) > ar. *midmāk* (Ruž. 127, Frae. 12); Lw. < akk. *natbāku(m)*; nass. u. spbab. auch *nadabāku* (AHw. 766a) u.a. Ziegelschicht; zum sbst. als akk. Lw. s. noch Kaufman 76 u. Ellenbogen 111: pl. נִדְבָּכִין: **Schicht** von Stein oder Holz, G Esdras II καὶ δόμοι λίθινοι κραταιοὶ τρεῖς, καὶ δόμος ξύλινος εἷς, V *ordines de lapidibus impolitis tres et sic ordines de lignis novis* Esr 6_4. †

נדד: he. =; *F* I נדד; ija. (DISO 174, DNWSI 716); ja.[t] fliehen, ja.[g] Schlaf fliehen (Dalman

Wb. 263, Jastrow 878a); DSS (Beyer ATTM 632 s.v. נדד wanken u. 633 s.v. נוד fliehen); cp. pa. bewegen, Kopf schütteln (Schulthess Lex. 119b); sam. √נדנד wanken, sich bewegen; sy. af. vertreiben (LS 415b); md. (MdD 220a) bewegen, fliehen; spbab. *nadādu* weichen ist vielleicht aram. Fw. (AHw. 700b); ↗ Nf. נוד:

pe: pf. 3. f. נַדַּת, BLA 166d: **fliehen**, שִׁנְתֵּהּ עֲלוֹהִי (↗ על₂) Da 6_{19}. †

*נְדַן oder נִדְנֶה; he. I נָדָן; < aram. (Wagner 183); ja. נְדָנָה, נִדְנָה Scheide (Dalman Wb. 264a); Lw. < pers. (skr. *nidhāna* Behälter: Nöldeke Göttinger Gelehrter Anzeiger 1884, 1022) **nidāni*, mpe. *niyām* Scheide des Schwertes (Hinz 175, cf. Beyer ATTM 633): Da 7_{15} אֶכְרִיַּת רוּחִי ... בְּגוֹא נִדְנֶה: trad. wird pro נִדְנֶה: נִדְנַהּ (c. sf.) gelesen. Die Bedtg. ist kontrovers. Die Möglichkeiten sind: **A**. Scheide: GnAp II 10 נשמתי לגו נדנהא und meine Seele in ihrer Scheide (cf. Fitzmyer GnAp 78); bab. Talmud Sanhedrin 108a (ed. L. Goldschmidt 7, 482): שלא תהא נשמתן חוזרת לנדנה dass ihre Seele nicht zu ihrer Scheide zurückkehren wird; cf. auch Plinius Nat. Hist. 7, 52/3 *donec cremato eo inimici remeanti animae velut vaginam edemerint*. Der Kodex Venetus der LXX liest ἐν τῷ κολεῷ in der Scheide, Θ ἐν τῇ ἕξει μου (ἕξις = גְּוִיָּה Körper in Ri 14_9, so schon Ges. Thes. 854b; u. Lebram: Hülle); **B**. cj. :: G ἐν τούτοις, V *in his* = aram. בְּגוֹ דְנָה oder דְּנָה בְּגוֹ (s. Plöger KAT XVIII 102-104) "darüber", so ZüBi; α) ähnlich בְּגִין/בְּנִין דְּנָה (cf. ja. בְּגִין/גְּנִין Schutz), בְּגִין praep. (Schäder OLZ 41, 1938, 593ff :: Brockelmann ib. 42, 666) "deswegen" (s. dazu BHS, BLA 219k, Bentzen 50); β) בְּגוֹן דְּנָה (cf. ja. גְּוָן, sam. (LOT 2, 611) sy. *gawnā* (LS 109a), nsy. *gāwā* (Maclean 45a-b)md. *gauna* (MdD 75a, Nöldeke MG 152) Farbe, Art < pers. Die Bedtg. des praep. Ausdrucks בְּגוֹן דְּנָה ist "darob"; **C**. Die rechte Interpretation dürfte A. sein: **Scheide = Hülle = Körper**: Ich, mein Geist in seiner Hülle, wurde bekümmert. Die cj. ist nicht nötig. †

*נְהוֹר: I נהר; he. נְהָרָה. a) נְהוֹר ja., DSS (Dalman Wb. 264b, Beyer ATTM 634); cp. (Schulthess Lex. 119b); sy. (cs.!) (LS 418a, 417b s.v. *nuhrā*) u. md. *nhura, anhura* (MdD 291a, Nöldeke MG 118; BLA 188g); נְהוֹר kan. :: Schulthess Gr. § 38, 2a; b) נוּהְרָא: ja. (Dalman Wb. 265a); sy. (LS 418a), nsy. (Maclean 210a), naram. (Bgstr. Gl. 62): det. Q נְהוֹרָא, K נְהִירָא (↗ *נְהִיר): **Licht** Da 2_{22}. †

*נְהִיר: I נהר; נהיר palm. (DISO 175, s.v. $נהר_{II}$, DNWSI 720 s.v. nhr_4); נהיר ja. נְהִירָא allegorischer Name des Messias (Jastrow 881b) (:: DSS, Beyer ATTM 634 sub *nahhir*); sam. (BCh. Gl. 7b: leuchtender, *nār:* Licht) u. cp. adj. (Schulthess Lex. 120a); sy. (LS 417b), nsy. (Maclean 210b) u. md. *nahira* (MdD 281b, Nöldeke MG 155: נאהירתא *lucida* adj.); sy. auch sbst.; BLA 188k: det. K נְהִירָא; Q ↗ נהורא: **Licht** Da 2_{22}. †

נַהִירוּ: I נהר pa.; DSS (Beyer ATTM 634); cp. (Schulthess Lex. 120a); sam. (LOT 2, 518); sy. (LS 418: *nahīrūtā*); BLA 198g: **Erleuchtung** (des Geistes) Da $5_{11.14}$ neben שָׂכְלְתָנוּ u. חָכְמָה. †

I *נהר: he. נור (< aram., Wagner 184) und II נהר; aram. gnostisch : af. erleuchten; palm. adj. erleuchtet = gr. λαμπρότατος (DISO 175 s.v. $נהר_I$, DNWSI 720 s.v. $nhr_{1\ u.\ 4}$, cf. Beyer ATTM 59[1]: Waw cf. ADupont-Sommer, La doctrine Gnostique de la lettre "Wāw", Paris, 1946); ja. (Dalman Wb. 265a s.v. $נהר_I$); sy. *n^ehar* (LS 417a); md. *NHR* (MdD 291b, Nöldeke MG 61): pe. pf. *nhar, nhura*; sam. נהיר (LOT 2, 518) und cp. *nhwr* (Schulthess Gr. § 137, 1c, cf. Lex. 119b) leuchten; pa. ja. sy., af. md. erleuchten.

Der. *נְהוֹר, *נְהִיר, נַהִירוּ.

II *נהר = he. I נהר strömen; ja. itpa. (Dalman Wb. 265a s.v. $נהר_{II}$); ↗ נְהַר.

נְהַר: II נהר; he. נָהָר; aam. *nhr* "Wasserlauf" (T. Fekherye 4; DNWSI 720 s.v. nhr_2); ja., DSS

(Dalman Wb. 265a, Beyer ATTM 633); cp. (Schulthess Lex. 120a); sam. *nhrh* = *nārå* (BCh. Gl. 7b); sy. (LS 417a); md. *nahra* (MdD 281b, Nöldeke MG 107); nsy. *nahrā* (Maclean 210a); naram. (Bgstr. Gl. 62); BLA 185p: det. נַהֲרָה, Esr 4_{16} נַהֲרָא: **Strom,** נְ׳ דִּי־נוּר Da 7_{10}, spez. von Euphrat עֲבַר - (↗ נַהֲרָה) Esr 4_{10} - 7_{25} (14 x). †

נוד: he. = in der Form, in den Bedeutungen differenzierend, nach Vogt 110b *vagari*; ja. fliehen, sich bewegen, schwanken; DSS (Beyer ATTM 634, cf. Dalman Wb. 265a); cp. Kopf schütteln (Schulthess Lex. 120b); sy.; md. *NUD* (MdD 293a, Nöldeke MG 248): schwanken, zittern, sy. auch fliehen (LS 418b): ↗ נדד):

pe: impf. תְּנֻד, Var. תְּנוּד: **fliehen** Da 4_{11}. †

*נוח: he. =; Ram. pehl. (Frah. 21, 12); ija. (DISO 176 s.v. $נוח_I$, DNWSI 721 s.v. *nwḥ*$_1$); ניח Ram.; äga. (Aḥqr); nab. palm. Ruhe, Stille (DISO 178, DNWSI 729); ניחה palm. ija. Rastplatz (DISO 178, DNWSI 730); ja., DSS (Dalman Wb. 265b: נוח zur Ruhe kommen, sich niederlassen, sterben; נִיחָא sanft u. נְיָחָא Ruhe id. 296b, Beyer ATTM 634); cp. (Schulthess Lex. 120b); sam. (LOT 2, 518) sy. *nyḥ* ruhen (LS 419a); md. *NUH* (MdD 293, Nöldeke MG 254b: Sekundärform אַתְנַח [אתנא] ib. 84); nsy. *n'ḥ* ruhen (Maclean 208a) naram.

Der. *נִיחוֹחַ.

נְוָלוּ Esr 6_{11}, נְוָלִי Da 2_5 3_{29}; ja. נְוָלִיתָא Misthaufen (Dalman Wb. 266a, Beyer ATTM 634 mit der Übers. Schutthaufen, "Ein Lehnwort unbekannter Herkunft"); denom. > mhe. נָוַל; ja. נְוַל hässlich werden (Dalman Wb. 265b): Abfall- und Trümmerhaufen, בַּיִת (mit hitpe. עבד, שים & hitpe. שוה) wird gemacht zu oder als Strafe niedergerissen (cf. der Tempel Baals wird als Profanation zur Kloake gemacht 2K 10_{27}); die Wüstung als gerichtliche Strafe, s. A. Coulin, Zeitschr. f. vergleich. Rechtswissenschaft 32, 1914, 326ff, K. Meuli Schweizer Volkskunde 1951, 15ff, Mtg. 148f, PGrelot, RB 78, 1971, 602, L. Zehnder Volkskundliches in der älteren schweizerischen Chronistik, Schriften der schweizerischen Gesellschaft für Volkskunde 60, 1976, 409.

*נור: he. =; davon im aram. nur sbst. נוּר u. vb. denom.: DSS (Beyer ATTM 635); sam. (BCh. Gl. 8a); sy. pa. und etpa. (LS 422a); ↗ I *נהר.

Der. נוּר.

נוּר: *נור; he. =; akk. *nūru* (AHw. 805a) und ar. *nūr* Licht, so auch palm. PN (s. NE 322 und PNPI 99a), sonst im aram. Feuer; Ram. pehl. (Frah. 1, 4; *nwl'* DNWSI 723 s.v. *nwr*$_2$); ja., DSS (Dalman Wb. 266b, Beyer ATTM 635); cp. (Schulthess Lex. 121a); sam. (LOT 2, 502); sy. (LS 421b); md. *nura* (MdD 294b, Nöldeke MG 105, 159); nsy. *nura* (Maclean 211b); naram. (Bgstr. Gl. 64); fem. meist, auch (nsy. nur, Maclean 211b) m.; BLA 180 l, 200j: det. נוּרָא, f. Da 3_6, m. 7_9: **Feuer** אַתּוּן נוּרָא יָקִדְתָּא Da $3_{6.11.15.17.20.21.23.26}$, anders $3_{21.22.24.25.27}$ 7_{9f}. †

נזק: he. נזק, נֵזֶק, Var. נֶזֶק, < aram. (Wagner 186); ph. jif. (Klmw I 14 = KAI 24, 14; s. Friedrich Gr. § 151 :: Landsb. Sam'al 1948, 52f, doch s. dazu KAI II S. 34); Ram. äga. נזק (AP 37, 14), die Übers. ist nicht sicher: nach Cowley (AP l.c.) "Schaden zufügen", nach DAE S. 97 "Schaden erleiden"; ija. (DISO 176, DNWSI 724 s.v. *nzq*$_1$); ja., DSS (Beyer ATTM 635) pe. itpe. und (h)af. Schaden erleiden (cf. נִזְקָה Schaden, Dalman Wb. 267a); akk. *nazāqu(m)* (AHw. 712) sich ärgern, Kummer haben, Š ärgern, bekümmern, sbst. *niziqtu(m)* (AHw. 799a) Ärger, Kummer:

pe: pt. נָזִק **zu Schaden kommen** (Vrss. belästigt werden) Da 6_3. †

haf: impf. תְּהַנְזִק; inf. cs. הַנְזָקַת; pt. f. cs. מְהַנְזְקַת: schädigen Esr 4_{13} :: intr. **Schaden leiden** (BLA 372 l zu S. 274), pr. מַלְכִים lies מַלְכִין; (einen weiteren Änderung des MT [prop. hof. מְהַנְזַק oder מְהַנְזַק, so Rudolph EN 39 u. danach Lex.[1], cf. BHS] bedarf es nicht); vs.$_{22}$ (damit nicht gross/grösser werde der Schaden) zum Nachteil der Könige (לְהַנְזָקַת מַלְכִין), s. dazu ZüBi, Rudolph EN 44 u. Gunneweg KAT XIX/1, 83; zur Endung *-at* statt *-ūt* s. BLA 246n. †

נְחָשׁ: he. נְחוּשָׁה u. נְחֹשֶׁת: Ram. Bronze u. Schmied Nerab (KAI 226, 7); äga. (AP, BMAP, Aḥqr, Saqqara); palm. nab. ija. (DISO 177 s.v. נחש$_{\text{I u. II}}$, נחש, DNWSI 726 s.v. *nḥš$_2$*); ja. (Dalman Wb. 268a); cp. (Schulthess Lex. 122a); sam. (LOT 2, 519); sy. (LS 424a); md. *nhaša* (MdD 290b, Nöldeke MG 315); nsy. *nḥaša* (Maclean 212b) u. naram. (*nhōša*, auch f. *nhōšča*, Bgstr. Gl. 63); cf. he. I נחש; nab. נחש Kupferschmied oder Wahrsager (Cant. Nab. 2, 120a, DNWSI 726 s.v. *nḥš$_3$*); sy. *nāḥšā* Wahrsager (LS 424a); md. Wahrsager (MdD 281b, cf. Nöldeke MG 120); BLA 190t: det. נְחָשָׁא **Kupfer, Bronze** Da $2_{32.35.39.45}$ $4_{12.20}$ $5_{4.23}$ 7_{19}. †

נחת: he. =, < aram. (Wagner 187); aam. T. Fekherye 2: pt. haf. *mnḥt* ausschütten, herabschütten; Ram. äga. pe. (AP, BMAP), haf. (AP, Aḥqr 122,123, Saqqara, Hermopolis) inf. + sf. mit praef. מ (s. Leander 112g.h); Uruk 3 *[a]ḫ-ḫi-te-e* af. pf. 1. sg. sf.; pehl (Frah. 21, 15; Paik. 408); nab. palm. (DISO 177, DNWSI 726); ja., DSS (Dalman Wb. 268a, Beyer ATTM 636); cp. (Schulthess Lex. 122a); sam. (BCh. Gl. 8a); sy. *n^{e}ḥat* (LS 424b); md. *NHT*, 1. pers. pf. *nhit* (MdD 293a, Nöldeke MG 219); nsy. (Maclean 212b); naram. (Bgstr. Gl. 63 s.v. *nḥč*):

pe: pt. נָחֵת: **herabsteigen** (vom Himmel) Da $4_{10.20}$. †

(h)af. (Baumgartner ZAW 45, 1927, 106f = ZATU 93f, BLA 135a.b): impf. תַּחֵת; imp. אֲחֵת, Var. אַחֵת (Dalman Gr. 295f, BLA 137p); pt. pl. מְהַחֲתִין (ja. מחית, מנחית, Dalman l.c. 296): **niederlegen** (pehl. Uruk) Esr 5_{15} 6_1; 6_5 l. hof. יֻנְחַת pro תַּחֵת :: Gunneweg KAT XIX/1, 103.104.108: MT: "du sollst es deponieren!" (cf. auch ZüBi). †

hof: pf. הֻנְחַת (or. *hu-*), cj. יֻנְחַת Esr 6_5 (h)af. (BLA 115r): **gestürzt werden**, מִן־כָּרְסֵא Da 5_{20}; niedergelegt werden cj. Esr 6_5. †

נטל: he. =; Ram. äga.: Aḥqr 169, obj. עיני "meine Augen habe ich zu dir erhoben" נטלת; Hatra (DISO 178, DNWSI 728); ja., DSS (Dalman Wb. 268b, Beyer ATTM 636) und sy. heben/aufheben, auch überwiegen, adj. *nattīl* schwer (LS 425b):

pe: pf. 1. sg. נִטְלֵת, or. *nä-* (? BLA 41t); pf. pass. (BLA 104c) נְטִילַת: **erheben**, עַיְנַי Da 4_{31}, pass. emporgehoben werden מִן־אַרְעָא 7_4 (:: Ginsbg. StDa 65[7], cf. Bentz. 48 und Plöger KAT XVIII 101.104). †

נטר: he. נצר u. < aram. נטר (Wagner 189); keilschr. (Muraššu 77) *-na-ṭa-ri* (s. Beyer ATTM 636); aam. Sefire (KAI 22 B C: **yṣr*); Ram. meist נטר: äga. (AP, Aḥqr, AD, Saqqara); cf. Frah. 20, 7, Paik. 700-702 *nṭr* u. *nṭl*; Nerab (KAI 225, 12f: *y/tnṣr*); nab.; palm. (Dura Inv. 39, 3; 40, 2); Hatra; ija. (DISO 178, DNWSI 754 s.v. *nṣr*); ja., DSS (Dalman Wb. 269a, Beyer l.c.); cp. (Schulthess Lex. 122b); sam. (BCh. Gl. 8a); sy. (LS 426b); md. *NṬR* (MdD 295b, Nöldeke MG 143); nsy. (Maclean 213a) u. naram. (Bgstr. Gl. 65); > ar. *nṭr* (:: *nẓr*), *nāṭūr* (Frae. 138), saf. *nṭr* (Littm. SI 138b), sab. *nẓr* überwachen, wachen über (Sabdic 162):

pe: pf. 1. sg. נִטְרֵת **bewahren**, בְּלִבָּא Da 7_{28} cf. Lk 2_{19}. †

*נִיחוֹחַ: נוח; he. I נוח; Lw. < he. רֵיחַ נִיחוֹחַ Beschwichtigungsgeruch; ja. (Jastrow 904a), DSS (Beyer ATTM 634); BLA 193 l: pl. נִיחוֹחִין, נִיחֹחִין: **Opfergaben**, spec. **Räucheropfer**, so HAL ꟻ נִיחוֹחַ, Beyer l.c., doch ist die Bedtg. des sbst. wohl allgemein, נִ׳ = **Opfer** (Vogt 112), s. dazu Rudolph EN 58 und Martin ZAW 85, 1973, 81f: Opfergaben, c. נסך pa. Da 2_{46}, c. קרב haf. Esr 6_{10} (he. Lv 6_{14} Nu 15_7). †

*נכס: Ram. pehl. (Frah. 22, 3; DISO 179 s.v. $נכס_{II}$, DNWSI 731 s.v. *nks*$_1$); ja., DSS (Dalman Wb. 270b, Beyer ATTM 637); cp. נכיסא Opfertier (Schulthess Lex. 124a); sy. *n*^{e}*kas* (LS 429a); md. *NKS* (MdD 301a, Nöldeke MG 240); palm. נכס Opfertier (DISO 179 s.v. $נכס_{III}$, DNWSI 731 s.v. *nks*$_3$); ja. נִכְסְתָא (Dalman Wb. 270b); DSS נכסה Schlachtung (Beyer ATTM 637); sy. *neks*^{e}*tā* (LS 429b); md. *n(i)kusta, n(i)kista* (MdD 298a, Nöldeke MG 353) Schlachtung, Opfertier; akk. *nakāsu(m)* (AHw. 720) abschneiden, (Kopf) fällen.

Der. *נְכַס (?).

*נְכַס: he. נְכָסִים; Ram. äga. נכסיא, נכס(י)ן (AP, Aḥqr, Saqqara, AD, BMAP); pehl. (Frah. 16, 1); palm. Syr. 19, 1938, 170 נכיס(י)ן; ija. (DISO 179 s.v. $נכס_I$, DNWSI 731 s.v. *nks*$_3$); ja., DSS (Dalman Wb. 270b, Beyer ATTM 637); נכסין (*n*^{e}*kasin* Besitz) = sy. (LS 429a) u. cp. (Schulthess Lex.124b) *neksā*; < akk. *nikkasu(m)* (AHw. 789), s. Kaufman 77: sum. Lw. *nig-gaz*, cf. dazu die Angaben bei HAL 660b (sub נְכָסִים) "Abrechnung, Vermögen, Besitz" :: trad. נכס Viehbesitz, cf. GnAp XXI 6 נכסוהי "seine Herden", u. GnAp XXI 3 (passim 15 ×) נכסיא "Herden" (s. Fitzmyer GnAp 236), cf. Vogt 112b > Besitz, lat. *pecunia*: pl. נִכְסִין, cs. נִכְסֵי **Schätze,** נִכְסֵי מַלְכָּא königlicher Fiskus Esr 6_8, עֲנָשׁ (ך) נִכְסִין Geldstrafe 7_{26}. †

נְמַר: he. נָמֵר; aam. Sefire נמרה (KAI 222 A 31; 223 A 9); Ram. äga. נמרא (Aḥqr 118.119); pehl. (Frah. S_2 99; DISO 179, DNWSI 733 s.v. *nmr*$_1$); Deir Alla I 17; ja. נִמְרָא, DSS (Dalman Wb. 271b, Beyer ATTM 637); sam. נמרה (PKahle ZA 16, 1902, 97[20]); sy. *nemrā* (LS 431b); md. *nimar* (MdD 298b) u. *namar* (l.c. 283b); BLA 185u. 218a: **Panther** Da 7_6. †

נסח: he. =; Ram. Nerab (KAI 225, 9), Tema (KAI 228 A 14); äga. (Aḥqr 156, 211, AP; DISO 180, DNWSI 734 s.v. *nsḥ*$_1$); ja. (Dalman Wb. 272a); md. *NSA* II (MdD 302a);

hitpe: impf. יִתְנְסַח, BLA 132c: **herausgerissen werden** Esr 6_{11}. †

נסך: he. I נסך; aam. Sefire (KAI 222 A 26, B 38; 224, 5.7) pe. ausgiessen, ausschütten, versorgen (DISO 180 s.v. $נסך_I$, DNWSI 735); ja. pe. pa. spenden (Dalman Wb. 272b); DSS (Beyer ATTM 638); sy. pe. (aus)giessen, spenden (LS 433b);

pa: inf. נַסָּכָה; BLA 111n.136k: **darbringen**, c. obj. מִנְחָה וְנִיחֹחִין Da 2_{46}. †

Der. *נְסַךְ.

*נְסַךְ vel נֵסֶךְ: נסך; he. נֶסֶךְ/נֵסֶךְ; Ram. pehl. (Frah. 19, 13; DISO 180 s.v. $נסך_{III}$, DNWSI 736 s.v. *nsk*$_2$); ja. נִסְכָּא (Dalman Wb. 272b); BLA 183j: pl. sf. נִסְכֵּיהוֹן (BLA 226z, cf. he.): **Trankopfer** Esr 7_{17}. †

נפל: he. =; Ram. äga. (Aḥqr 184, 186); pehl. (Frah. 20, 6), Paik. 688; nab. palm. (DISO 181, DNWSI 741 s.v. *npl*$_1$); ja., DSS (Dalman Wb. 274b, Beyer ATTM 638); sam. (BCh. Gl. 8a); cp. (Schulthess Lex. 126b); sy. (LS 436b) nsy. (Maclean 216b) u. md. *NPL* (MdD 303a, Nöldeke MG 226.238); ja. u. cp. יִפּוֹל; sam. *jippalu*; sy. *neppel*; md. ניפיל (Nöldeke MG 238):

pe: pf. נְפַל, נְפַ֫לוּ Da 7_{20}K, Q נְפַ֫לָה (VG 1, 574f, BLA 370 (zu S. 101k) :: Ginsbg. 3f: K *-ī* wie cp. sam. et partim sy., aber nab. *-ū*); impf. יִפֵּל, יִפֶּל־ (BLA 136e), pl. תִּפְּלוּן; pt. pl. נָפְלִין: — 1. a) **fallen** Da 3_{23} (als Folge des רְמִיו vs.$_{21}$ :: alii geworfen werden); b) **abfallen** (קַרְנַיָּא) Da 7_{20}; herabkommen (קָל) (מִן־שְׁמַיָּא) 4_{28}; — 2. **niederfallen** עַל־אַנְפּוֹהִי Da 2_{46}, $3_{5-7.10f.15}$; — 3. **zufallen, obliegen** (cp. u. palm. Rosenth. SprP 51[3]) c. לְ pers. und לְ + inf. Esr 7_{20}. †

נפק; aam. Sefire pe. (KAI 222 A 28); Ram. Tema haf. (?) (KAI 228 A 21); äga. pe. ausgehen und haf. herausführen (AP, Aḥqr, BMAP, AD, Saqqara; Hermopolis 5, 2f (h)af., s. Vogt 114a, Aimé-G. 428); pehl. (Frah. 21, 9); nab. palm. Hatra ija. (DISO

181, DNWSI 741); ja., DSS (Dalman Wb. 274b, Beyer ATTM 639); cp. (Schulthess Lex. 126b); sam. (BCh. Gl. 8a); sy. (LS 438b); md. *NPQ* (MdD 304; pe. af.; Nöldeke MG 238f); nsy. (Maclean 216b) und naram. (Bgstr. Gl. 61); > mhe. נָפַק; cf. ? ar. *nafaqa* leicht verkäuflich sein, IV ausgeben, (Geld) verschwenden; asa. *nfq* öffentlicher Erlass (Conti 189b):

pe: pf. נְפַק, 3. f. נֶפְקַת (BLA 41t), or. *n^efaqát* und *nafqat* (BLA 136h.29z), נְפַקָה K, נְפַקוּ Q (zu K = Q F נְפַל pe. pf. pl.); imp. פֻּקוּ (BLA 135c); pt. נָפֵק, pl. נָפְקִין: **ausgehen** Da 2_{14} 3_{26} 7_{10}, **hervorkommen** 5_5 (אֶצְבְּעָן), erlassen werden 2_{13} (דָּתָא), cf. asa. (cf. Lk 2_1). †

haf: pf. הַנְפֵּק, הַנְפִּקוּ (cf. ה/אפּק in äga., Leander § 21e.f): **herausholen** Da 5_{2f} Esr 5_{14} 6_5. †

Der. *נִפְקָה.

*נִפְקָה: נפק; Ram. נפקה äga. (AP, Saqqara); nab. palm. Ausgaben, Kosten (DISO 182, DNWSI 743); ja. נַפְקוּתָא Kosten (Dalman Wb. 275a); sy. *n^efaqtā* Kosten, Aufwand (LS 439b); ? > ar. *nafaqat* (Schwally, ZDMG 52, 1898, 133); BLA 238p: det. נִפְקְתָא: **Kosten** Esr $6_{4.8}$. †

*נצב: he. =, s. bes. hif.; Deir Alla; aam. Znğ. pe. aufstellen, wieder herstellen (KAI 214, 10); Ram. nab. palm. aufrichten (DISO 184 s.v. $נצב_I$, DNWSI 749); keilschr. *na-sa-bá-bi*, APN 23a s. Beyer ATTM 640 "pflanzen"; so auch ja., DSS (Dalman Wb. 275b, Beyer l.c.); cp. pflanzen (Schulthess Lex. 127b); sam. pflanzen (BCh. Gl. 8a); sy. (LS 442a); md. *NṢB* (MdD 305, Nöldeke MG 239); nsy. (Maclean 217a); naram. (Bgstr. Gl. 64).

Der. *נִצְבָה.

*נִצְבָה: נצב; aam. *nṣb* Zkr, Sefire, Barhaddad (KAI 201, 1), Zkr (KAI 202 A 1, B 14.18. 19), Sefire (KAI 222 C 17); Ram. *nṣb* äga. (AP) Pflanzung; nab. Kultbild (DISO 184 s.v. $נצב_{II}$, DNWSI 750 s.v. $nṣb_2$); *nṣbh* Ram. äga. (AP) Pflanzung (DNWSI 751 s.v. $nṣbh_1$); nab. palm. Stele (DNWSI 751 s.v. $nṣbh_2$); ja., DSS (Dalman Wb. 275b: נִצְבְּתָא Pflanzung, Beyer ATTM 640); cp. *nṣb'* Pflanze, *nṣb* Säule (Schulthess Lex. 127b); sy. (LS 442b: *neṣb^etā* Pflanze); md. *niṣ(u)bta, niṣbta* (MdD 299, Nöldeke MG 103); sam. (LOT 2, 525) Pflanze, Bepflanzung; naram. *nṣība* das vom Geschick jmdm Bestimmte (Bgstr. Gl. 64 s.v. *nṣb*, bes. 65); BLA 224h: det. נִצְבְּתָא **Festigkeit, Härte** (דִּי פַרְזְלָא) Da 2_{41}. †

נצח: he. =; 1.) vb. ja., DSS (Dalman Wb. 275b, Beyer ATTM 640); sam. (BCh. Gl. 8a: Krieg führen); cp. (Schulthess Lex. 127b) pe. pa. überwältigen, siegen; sy. auch glänzen (LS 442b); 2.) adj. נצח; Ram. Mcheta 3 (KAI 276, 3); äga. itp. (AP, Beh. 60, AD) sich auszeichnen :: Driver AD S. 102b und l.c. S. 65: sich aktiv, kräftig zeigen (zu Beh. 60 s. noch Segert ArchOr 24, 1956, 389f; DISO 184 s.v. $נצח_I$ u. adj. נציח, DNWSI 751 s.v. $nṣḥ_1$ u. 752 *nṣyḥ*):

hitpa: pt. מִתְנַצַּח, or. מִתְנַצֵּח hitpe. (BLA 133g): **sich hervortun**, c. עַל Da 6_4. †

נצל: he. =; Ram. (h)af. entreissen, retten; pehl. (Frah. 21, 13); äga. (AP, BMAP, Saqqara, Aḥqr); Pachtv. 14 אצל; Xanthos (DISO 185, DNWSI 753); ja. (h)af., DSS (Dalman Wb. 276a: retten, Beyer ATTM 640f); sy. af. befreien, retten (LS 443a):

haf: (נ assim. wie Pachtv. 14, ja. u. sy.) BLA 135a: inf. הַצָּלָה, sf. לְהַצָּלוּתָךְ (BLA 246n); pt. מַצִּל **retten**: a) Gott Da 3_{29} 6_{28}; b) Mensch 6_{15}. †

נְקֵא: נקה; he. נָקִי; Ram. "Waw." *nq'* = rein (DNWSI 756 s.v. nq'_2) u. *nqy* rein (DNWSI 757 s.v. nqy_4); ja. נְקִיָא, indet. נְקִי (Dalman Wb. 277a); DSS (Beyer ATTM 641) נקא; cp. (Schulthess Lex. 128a) u. sy. *n^eqē* (LS 444b); n. f. *Naqī'a Zakūtu*, aram. Frau von Sanherib u. Mutter von Asarhaddon (Levy; JNES 11, 1952, 272ff); BLA 186x: **rein** Da 7_9 (כַּעֲמַר) ? :: Beyer ATTM l.c. s.v. נקה *neqē* < akk. *nīqū* Schafopfer (Kaufman 77): כַּעֲמַר נְקֵא

"(so weiss) wie Schafwolle". †

*נקה: he. =; Ram. pa. 1.) reinigen: Pachtv. 10f: אנקה (DNWSI 757 s.v. nqy_1) "ich werde reinigen", die konkrete Bedtg. ist nicht ganz sicher, entweder a) "sich freimachen von Ansprüchen", so Koopm. 1, S. 98, oder b) (Getreide) reinigen, so u.a. Baumgartner Lex.[1], Suppl. 204b; sbst. äga. נקיה Reinigung od. (zu 2) Libation (DISO 186 s.v. נקי$_I$ u. נקיה, DNWSI 758 s.v. $nqyh_1$); ja. pa. caus. "reinigen", auch DSS (Dalman Wb. 277a s.v. נקי, Beyer ATTM 641); sam.; cp. (Schulthess Lex. 128a); 2.) < akk. *naqû(m)* (AHw. 744b) ausgiessen, opfern (zu dem vb. s. auch Zimmern 67f u. Kaufman 77); Ram. pehl. (Frah. app. 26) giessen, DISO 186 s.v. נקי$_{II}$); cp. נוקי (Schulthess Lex. 128a); sy. pe. und pa. spenden, opfern (LS 444b); cf. md. *niqia* Var. *naqia* "Opfer" ? (MdD 299b); sy. *neqyā* (LS 444b) u. md.

Der. נְקֵא.

נקשׁ: he. נקשׁ als Nf. von יקשׁ und קושׁ (HAL 682b); ob ein Zushg. zwischen dem he. und dem aram. vb. besteht, ist ganz unsicher, s. Nöldeke NB 192: "Zusammenhang mit letztlich übereinstimmenden oder ähnlichen Wurzeln (ar.) *nqṣ* usw. ist wenigstens nicht wahrscheinlich"; ja., DSS (Dalman Wb. 278a, Beyer ATTM 641); cp. (nur af.), auch "schütteln" (Schulthess Lex. 128b); sy. (LS 448a); nsy. (Maclean 218a); md. *NQŠ* (MdD 306b, Nöldeke NB 188) schlagen, klopfen:

pe: pt. pl. f. נָקְשָׁן: intr. דָּא לְדָא **aneinander schlagen** (אַרְכֻבָּתֵהּ, seine Kniee, vor Schrekken) Da 5_6. Cf. Targ. a) Ez 3_{13} גַּפֵּי בְרִיָּתָא נָקְשָׁן; b) Koh 12_3 בְּיוֹמָא דִי יְזוּעוּן אַרְכֻבְּתָךְ וְיִתְנַקְּשׁוּן אֶדְרָעָךְ an dem Tag zittern deine Kniee und zucken deine Arme. †

נשׂא: he. =; im aram. zurückgedrängt durch נטל, שׁקל, סבל, נסב; aam. Zkr (KAI 202 A 11), Sefire (KAI 222, 223, 224); Ram. äga. (Aḥqr, Saqqara s. Leander 67a u. Vogt 115); Uruk I 27.32 *na-šá-a-a-tu* = *našayt* (1. sg. pf.), Tell Arad; Pachtv. 13 (DISO 186, DNWSI 760 s.v. $nš'_1$); ja. נסא (cf. נסב, Dalman Gr. 292); DSS (Dalman Wb. 271b s.v. נְסָא$_I$, Beyer ATTM 642); sam. *nsh* (BCh. Gl. 8a); sbst. sy. (LS 396a s.v. *massaʾtā* und nsy. *massaʾtā* Waage (Maclean 184b):

pe: pf. נְשָׂא; imp. שֵׂא (BLA 135c, 60h): — 1. **nehmen** Esr 5_{15}; — 2. **forttragen** Da 2_{35} (רוּחָא). †

hitpe: (? < he.): pt. f. מִתְנַשְּׂאָה: **sich erheben gegen**, c. עַל, Esr 4_{19}. †

*נְשִׁין: he. נָשִׁים; aam. T. Fekherye 21.22: pl. abs. *nšwn*, cf. S. 47; Sefire pl. cs. נשי (KAI 222 A 41); Ram. Uruk 37: *ni-še-e* (pl. + sf. 1. pers.); äga. emph. נשיא, abs. נשן, cs. נשי (AP, BMAP, AD, Saqqara, Hermopolis, Leander 92f. 69g); Arebsun (KAI 264, 2.8), Armazi = Mcheta (KAI 276, 3); pehl. (Frah. 11, 5 נישה); nab. palm. Hatra ija. (DISO 26 s.v. אשׁ$_I$, DNWSI 115 s.v $ʾš_1$, besonders 117f); ja., DSS (Dalman Gr. § 40, S. 197, Beyer ATTM 518; 1 × rückgebildet sg. נְשָׁא Dalman Gr. 200); cp. (Schulthess Lex. 14a s.v. אתא, zu cp. s. auch Schulthess Gr. § 85, 3 o) und sam. *nišīn* (LOT 2, 520); sy. *neššēʾ* (LS 450a); md. *ʿnšia* (MdD 354a, Nöldeke MG 183); nsy. *inši* (Maclean 16a s.v. *ʾnšʾ*); sg. *אנתה, det. אנתתא seit äga. BLA 179f; sg. *אַנְתָּא (he. אִשָּׁה): sf. נְשֵׁיהוֹן: **Frauen** Da 6_{25}. †

*נשׁם: he. =; ja. DSS (Dalman Wb. 279b, Beyer ATTM 642); sam. (LOT 2, 579); sy. (LS 451a) und md. (MdD 307a) pe. atmen; etpe. ja. und cp. (Schulthess Lex. 129a) genesen (eig. aufatmen); palm. PN *nš(w)m* (PNPI 100); ar. *nasama* sanft wehen; jemen. *tanassama* blasen (Rabin 28).

Der. *נִשְׁמָה.

*נִשְׁמָה: נשׁם; he. נְשָׁמָה; cp. *nšmʾ* (Schulthess Lex. 129a); sam. *nasema* (LOT 2, 518); palm. *nšmh* (DISO 187); ja. נִשְׁמְתָא Lebenshauch, Seele (Dalman Wb. 279b); DSS (Beyer ATTM 642); sy. (LS 451a) und nsy. n^e*šamtā*, auch *nišimta* (Maclean 219a); md.

nišimta (MdD 300, Nöldeke MG 109); st. abs. *nišma* (MdD l.c., Nöldeke MG 307); BLA 238p: sf. נִשְׁמְתָךְ (Lebens) **Odem** Da 5_{23}. †

נְשַׁר: he. נֶשֶׁר; Deir Alla; nab. u. Hatra נשר (DISO 188, DNWSI 765 s.v. *nšr*$_2$); sam. (LOT 2, 529); ja., DSS (Dalman Wb. 279b, Beyer ATTM 642: Geier); cp. (Schulthess Lex. 129a); md. *nišra* (MdD 300b); sy. *nešrā* (LS 451b); Grdf. aram. *nišr*; BLA 182x; pl. נִשְׁרִין **Adler** Da 4_{30} 7_4. †

*****נִשְׁתְּוָן**: he. =; Ram. äga. (AP 17, 2 נשתונא); Taxila *hwnštwn* (KAI 273, 8; DISO 188, Wagner 193, DNWSI 766) < ape. *ni-što-vāna* Dekret, Anordnung (Mayrhofer HbAP 135, Hinz 176, Ellenbogen 116, In der Smitten BiOr 28, 1971, 309ff): det. נִשְׁתְּוָנָא: **offizielles Schriftstück, Dekret** Esr $4_{18.23}$ 5_5. †

*****נְתִין**: נתן; he. נָתִין; Ram. keilschr. Muraššu *na-ti-in* (WSB 124, ATTM 643); äga. n.m. (AP 53, 2; 81, 90; Kornfeld 63); Hatra (DISO 188, DNWSI 766); ja. (Dalman Wb. 280a, cf. Beyer ATTM 643: "einem König oder Tempel als Sklave Übergegebener"), cf. Hatra (KAI 243, 1 מלכא נתינא, s. auch DISO 188); BLA 188h: det. pl. נְתִינַיָּא Übergebener, Geschenkter, **Tempelsklave** Esr 7_{24}. †

נתן: he. =; im aram. ist pf., imp. u. pt. früh und oft durch יהב ersetzt. Keilschr. Formen von *natan* in Beyer ATTM 642. Aam. pf. Sefire (KAI 224 passim), T. Fekherye 2; impf. Znğ. (KAI 214, 4.23); Ram. äga. pf. (AP, Hermopolis, Aḥqr, BMAP), auch in n.m. נתין (Kornfeld 63); impf. ינתן etc. u. seltener יתן (Leander 56c und AD, s. ferner AP u. BMAP); Samaria Pachtv. pf. 2 und 11, impf. 10: T. Halaf pf. 1, 4 und impf. 71 Rv. 2; Paik. 498, 502; nab. *jntn*; palm. *jtn*: ija. (DISO 188, DNWSI 766); ja., DSS (Dalman Wb. 280b, Beyer ATTM 642); sam. (BCh. Gl. 8a); cp. *jtn* (*etten*) und *ʾtl* (*ettel*) (Schulthess Lex. 129 und Gr. § 147 [S. 68]); sy. assim. *natan* + לְ *nettel*, inf. *nettal* (Nöldeke SGr. § 183 S. 128 [s.o. יהב], VG 1, 291); md. *NTN* (MdD 307f): pe. impf. siehe Nöldeke MG 238f:

pe: impf. יִנְתֵּן־ (var. יִנְתֶּן־ u. יִנְתִּן־), תִּנְתֵּן, יִנְתְּנוּן, sf. יִתְּנִנַּהּ־ (Var. נָּה־, BLA 79s); inf. מִנְתַּן (BLA 135b); die übrigen Formen ersetzt durch *F* יהב: **geben** Da 2_{16} (זְמָן): לְמַן דִּי יִצְבֵּא יִתְּנִנַּהּ $4_{14.22.29}$; **aufbringen** (הַשְׁחוּ) Esr 7_{20}; **entrichten** (Abgaben) Esr 4_{13}. †

Der. נְתִין, מַתְּנָה.

נתר: he. I נתר (HAL 695b); mhe. נתר, נשר; Ram. äga. haf. beseitigen (AP 15, 35, Saqqara); ? nab. (DISO 189, DNWSI 771 s.v. *ntr*$_1$); ja., DSS (Dalman Wb. 280b, Beyer ATTM 643); sy. (LS 452b); md. *NTR* (MdD 308, Nöldeke MG 239) abfallen; ja., sy. af. abwerfen; ar. *naṯara* herabfallen (Laub, Steine, cf. Wehr 838b: verstreuen); Tg. sehr oft für he. I נָבֵל (Ges. Thes. 930b):

af. (BLA 113b.370 zu S. 62q.r): imp. pl. אַתַּרוּ, BLA 42v: **herunterschütteln** (עֳפִי) Da 4_{11}, cf. Θ καὶ ἐκτινάξατε τὰ φύλλα αὐτοῦ. †

ס

ס: 1.) = ursem. *s*, ar. *s*, he. ס, in אסר, סגד, סוף, סלק etc.; 2.) wechselt mit älterem *ś* = שׂ, ar. *š*, in שְׂגִיא, שְׂנָא, שַׂבְּכָא, כַּשְׂדָּי u. שְׂטַר und vertritt es wie allgemein im späteren Aram. (BLA 26e-k, Baumgartner ZAW 45, 1927, 101ff = ZATU 89ff) in סבר (ar. *sbr*), II סתר, רפס (ar. *rfs*); 3.) wechselt ausserhalb von ba. mit צ in חֲסַף; 4.) = ass. *s* (bab. *š*) in *סוֹבֵל (? *F* סבל) und *סנן.

סַבְּכָא: Da 3_5 *F* שַׂבְּכָא.

סבל: he. =; Ram.: äga. pe. Aḥqr 90 tragen; :: Leander 49e, pa. BMAP u. Aḥqr 48, 72f, 204 unterstützen, umsorgen; sbst. Aḥqr 74, AP Unterstützung, Behist. 63; Hermopolis 1, 5

(DISO 189f, DNWSI 774 s.v. *sbl*$_1$ u. 775 s.v. *sbl*$_2$); ja., DSS (Dalman Wb. 281b, Beyer ATTM 643); cp. (Schulthess Lex. 130a); sam. (BCh. Gl. 8b); sy. (LS 454b); md. *SBL*, *SWL* (MdD 316b, Nöldeke MG 220):

po: pt. pass. pl. מְסוֹבְלִין: Esr 6$_3$ c. אֻשּׁוֹהִי (ꜰ *אשׁ); inc.: pt. pass. sollten erhalten werden (Fundamente) (BLA 297d!); alii darbringen (ꜰ יבל c. אֻשּׁוֹהִי, ꜰ אֶשָּׁא) "seine Brandopfer sollen dargebracht werden", oder מְשַׁחוֹהִי, pl. sf. von *מְשַׁח, vb. מְתְכ(ו)לִין (ettaf.) von כיל: "seine Masse sind bemessen" (ꜰ *אֻשִּׁין 2). †

סבר: he. שׂבר; < aram. (Wagner 292. 293): meinen, hoffen; Ram. äga. (AP); palm. (DISO 190 s.v. סבר$_{\text{I u. II}}$, DNWSI 775 s.v. *sbr*$_{1.2}$) denken; ja., DSS (Dalman Wb. 282a, Beyer ATTM 643); sam. (BCh. Gl. 8a); cp. (Schulthess Lex. 130b); sy. (LS 456a); nsy. vertrauen (Maclean 220b); md. *SBR* (MdD 326f) lernen, glauben, überzeugt sein; sbst. סוברא Hoffnung; pehl. (Frah. 26, 1); ja., DSS סבר = *sábar* (Dalman Wb. 285a: סוֹבְרָא, Beyer l.c.), st. indet. סְבַר (Dalman Wb. 282a s.v. סִבְרָא, סַבְרָא [st. emph.]); sy. (LS 456b) und nsy. *sabrā* Hoffnung (Maclean 220b):

pe: impf. יִסְבַּר (BLA 132c): **trachten**, c. לְ und inf. Da 7$_{25}$. †

סנא u. **סַנְיָא** ꜰ שׂנא u. שָׂנְיָא.

סגד: he. =; < aram. (Wagner 195); Ram. äga. (Aḥqr 13); sbst. pehl. (ע)סגדה (Frah. 19, 8, Ps. 141b, ʾ/ʿ prostheticum BLA 44a u. א8, DISO 190 s.v. סגד$_{\text{I.III}}$, DNWSI 775 s.v. *sgd*$_1$); מסגדא äga. (AP); nab. מסגדא, משגדא (DISO 160, DNWSI 663); ja., DSS (Dalman Wb. 282b, Beyer ATTM 644); cp. (Schulthess Gr. § 137, 1b, S. 60, Lex. 132a); sam. (BCh. Gl. 8a); sy. *s*^{e}*ged* (LS 458b) sbst. *masg*^{e}*dā* (LS 458b), so auch md. *SGD*, pf. *sgid* (MdD 318a, Nöldeke MG 219), sbst. *masgda* (MdD 249a, Nöldeke MG 129); ar. *masǧid*:

pe: pf. סְגִד, or. *s*^{e}*ged*; impf. יִסְגֻּד (VG 1, 549, BLA 98s), יִסְגְּדוּן, תִסְגְּדוּן, נִסְגֻּד; pt. pl. סָגְדִין: **huldigen**, c. לְ Gott u. Götzen Da 3$_{5.7.10\text{-}12.14f.18.28}$ (3$_{12.14.18.28}$ || פלח), Menschen 2$_{46}$. †

*סְגַן vel *סְגֵן (Leander 103b): he. *סֶגֶן vel *סָגָן (HAL 701a); Ram. äga. סגן (AP, BMAP, Saqqara) Samaria, Persepolis (DISO 190 s.v. סגן$_{\text{I}}$, DNWSI 777); ja. סְגָן (Jastrow 955b), DSS (Beyer ATTM 644); md. *singiania* pl. (MdD 328a, Nöldeke MG 76); Lw. < spätbab. *sagānu* (AHw. 1002b) < *šaknu(m)* (AHw. 1141) Eingesetzter, Beauftragter, Statthalter (Zimmern 6, Kaufman 75f), s. auch Ernst Klauber Ass. Beamtentum 1910, 100, nie geistlicher Titel; Stellvertreter, oft Provinzstatthalter (RLA I 454f.462): pl. סִגְנִין, סִגְנַיָּא: **Vorsteher, Statthalter**: in Reihe von Beamten Da 3$_{2f.27}$ 6$_8$; רב(ꜰ)־סִגְנִין Obervorsteher Da 2$_{48}$ (cf. 4$_6$). †

סגר: **A**. he. I סגר; ja., DSS (Dalman Wb. 283b, Beyer ATTM 644, s. auch GnAp XXII 17 די סגר שנאיך בידך, cf. he. I סגר pi.); cp. (Schulthess Lex. 132a) und sy. (ein-)schliessen (LS 459b); sbst. aam. Znǧ. מסגרה/מסגר, pl. מסגרת Gefängnis (KAI 215, 4.8; DISO 160, DNWSI 663 s.v. *msgr(h)*); Ram. äga. [מ]סגרא, s. Fschr. GRDriver 53.58[2]: Gefängnis; **B**. Synonym ꜰ he. I סכר; aam. Sefire (haf. KAI 224, 2.3); Ram. äga. pe. (AP; DISO 193, DNWSI 786 s.v. *skr*$_1$); ja., DSS (Dalman Wb. 291a: סכר, Beyer ATTM 646); cp. (Schulthess Lex. 136b); sy. (LS 475a); md. *SKR* (MdD 331, Nöldeke MG 225); naram. (Bgstr. Gl. 86):

pe: pf. וּסֲגַר (BLA 263j), or. *wisgar*: **verschliessen** (פֻּם אַרְיָוָתָא, Θ ἐνέφραξεν verstopfen) Da 6$_{23}$. †

סוּמְפֹּנְיָה/א: Da 3$_{5.15}$, vs.$_{10}$ סִיפֹּנְיָה: סִיפֹּנְיָה K, סוּפּ׳ Q u. Var. Kairo Geniza סימפ׳: ein Musikinstrument; Lw. < συμφωνία (G, Θ), Polyb. 26 10, 5; 31 4, 8; ja. סוּמְפּוֹנְיָה/א u. סִימְ׳ (Dalman Wb. 294a: סוּ׳, Jastrow 982b: סִי׳, s. Beyer ATTM 644); mhe. סִמְפּוֹן (Dalman Wb. 294a s.v. סִמְפּוֹן$_{\text{I}}$); sy. (LS 635a) u. nsy. *ṣeppōnjā*; spätlatein *symphonia*; in roman.

Sprachen > *zampogna* u.ä.: Dudelsack (Lex.[1]), doch ist das ungewiss, zu weiteren Vorschlägen s. Ellenbogen 122 und Kolari 81. Am wahrscheinlichsten scheint die gut begründete Deutung von Grelot VT 29, 1979, 36-38: **Doppelflöte, Sackpfeife**, so auch Beyer l.c., cf. auch Vogt 118a. †

סוף: he. =; ja., DSS (Dalman Wb. 286a, Beyer ATTM 645); sam. (LOT 2, 486); cp. (Schulthess Lex. 133b); sy. (LS 465a); md. *SUP* (MdD 323a, Nöldeke MG 249); nsy.: aufhören, zu Ende, zugrunde gehen:

pe: pf. 3. f. סָ֫פַת BLA 144g: **sich erfüllen** (מִלְּתָא, cf. he. כָּלָה qal 2), c. עַל pers. Da 4_{30}. †

haf: impf. 3. f. תָּסֵיף, Var. תָּסֵף, or. *t^e sēf*, BLA 148c: (einer Sache) **ein Ende bereiten, ganz vernichten** Da 2_{44}. †

Der. *סוֹף.

*סוֹף: סוף; he. =; Ram. u. ija. (DISO 196 s.v. $סף_{II}$, DNWSI 796 s.v. sp_2); ja. סוֹפָא (Dalman Wb. 286b), DSS (Beyer ATTM 645); sy. *saupā* (LS 465a); md. *saupa* (MdD 311a, Nöldeke MG 150): cs. =, det. סוֹפָא: **Ende**: 1.) räumlich לְסוֹף (כָּל־) אַרְעָא bis ans Ende der (ganzen) Erde Da $4_{8.19}$ cj. $_{17}$; 2.) zeitlich מַלְכוּתֵהּ ... וְשָׁלְטָנֵהּ עַד סוֹפָא seine (Daniels Gott) Herrschaft besteht für immer Da 6_{27}; לְהַשְׁמָדָה וּלְהוֹבָדָה עַד־סוֹפָא um sie (שָׁלְטָנֵהּ) endgültig zu zerstören und zu vernichten Da 7_{26}; 3.) allgemein: עַד־כָּה סוֹפָא דִי־מִלְּתָא hier endet der Bericht Da 7_{28}. †

סוּמְפֹּנְיָא u. סִיפֹּנְיָא: *F* סוּמְפֹּנְיָה.

סְתַר: *F* שְׂתַר.

סלק: he. =; aam. Sefire יסק (KAI 224, 14.15.16), יסקן (KAI 222 A 5; 222 C 4), s. dazu auch Degen Altaram. Gr. § 64g.l S. 78; Ram. äga. סלק (AP 81, 15), inf. *mslq* (BMAP 9, 15), [מ]נסק (l.c. 6, 10.13); Beer Sheba 5, 2; nab. (Vincent RB 61, 1954, 13s); palm.; Hatra, ija. (DISO 193, DNWSI 788); ja., DSS (Dalman Wb. 292a, Beyer ATTM 646); cp. (Schulthess Lex. 137a) und sy. *s^e leq* (LS 477a); sam. (BCh. Gl. 8b); md. *SLQ* I (MdD 332, Nöldeke MG 238); naram. *isleq* (Bgstr. Gl. 81); nsy. af. *ʾsq* (Maclean 17b); ar. *slq* V hinaufsteigen, erklimmen (Wehr 386a); af. spez. darbringen ja., DSS, cp. (Schulthess Lex. 137b), sam. u. sy.; nbab. (aram. Frw.) *salāqu* II, *selēqu* (AHw. 1014b) hinaufsteigen:

pe: pf. 3. f. סִלְקָת Da 7_{20}, 7_8 l. so pro סִלְקָה (BLA 137e, or. *salqat* BLA 29z !), Var. סִלְקַת u. סְלֶקֶת (BLA 102r ! 139g !), Mtg. 295 סָֽלְקַת, s. auch BHS: forma mixta ex סִלְקַת- et סָלְקָה; pl. 3. m. סְלִ֫קוּ; pt. pl. f. סָלְקָן: **hinaufgehen, -kommen** Da 7_3 (Tiere), Esr 4_{12} (Menschen), קַרְנַיָּא Da $7_{8.20}$, רַעְיוֹנָךְ Da 2_{29} (*F* כָּל). †

haf: pf. (1. sg. אסקת GnAp XXI 20: ואסקת עלוהי מדבח עלא, cf. Fitzmyer GnAp. 156; u. he. עלה hif. 3d) 3. pl. הַסִּקוּ (BLA 137a); inf. הַנְסָקָה (BLA 137c): **hinaufbringen** Da 3_{22}, **heraufholen** (מִן־גֻּבָּא) 6_{24}. †

hof: pf. הֻסַּק (BLA 137a): **heraufgeholt werden** (מִן־גֻּבָּא) Da 6_{24}. †

סעד: he. =; aam. Znğ. (KAI 214, 15.21); Ram. äga. סעדני (Beh. 2, AP 301b); > bab. *issidanni* (Xerxes Persep., API 341f, Rössler 33); neu- und spätbab. vb. *sêdu* (< aram.) (AHw. 1034a) unterstützen (DISO 195, DNWSI 795); äga. PN סעדת (NESE 2, 1974, 68); ja. stützen, pa. helfen (Dalman Wb. 296b), sbst. סעד Hilfe; DSS (Beyer ATTM 647); sam. (LOT 2, 543); cp. (sbst. *sʿdwn* Hilfe, Schulthess Lex. 138b); nab. n.m. שעדאלהי (Eph. 2, 73[A]; Cant. Nab. II 153a); palm. שעידא (LP Rec. 14) hilfreich:

pa: pt. pl. מְסָעֲדִין, Var. מְסַעֲדִין; BLA 58p, 130g !: **unterstützen** Esr 5_2. †

*ספר: he. I ספר: zählen, schreiben, denom. von סְפַר; sam. pe. und pa. (LOT 2, 534); sy. pe. erzählen (LS 493a); md. *SPR* I (MdD 335a) schreiben, beschreiben etc.; *F* *סָפַר, סְפַר.

*סְפַר: he. I סֵפֶר; aam. Sefire (KAI 222, 223, 224) "Inschrift"; Ram. Pachtv. Rs. 2.4

(Koopmans II S. 23, 17.19); äga. (AP, BMAP, Saqqara, Hermopolis), Padua 2, 5; pehl. (Shapur AJSL 57, 1940, 332); palm. ija. ja. (DISO 196 s.v. $ספר_{III}$, DNWSI 799 s.v. *spr*$_3$), DSS (Dalman Wb. 298b: סִפְרָא, Beyer ATTM 647); cp. (Schulthess Lex. 139a s.v. ספר II) und nsy. *sifrā'* (Maclean 229b); >ar. *sifr* Buch (Frae. 247); sy. *seprā* (LS 493a); sam. *asfår* (BCh. Gl. 8b); md. *aspar, 'spār* (MdD 29a), *sipra* (MdD 329a, Nöldeke MG 102, 151); Lw. < akk. *šipru(m)* (AHw. 1245b) Sendung, Botschaft (Zimmern 19, Kaufman 29), cf. BLA 224i; s. auch spbab. *sipru* II (AHw. 1049b, aram. Frw.) Dokument. Ba. cs. =; pl. סִפְרִן, det. סִפְרַיָּא: **Buch** Da 7_{10}, סְפַר מֹשֶׁה Esr 6_{18}, ס׳ דָּכְרָנַיָּא Gedenkbücher (BLA 310b) 4_{15}, בֵּית סִפְרַיָּא Archiv (cf. בית ספרא Ai.-Gi. Nr. 71; akk. *bīt ṭuppāti(m)* [AHw. 134b Nr. 35] Tafelhaus, Archiv, Schule, cf. Driver SW 64), lies בֵּית גִּנְזַיָּא דִּי סִפְרַיָּא Esr 6_1 "im Schatzhaus, wo man die Bücher deponiert" (⸢ *גְּנַז) und cf. Gunneweg KAT XIX/1, 103. †

Denom. ספר.

*סָפַר: ⸢ סְפַר; he. סֹופֵר; aam. mspt. (NE, Lidzb. Urk. Nr. 4, 13); Sefire KAI 227 Rs 6); Ram. Assur (KAI 236, 6); äga. (AP, Aḥqr, AD, Saqqara [KAI 266, 9]); pehl. (Paik. 732), Dura (Alth. 205), Hatra שפרא (KAI 249, 3); ija. (DISO 196 s.v. $ספר_{II}$, DNWSI 798 s.v. *spr*$_2$); ja., DSS (Dalman Wb. 299b, Beyer ATTM 648); cp. (Schulthess Lex. 139a s.v. ספר II); sy. (LS 493a), nsy. (Maclean 229b); BLA 215k.m; Lw. < akk. *šapiru(m)* (AHw. 1172f): 1.) Beamter, 2.) Regent, zu 1 s. bes. Nr. 6 neu-spbab. Obmann; zu s. Stellung als eines höheren Beamten cf. RLA I 445a, s. ferner *sepīru/sepirru* (AHw. 1036b, RLA I 456b) Übersetzer-Schreiber; sy. *s^{e}firā* (LS 493a), möglich wsem. Lw. (Ebeling ZA 50, 1952, 212, Lewy HUCA 25, 1951, 201ff); cs. =; det. סָפְרָא, cj. pl. סָפְרִין, c. G γραμματεῖς pro שָׁפְטִין (BHS), s. auch Gunneweg KAT XIX/1, 128.129 Esr 7_{25}: **Schreiber**, G γραμματεύς, **Sekretär** des פֶּחָה Esr $4_{8f.17.23}$, cj. 7_{25} (s.o.); Esra סָפַר דָּתָא דִּי־אֱלָהּ שְׁמַיָּא $7_{12.21}$ Angabe seines Amtbereiches (früher: Schriftgelehrter oder Verfasser). †

*סַרְבָּל, pl. sf. סַרְבָּלֵיהוֹן Da $3_{21.27}$, ein **Kleidungsstück, Hose** oder **Mantel**; G ἱματισμός (σὺν τῷ ἱματισμῷ αὐτῶν), Θ σαραβάρα (σὺν τοῖς σαράβαροις αὐτῶν); σα' ἔσθης Παρσική (Suidas), auch σαράβαλλα, σαράπαρα, P-W 2. R I 2, 2386, Σ ἀναξυρίδης, V *braccae*: die lange orientalische Überhose (das sbst. skythischer Herkunft?), Fw.; Ram. pehl. (Frah. 15, 12 סרבו[י]ליא Hemd); äga. סרבלק (AP 42, 9, s. zu ק-: AP S. 144; DISO 197, DNWSI 802 s.v *srblwn*); ja., DSS (Dalman Wb. 300a: סַרְבְּלָא, Beyer ATTM 648 s.v. שרבל); mhe. סַרְבָּל Mantel, Hose (Dalman Wb. 300a); denom. ja. סַרְבֵּל einhüllen (Dalman Wb. 300a), mhe. pt. pass. מְסֻרְבָּל eingehüllt, beleibt (Dalman Wb. 300a); > ar. *sirbāl* Mantel (Frae. 47f mit bedeutenden Anmerkungen); cf. auch sy. *šarbālā* (LS 806b); > lat. *sarabala, sarabara*, "Pluderhosen der Perser" (Lokotsch 1849); md. *šaruala* (MdD 445b); nsy. *šarwāl* und *šarwār*; npe. *širwāl* u. *šalwār* Hosen, zu dem pers. sbst. s. bes. Vogt 120a, ferner DISO 197, Frae., ⸢ Komm. †

*סְרַךְ: ja. סָרְכָא (Tg für he. שׁוֹטֵר), DSS (Beyer ATTM 648) u. סַרְכָנָא Befehlshaber, Fürst (Dalman Wb. 302a); DSS auch Ordnung (KQT 152f) u. Ordner: סורכי המחנות die Ordner des Lagers, so Lohse[3] 194.195 u. Maier I 131; Lw. < pers. *sāraka* "an der Spitze stehend" (Hinz 221); cf. Ram. סרוכיא (Sardes = KAI 260 B 4 und KAI II S. 307 [DNWSI 802 s.v. *srwky*]: ev. < heth. *šarkuš* [Kahle-Sommer Kleinasiatische Forschungen I, 1930, 55f] :: ar. *šarika* Genosse sein [G. Behrmann Das Buch Daniel 1894, 38]): pl. סָרְכִין, סָרְכֵי, סָרְכַיָּא: **hoher** (königlicher) **Beamter**, G ἡγούμενοι, Θ τακτικοί, V *principes*, Da $6_{3-5.7f}$. †

I סתר: he. סתר; ja., DSS (Dalman Wb. 303b, s.v. סתר I, Beyer ATTM 648); sy. (LS 502b); md. *STR* (MdD 338b) pa. verbergen, sbst. Ram. äga. סתר "Versteck" (AP, Aḥqr 88, 175); palm. ija. verstecken (DISO 198 s.v. $סתר_{I}$ verstecken, DNWSI 805 s.v. str_1: verbergen, s.v. str_2 verstecken); ja. סִתְרָא, DSS (Dalman Wb. 303b, Beyer ATTM l.c.); sy. *setrā* (LS 502b); md. *sitara* (MdD 330a):

pa: pt. pass. pl. f. det. מְסַתְּרָתָא, BLA 112t: **das Verborgene** Da 2_{22}. †

II סתר: he. שׂתר; Ram. äga. שתר (Aḥqr 125) einbrechen, zerstören (DISO s.v. $שתר_{I}$, DNWSI 1200 s.v. $štr_1$); ja. סתר II (Dalman Wb. 303b); DSS (Beyer ATTM 720); cp. *str* (Schulthess Lex. 140b); sam. sy. (LS 503b) und md. *STR* II (MdD 339):

pe: pf. sf. סַתְרֵהּ, BLA 126b: **zerstören** Esr 5_{12}. †

ע

ע: 1.) = ursem. ʿ = ar. ʿ, in עבד, עבר, עַיִן, עַל etc; 2.) ursem. ġ (= ar.) wird zu ʿ (BLA 28n), he. ע, in בעה, עלל; 3.) ursem. ṯ > ṭ (= ar.); wird a) aam. zu *q* (schon T. Fekherye: ba. *ʾrq* und *ʾrʿ*), meist auch im Ram. äga.; b) später wird ṯ zu ʿ, so bereits im äga., immer im nab. u. palm. (DISO 25 s.v. ארץ) sowie in späteren aram. Dialekten (cf. BLA 26c.d, Beyer ATTM 419): ba. ⅎ אֲעַ (ⅎ 4), ארק/ע, עֲלַע, רעה ,עֲמַר ,עַר (?); 4.) dissimiliert ע vor ע in derselben Silbe > א (BLA 50c) in אָע; 5.) nach *ḥ* ist im aram. ע (< ṯ) zu א geworden, cf. ba. מחא (Leander 17h).

עבד: he. =; Deir Alla; aam. Znğ. (KAI 214, 7), Sefire (KAI 222, 223, 224), T. Fekherye 15; Ram. äga. (AP, Aḥqr, Behist., [akk. *epēšu*], AD, BMAP, Memphis [KAI 268, 2-3] Hermopolis, Saqqara), Saraidin (KAI 261, 5), Limyra (KAI 262), Carpentras (KAI 269, 2) Xanthos, Samaria, Persepolis; Armazi = Mcheta (KAI 276, 4); pehl. (Frah. 18, 7, Paik. 742-55); Nisa; nab. palm. Hatra ija. (DISO 198, DNWSI 806); ja., DSS (Dalman Wb. 303b, Beyer ATTM 649); cp. (Schulthess Lex. 140a) (auch *ʿbjd*); sam. (BCh. Gl. 8b); sy. (LS 504a); md. *ABD* (MdD 2b, Nöldeke MG 241); nsy. (Maclean 233b):

pe: pf. עֲבַד, עֲבַדְתְּ, Var. (א)תָ-, עַבְדֵת (or. *ʿabadīt* Da 3_{15}, ja. Dalman Gr. § 60, 1), pl. עֲבַדוּ; impf. pl. תַּעַבְדוּן (Var. תַּעְ׳, BLA 129j); inf. מֶעְבַּד (or. *mäcäbad* Esr 7_{18}); pt. עָבֵד, f. עָבְדָה/א, pl. עָבְדִין: — 1. **tun**, abs. Da 4_{32b} 6_{11} Esr 6_{13} 7_{18}, verfahren mit jmdm c. בְּ Da 4_{32a}, c. עִם Esr 6_8; — 2. **machen**, Gott אָתַיָּא וְתִמְהַיָּא Da 3_{32} 6_{28}; Götter שְׁמַיָּא וְאַרְקָא Jr 10_{11} (c. לָא), Menschen צְלֵם Da $3_{1.15}$, אֶשְׁתַּדּוּר Esr 4_{15}, חֲנֻכָּה 6_{16}, דָּתָא befolgen 7_{26}, שָׁלוּ 4_{22} und חֲבוּלָה Da 6_{23} begehen, לְחֶם veranstalten Da 5_1, קְרָב führen 7_{21}. †

hitpe: impf. יִתְעֲבֵד Da 3_{29} Esr 6_{11} 7_{23}, תִּתְעַבְדוּן ,-בֵד Esr 6_{12} 7_{21}; pt. מִתְעֲבֵד, -עֲבֶד (BLA 31d), f. מִתְעַבְדָא: — 1. **gemacht, ausgeführt werden**: עֲבִידְתָּא Esr 5_8, טְעֵם 6_{12} $7_{21.23}$, דִּינָה c. מִן 7_{26}, אֶשְׁתַּדּוּר 4_{19}; — 2. **gemacht werden zu** Da 2_5 3_{29} Esr 6_{11}. †

Der. *עֲבֵד, *עֲבִידָה, *מַעֲבָד, n.m. עֲבֵד נְגוֹ.

*עֲבֵד: עבד; he. עֶבֶד; aam. Znğ. (KAI 216, 3; 217, 4), Sefire (KAI 224, 13); Ram. Assbr. (KAI 233, 13); äga. (AP, AD, BMAP, Aḥqr, Saqqara, Memphis [KAI 268, 2.3], Hermopolis); Samaria pehl. (Frah. 13, 1); nab. palm. ija. (DISO 201 s.v. $עבד_{II}$, DNWSI 816 s.v. $ʿbd_2$); ja., DSS (Dalman Wb. 304a, Beyer ATTM 650); cp. (Schulthess Lex. 140b); sam. (*ʿåbdå*, BCh. Gl. 8b); sy. (LS 504b); md. *abda* (MdD 3a, Nöldeke MG 100); nsy. (Maclean 233b s.v. *ʿbdʾ*); naram. *ʿapta* Sklave (Bgstr. Gl. 2 s.v. *ʿbt*); BLA 47x: cs. =; pl. sf.

עַבְדָךְ, K עַבְדַיִךְ, Q עַבְדָךְ (Esr 4_{11} Var. עַבְדַיִךְ u. עַבְדָךְ, so BHK[1] Bombergiana, danach BLA 226z u. Lex.[1] :: BHK[3] u. BHS Leningradensis bieten dagegen die Formen mit dageš nicht), BLA 74z, 77 o, sf. עַבְדוֹהִי: **Sklave, Diener**, des Königs Da $2_{4.7}$ Esr 4_{11}, Gottes Da $3_{26.28}$ 6_{21} Esr 5_{11}; ꜰ n.m. עֲבֵד נְגוֹ. †

עֲבֵד נְגוֹ, Da 3_{29} עֲ' נְגוֹא, or. *ʿābed*: bab. Name von עֲזַרְיָה (ꜰ Da 1_{6f}) 2_{49} $3_{12\text{-}20}$; zur Erklärung des PN s. HAL 733a (Lit.). †

*עֲבִידָה: עבד; he. עֲבֹדָה; Ram. äga. עבידה (AP, Aḥqr, AD); nab. palm. ija. Hatra *ʿbd* Bau, Konstruktion (DISO 202 s.v. $עבד_{III}$, DNWSI 819 s.v. *ʿbdh* u. s.v. *ʿbd*$_3$); ja. עבידה, DSS (Dalman Wb. עֲבִידְתָא 304b u. עוֹבָדָא 307a, Beyer ATTM 650, auch עבד); cp. *ʿbd* (Schulthess Lex. 140a); sy. (LS 504b s.v. *ᶜᵉbādā*); md. *ʿbidata*, pl. (MdD 340b, Nöldeke MG 465); BLA 188j, *ʿbjdʾ* 141a: cs. עֲבִידַת, det. עֲבִידְתָא (BLA 16z): — 1. a) **Arbeit** am בֵּית אֱלָהָא Esr 4_{24} 5_{8} 6_{7}; b) **Dienst** (AD V 9) Esr 6_{18} ins. c. G[L] S בֵּית (בֵּית אֱלָהָא), so mit Lex.[1], BHS, Rudolph EN 62, Gunneweg (KAT XIX/1, 113); — 2. **Verwaltung** Da 2_{49} 3_{12}. †

*עבר: he. =; aam. Znğ., Panammu II (KAI 215, 18), Sefire (KAI 224, 17); Ram. äga. Aḥqr; pehl. (Frah. 22, 6f, Paik. 756); Hatra (KAI 256, 7); ija. (DISO 202, DNWSI 821 s.v. *ʿbr*$_1$); ja., DSS (Dalman Wb. 304b, Beyer ATTM 651); cp. (Schulthess Lex. 141b); sam. (BCh. Gl. 8b); sy. (LS 507b); nsy. (Maclean 234b); md. (MdD 4b, Nöldeke MG 131, 270); naram. (Bgstr. Gl. 1).

Der. *עֲבַר.

*עֲבַר: עבר; he. I עֵבֶר; ja. עִבְרָא (so Dalman Wb. 305a, cf. עבר *ʿēbar*, so Beyer ATTM 651); cp. **ʿbr*, emph. *ʿbrʾ* jenseitiges Ufer (Schulthess Lex. 142a); sam. (LOT 2, 546); sy. *ʿebrā* (LS 508a); md. *ʿbra* (MdD 340b, Nöldeke MG 102 = *ʿebrā*); Grdf. **ʿibr*, BLA 183i: cs. =: das **jenseitige Ufer**; עֲבַר־נַהֲרָא Esr $4_{10f.16f.20}$ $5_{3.6}$ $6_{6.8.13}$ $7_{21.25}$; auf kilikischen Münzen NE 336; he. עֵבֶר הַנָּהָר, keilschr. *Eber nāri* (AHw. 181b); πέραν τοῦ Εὐφράτου Inschr. des Gadatas (Meyer Jdt 19f), das Land westlich des Stromes (Euphrat) Transpotamien, Syrien (Streck VAB VII 782, Eilers 31ff). †

עַד: he. III עַד; aam. Znğ., Sefire; Ram. äga.; kleinas. Gözne (KAI 259, 1); pehl. (Frah. 25, 3, Paik. 757; DISO 203 s.v. $עד_{I}$, DNWSI 825 s.v. *ʿd*$_7$); ja., DSS (Dalman Wb. 306a, Beyer ATTM 652); cp. (Schulthess Lex. 143a); sam. (BCh. Gl. 9a); sy. (LS 510b); md. *ad* (MdD 6a, Nöldeke MG 209): — 1. praep. **bis**: a) räumlich: **hin zu** Da 7_{13}, עַד־כָּא bis hierher 7_{28}, s. dazu BLA 353f und danach Plöger KAT XVIII 103.105; quantitativ **bis auf** Esr 7_{22} (עַד־כְּסַף כַּכְּרִין מְאָה); b) zeitlich: **bis zu** Da 6_{15} $7_{12.25}$ Esr 4_{24} 6_{15}, ꜰ עַד־סוֹפָא Da 6_{27} 7_{26}, c. עָלַם Da 7_{18}, עַד־כְּעַן bis jetzt Esr 5_{16}; עַד **während, innert** Da $6_{8.13}$. ꜰ עַד־אָחֳרֵין zuletzt Da 4_{5}, ꜰ עַד־דִּבְרַת Da 4_{14}, sic leg. pro עַל־דִּ' (BHS, Lex.[1]); — 2. conj. (he. III עד B; Leander § 63f; VG 2, 550) **bis dass**, cf. aam. Znğ. (KAI 214, 17), Sefire (KAI 224, 6); Ram. äga. (AP, AD, DISO 203 s.v. $עד_{I}$ 2): a) עַד c. impf. Esr 4_{21} 5_{5}; b) עַד דִּי (äga. עד זי), c. impf. Da 2_{9} $4_{20.22.29}$, c. pf. Da 2_{34} 4_{30} 5_{21} $7_{4.9.11.22}$; ... לָא עַד דִּי c. pf. nicht ... bis dass = kaum 6_{25}. †

עדה: he. I עדה, prob. < aram. , doch s. dazu Wagner 214. Ram. äga. haf. beseitigen, wegnehmen (AP, Aḥqr, Aimé-G. 5, 3, BMAP, AD) Daskyleion 4 (TSS I II 37, 4), Paik 758 (DISO 204 s.v. $עדי_{I}$, DNWSI 829 s.v. *ʿdy*$_1$); pe. vorüber-, weggehen: ja., DSS (Dalman Wb. 306a: עדא, Beyer ATTM 651); cp. (Schulthess Lex. 143b) und md. *ADA, ʾDA* (MdD 6a, Nöldeke MG 257); sy. kommen über; (h)af.: ja., DSS (s.o.); sy. gelangen lassen (LS 511b); md. vorübergehen lassen (MdD 6b, Nöldeke MG § 192); etp. pass. weggenommen werden, äga. (AD, s. DISO l.c.):

pe: pf. 3. f. עֲדָת (BLA 154 l); impf. יֶעְדֵּה, תֶּעְדֵּה, or. *ti-*, BLA 128c: **gehen**: — 1. **kommen an** c. בְּ Da 3_{27} :: cf. Θ Da 3_{94} καὶ ὀσμὴ πυρὸς οὐκ ἦν ἐν αὐτοῖς; G οὐδὲ ὀσμὴ τοῦ πυρὸς ἦν ἐν αὐτοῖς, oder besser: בְּ = מִן *F* he. בְּ Nr. 13: selbst Rauchgeruch ging nicht von ihnen aus (Lebram 61); — 2. **weggehen = genommen werden** 4_{28} (מַלְכוּ c. מִן), abs. vergehen 7_{14} ‖ תִתְחַבַּל, aufgehoben werden $6_{9.13}$. †

haf: pf. הֶעְדִּיו Da 7_{12} und הֶעְדִּיו 5_{20} (BLA 128f, 156w !); impf. יְהַעְדּוֹן; pt. מְהַעְדֵּה **wegnehmen** Da 5_{20} (c. מִן), $7_{12.26}$ (שָׁלְטָן), absetzen 2_{21} (מַלְכִין). †

עִדּוֹא: he. =; n.m., Vater des Propheten זְכַרְיָה Esr 5_1 6_{14}, s. HAL 746b, dort auch zum sprachlichen Verständnis des PN. †

***עִדָּן**: √*wʿd*, he. יעד, BLA 196z Anmerkung; Ram. äga. (AP, Aḥqr, BMAP, KAI 270 A 3, Saqqara); pehl. (Frah. 27, 9, Avr. 3, 4 אחריה; עדנא DISO 204, DNWSI 830 s.v. *ʿdn₂*); ja., DSS (Dalman Wb. 306b, Beyer ATTM 653); cp. (Schulthess Lex. 143b); sam. *iddån* (BCh. Gl. 9a); sy. *ʿeddānā* (LS 511a); md. *ʿdana* (MdD 341, Nöldeke MG 136); nsy. *dānā* u. *ʿidānā* (Maclean 253b); > ar. *ʿiddān* (Nöldeke NB 44); äth. *ʿᵉdmē* (Dillmann 1010). Von der √*wʿd* sind auch die akk. sbst. *(ʾ)adānum, adannu* (AHw. 10b) und *(ʾ)edānu(m)* (AHw. 184b) abzuleiten; danach sind diese sbst. mit dem aram. *עִדָּן durch die Etym. verbunden, nicht aber so, dass diese ein Lw. aus dem akk. wäre. (Zu Zeitausdrücken in den sem. Sprachen s. bes. Nöldeke NB 44): det. עִדָּנָא, pl. עִדָּנִין (pl. pro du., BLA 306 l !), עִדָּנַיָּא: — 1. **Zeit** Da 2_{8f}, neben זְמָן 2_{21} 7_{12}, בְּעִדָּנָא דִּי (BLA 363s) wenn, sobald als $3_{5.15}$; — 2. = **Jahr** (ja. sy., he. מוֹעֵד) Da 12_7, G. ἔτος Da $4_{16.32.34}$, Jos. Antt. XII 7, 6 :: V *tempus/tempora*, so auch G καιρός/καιροί 7_{25} 12_7; שִׁבְעָה עִדָּנִין Da $4_{13.20.22.29}$, עַד עִדָּן וְעִדָּנִין וּפְלַג עִדָּן 7_{25} = $3^1/_2$ Jahre (Bentzen 34.67, Plöger KAT XVIII 105, s. auch 115f.143). †

***עוד**: he. =; die Grdb. noch erhalten in ar. *ʿāda* zurückkehren, cf. äth. *ʿōda* herumgehen, umkreisen; sbst. palm. *ʿjd* (DISO 207, DNWSI 838); ar. *ʿādat* (Hwb. Isl. 14b); sy. *ᵉjādā* Gewohnheit (LS 515a); vb. denom. (?) sy. pe. u. af. gewöhnen.
Der. עוֹד.

עוֹד: עוד; he. =; Ram. äga. עוד und עד, s. Leander 119i (AP, BMAP, Hermopolis); nab. (DISO 203 s.v. $עד_{II}$, DNWSI 831 s.v. *ʿwd₅*); ja., DSS (Dalman Wb. 307b, Beyer ATTM 653); cp. (Schulthess Lex. 143b u. 144a); sam. sy. (LS 515a); BLA 254 o: **noch** Da 4_{28}. †

***עוה**: he. =; ja. עֲוָא abweichen, af. sich vergehen (Dalman Wb. 307a).
Der. *עֲוָיָה.

***עֲוָיָה**: עוה; ja., DSS (Dalman Wb. 307b: עֲוָיָא, Beyer ATTM 653); cf. ? nab. עויה (Cant. Nab. 2, 128a, DISO 205, ungedeutetes sbst., DNWSI 832); BLA 187f: pl. sf. עֲוָיָתָךְ: **Vergehen** Da 4_{24} ‖ חֲטָיָךְ. †

***עוף**: he. =; aam. Sefire (KAI 222 B 33 [?]: יעפן sie fliegen, s. dazu auch KAI II S. 256, DISO 205 :: DNWSI 833); ja. (Dalman Wb. 308b, Beyer ATTM 653).
Der. עוֹף.

עוֹף: עוף; he. =; ja. DSS (Dalman Wb. 308b, ATTM 653) und cp. (Schulthess Lex. 144a) עוֹפָא; sam. (LOT 2, 570); sy. *ʿaupā* (LS 517a); BLA 182a: cs. =: **Vogel** Da 7_6, coll. Vögel עוֹף שְׁמַיָּא 2_{38}. †

עוּר: ja. (Dalman Wb. 309a); sy. *ʿūrā* (LS 517b); ar. *ʿuwwār* Stäubchen im Auge, cf. Mt 7_3, Belot 533b, ABarthélemy-HFleisch, Dictionaire Arabe-Francais, Paris 1994, 562; BLA 180 l: **Spreu** Da 2_{35}. †

***עֵז**: he. =; Ram. äga. ענז (AP, Aḥqr); pehl. (Frah. 7, 11); palm. עז (DISO 206 s.v. $עז_{III}$, DNWSI 875 s.v. *ʿnz*); ja. עִזָּא (Dalman Wb. 309a, Beyer ATTM s.v. ענז); sam. *az*; sy. *ʿezzā*, cs. *ʿnez* (LS 535b); cp. **ʿnz*, **ʿz*, pl. *ʿzjn* (עִזִּין, Schulthess Lex. 149b s.v. *ʿnz*); nsy. *ʿizā*

(Maclean 237b); naram. *ʿezza* (Bgstr. Gl. 8 s.v. עזז); Grdf. **ʿanzu* oder eher **ʿinzu*, s. dazu HAL 760b; BLA 29x. 182c. 198b: pl. עִזִּין: **Ziege**; צְפִירֵי עִזִּין Ziegenböcke (pl. doppelt ausgedrückt) Esr 6_{17}. †

עזק: he. = umgraben, aufhacken; akk. *es/z/šēqu* einritzen (Bild) einschneiden (AHw. 249a). Der. *עִזְקָה.

*עִזְקָה: עזק; Ram. äga. עזקה (AP, Aḥqr, DISO 206, DNWSI 836); ja. עִזְקְתָא und חִזְקָה; DSS (Dalman Wb. 309b: עִזְקְתָא Ring, Fessel, 142a: חִזְקָא Band, Ring, Beyer ATTM 654: עזקה, *ʿezqā*); cp. (Schulthess Lex. 144b); sy. *ʿezq^etā* und *ʿezaqtā* (LS 519b); md. *ʿzqta* (MdD 348a) = *ʿsqta* (MdD 354b, Nöldeke MG 46.109); nsy. *ʿizuqta*, *ʿiziqthā*, *siqthā* Ring, Fessel, trad. zu עזק (Maclean 237b); eher Lw. < akk. *iz/išqātu* (Zimmern 35, Kaufman 61, ferner Vogt 125a) :: akk. < aram. (AHw. 408b) (Ring-) Fesseln; BLA 244f.g: sf. עִזְקְתֵהּ, or. *ʿizqateh*, pl. (fem. gebildet wie nsy. u. md. *ʿsqta*, dagegen mask. ja. cp. sy.) cs. עִזְקָת: **Siegelring** Da 6_{18}. †

עֶזְרָא: n.m. **Esra**, Esr $7_{12.21.25}$, F he. †

עֲזַרְיָה: n.m. Da 2_{17} = עֲבֵד נְגוֹ 1_7, F he. sub עֲזַרְיָה Nr. 5. †

עֵטָה: יעט; he. עֵצָה; Deir Alla; Ram. äga. עטה, nur Aḥqr (DISO 206, DNWSI 880 s.v. *ʿṣh*); ja. עֵיטְתָא u. (< he.) עֵיצְתָא (Dalman Wb. 311a.b); DSS עטה *ʿeṭā* (Beyer ATTM 599 s.v. יעט); cp. *ʾjṣtʾ* (Schulthess Lex. 85b s.v. *jʿṣ*); BLA 179g: **Rat**, הֲתִיב עֵטָה וּטְעֵם (F תוב haf.) Da 2_{14}. †

*עַיִן: he. =; Deir Alla; aam. *Znğ.* (KAI 214, 30.32), Sefire (KAI 222 A 13; 224, 3); Ram. Nerab (KAI 226, 5); äga. (AP, Aḥqr); pehl. (Frah. 10, 13; 25, 46, Paik 594); nab. palm. ija. (DISO 207, DNWSI 839 s.v. *ʿyn₂*); ja., DSS (Dalman Wb. 311b, Beyer ATTM 654); cp. (Schulthess Lex. 145a); sam. *īn* (BCh. Gl. 9a); sy. (LS 522a); md. *aina* (MdD 15a, Nöldeke MG u.a. 100.157.170); nsy. *ʿainā* (Maclean 238b); naram. (Bgstr. Gl. 4); BLA 182z, 203d.e: cs. עֵין, pl. (pro du., BLA 203d.e, 306 l.m) עַיְנַיִן, cs. עַיְנֵי, sf. עַיְנַי, fem.: **Auge** Da 4_{31} $7_{8.20}$, Gottes Esr 5_5. †

*עִיר: he. II עור; aam. Sefire עור pe. (KAI 223 B 4 ?, s. dazu KAI II S. 260f, DISO 205 s.v. $עור_I$ :: DNWSI erwähnt es nicht, sehr unsicher !); עיר ja., DSS (Dalman Wb. 308b s.v. עור, Beyer ATTM 655: עיר); sam. (LOT 2, 581); cp. (Schulthess Lex. 145a); sy. (LS 523); md. *AUR, ʿUR* (MdD 10b) erwachen, pe. (fehlt in ja.) und abgeleitete Stammformen, bes. caus.; sekundär < ettaf. עתאר Nöldeke MG 84 und nsy. *tāʿir* (Maclean 324b). Der. עִיר.

עִיר: עיר = Θ (ε)ιρ; he. עֵר; mhe. עִיר (Jastrow 1075a: Wächter, Engel); ja., DSS (Dalman Wb. 311b, Beyer ATTM 655): wach, > Engel; cp. (Schulthess Lex. 145a): wachsam, klug; sy. *ʿīrā* (LS 523a) und md. *aiar* wach, wachsam (MdD 14b s.v. *aiar₃*); nsy. *ʿirā* klug, intelligent (Maclean 239a); sy. 1.) wachend, 2.) Engel (LS 523a); BLA 180j !: pl. עִירִין: wach > Wächter = **Engel** Da $4_{10.14.20}$; G ἄγγελος, Θ ειρ ($Θ^{RA}$ ιρ), A.Σ ἐγρήγορος, im Titel codex Chisiani ἄγρυπνος, V *vigil* (Mtg. Da. 231ff, Bentzen 43). †

עַל: he. =; **A.** deckt auch he. אֶל, das nur vereinzelt vorkommt; aam. T. Fekherye 14.15, KAI III 28a s.v. $אל_1$; Ram. äga. u. T. Halaf 4, 2 (Leander 122b); md. *ala²* (MdD 18b, Nöldeke MG 193); nicht mehr im ja. und ba.; **B.** על aam. Znğ. (KAI 214, 34), Sefire (KAI 222 B 26; 224, 9), Zkr. (KAI 202 A 4.15); Ram. Assur (KAI 234, 235, 236); äga. (Leander 123m, AP, BMAP, AD, Hermopolis, Saqqara), auch עלוי (AP, Aḥqr, DISO 211, DNWSI 852), cf. ferner pehl. (Frah. 24, 3, Paik. 581, 761-767), Nyb. MO 17, 214f, Dura (Alth. 17, 1 u. 66, 3); sogd. (Gauth.-B. I 12, II 236a); Hatra nab. palm. s. ferner Sardes (KAI 260, B 3.4), Arebsun (KAI 264, 7); עאל Demot. 225 (DISO 208, DNWSI 844 s.v. *ʿl₇*); ja., DSS (Dalman Wb. 313a, Beyer ATTM

655); cp. (Schulthess Lex. 146a s.v. עלי); sam. (BCh. Gl. 9a) sy. (Nöldeke SGr § 250); md. *ʿl* (MdD 349b, Nöldeke MG 193, cf. Nyb. 215); nsy. *ʿal, ʿul* (Maclean 239b); naram. *ʿal* (Bgstr. Gl. 2, Spit. 125a); **C.** BLA 260a.c: sf. עֲלַ֫יִךְ ,עֲלַי K (äga.), עֲלָךְ Q or. (Tg. Dalman Gr. 229), עֲלוֹהִי ,עֲלַ֫יְהּ K (äga.), עֲלַהּ Q or. (Tg.), עֲלֶ֫ינָא (BLA 260c, sec. he.), Var. עֲלֵ֫ינָא ,עֲלֵיהֹם (äga. auch הום-, nab., s. Cant. Nab. 1, 56), עֲלֵיהוֹן; **D.** praep.: — 1. a) **auf**, auf die Frage wo Da $2_{10.28f}$ 4_{26} 7_6 Esr 5_{15} 7_{17}; um Da 5_7 (עַל־צַוְּארֵהּ), c. הַשְׁכַּח an 6_5; b) auf die Frage wohin Da $2_{34.46}$ 5_5 6_{11} (↗ I ברך).$_{18}$ 7_4 Esr 5_5 6_{11} 7_{24}; — 2. a) **über**, c. הֲוָה Esr 4_{20} ohne vb. 5_{1b}, c. מַנִּי Da 2_{49} 3_{12}, c. הֲקִים 4_{14} 6_2, c. הַשְׁלֵט 2_{48}, c. הָתְקַן 4_{33}; b) c. מְטָא jmdn widerfahren $4_{21.25}$, c. חלף 4_{13} (עִדָּן), c. נדד 6_{19} (שְׁנָה) und. c. שׁנה itpa. 7_{28} (= dat. incommodi, sy.), c. הִתְנַבִּי pa. Esr 5_1 (weissagen + Dat., prophezeien für); — 3. **gegen** Da $3_{19.29}$ 5_{23} Esr 4_{19} 7_{23}; — 4. **hin ... zu**, c. verbis eundi (↗ נְגַד, he. אֶל) Da 2_{24} 4_{31} 6_7 7_{16} Esr $4_{11f.18.23}$, im Briefstil an (äga. אל) $4_{11.17}$; — 5. den Sinn betreffend: c. שִׂים טְעֵם Da 3_{12} 6_{14} und שִׂים בָּל 6_{15}; c. רחץ hitpe. 3_{28}; jmdm gefallen 4_{24} 6_{24} Esr 5_{17} (c. לְ mit inf.) 7_{18}; — 6. **betreffend** (עַל pers. vel rei) Da 2_{18} $5_{14.29}$ $6_{13.15}$ $7_{16.20}$ Esr $4_{8.14}$, für 6_{17}; עַל־מָה warum? Da 2_{15}, עַל־דְּנָה deshalb Esr 4_{15} 6_{11}; in Bezug darauf Esr 4_{22} 5_{17} Da 3_{16} (↗ דִּבְרָה); — 7. komparativisch: vor Da 6_4, עַל דִּי mehr als 3_{19}.

עֵלָּא: עלה; Ram. äga. על (AP, BMAP), עלא (AP, Aḥqr, BMAP, Saqqara), עלה (BMAP); c. ל: לעלי (Aḥqr), c. עד (AP), c. מן (AP u. BMAP zu עלא, s. auch Leander § 47b); nab. palm. על(א), palm. auch לע(י)ל und ija. (DISO 210 s.v. על$_{II}$, DNWSI 842 s.v. *ʿl*$_1$); ja., DSS (Dalman Gr. 229, 4, Beyer ATTM 656: עלא *ʿellā* [auch] mit ל, מן u. עד) und Schreibungen mit י: עילא ,עיל und מן לע(י)ל; cp. *lʿl* und *lʿjl* (Schulthess Lex. 146b); sy. *l^{e}ʿel* (LS 369a) und md. *lʿl, lʿil, ʿl, ʿil* u. sogar *lʿiil* (MdD 226a, Nöldeke MG 203); naram. *elʿel* (Spit. 118a, u. Bgstr. Gl. 2); nsy. *lulul, lilil, lilāl* (Maclean 150a s.v. *lʿwlwl*); asa. *lʿl* (Conti 173b); äth. *lāʿla* (Dillm. 56f); tigr. *laʿāl*, f. *laʿālīt* "ober(e)" (Wb. 45f); BLA 254 o; **oben**, מִן עֵלָּא über Da 6_3. †

עִלָּא Da 6_6, עִלָּה 6_5; ja. עלה *ʿellā* Grund zur Anklage (Dalman Wb. 313b s.v. עִלָּה), DSS (Beyer ATTM 657); cp. *ʿlʾ* u. *ʿjlʾ* (Schulthess Lex. 145b); sy. *ʿel^{e}tā* (LS 524a) und nsy. *ʿiltā* Ursache (Maclean 240b), Vorwand; naram. *ʿellṯā* Fehler (Bgstr. Gl. 3); √*ʿll* eintreten, > ar. *ʿillat* (Schulthess HW 44 :: Köbert Or. 14, 1945, 280): Ursache, Anlass, Vorwand; etym. inc., Möglichkeiten: a) I עלל, ar. *ʿalla* II begründen, V und VIII einen Vorwand vorbringen, als Vorwand anführen (Wehr 568a); b) ar. *ġalla*, aram. עלל (s. II עלל) hinausgehen; c) bei der Beurteilung verdient a) ohne Zweifel den Vorzug. Vers. G ἄγνοια Fehler, Fehltritt, Schuld; Θ πρόφασις Vorwand, Scheingrund, Ursache: **Ursache**, (wie αἰτία Mt 27_{37}), **Grund zu einer Anklage**, **Vorwand** Da 6_{5f}. †

עלה: he. =; ja. עלא itpa. erhaben sein (Dalman Wb. 313a); sy. (LS 527a s.v. *ʿly*) u. nsy. etpa. erhöhen (Maclean 239b).
Der. עַל, עֵלָּא, *עלוה, *עִלָּי, *עִלִּי, *עֶלְיוֹן.

***עלוה** (*עֲלָוָה, *עַלְוָה), zurückgebildet aus pl. עלון ?, so auch Beyer ATTM 657 für die Form עלוה *ʿal(a)wā*; or. *ʿalātā* (MdO 19, Jos 22_{23}: עלה); he. עֹ(ו)לָה; äga. עלוה (AP) Brandopfer (DISO 211 s.v. עלוה, DNWSI 851 s.v. *ʿlwh*); palm. *ʿltʾ* Altar (DISO 211, DNWSI 851 s.v. *ʿlh*$_1$); ja. עֲלָתָה, DSS (Dalman Wb. 315a, Beyer ATTM 657) Brandopfer; sam. *ʿāla*; cp. *ʿlʾ* Brandopfer (Schulthess Lex. 147a); sy. *ʿlātā* Brandopfer, Altar (LS 526b); BLA 187f: pl. (cf. palm. ja. cp. sy.) עֲלָוָן: **Brandopfer** (Vincent 147ff) Esr 6_9. †

***עִלָּי**: עלה; he. *עִלִּי; aam. Sefire (KAI 222 A 6: עלי, cf. KAI 222 C 23f: תחתיתה [לע]ליתה sein Unterstes zu oberst, so KAI II S. 242);

Ram. äga. עלי, fem. עליתא als adj. zu מצרין Oberägypten (AD S. 103a) :: מ׳ תחתיתא Unterägypten (AD S. 104b), cf. מן עליה עד תחתיה von oben bis unten (BMAP 4, 6); עליה oberer Teil (AP); AD in עליתא (מצרין) Oberägypten; palm. nab. עלי, adv. עלא, emph. u. adj. fem. עליתא Hatra ija. (DISO 211 s.v. $עלי_{III}$ u. 212 s.v. עליה, DNWSI 853 s.v. *ʿly*$_2$ u. *ʿlyh*); ja. עֲלַי/עלי, DSS (Dalman Wb. 313b, Beyer ATTM 656f), det. עִלָּאָה; sy. *ʿellājā* (LS 527a); sam. (LOT 2, 541); md. *ʿlaia* (MdD 350b, Nöldeke MG 141); nsy. *ʿilājā* (Maclean 240a); naram. *ʿillō* < *ʿellājā* (Bgstr. Gl. 3, Spit. 91b); BLA 196d: det. Q עִלָּאָה, K עִלָּיָא, BLA 51k: **oberer, höchster**: אֱלָהָא ע׳ der höchste Gott Da $3_{26.32}$ $5_{18.21}$, ע׳ allein in diesem Sinne $4_{14.21f.29.31}$ 7_{25}, cf. n.m. nab. עליאל, palm. עליבעל (PNPI 44f, cf. Baud. Kyr. III 81[1]); ↗ עֶלְיוֹן. †

*עִלִּי: עלה; he. =; kan. Lw. = aram. ↗ עִלִּי (BLA 197f); f. sbst. = he. עֲלִיָּה; palm. עליתא (DISO 212 s.v. עליה Nr. 2, DNWSI 853 s.v. *ʿlyh*); ja. עִלִּיתָא (so T^O zu Ri 3_{23f}, siehe Dalman Wb. 314b); DSS (Beyer ATTM 657: עליה *ʿelliyā*); cp. Speisezimmer im Oberstock (Schulthess Lex. 147a); sy. *ʿellītā* (LS 527a) > ar. *ʿullīya* (cf. Frae. 20f), > naram. *ʿullīta* (Bgstr. Gl. 3; cf. Mk 14_{15} τὸ ἀνάγαιον): sf. עִלִּיתֵהּ: **Obergemach** Da 6_{11}. †

*עֶלְיוֹן: עלה; ? Lw. < he. ↗ HAL 787f (Lit.); aam. Sefire n.d. *ʿljn* (KAI 222 A 11, cf. KAI II S. 246); ja. עליון, DSS (Beyer ATTM 657); BLA 196c; pl. עֶלְיוֹנִין: **Höchster**, קַדִּישֵׁי עֶלְיוֹנִין Da $7_{18.22.25.27}$ (Doppelpl. oder Nachahmung des he. אֱלֹהִים [BLA 305g, Mtg. Da. 307f]) die Heiligen des Höchsten. †

I עלל: ↗ עֲלָה sub a).

II עלל: he. II עלל, < aram. (Wagner 219-220). Deir Alla; aam. Sefire (KAI 222 A 6, B 35, cf. Degen Altaram. Gr. S. 72[67]); Ram. Uruk 4, 29: *ḫa-al-li-tu*; äga. (AP, BMAP, AD) pe. u. haf. (auch הנעל), cf. Leander 66b.g; Demot. 225; palm. Hatra ija. Nisa (DISO 212, DNWSI 855 s.v. *ʿll*$_1$); ja., DSS (Dalman Wb. 314a, Beyer ATTM 657); sam. (BCh. Gl. 9a); cp. (Schulthess Lex. 145b); sy. (LS 524a); md. *all* I etc. (MdD 20, Nöldeke MG 253f); naram. (Bgstr. Gl. 3); > akk. *ḫalālum* I (AHw. 309b):

pe: pf. עַל, or. *ʿāl* (ja. Dalman Gr. 328, sec. ו ע׳), f. עַלַּת Q, עֲלַלַת K vel עֲלַלַת (BLA 166d.e); pt. pl. עָלִּין Q, K עָלְלִין (BLA 17e, 54x): **hineingehen** (zu der Audienz beim König; he. בוא) Da 2_{16} 4_4 5_8, c. קֳדָם 4_5, c. עַל (VG 2, 391) 2_{24} (dl. ? cf. Komm. u. BHS), c. לְ loci (äga.) 5_{10} 6_{11}. †

haf: pf. הַנְעֵל Da 2_{25} 6_{19} (äga. ↗ oben) < **haʿʿel*; ja. (meist Formen mit dissimilierter Gemination, s. dazu Dalman Gr. § 71, 4 S. 328), Formen mit verdoppeltem *ʿain* cp. (Schulthess Lex. 146a), sy. (Nöldeke SGr. § 178 E), md. (MdD 20, Nöldeke MG 253f); BLA 50d, 57f, 166i: imp. sf. הַעֵלְנִי 2_{24}; inf. הֶעָלָה 5_7 und הַנְעָלָה 4_3: **hereinbringen, vorführen** 5_7, c. לְ des obj. pers., so auch c. קֳדָם 2_{24f} 4_3 6_{19}; c. לְ des obj. pers. 2_{25} 4_3; c. acc. des obj. pers. 2_{24} 6_{19}. †

hof: pf. הֻעַל, הֻעֲלוּ (BLA 57h, 167k): **vorgeführt werden** Da $5_{13.15}$ (c. קֳדָם vs.$_{13}$ und קֳדָמַי vs.$_{15}$. †

Der. *מֶעָל.

עָלַם: he. עוֹלָם. Als 1. Bedtg.: Dauer, Ewigkeit: Deir Alla; aam. Znğ. (KAI 214, 1), Sefire (KAI 222 B 7 ?; 224, 24.25); Ram. ähnl. Bedtg.: Taima *lʿlm* für immer (NESE 2, 87, Z. 7); äga. (AP sg., BMAP sg. u. pl., Saqqara); Samaria, pehl. (Frah. 27, 14); nab. palm. Hatra ija. (DISO 213 s.v. $עלם_{II}$, DNWSI 859 s.v. *ʿlm*$_4$); ja., DSS (Dalman Wb. 314b, Beyer ATTM 658); sam. *ālåm* (BCh. Gl. 9a); cp. (Schulthess Lex. 147a); sy. (LS 527b); naram. (Bgstr. Gl. 3); nsy. (Maclean 240a); als 2. Bedtg.: Welt: palm.; ja. (Beyer ATTM 659 sub 2); sam. (LOT 2, 498) cp. sy.; md. *alma* I (MdD 20b, Nöldeke MG 112.479) und nsy. (Maclean 240a); asa. (Conti 207a, Sabdik 15);

ar. *ʿālam* (Wehr 571b) und äth. (Dillmann 951); s. bes. auch das Beiwort für Gott (palm. Baal, nab. Dusares und Qumran) מרא/ה עלמא Herr der Welt (DISO 214 $עלם_{II}$ sub 2, DNWSI 862 s.v. *ʿlm*$_4$ Nr. 2 und HAL 755b Nr. 5, mit Lit.); als 3. Bedtg.: Leute: sy. md. naram. nsy. asa. ar.; BLA 190x: cs. =, det. עָלְמָא, pl. עָלְמַיָּא, עָלְמִין: **ferne Zeit, "Ewigkeit"** (ϝ he.). Von der Vergangenheit: מִן־יוֹמָת עָלְמָא Esr $4_{15.19}$; von der Zukunft, oft pl. (BLA 306j, auch pehl. äga. nab. ja. cp.); im Gruss an den König לְעָלְמִין חֱיִי Da 2_4 3_9 5_{10} $6_{7.22}$; von Gott: חַי עָלְמָה der ewig Lebende (Lebram 68; cf. auch Θ 4_{34} τῷ ζῶντι εἰς τὸν αἰῶνα cf. Ges. Thes. 1036b; ϝ he. חַי B 1) = der Ewige (ZüBi) Da 4_{31}; מַלְכוּת עָלַם 3_{33} 7_{27}; שָׁלְטָן עָלַם 4_{31} 7_{14}; מִן עָלְמָא וְעַד עָלְמָא 2_{20}; לְעָלְמִין 6_{27} und לְעָלְמַיָּא 2_{44b} (zum Gebrauch des Artikels BLA 308j) auf ewig; לְעָלְמִין לָא 2_{44a} niemals; עַד עָלְמָא וְעַד עָלַם עָלְמַיָּא 7_{18} (BLA 312i, ähnlich nab. ja. cp.) bis in alle Ewigkeit. †

*עֵלְמָי: n.p. zu *עֵלָם, ϝ he. עֵילָם; akk. *elamû* (AHw. 156f); BLA 196d: pl. עֵלְמָיֵא (BLA 204 l): G. Ἠλαμαῖοι, Act 2_9 Ἐλαμῖται: **Elamiter** Esr 4_9. †

*עֲלַע: he. צֵלָע, cf. ar. *ḍilʿ*; Ram. äga. cs. pl. עלעי (Aḥqr 106) pehl. (Frah. 10, 4: *ʿlkʾ*, cf. DISO 214, DNWSI 863); ja. עִלְעָא (Dalman Wb. 314b), s. Gn 2_{22} (T^O); sam. עלה < *עלע und f. עלחה < עלעתה (LOT 2, 570); sy. *ʾelʿā* (LS 22a); cp. *ʿlʿ* (Schulthess Lex. 147b, Gr. § 49, 2a); naram. *ʿalʿa* (Bgstr. Gl. 3); BLA 26c, 186z: pl. עִלְעִין f. (VG 1, 422b): **Rippe** Da 7_5. †

עַם: he. =; aam. Sefire (KAI 222 A 29.30, B 5.11; 223 B 3, C 16; 224, 5.10 [עמיא].13.21) "Volk, Bevölkerung"; Ram. äga.: nur Aḥqr 94.162 עממא die Völker (Leander 102d); nab. עם Volk; Hatra, ija (DISO 216 s.v. $עם_{II}$, DNWSI 864 s.v. *ʿm*$_1$); so als Hauptbedtg. auch ja., DSS (Dalman Wb. 315a, Beyer ATTM 660), auch cp. (Schulthess Lex. 147b); sam. (BCh. Gl. 9a); sy. (LS 529a); md. *ama* I (MdD 21, Nöldeke MG 100); nsy. *ʿuma*, *ʿama* (Maclean 240b); BLA 180n: cs. =, det. עַמָּא Esr 7_{16}, עַמָּה 5_{12} $7_{13.25}$, pl. det. עַמְמַיָּא (cf. äga. ja., s. dazu Leander 102d Endung *ē*, cp.; sy., s. Nöldeke SGr. § 23). BLA 221h: **Volk** a) = Israel Esr 5_{12} $7_{13.16.25}$, so wohl auch in der Vbdg. עַם קַדִּישֵׁי עֶלְיוֹנִין Da 7_{27} (ϝ עֶלְיוֹן), so u.a. mit Lex.[1] und jetzt besonders Plöger KAT XVIII S. 118 :: Noth GesSt^2 284: עַם = Schar; b) nicht Israeliten Da 2_{44} Esr 6_{12}, zusammen mit אֻמָּה und ϝ לִשָּׁן sg. Da 3_{29}, pl. $3_{4.7.31}$ 5_{19} 6_{26} 7_{14}. †

עִם: he. =; aam. Zkr, Znğ., Sefire; Ram. Nerab (KAI 226, 6.7), Assbr. (KAI 233, 2f.7), Pachtv. 4; äga. (AP, Beh. Aḥqr, AD, BMAP); Samaria, Kesecek Köyü (KAI 258, 4); nab. palm. ija. (DISO 215 s.v. $עם_I$, DNWSI 867 s.v. *ʿm*$_4$); ja., DSS (Dalman Wb. 315a, Beyer ATTM 695f); sam. (LOT 3/2, 137); cp. (Schulthess Lex. 147b); sy. *ʿam* (LS 529a); md. *ʿm* (MdD 351f, Nöldeke MG 193f); naram. (Bgstr. Gl. 4) und nsy. *ʿim* (auch *ʿum*, Maclean 240b): BLA 260d: sf. עִמִּי, עִמָּךְ, עִמֵּהּ, עִמְּהוֹן: **zusammen mit**: — 1. räumlich: **mit** Da 2_{18} 7_{13} Esr 5_2 $7_{13.16}$; bei Da $2_{11.22}$ $4_{12.20.22.29}$ 5_{21}; spec. c. מַלִּל Da 6_{22}, c. מִתְעָרַב 2_{43}, c. עֲבַד קְרָב 7_{21}, c. שַׁוִּי 5_{21}, c. עֲבַד tun an jmd (sy. etc., Mtg. Da. 234) 3_{32}, verfahren mit Esr 6_8; — 2. zeitlich (cf. he. 3; sy. LS 529a: *ʿam* sub 4): עִם־לֵילְיָא bei Nacht Da 7_2 (:: Charles), עִם־דָּר וְדָר (ϝ דָּר) 3_{33} 4_{31}. †

*עַמִּיק, Var. עֲמִיק: עמק; he. עָמֹק; ja., DSS (Dalman Wb. 315b, Beyer ATTM 660); cp. (Schulthess Lex. 148b); sy. *ʿammīq* (LS 531b); md. *ʿmuq* (MdD 352b) u. nsy. *ʿumūqa* (Maclean 241a); VG 1, 362, BLA 192e (!), 188h.j: pl. f. עַמִּיקָתָא: **tief**, pl. tiefe, **unerforschliche Dinge** (BLA 319c.d; cf. Michel Grundl. heSy. 70f; ferner he. עָמֹק); akk. *emqu(m)* (AHw. 215a), EA *em-qú* (AHw. l.c.) weise, klug. Ba. Da 2_{22} || מְסַתְּרָתָא. †

*עמק: he. I עמק tief sein; aam. Zkr (KAI 202

A 10: haf. העמקו); ija. (DISO 217, DNWSI 872 s.v. *ʿmq*$_1$); md. (MdD 352b) *ʿmq* pe.; ja. af. (Dalman Wb. 316a); sy. pe. pa. af. (LS 531a).

Der. *עַמִּיק.

עֲמַר: he. I צֶמֶר; ursem. *aḏmr*; äga. (AP, BMAP [קמר neben עמר] u. Hermopolis עמר; s. Fitzmyer Fschr. Albright 1971, 153); Saqqara *qmr*; palm. *ʿmrʾ* (DISO 217, DNWSI 873 s.v. *ʿmr*$_7$); ja. עַמְרָא (Dalman Wb. 316b); sam. עמר (LOT 2, 576); sy. *ʿamrā* (LS 533a); md. *aqamra* (MdD 33b, Nöldeke MG 72); nsy. *ʿumrā* (Maclean 240a); BLA 26c, 182x: **Wolle**, כַּעֲמַר נְקֵא Da 7$_9$. †

*עַן: ꜰ כְּעַן.

I **ענה**: he. I ענה; Deir Alla; aam. Zkr (KAI 202 A 11; zu dem hier und A 15 begegnenden impf. cons. s. Degen Altaram. Gr. S. 114-116); Ram. äga. (AP, Aḥqr), Paik. 768; palm. ija. (DISO 218 s.v. ענו$_I$, DNWSI 875 s.v. *ʿny*$_1$); ja., DSS (Dalman Wb. 316b: עֲנָא, Beyer ATTM 661); sam. (BCh. Gl. 9a); cp. (Schulthess Lex. 149b); sy. (LS 533b); nsy. (Maclean 241b); md. *ANA, ʿNA* (MdD 24a, Nöldeke MG 284):

pe: pf. 3. f. עֲנָת Da 5$_{10}$, Var. עֲנַת (BLA 154k.l), pl. עֲנוֹ, or. *ʿanō*; pt. עָנֵה, pl. עָנַיִן (BLA 233g); immer zusammen mit אמר: עָנֵה וְאָמַר Da 2$_5$ - 7$_2$ (23x), עָנַיִן וְאָמְרִין 3$_{24}$, עֲנוֹ וְאָמְרִין 2$_{7.10}$ 3$_{9.16}$ 6$_{14}$, עֲנָת וְאָמֶרֶת 5$_{10}$; cf. äga. l. sg. עניח ואמרח (Aḥqr 14f.45), pl. ענו ... ואמרו (Aḥqr 121, cj. 58, 67); cf. sy. *ʿnā wāʾmar* (Nöldeke SGr. § 274); cp. (Schulthess Gr. § 173, 4, cf. Torrey Notes 264f, BLA 295u.v, Mtg. Da. 147): — 1. **antworten** Da 2$_{5.7f.10.27}$ 3$_{16.24f}$ 4$_{16}$ 5$_{17}$ 6$_{13f}$; — 2. **anheben, zu reden anfangen** (äga. sy.) Da 2$_{15.20.26.47}$ 3$_{9.14.19.24.26.28}$ 4$_{16.27}$ 5$_{7.10.13}$ 6$_{17.21}$ 7$_2$. †

II *ענה: he. II ענה; ja. itpe. verarmen (Dalman Wb. 316b), pa. quälen (Dalman l.c. und DSS Beyer ATTM 662), itpa. (sy. LS 534b, < he.) sich kasteien, fasten.

Der. *עֲנֵה.

***עֲנֵה**: II ענה; he. עָנָו, עָנִי; 1.) arm. a) adj. ja עַנְיָא (Dalman Wb. 317b), DSS (Beyer ATTM 662); md. *ania* I (MdD 26b, Nöldeke MG 124); b) sbst. Armut: Ram. äga. ענוה (nur Aḥqr 105; DISO 218, DNWSI 874); ja. ענוה *ʿanwā* (Beyer l.c. :: Dalman Wb. 317b); עַנְיָא, daneben עַנְיוּתָא (Dalman l.c.); md. *aniuta* 1 (MdD 26b) Armut, Niedrigkeit (Nöldeke MG 14b); 2.) demütig: aam. Zkr (KAI 202 A 2; DISO 218, DNWSI 874 s.v. *ʿnh*$_2$); ja. עַנְוְתָא (Dalman Wb. 317a); sy. *ʿanwājā* (LS 535a); Demut: cp. *ʿanwānūtā* (Schulthess Lex. 149b); sy. *ʿanwājūtā* (LS 535a); BLA 186x: pl. עֲנָיִן (BLA 233h): **elend** Da 4$_{24}$. †

עֲנָיִן: ꜰ עֲנֵה.

***עֲנָן**: he. I עָנָן; ja., DSS (Dalman Wb. 317b, Beyer ATTM 662); sam. (LOT 2, 546); cp. emph. *ʿnnʾ* (Schulthess Lex. 149a); sy. *ʿnānā* (LS 533a); md. *anana* (MdD 24, Nöldeke MG 115.159); BLA 187c :: Sarauw 117f; pl. cs. עֲנָנֵי: **Wolke** Da 7$_{13}$. †

***עֲנַף**: he. עָנָף; ja. עַנְפָא (Dalman Wb. 318a); cp. *ענפ(א) (Schulthess Lex. 149b); sy. *ʿnāfā* (Sarauw 117, LS 535b); BLA 185p: pl. sf. עַנְפוֹהִי **Zweig** Da 4$_{9.11.18}$; 4$_9$ c. דור בְּ, vs.$_{18}$ c. שׁכן בְּ in seinen Zweigen wohnende Vögel. †

***ענשׁ**: he. =; palm. af. mit Busse/Strafe belegen (DISO 219 s.v. ענש$_I$, DNWSI 877 s.v. *ʿnš*$_1$); sbst. palm. ענוש(ו) Schatzmeisteramt (DISO 218, DNWSI 875); ja. pe. (Dalman Wb. 318a, auch Levy 3, 672b: strafen). Das obige vb. ist vielleicht (so Lex.[1]) denom. von sbst. *עֲנָשׁ.

Der. *עֲנָשׁ.

***עֲנָשׁ**: ? denom. ענש; he. עֹנֶשׁ; ja. עֲנָשׁ, emph. עֲנָשָׁא (Dalman Wb. 318a); BLA 187d: cs. =: **Busse**, עֲנָשׁ נִכְסִין Geldstrafe Esr 7$_{26}$. †

***עֶנֶת**: ꜰ כְּעֶנֶת.

***עפה**: Ram. äga. Aḥqr 140 ? (DISO 219, DNWSI 879 s.v. *ʿpy*$_1$); pe. sy. *ʿpā* (LS 538a); md. *APP, ʾPP* (MdD 32a, Nöldeke MG 399); ja. (Dalman Wb. 318b) und sy. pa. einwickeln (LS 538b); ar. *ʿafā* (das Haar) wachsen lassen (Belot 508b).

Der *עֳפִי.

*עֳפִי: עפה; he. =, < aram. (Wagner 223); ja. עָפְיָא Laub (Dalman Wb. 318b); sy. *ʿufjā* Blumen, Gras (LS 538b); md. *aupa* I (MdD 10b, Nöldeke MG 100.450): Laub; zu den in ihrer Bedtg. etwas entfernteren Belegen aus dem akk. und ar. ↗ HAL 314b; BLA 184 o: sf. עָפְיֵהּ: **Laub** Da $4_{9.11.18}$. †

*עצב: he. II עצב; ja., DSS (Dalman Wb. 319a, Beyer ATTM 662) ipe. betrübt sein, sich betrüben; s. zu diesem vb. (mit sbst.) Kottsieper UF 18, 1986, 218.

Der. עֲצִיב.

עֲצִיב, Var.S עֲצִּיב: עצב; ja. (Dalman Wb. 319b) BLA 188h, 192e !: **betrübt**, (קָל) Da 6_{21}. †

עקר: he. =; Ram; ija. (DNWSI 882 s.v. *ʿqr*$_1$); ja., DSS (Dalman Wb. 321a, Beyer ATTM 663); sy. (LS 543b); nsy. (Maclean 243a); md. *AQR, ʿQR* (MdD 34, Nöldeke MG 275) ausreissen, ausrotten:

itpe. (ja. sy. cp. [Schulthess Lex. 151b]; Baumgartner ZAW 45, 1927, 108f = ZATU 95f): pf. אֶתְעֲקַרוּ K אֶתְעֲקַ֫רוּ, Q עֲקַ֫רָה- (3. pl.: BLA 134r :: Ginsb. 3. f, ↗ נפל), Var. אֶתְעַקַּ֫רוּ etpa. (sy.): **ausgerissen werden** Da 7_8. †

Der. *עִקַּר.

*עִקַּר, Var.BH עֲקַר: עקר; aam. Sefire (KAI 222, 223, 224) עקר Nachkommenschaft; (DISO 220, DNWSI 883 s.v. *ʿqr*$_2$); ja. עִקָּרָא, DSS (Dalman Wb. 321a, Beyer ATTM 663); sam. *āqår* (BCh. Gl. 9a); sy. *ʿeqqārā* (LS 543b) und md. *ʿqar(a)* (MdD 356, Nöldeke MG 123); nsy. *ʿiqrā* Wurzel (Maclean 243a): cs. =: **Wurzel**, עִקַּר שָׁרְשׁוֹהִי seine Pfahlwurzel Da $4_{12.20.23}$ (pro עִקַּר 1 עֲקַר, so mit BLA 192f, BHS :: Sarauw 118). †

*עַר: ערר: he. II צַר; Deir Alla; aam. Znǧ. צר (KAI 214, 30; DISO 247 s.v. צר$_{II}$, DNWSI 974 s.v. *ṣr*$_2$); ja. עָר(א) Dränger, Gegner, Widersacher (Dalman Wb. 321b, cf. Levy 3, 690a: Hasser, Verfolger); fem. sy. (LS 544b) u. nsy. *ʿertā* Nebenfrau (Maclean 244b) (he. צָרָה); BLA 180n: sf. עָרָךְ: Q עָרָךְ, K עָרַיִךְ; BLA 77 o: **Widersacher** Da 4_{16} || שָׂנְאָךְ. †

ערב: he. II ערב; äga. (AP 2, 5) :: sbst., palm. (DISO 162 s.v. מערב$_{II}$, DNWSI 671 s.v. *mʿrb*$_2$); ja. pa. (Dalman Wb. 322a); sy. pe. pa. af. (LS 546a); sam. (LOT 2, 464); md. *ARB* II (MdD 35b, Nöldeke MG 242, 244): pe. u. pa. (?) mischen; pass. sy. etpe., ja. und md. etpa.:

pa: pt. pass. (äga.) מְעָרַב; BLA 130h: **mischen** Da $2_{41.43}$. †

hitpa: pt. מִתְעָרַב, pl. מִתְעָרְבִין: **sich vermischen** Da 2_{43}. †

*עֲרָד: he. עָרוֹד u. n.m. I עֲרָד; Ram. äga. (nur Aḥqr) fem. ? ערדה (DISO 221, DNWSI 887 s.v. *ʿrd*$_1$); ja., DSS (Dalman Wb. 322b, Beyer ATTM 664); cp. (Schulthess Lex. 152b); sy. (LS 547a s.v. *ʿerādā*$_2$); md. *arada* (MdD 35a, Nöldeke MG 115); BLA 187c: pl. det. עֲרָדַיָּא: **Wildesel** Da 5_{21}. †

*ערה: he. =. Vorbemerkung: nach dem akk. u. ar. (↗ HAL 834) ist "nackt sein" die Grdb. des vbs. (der √). Von ihr leitet sich das caus. mit den Bedeutungen entblössen, ausgiessen, ausleeren ab, wie auch der als adj. und sbst. erscheinende Begriff kalt/Kälte. 1.) ja. ערא af. ausleeren (Dalman Wb. 321b); sam. ערי nackt sein (LOT 2, 546); sy. adv. *ʿarjat* nackt (LS 548a); md. *ʿRA* (MdD 356f) ausgiessen, (ver)mischen; cf. aam. Sefire (KAI 222 A 41 pass.; DNWSI 890 s.v. *ʿrr*$_2$); 2.) kalt: äga. adj. f. עריה kalt, frierend (Aḥqr 118), so mit, Cowley AP 224, DISO 221 s.v. ערי$_{II}$, DNWSI 887 s.v. *ʿry*$_2$); DSS (Beyer ATTM 664).

Der. *עַרְוָה.

*עַרְוָה: ערה; he. עֶרְוָה; 1.) ja. עַרְיְתָא Blösse, Scham (Dalman Wb. 323b); sam. ערוה (*irbā*); 2.) sy. *ʿarjā* Kälte (LS 545a); BLA 183f: cs. עַרְוַת: **Blösse, Schande**, עַרְוַת מַלְכָּא Esr 4_{14}. †

*ערר: he. II צרר; äga. עורי (AP 8, 27) "Prozess führen" (DISO 222, DNWSI 889 s.v. *ʿrr*$_1$: anreizen); ja. pa. widersprechen (Dal-

man Wb. 325a s.v. $עדר_{II}$), cf. Beyer ATTM 665 Einspruch erheben; cp. *ʿr* entrüstet sein, sich widersetzen (Schulthess Lex. 152a).
Der. *עַר.

*עֲשַׂב: he. עֵשֶׂב; √ akk. *ešēbu* üppig wachsen (AHw. 253b); palm. *ʿšb* (DISO 222, DNWSI 890: Kraut); ja. עִשְׂבָּא, עִסְבָּא, DSS (Dalman Wb. 325a, 318a, Beyer ATTM 665); sam. עסב (*esew*) (LOT 2, 541); cp. *ʿsb* (Schulthess Lex. 149b); sy. *ʿesbā* (LS 536a); BLA 40n, 202m, 225p: cs. =, det. עִשְׂבָּא: coll. **Kräuter, Gras** Da $4_{22.29f}$ 5_{21}, עֲשַׂב אַרְעָא 4_{12}. †

עֲשַׂר, (or. *ʿasar*) und עַשְׂרָה: he. עֶשֶׂר, עֲשָׂרָה; aam. Zkr עשר (KAI 202 A 5); Ram. äga. עשר (AP), fem. עשרה, עשרתא (AP, BMAP); pehl. (Frah. 29, 10); nab. u. palm. עשר; Hatra; ija. f. עשרה (DISO 223, DNWSI 893 s.v. $ʿšr_5$); ja., DSS (Dalman Wb. 325b, Beyer ATTM 665) und sam. עֲשַׂר u. עֲסַר (LOT 2, 545); ja. vb. denom. pa. (Dalman Wb. 325b), so auch cp. *ʿsr/ʿšr* (Schulthess Lex. 150a) und sy (LS 537a). *ʿsar*, *ʿesrā*, sy. selten **ʿšr* (cf. *ʿušrā* Zehntel, (LS 553a) Rosenthal AF 177); md. *asra* (MdD 30a, Nöldeke MG 188); nsy. *ʿisrā* (Maclean 242a) u. naram. *ʿesar* (Bgstr. Gl. 7); BLA 250 l: Kardinalzahl: **zehn**, עֲשַׂר c. fem. Da $7_{7.20.24}$, עַשְׂרָה c. masc. 7_{24}; תְּרֵי־עֲשַׂר (BLA 250n) zwölf Da 4_{26} Esr 6_{17}; *F* עֶשְׂרִין. †

עֶשְׂרִין: עֲשַׂר; he. עֶשְׂרִים; äga. (AP, BMAP) עשרן; nab. עשרין; palm. עסרין u. עשרין; ija. *ʿšrjn* (DISO 223 s.v. עשרם, DNWSI 894 s.v. *ʿšrm*); ja. עשר(י)ן (auch mit ס Dalman Wb. 325 s.v. עֲשַׂר u. 318 s.v. עֲסַר); DSS (Beyer ATTM 665); cp. *ʿsrjn* (Schulthess Lex. 150a s.v. עסר); sy. *ʿesrīn* (Nöldeke SGr. § 148. S. 93); sam. *išrm* (LOT 2, 545); md. *asrin*, *ʿsrin*, *srin* (MdD 30a, Nöldeke MG 189); naram. (Bgstr. Gl. 7) und nsy. *ʿisr(i)* (Maclean 242a); BLA 250 o: Kardinahlzahl: **zwanzig** Da 6_2. †

עשׁת: he. I עשׁת; < aram. (Wagner 225); aam. Sefire denken (KAI 223 B 5: תעשת, 2 sing. m. impf. pe. du denkst, s. auch Degen Altaram. Gr. S. 68); Ram. äga. (AP, AD, BMAP, Aḥqr) pe. planen, beabsichtigen, auch itpa. Xanthos (DISO 223, DNWSI 895 s.v. $ʿšt_1$); ja., DSS (Dalman Wb. 326a, Beyer ATTM 666) itpa. planen, sich entschliessen:

pe: עֲשִׁית, or. *ʿašīt*, nicht intr. pf. (E. Kautzsch Grammatik des Biblisch-Aramäischen, 1884, 37[1]), sondern pt. pass. mit aktivem Sinn (cf. sy. Nöldeke SGr. § 280; s. ferner BLA 90k), nach BLA 297e, kann עֲשִׁית Da 6_4 auch adj. sein mit dem Sinn "bedacht auf"; Var.[S] עֲשִׁית = עָשֵׁת pt. (BLA 215g): **beabsichtigen** c. inf. Da 6_4. †

*עֶת, *F* כְּעֶת.

*עתד: he. =; Ram. äga. pa. (Vieh) aufziehen (AP 9, 5); nab. pa. pf; (DISO 224, DNWSI 897 s.v. $ʿtd_1$); ja. (Dalman Wb. 326a); cp. (Schulthess Lex. 153b); sam. (BCh. Gl. 9b); sy. pa. bereiten (LS 553a); md. *ATT* u. *ʿTT* bereiten (MdD 44b).
Der. *עֲתִיד.

*עֲתִיד: or. *ʿatīd*; עתד; he. עָתִיד; Ram. ija. (DISO 224, DNWSI 897 s.v. *ʿtyd*); ja., DSS (Dalman Wb. 326b, Beyer ATTM 666); sam. (LOT 2, 469); cp. (Schulthess Lex. 153b); sy. (LS 553a); md. *ʿtit, ʿtita* (MdD 358b, Nöldeke MG 117); nsy. bereit, zukünftig; BLA 188h, 192e: pl. עֲתִידִין: **bereit** zu, c. *F* דִּי (3a) und impf. Da 3_{15}. †

*עַתִּיק: עתק; he. =; Ram. äga. עתיק (AP, BMAP), in BMAP 2 × עטיק; Nisa; palm. עתיק (DISO 224, DNWSI 898); ja., DSS (Dalman Wb. 326b, Beyer ATTM 666); cp. (Schulthess Lex. 154a); sam. (LOT 2, 483b); sy. (LS 553b) und md. *atiqa* (MdD 43a, Nöldeke MG 71); naram. *ʿaččeq* (Bgstr. Gl. 2, s.v. *ʿčq*); nsy. *ʿutiqā* (Maclean 245a); cf. auch he. אתיק Nebenform !; BLA 192e: cs. =: **alt**, עַתִּיק־יוֹמִין (sy. PSmith 3011): hochbetagt Da $7_{9.13.22}$. †

*עתק: he. =; ja. (Dalman Wb. 326b); cp. (Schulthess Lex. 154a); sy. (LS 553b); nsy. alt werden, sy. auch vorrücken, cf. akk. *etēqu* (AHw. 260b vorbeigehen, passieren, weiterziehen).
Der. *עַתִּיק.

פ

פ: wechselt ausserhalb des ba. mit ↗ ב, cf. נפש > aam. נבש (T. Fekherye), פְּרָזֶל, und mit ↗ מ, cf. palm. נמשא < נפשא (DISO 183).

פּוּם: ↗ פֻּם.

*פֶּחָה: he. =; akk. Lw.: *pīl/āḫātu* Verantwortungsbereich (nass. u. spbab.; AHw. 862b, Nr. 5), verkürtzt aus *bēl pīḫāti/pāḫāti* Beauftragter, Kommissär, Statthalter (AHw. 120a, sub *bêlu(m)* Nr. 18; s. auch Kaufman 82); Ram. äga. (Saqqara פחה KAI 266, 9, AP Beh. 18); Samaria, Padua 1, 4 pl. *pḥwtʾ* (cf. TSSI 2, Nr. 28, S. 144); Nisa; (DISO 226, DNWSI 904); ja. DSS (Dalman Wb. 330b, Beyer ATTM 667); BLA 201j, 237m, 238t: cs. פַּחַת, pl. פַּחֲוָתָא (cf. Padua 1, 4): Statthalter (O. Leuze, Die Satrapieneinteilung in Syrien und im Zweistromland, 1935, 18ff) des bab. und pe. Reiches Da $3_{2f.27}$ 6_{8}, spez. von עֲבַר־נַהֲרָא Esr $5_{3.6}$ $6_{6.13}$, von Judäa 5_{14} 6_{7}. †

פֶּחָר: a) Töpfer: ja. (Dalman Wb. 330b); cp. *pḥr* (Schulthess Lex. 155b); sy. *paḥḥārājā* (LS 563a) und nsy. *paḥārā* (Maclean 249b); md. *pahara* (MdD 360a, Nöldeke MG 120); b) Ton(ware): ja. פְּחַר, פַּחֲרָא (Levy 4, 23a) und (offensichtlich vermischt mit a) פֶּחָרָא (Dalman Wb. 330b); cp. *pḥr* (Schulthess Lex 155b); sy. *paḥḥārā* (LS 563a); md. *pahra* (MdD 360a); nsy. *piḥārā* (Maclean 249b); > ar. *faḫḫār* Tonware, Töpfer (Frae. 257, Lidzb. ZDMG 72, 1918, 189ff, A. Fischer id. 328ff); > naram. *faḫḫōra* Ton (Bgstr. Gl. 25, Spit. 79a); denom. sy. itpa. geformt werden (LS 563a); Lw. < akk. *paḫāru(m)* (AHw. 810a) Töpfer < (vor-)sum. *baḫar*, s. ferner Salonen Hausgeräte 11, Kaufman 79 und Ellenbogen 132; ug. *pḫr* (Margalit UF 13, 1981, 144); BLA 191c: **Töpfer**, ↗ חֲסַף דִּי־פֶ׳ (:: Mtg. 178: Ton = חֲסַף טִינָא $2_{41.43}$) Da 2_{41}. †

*פַּטִּישׁ, pl. sf. פַּטִּישֵׁיהוֹן, Q פַּטְּשֵׁיהוֹן, Var.[S] פַּטְ׳, or. *paṭᵉšēhōn* (BLA 46m), or. *pištēhōn* (BLA 220x.y), K פַּטִּישֵׁיהוֹן vel פַּטְ׳; ja. פַּטִּישָׁא Beinkleider (Dalman Wb. 331b, sonst ist פַּטִּישׁ he. = "Hammer", id. ja. פַּטִּישָׁא Dalman Wb. 331b s. dazu Beyer ATTM 667, wo sich für die Übers. "ein Kleidungsstück" findet); sy. *peṭšā* Kopfbinde, auch Hose (od. Beinbinde: LS 566a, P.Sm. 3098) *pᵉšīṭā* Schuh; etym. inc., ? Lw. < pers. **patyuše* Gewand; c. לְבוּשֵׁיהוֹן als Glosse, Nyb. MO 25, 178ff; zum pers. vgl. auch Hinz 188: ein nicht sicher zu bestimmendes Kleidungsstück. Zusammen mit כַּרְבְּלָה und סַרְבָּל, die sich zum Fesseln (כפת) eignen: Rock oder Beinkleider, cf. G Θ τιάρα, Codex Venetus ἀναξυρίδες (Beinkleider). Cf. noch Mtg. 212, ↗ סַרְבָּל. Da 3_{21}. †

פלג: he. =; Ram. äga. (AP); Pachtv. 4.6; palm. (DISO 227, DNWSI 911); ja. pe. pa. af. teilen (Dalman Wb. 334a); DSS (Beyer ATTM 668); sam. (LOT 2, 462); sy. (LS 569b); cp. (Schulthess Lex. 157a); md. *PLG* (MdD 373b, Nöldeke MG 37); naram. (Bgstr. Gl. 25 s.v. *flġ*); nsy. (Maclean 252a):

pe: pt. pass. f. פְּלִיגָה: **teilen**, pt. pass. geteilt, nicht einheitlich Da 2_{41} cf. vs. $_{43}$. †

Der. *פְּלַג, *פְּלֻגָּה.

*פְּלַג: פלג; he. I פֶּלֶג künstlicher Wassergraben, Kanal; Ram. äga. (AP, BMAP); Xanthos; pehl. (Frah. 30, 39: *prg*; Paik. 814); Avr. 3, 2; nab. palm. (DISO 227 s.v. $פלג_{III}$, DNWSI 912 s.v. plg_3); ja. פַּלְגָּא; DSS (Dalman Wb. 334b, Beyer ATTM 668); cp. *plg* (Schulthess Lex. 157a); sy. *pelgā* (LS 570a) und nsy. *pelgā* (Maclean 252a); naram. *felka* Hälfte (Bgstr. Gl. 26); zu פלגן ↗ *פְּלֻגָּה; BLA 183e: cs. =: **Hälfte** Da 7_{25}. †

*פְּלֻגָּה; Var. פְּלֻגָה; פלג; he. פְּלֻגָּה; Ram. פלגן: Pachtv. 3, Koopm. II 96: Teilpacht; äga. (AP; DISO 228, DNWSI 914 s.v. *plgn*); ja. פְּלֻגְּתָא (Dalman Wb. 334b Abteilung); md. *plugta* (MdD 374): a) Teilung, Trennung, b) mit *liba* (= he. לֵב) Zweifel (so Nöldeke MG 119); BLA 241p.q: pl. sf. פְּלֻגָּתְהוֹן: **Abteilung** (von

Priestern) Esr 6_{18}, cf. 2C 35_5. †

פלח: he.= spalten (cf. lat. *colere*); Ram.: äga. (BMAP u. Aḥqr 17); Carpentras Gott dienen (KAI 269, 4); pehl. (Frah. 18, 5; Ps 132b); palm. Hatra Gott dienen (DISO 228, DNWSI 914 s.v. *plḥ*$_1$); ja.; DSS (Dalman Wb. 334b, Beyer ATTM 668) bearbeiten (Erde, cf. GnAp XII 13), dienen; sy. (LS 572a: Acker bearbeiten, dienen [den Menschen u. Gott]); cp. (Schulthess Lex. 157b); md. (MdD 374a) bearbeiten, dienen, verehren. Sbst.: ja. פָּלְחָא Diener, Arbeiter (Dalman Wb. 335a); sam. *plʿnh* Arbeit (BCh. Gl. 9b s.v. *plḥ*); sy. (LS 572b) und nsy. *fallāḥā* > ar. *fallāḥ* (Frae. 126); naram. *fallōḥā* (Bgstr. Gl. 25) Landarbeiter; palm. *palḥʾ* (DISO 228), cp. **plwḥ* (Schulthess Lex. 157b) und nsy. *palāḥā* Arbeiter (Maclean 252b). Zur Bedtg. verehren cf. akk. *palāḫu* (sich) fürchten, verehren (AHw. 812a, bes. 813a IIc, Zimmern 65).

pe: impf. יִפְלְחוּן; pt. פָּלַח, pl. פָּלְחִין, cs. פָּלְחֵי: (Gott) **dienen** (cf. äga., CIS II 141, 4) || סגד, c. acc. Da 3_{17}, c. לְ $3_{12.14.18.28}$ $6_{17.21}$ $7_{14.27}$; pt. **Diener**, פָּלְחֵי בֵּית אֱלָהָא Esr 7_{24}. † Der. *פָּלְחָן.

*פָּלְחָן: פלח; mhe. פֻּלְחָן, < aram.; ja. (Dalman Wb. 335b: auch Gottesdienst); cp. (Schulthess Lex. 158a); sy. (LS 572b: auch Ritus) und nsy. *pulḥān/pulḥānā/pilḥānā* (Maclean 248a); md. *puhlana* (MdD 367b, Nöldeke MG 66.418: Arbeit, (Gottes-)Dienst); BLA 195z: cs. =: **Dienst, Kult**, פָּ׳ בֵּית אֱלָהָךְ Esr 7_{19}. †

פֻּם, Var. פֹּם, s. BHS zu Da 4_{28}; or. *pom* (BLA 221d); *he.* פֶּה; aam. פם: T. Fekherye 10. 14; Znğ. (KAI 214, 29-30); Sefire (KAI 222 A 30/31; 223 A 9); פי (KAI 215, 11, s. dazu KAI II S. 227: Nebenform der Konjunktion פ, פא ? so auch DNWSI 898 s.v. *p*$_1$ :: Lex.[1]); Ram. פם: Nerab (KAI 226, 4); Pachtv. 18; äga. (AP, Aḥqr, BMAP, Saqqara); pehl. פומה (Frah. 10, 18 und Nyberg II 298); Uruk 21.24.32.34, *pu-um-mi-e* sf. 3. m. sein Mund; nab. (DISO 229, DNWSI 916); ja. פום u. פֹּום, פֻּמָּא, DSS (Dalman Wb. 329a, 337b, Beyer ATTM 669); cp. *pjm* = *pem* (Schulthess Lex. 158b); sam. fem. (Kutscher Tarbiz 22/23, 66) u. *fa/em* (BCh. Gl. 9b); sy. *pummā* (LS 577a); nsy. *pūmā* (Maclean 248a); md. *puma* (MdD 368a, Nöldeke MG 97); naram. *themma* (Spit. 65m); Nöldeke NB 177, BLA 178b: cs. =; sf. פֻּמַּהּ, Var. פּוּמַהּ: — 1. **Mund** Da 4_{28} 6_{23} 7_5 8_{20}; — 2. **Mündung** (von גֻּבָּא, ja. sy.) Da 6_{18}. †

***פַּס**: he. =: 1.) Teil, Anteil, Los, Steuer: Ram. äga. פס (BMAP Nr. 10, 7.9; 12, 9.18) Teil, Anteil, immer zusammen mit dem in s. Bedtg. unklaren שרח, s. zur Vbdg. פס שרח BMAP S. 253 zu Nr. 10, 7: "Übrig bleibender Anteil"; nab. (DISO 230 s.v. פס$_I$, DNWSI 921 s.v. *ps*$_1$); mhe. פַּס Stück, Steuer (Dalman Wb. 339a); ja. פִּסָּא Stück, Bissen, Los (Dalman Wb. 339a); sy. *pessā, pess*^{e}*tā* Los (LS 580b); cp. *ps* und *pstʾ* Steuer (Schulthess Lex. 159b); 2.) Fläche von der Hand u. vom Fuss; ja. פִּסְתָא. (Dalman Wb. 341b) BLA 180n: cs. =, Da 5_5, det. פַּסָּא Da 5_{24}; G Θ δάκτυλοι χειρός, vs. $_{24}$ Θ ἀστράγαλος χειρός, c. יְדָא/ה, (vs. $_5$ c. ה, vs. $_{24}$ c. א): trad. Handfläche, eher Handrücken (Bentzen) oder die ganze Hand vom Gelenk an (Mtg. 253, 255), cf. auch Plöger KAT XVIII 82: die im Lichte Besonders hervortretenden Knöchel der Hand (cf. Θ 5_{24}). †

פְּסַנְטֵרִין Da 3_7 und פְּסַנְתֵּרִין $3_{5.10.15}$; ja. פְּסַנְטֵרִין Lw. < ψαλτήριον > *psalterium* (Ruž. 58, Dalman Wb. 340b, Krauss I 4, II 473); > ar. *santūr, santīr* (Vollers ZDMG 51, 298: dreieckiges hackbrettartiges Saiteninstrument, Harfe, s. ferner S.R. Driver Daniel 1900, 38f, Kolari 78ff, Grelot VT 29, 1979, 33-36, Ellenbogen 135). †

פַּרְזֶל: he. בַּרְזֶל; äga. (AP u. BMAP) פרזל; ija. *pwrzyl* (DISO 235, DNWSI 936); ja. ברזל u. פרזל (Dalman Wb. 64b und 347a); DSS (Beyer ATTM 670); *parz*^{e}*lā* sy. (LS 594a) u.

md. (MdD 364a, Nöldeke MG 128; sam. *bersel*; cp. (Schulthess Lex. 162a) u. sy. *purz*[e]*lā* (LS 594a); nsy. *prizlā* (Maclean 257a); > ar. *firzil* (Frae. 153); BLA 42w: פַּרְזֶל, det. פַּרְזְלָא, masc.: **Eisen** (Forbes JbEOL 9, 207) Da $2_{33\text{-}35.40\text{-}43.45}$ $4_{12.20}$ $5_{4.23}$ $7_{7.19}$. †

פרס: he. = teilen, trennen; ja. (Dalman Wb. 350b s.v. $פְּרַס_I$); sy. (LS 599a); nsy. (Maclean 258b) teilen; ja. פַּרְסְתָא gespaltene Klaue (Dalman Wb. 351b):

pe: pf. pass. (BLA 104c) 3. fem. פְּרִיסַת: **zerteilen**, pass. Da 5_{28}.

Der. (?) *פְּרֵס.

*פְּרֵס: ? פרס; aam. T. Fekherye 19: *prys*, cf. S. 34f und Anm.[1]: 1/3 Kor oder 1/3 ḥomer; Znğ. (KAI 215, 6) Hohlmass (s. KAI II S. 226); akk. *parīsu* (AHw. 833b s.v. *parīsu* II) 1/2 Kor; s. auch KAI II l.c.: "In den Texten Boghazköi … gilt *parisi* als die Hälfte oder ein Teil des Sekel", so mit Hinweis auf Friedrich WZKM 49, 1942, 174 Nr. 1; Ram. Pachtv. 5, Teil des he. חֹמֶר Halbmine (Koopm. II 96); äga. פרס (sg. AP, Hermopolis, pl. פרסין BMAP 7, 20 [:: ↗ פַּרְסָי]; 11, 3) pl. Mass; Hermopolis 1, 8; Padua 1, 3.4.6 Sold, Teil, Zahlung; BMAP 11, 3 S. 262: Hälfte des pers. Ardab (DISO 236 s.v. $פרס_I$, DNWSI 940 s.v. prs_2); ja. (Dalman Wb. 350b s.v. $פְּרָסָא_{II}$) und sy. *p*[e]*rāsā* (פְּרָסָא, LS 600a s.v. *p*[e]*ras*$_I$) Ration; ja. und mhe. (Dalman Wb. 350b) פְּרָס eine halbe Mine; Nach Zimmern 21 wäre diese sbst. Lw. aus akk. *parsu*, so auch Lex.[1] :: Kaufman 80: *prs* > פְּרָס eine urspr. aram. Entwicklung; im akk. ein kurzlebiges aram. Lw. Zu akk. *parsu* s. AHw. 830b s.v. *parasrab* = *parsu rabû* grosser Teil. Ba. פְּרֵס, pl. od. du. פַּרְסִין Da 5_{25} (G ante 5_1, Pseudo-Theod., V und Jos. Antt. X 11, 3 sg. φαρες/*fares*: Mass- und Gewichtseinheit, trad. **halbe Mine**, eher **halber Schekel** (Eissfeldt ZAW 63, 1951, 109ff). Nach Eissf. l.c. wäre פַּרְסִין hier nicht als pl. sondern als du. gemeint: "zwei Halbschekel". Die trad. Auffassung als pl. bleibt möglich, und ist vielleicht gar vorzuziehen, s. dazu Plöger KAT XVIII 83.89, sg. Halber Schekel Da $5_{25.28}$; mit verbalem Verständnis des פְּרֵס spielend vs. 28, ↗ מְנֵא und תְּקֵל. †

פָּרָס, פָּרָס (BLA 23d): he. =; Ram. äga. פרס u. keilschr. *parsu* (AP S. 255f), Behistun 22.24.26.36: Persien, 26 פרס ומדי Persien u. Medien.; sy. *pāres*; md. *pars* (MdD 364b); npe. *pārs*: **Persien, die Perser** Da 5_{28} $6_{9.13.16}$ Esr 4_{24} 6_{14}; ↗ *פַּרְסָי. †

*פַּרְסָי: gntl. v. פָּרָס; he. פַּרְסִי, Var. פַּ׳; Ram. äga. (Beh.) פרסי, det. פרסיא (AP, Beh. passim), pl. abs. פרסין (BMAP 7, 20, s. Beyer ATTM 671); keilschr. *parsajja* (VAB III 152), auch *parsâ* (AP pag. 255, 18, APN 180); sy. *parsājā*/*pār*[e]*sājā* (?); md. *parsaia* (MdD 364b, Nöldeke MG 141); BLA 196d: det. פַּרְסָיָא: K פַּרְסָיָא, Q פַּרְסָאָה (BLA 51k): **persisch, Perser** Da 6_{29}; ↗ אֲפָרְסָיֵא. †

פרק: he. =; ? < aram. (Wagner 237); 1.) zerstören: aam. Sefire *prq* (KAI 222 B 34; KAI II S. 256; Degen Altaram. S. 15 u. Gr. § 57.84); ija. (DISO 237 s.v. $פרק_I$ DNWSI 943 s.v. prq_1); 2.) lösen, retten: Ram. nab. (DISO 237 s.v. $פרק_{III}$, DNWSI 943 s.v. prq_2): ja., DSS (Dalman Wb. 352b, Beyer ATTM 671; Tg. pro גאל, s. dazu Mtg. 242); cp. (Schulthess Lex. 163b); sy. (LS 605b); sam. (BCh. Gl. 9b) und md. *PRQ* (MdD 380, Nöldeke MG 372) lösen, ablösen, entfernen, auslösen, retten; sam. trennen; nsy. beenden (Maclean 259a):

pe: imp. פְּרֻק, or *p*[e]*roq* (BLA 99c): **ablösen** (Sünden), **tilgen** Da 4_{24} (G λύτρωσαι, V *redime* :: Mtg. 239f, 242: brechen). †

פרשׁ: he. =; Ram. äga. AP trennen: a) pe. pt. pass. פרישה verschieden (Aḥqr 208); b) unschuldig pt. פרישן (AP 27, 10); inf. *mprš* erklären (AP 17, 3); cf. pehl. (Frah. 18, 8: *plšwn*) entscheiden; nab. pe. pt. pl. act. m. *prs ljlj*ʾ *mn jmm*ʾ der die Nacht vom Tag trennt (ev. epith. des Gottes Dušara (WbMy. I 433,

Hoftijzer RA 18[9], DISO 237 s.v פרש$_1$, DNWSI 944 s.v. *prš$_1$*); ja., DSS (Dalman Wb. 353b, Beyer ATTM 671); cp. (Schulthess Lex. 164a); sam. (LOT 2, 566); sy. (LS 607a) md. *PRŠ* (MdD 381, Nöldeke MG 221. 222) trennen, unterscheiden; äga. ja. sy. pa. auch erklären; md. pe. auch verstehen, af. erklären:

pa: pt. pass. מְפָרַשׁ (BLA 130h !): **trennen**; pt. pass. (cf. äga.) Esr 4_{18} trad. getrennt d. h. deutlich, wörtlich (gelesen), G[L] σαφῶς, V *manifeste* :: sicut he. מְפֹרָשׁ Neh 8_8 abschnittweise übersetzt, = he. מְתֻרְגָּם Esr 4_7 (Schaeder Esra 6ff, Messina 22ff.). †

*פַּרְשֶׁגֶן: he. פַּתְשֶׁגֶן: ja., DSS (Dalman Wb. 354a, Beyer ATTM 672) פַּתְ/פַּרְשַׁגְנָא; sy. *paršagnā* (LS 609a); md. *paršigna* (MdD 365; Nöldeke MG 41); G ἀντίγραφον Est 4_8; S pro he. מִשְׁנֶה Dt 17_{18}; pers. Lw; die im pers. zugrunde liegende Form des sbst. ist nicht sicher zu bestimmen, zu den Möglichkeiten s. Lex.[1]: entweder ape. **patičayana* Abschrift (Hübschm. I 224, Telegdi 253), ape. *patičagna* Antwort (Benveniste JA 226, 1935, 253, Hinz 186), oder ape. **patičagna* Wiedergabe, Reproduktion (Lex.[1] Antwort) Benveniste JA 225, 1934, 180ff; פַּר־ in Nachahmung pe. Wörter beginnend mit *pari-*. Ba. cs. = **Abschrift**, פַּרְשֶׁגֶן אִגַּרְתָּא Esr 4_{11} 5_6, פ׳ נִשְׁתְּוָנָא 4_{23} 7_{11}; cf. G 4_{11} διαταγὴ τῆς ἐπιστολῆς, 4_{23} φορολόγος, 5_6 διασάφησις ἐπιστολῆς. †

פשׁר: he. √ פשׁר, *F* פֵּשֶׁר und פתר; a) פתר auch mhe. u. ja. (Dalman Wb. 357b); b) פשׁר sam. befreien (BCh. Gl. 9b); Ram. *pšr* äga. haf. (?) (Schuld) bezahlen (s. AP 63, 14); nab; ija (DISO 238, DNWSI 946 s.v. *pšr$_1$*); ja., DSS (Dalman Wb. 355b, Beyer ATTM 672) und sy. pe. u. pa. (LS 614a.b); cp. (Schulthess Lex 165a) pa. lösen, deuten (Eissfeldt ZAW 63, 1951, 105ff., Elliger HK 123ff, Wagner 239); md. *PŠR* (MdD 383a) pe. pa. af. schmelzen, auflösen, lösen; beschwören, austreiben; > ar. *psr* (Frae. 286); akk. *pašāru(m)* (AHw. 842b) lockern, (auf)lösen; *šutta(m) pašānu* Traum deuten/erklären (AHw. 842b, sub b; cf. Zimmern 68:

pe: inf. מִפְשַׁר Da 5_{16}, cj. 5_{12}: **deuten**, c. פִּשְׁרִין $5_{12.16}$ Deutungen geben (BLA 336c). †

pa: pt. מְפַשַּׁר (BLA 133g): **Deuter** (akk. als Beiwort von Göttern: *pāšir*, *mupaššir šunāti*: Tallqvist AkGE 155) Da 5_{12}, lies c. V מִפְשַׁר *F* pe. :: Plöger KAT XVIII 80.82: MT "als einer, der Träume deutete ...". †

Der. *פְּשַׁר.

*פְּשַׁר: he. פֵּשֶׁר < aram. (Wagner 239); ja. פִּשְׁרָא, DSS (Dalman Wb. 355b, Beyer ATTM 672) u.a. Deutung; akk. *pišru(m)* (AHw. 868b) Lösung, Deutung, cf. *pišertu(m)* (AHw. l.c.) u.a. magische Lösung, Löseritus; sy. *p[e]šārā* u.a. Lösung, Erklärung (LS 614b); cp. pl. **pšwrjn* Erklärung (Schulthess Lex. 165a); md. (MdD 372b) *pišra* Exorzismus; sam. (Cowley SL 2 LXVII, s. Wagner l.c.); BLA 183j: cs. =, det. פִּשְׁרָא: a) פִּשְׁרָא Da $2_{24f.30}$ 4_{15} 5_{17}; b) פִּשְׁרֵא 4_{15f} 5_8, pro פִּשְׁרֵא lies c. K פִּשְׁרָא, c. Q פִּשְׁרֵהּ, s. BHS zu 4_{15}; c) פִּשְׁרֵהּ Da 2_7 (Var. פִּשְׁרֵהּ) u. 5_{12}; sf. פִּשְׁרֵהּ $2_{6.7}$ (Var.) u. ö., ferner c. Q 4_{15f} 5_8, an diesen letzteren Belegen pro פִּשְׁרֵהּ vielmehr als cj. (Lex.[1]) פִּשְׁרַהּ, doch ist c. Q פִּשְׁרֵהּ vorzuziehen; pl. פִּשְׁרִין **Deutung** Da $2_{4-7.9.16.24-26.30.36.45}$ $4_{3f.6.15f.21}$ $5_{7f.12.15-17.26}$ 7_{16}. †

פִּתְגָם, Var. פִּתְגָּם he. =; Lw. (Wagner 241); Ram. äga. פתגם (AD 4, 3; 7, 9, Saqqara); ija (DISO 238, DNWSI 948); ja., DSS (Dalman Wb. 355b, Beyer ATTM 672) u. nsy. *pitgāmā* (Maclean 261a); sy *petgāmā* (LS 616a); md. *pugdama* (MdD 367a, Nöldeke MG 32); Lw. < ape. *patgàm* Botschaft (s. dazu Hinz 186 und derselbe ZA 61, 1971, 310, cf. auch Segert ArchOr 24, 1956, 390; weitere Lit. s. Lex.[1] u. Wagner l.c.): det. פִּתְגָמָא: — 1. **Wort**, הֲתִיב פ׳ erwidern, Antwort geben Da 3_{16} (sy., he. c. השׁיב Sir 5_{11} 8_9) Esr 5_{11} (auch Da 3_{16} Mtg.), שְׁלַח פ׳ Bericht erstatten Esr 4_{17} 5_7; — 2. **Erlass** Da 4_{14}, c. שׂנה haf. Esr 6_{11}. †

*פתה: he. II פתה; aram. Lw. (Wagner 242); ja. (Dalman Wb. 355b: weit sein :: Beyer ATTM 673: פתי sich erstrecken, verlaufen); sam. (LOT 2, 561); sy. (LS 615b) und nsy. *ptʾ* weit sein (Maclean 261a); cp. itpa. u. af. (Schulthess Lex. 165a).

Der. *פְּתָי.

פתח: he. =; aam. פתח Sefire (KAI 224, 8/9) ʃ auch פקח Sefire (KAI 222 A 13; DISO 234, DNWSI 933 s.v. *pqḥ*$_1$); Ram. äga. (AP, BMAP); nab. palm. ija. (DISO 238, DNWSI 948 s.v. *ptḥ*$_1$); ja., DSS (Dalman Wb. 356a, Beyer ATTM 673); sam. (BCh. Gl. 9b); sy. (LS 616a); cp. (Schulthess Lex. 165a); md. *PTA* (MdD 383b, Nöldeke MG 234); naram. (Bgstr. Gl. 28 s.v. *fth*, Spitaler Gl. 85b) und nsy. (Maclean 261a):

pe: pf. pass. (BLA 104c) פְּתִ֫יחוּ; pt. pass. pl. f. פְּתִיחָן: **öffnen**, Bücher Da 7$_{10}$, Fenster (כַּוִּין) 6$_{11}$, s. dazu Plöger KAT XVIII 94: "Gemeint sind Fenster oder besser Gitter, die zu öffnen sind" (:: aushauen Mtg. 274), cf. äga. כוין פתיחן (AP 25, 6) und כונה פתיח (BMAP 12, 21: "sein Fenster (sf. 3 pers. m.) ist geöffnet" oder "das Fenster" stat. emph. (DISO l.c.) ʃ כַּוָּה; palm. תופרא די פתיח (DISO 325 s.v תופר, DNWSI 1207 s.v. *twpr*). †

*פְּתָי: פתה; Ram. äga. (AP, BMAP), Persepolis (DISO 239, DNWSI 951 s.v. *pty*$_3$); ja. adj. פְּתֵיָא (Dalman Wb. 356b mit Hinweis auf T° Ex 3$_8$), sbst. פְּתָיָא (Dalman l.c.); DSS (Beyer ATTM 673: פתי *pótī*), Typ *qutl*, so auch cp. (Schulthess Lex. 165a) und md. *putia* (MdD 369b, Nöldeke MG 105); sy. adj. *patjā*, sbst. *petwā*, *putjā*, *p^{e}tājā* (LS 615b); nsy. *pitwā* (Maclean 261a); BLA 187d: sf. פְּתָיֵהּ: **Breite** Da 3$_1$ Esr 6$_3$. †

צ

צ: 1.) = ursem. *ṣ*, ar. *ṣ*, he. *ṣ* (צ), in צבה, צבע, צלח, צדק etc.; ʃ ט, ע und ק; 2.) wechselt selten mit ס, so in חֲסַף.

צבה: he. II *צבה; Ram. äga. צבי (AP, Aḥqr, BMAP, Hermopolis); pehl. (Frah. 18, 2, Paik. 508/9); palm. nab. ija., (DISO 241, DNWSI 957); ja. צְבָא/צְבִי; (Dalman Wb. 357b); DSS (Beyer ATTM 673 s.v. צבי); cp. (Schulthess Lex. 165a); sy. (LS 619a); md. *ṢBA* I (MdD 388b, Nöldeke MG 258); cf. nsy. *ṣbʾ* schmücken (mit Federn, Maclean 262a); naram, *ṣjb* (Bgstr. Gl. 83):

pe: pf. 1. sg. צְבִית (BLA 155q); impf. יִצְבֵּא, Da 5$_{21}$ יִצְבֵּה/א, (s. zur Endg. ה/א BHK^3 ad loc, BLA 151b); inf. sf. מִצְבְּיֵהּ (BLA 234k); pt. צָבֵא: — 1. **begehren**, c. לְ und inf. Da 7$_{19}$; — 2. **wollen**, belieben (he. חָפֵץ 3) Da 4$_{14.22.29}$ 5$_{19.21}$, כְּמִצְבְּיֵהּ nach seinem Belieben Da 4$_{32}$ (cf. dazu Hurvitz VT 32, 1982, 262f). †

Der. צְבוּ.

צְבוּ: צבה; Ram. äga. (AP 54, 13 unsicher; AD 4, 2, Saqqara); pehl. (Frah. 16, 8 (?), Paik. 888); palm. Wunsch, Sache ija. (DISO 241, DNWSI 956); ja., DSS (Dalman Wb. 358a, Beyer ATTM 674); sy. (LS 619a); md. *ṣbu* (MdD 389b, Nöldeke MG 146.301) und nsy. Wunsch, Angelegenheit (Maclean 262a); cf. akk. *ṣibūtu(m)* (AHw. 1099a; cf. he. חֵפֶץ 4, ar. *šaiʾ* (Wehr 450b); BLA 197g: **Angelegenheit, Sache**, לָא ... צְבוּ nichts (pehl., BLA 349d) Da 6$_{18}$. †

צבע: he. =; Ram. äga. *ṣbʿ* pt. pass. צבע pro צביע, s. dazu Leander 48f.80v (AP, BMAP) gefärbt (DISO 241, DNWSI 958 s.v. *ṣbʿ*$_1$); ja. eintauchen, färben, benetzen (Dalman Wb. 358a; DSS, Beyer ATTM 674: sbst); sam. waschen (LOT 2, 603); cp. eintauchen, pa. af. taufen (Schulthess Lex. 166a/b); sy. befeuchten, eintauchen, färben (LS 620a); naram. (Bgstr. Gl. 84) u. nsy. färben (Maclean 262a);

md. *ṢBA* II (MdD 388b, Nöldeke MG 235. 237) pe. taufen, eintauchen, färben, af. taufen, etpe. pass.; ar. *ṣbġ* VIII auch: getauft werden (Wehr 456a);

pa: pt. pl. מְצַבְּעִין: **benetzen**, c. מִן Da 4_{22}. †

hitpa. (ja. sy.): impf. יִצְטַבַּע, Var. יִצְטְבַע hitpe. (BLA 32a 55a) **benetzt werden** Da $4_{12.20.30}$ 5_{21} c. מִן oder בְּ. †

*צַד: צדד; he. =; ja. צִדְדָא (Dalman Wb. 358b); md. *ṣida* (MdD 339a: Seite > praep. Ram. pehl. לצד u. לצת (< *לצדת) (Frah. 25, 37, Paik. 596f; DISO 242 s.v. $צד_{II}$, DNWSI 959 s.v. $ṣd_2$); ja. צד (*ṣed*), לצד, מצד, auch (לְ)צִיד u. לְצִית (Dalman Gr. S. 232); Targ. *ṣēd*; sam. צית u. לסעד (LOT III/2, 138[62]); sy. *ṣēʾd* u. *ṣejd* zur Seite von, nahe, bei (LS 627a); BLA 180n, 262p: cs. =: **Seite**, praep. (BLA 262p) לְצַד **gegen** Da 7_{25} (he. לְנֶגֶד Da 10_{13}, עַל 11_{36}); Mtg. 315f); מִצַּד von seiten, **betreffend** 6_5. †

צְדָא, c. הֲ ה interrog. (BLA 237n): הצדא Assbr. (KAI Nr. 233, 12, s. auch KAI II S. 28, ferner Baumgartner ZAW 45, 1927, 89 = ZATU 76f, Rowl. Aram. 132, DISO 242, DNWSI s.v. $ṣdʾ_1$); ar. *waṣada* fest sein (Mtg. 207, Wehr 952a, BLA 371), s. auch DSS (Beyer ATTM 566 s.v. צדה : וצד *ṣedā*): f. **Wahrheit**: הַצְדָא wirklich, in Wahrheit: ist es wahr, dass ? Da 3_{14}. †

*צדד: he. =; dass צדד denom. von צַד ה sei scheint möglich, bleibt aber unsicher; ja. pa. (Dalman Wb. 358b) u. sy. (LS 621a) d. Blick (nach der Seite) richten.

*צדק: he. =; aam. Znğ. (KAI 215, 11.19; 216, 4f) צדק gerechtes Verhalten, Loyalität (DISO 243 s.v. $צדק_{II}$, DNWSI 962 s.v. $ṣdq_2$); Ram. äga. (AP, Aḥqr, BMAP, DISO 243 s.v. $צדק_{I}$, DNWSI 961 s.v. $ṣdq_1$); ja., DSS (Dalman Wb. 359a, Beyer ATTM 674); sam. (LOT 2, 466.467); cp. (Schulthess Lex. 167a) :: זדק Ram. pehl. (Frah. 10, 6); palm. korrekt (DISO 72, DNWSI 963 s.v. $ṣdq_3$); sy. (LS 189a) u. nsy. (VG I 166 § 59 a.β) md. *ZDQ* (MdD 162a): gerecht, recht sein.

Der. צִדְקָה.

צִדְקָה: צדק; he. צְדָקָה; Ram. Nerab (KAI 226, 2); Tema (KAI 228 A 15); äga. (AP); nab. eingeräumtes Recht, Schenkung (DISO 243, DNWSI 964); ja., DSS (Dalman Wb. 359b, Beyer ATTM 674) צִדְקְתָא; sam. *ṣidqå* (BCh. Gl. 10a); sy. *zedqᵉtā* Mildtätigkeit (LS 189a); cp. *ṣdq* (Schulthess Lex. 166a); md. *zidqa* auch Mildtätigkeit (MdD 165b); BLA 236d: **rechtes Tun, Mildtätigkeit** || מִחַן עֲנָיִן Da 4_{24} (Mtg. 239f, Bentzen 36). †

*צַוַּאר; he. צַוָּאר. Etym. fraglich; gemeinsam. Grdf. wohl **ṣawar/ṣaur* :: < *ṣawʾar*: *qawtal* von צור (cf. Lex.[1]). Wohl Primärnomen, eine verbale Ableitung ist demgegenüber unwahrscheinlich. Ram. pehl. (Frah. 10, 29) *ṣwr* (DISO 244 s.v. $צור_{II}$, DNWSI 965 s.v. $ṣwr_2$) und sogd. ("ich" Benveniste Textes Sogdiens, 1940, 251: צורה; Nyb. 2, 298: צולה); ja. צַוְּרָא, צַוָּארָא u. צַוְּרָא; DSS (Dalman Wb. 360a, 361a, Beyer ATTM 675, 106[1]); cp. צור = צַוְּרָא (Schulthess Lex. 169a); sy. *ṣawrā* (LS 625a); md. *ṣaura* (MdD 386a); BLA 193m: sf. צַוְּארֵהּ, צַוְּארָךְ: **Hals** הַמְוֹנְכָא דִּי־דַהֲבָא עַל־צַוְּארֵהּ Da $5_{7.16.29}$. †

צלה: 1.) sich neigen pe.; ja., DSS (Dalman Wb. 363a: צְלָא, Beyer ATTM 676); sy. (LS 628a) und md. *ṢLA* I (MdD 395a, Nöldeke MG 372); nsy. hinabgehen (Maclean 265 s.v. *ṣlʾ*); 2.) beten pa.; Ram. צלי: äga. (AP 30, 26; DISO 245, DNWSI 967); ja., DSS (Dalman Wb. 363a: צַלָּא pa., Beyer l.c.); sam. (BCh. Gl. 10a); cp. (Schulthess Lex. 170b); sy. (LS 628b: pa.); naram. beten, heiraten (Bgstr. Gl. 85) und md. (MdD l.c.) beten, < akk. *ṣullû* (AHw. 1110) anrufen, anflehen (cf. Zimmern 65); zum sbst. aam. T. Fekherye 5.9: *tṣlwt* Gebet (DNWSI 1227 s.v. *tṣlw*); ja. צְלוֹתָא, DSS (Dalman Wb. 363b, Beyer ATTM 676); cp. (Schulthess Lex. 170a); sam. *ṣēlūtå* (BCh. Gl. 10a); sy. (LS 628a); md. *ṣ(a)luta* (MdD 387b, Nöldeke MG 111[2]); naram. (Bgstr. Gl.

85) und nsy. Gebet *ṣlutā* (Maclean 265a s.v. *ṣlwtʾ*); > ar. vb. *ṣallā* (*ṣlw*) beten (Wehr 475b), sbst. *ṣalāt* (Hdwb. Islam 636a); äth. vb. *ṣalaja* (Dillm. 1262), sbst. *ṣalōt* (Dillm. 1263); asa. *ṣlwt* (Conti 224a, Sabdic 143):

pa: pt. מְצַלֵּי, Var. מְצַלֵּא, pl. מְצַלַּיִן (BLA 233g !): **beten** Da 6_{11}, Esr 6_{10} c. לְ für. †

צלח: he. =. 1.) spalten: Ram. äga. pa. (Aḥqr 125; DISO 245, DNWSI 967 s.v. *ṣlḥ*$_1$); ja. DSS (Dalman Wb. 363b, Beyer ATTM 676); sy. pe. pa. (LS 629b s.v. I *ṣ*^{e}*laḥ*); cp. pe. pa. (Schulthess Lex. 171a); 2.) gedeihen, Erfolg haben: ja. af.; sy. af. (LS 629b s.v. II *ṣ*^{e}*laḥ*); cp. af. (Schulthess Lex. 171a); sam. (BCh. Gl. 10a):

haf. pf. הַצְלַח; pt. מְצַלַּח, מַצְלְחִין: **es jmd gut gehen lassen** Da 3_{30}; **vorankommen** (mit einer Arbeit) Esr 6_{14}, **vonstatten gehen** 5_8 (BLA 330 o); **es geht jmd gut** Da 6_{29}, cf. 6_4 G εὐοδούμενος (Charles 150f). †

*צלם: he. I צלם; a) ar. *ṣalama* abhauen, behauen, schneiden, schnitzen; b) pa. denom. von צְלֵם: ja. pa (Dalman Wb. 363b); sy. pa. (LS 630a) mit Bildwerk versehen. Der. zu obigen a) צְלֵם s. THAT II 556.

צְלֵם: צלם a; he. צֶלֶם; aam. T. Fekherye 12.16; Ram. pehl. (TiS 1, 1); Nerab (KAI 225, 3.6.12; 226, 2); nab.; palm.; Hatra *ṣlm, ṣlmʾ*, *ṣlmtʾ*; palm. auch σαλμα (DISO 245, DNWSI 968 s.v. *ṣlm*$_1$); ja. צַלְמָה; DSS (Dalman Wb. 364a, Beyer ATTM 676); Tg. צלמא; sam.; cp. (Schulthess Lex. 171a); sy. *ṣalmā*, *ṣ*^{e}*lemtā* (LS 630a); md. *ṣilma* (MdD 393b); BLA 228c-g: cs. = Da 3_{19}, צֶלֶם 3_{5-18} (Künstlich unterschieden, Strack Grammatik des Biblisch-Aram. [6]1921, § 8c [S. 22] :: BLA 228f: sec. he.), or. *ṣ*^{e}*lem*, det. צַלְמָא, or. *ṣilmā*, m.: **Standbild** Da $2_{31f.34f}$ $3_{1-3.5.7.10.12.14f.18}$, צְלֵם אַנְפּוֹהִי Da 3_{19} Gesichtsausdruck. †

*צְפִיר: he. צָפִיר, aram. Lw. (Wagner 248); ja., DSS (Dalman Wb. 367a, Beyer ATTM 677) צְפִירָא; sam. צפיר, fem. צפירה (LOT 2, 595); sy. *ṣeprājā* (LS 635b); nsy. *ṣupurtā* Ziege (Maclean 266b); BLA 188h: pl. cs. צְפִירֵי **Bock**, צְפִירֵי עִזִּין (BLA 305g !) Ziegenböcke Esr 6_{17}. †

*צפר: he. II *צפר; ja. pfeifen (Dalman Wb. 367a); sy. *ṣ*^{e}*bar* schwatzen (LS 620b). Der. *צְפַר.

*צְפַר: he. I צִפּוֹר u. צִפֹּר; Ram. äga. Aḥqr 98, 199: *ṣnpr*); pehl. (Frah. 8, 1; DISO 246, DNWSI 973 s.v. *ṣpr*$_1$); palm. צפרא/י n.m. und f. (PNPI 109b); ja. צִפַּר, צִפַּרְתָּא, DSS (Dalman Wb. 367a, Beyer ATTM 677); sy. (LS 635b: *ṣepp*^{e}*rā*) und cp. *ṣeppar* (Schulthess Lex. 172a, s.v. צפר$_{II}$); md. *ṣipra* (MdD 394, Nöldeke MG 119.157); nsy. *ṣipra* (Maclean 267a); meist fem. :: md., s. dazu Nöldeke MG 157; aram. Grdf. **ṣippar* (Schulthess Gr. § 99 :: BLA 191b :: VG I 360 :: Mtg. 231): pl. צִפְּרִין, צִפְּרֵי, צִפְּרַיָּא; f. Da $4_{9Q.18}$, m. 4_{9K}, BLA 200j: **Vogel** Da $4_{9.11.18.30}$. †

ק

ק: 1. = sem. ק; 2. = ursem. *ḏ* = ar. *ḍ*; wird a) im ältesten aram. > *q* (VG I 134, BLA 26c), ꜰ ba. עֲרַק; b) α) in jüngeren Dialekten > ʿ (VG u. BLA s. oben) ꜰ ba. אֲרַע; β) gemischt (Beyer ATTM 420); 3. Wechselt ausserhalb ba. a) mit ꜰ כ assim. und dissim. (VG I S. 239 § 88[b]) in קטל, קטר, קִיט, קצה, *קְרַץ, קְשֹׁט; b) md. gelegentlich mit ג und im Anlaut mit כ (Nöldeke MG 38f).

קבל: he. =: "althe. vb. doch durch לקח verdrängt u. unter aram. Einfluss wieder gebraucht" (Wagner 251); **A.** Klage führen gegen, anklagen, c. *ʿly*; pe.: aam. T. Fekherye 12 *qblh* (anklagen): sein Ankläger, Gegner, ||

ass. Text *bēl dīni* (AHw. 119b), T. Fekherye Pag. 33; Ram.: äga. *qbl ʿly* Klage führen gegen, anklagen jmd (AP, BMAP, AD pag. 32a, Hermopolis 2, 10, Saqqara); Samaria; Paik 628, 629; ija, (DISO 248, DNWSI 979) GnAp XX 14; ja., DSS (Dalman Wb. 369b s.v. קְבַל$_{II}$, Beyer ATTM 677); sy. (LS 640b, 3b); md. (MdD 404a). **B.** empfangen, sich befinden, pa.: akk.: sp. bab. *qubbal* (AHw. 925b, CAD Q 292a); er empfing (= *qabbel*); Ram. äga. (AP), nab. palm. pehl. (Frah. 21, 12; DISO 248, DNWSI 979); ja., DSS (Dalman Wb. 369b s.v. קְבַל$_{I}$, Beyer ATTM 677); cp. (Schulthess Lex. 173b); sam. (BCh. Gl. 10a); sy. (LS 641b, auch sich entgegenstellen, anrufen [Gott, Richter]); md. (MdD 404b); naram. (Bgstr. Gl. 67); nsy. (Maclean 269a); cf. af. gegenüber sein, palm. (DISO s.o.); sy. (LS 642a):

pa: pf. קַבֵּל, Var. קַבֵּל (BLA 111 l); impf. תְּקַבְּלוּן, וִיקַבְּלוּן: **empfangen**: a) מַתְּנָן וּנְבִזְבָּה וִיקָר Da 2_{6}; b) מַלְכוּתָא (G Θ V, sy. *qabbel u. l^ebak* [LS 356a, 2a], Mtg. 267, Rowl. DarM 51f) 6_{1} 7_{18}. †

Der. קֳבֵל.

קֳבֵל, Var. et or. *q^ebēl*; eig. sbst. "das, was vorn ist, vor aller Augen, Vorderseite, gegenüber", cf. he. נֶגֶד, so mit Vogt 144a; sy. *qubālā* (LS 642a Nr. 6); > praep.: Ram. äga. קבלהם vor ihnen (AP 38, 6), לקבל (AP 26, 7), לקבל entsprechend, לקבל זנה in Übereinstimmung mit (AP 26, 23; 27, 10), לקבל זי so wie, gemäss dem (AP, Aḥqr 52, 68, BMAP, AD 104a); ferner Sard. 5, 5 (KAI 260 B 5); לקבל klas. (KAI 263), קבל Pachtv. 5.9, Samaria; (ל)קבל (די) nab. palm. ija (DISO 249, DNWSI 981 s.v. *qbl*$_{3}$); ja. קֳבֵל, DSS *qobal/qobol*, aram. קובל (Beyer ATTM 678), auch (לְ)קֳבֵיל (Dalman Wb. 369a, Gr. 231, 7), sf. לְקוּבְלִי u. לְקִבְלִי; sam. *lqbl* (*alqåbålåk* BCh. Gl. 10a); cp. (Schulthess Gr. § 38, la, Lex. 173a) *l^equbal* > *luq^ubal* > *luq^ubel*; sy. *luqbal* (LS 641a); md. *qbal* (MdD 404a, Nöldeke MG 196); nsy. sf. *lqū(b)leh* (Maclean 271b s.v. *q'bl'*); naram. *luqbel* (Spit. 128m.n, Bgstr. Gl. 67); asa. *(l)qbl* (Conti 228b); Grdf. **qubl* VG 1, 353 A 3; BLA 48a. 260f: c. לְ: לָקֳבֵל, sf. לָקָבְלָךְ, or. *l^equblāk*: praep. 1.) **vor** Da 2_{31} 3_{3} 5_{1}; **gegenüber** 5_{5}; **wegen** 5_{10}, הֵן ... לָקֳבֵל דְּנָה wenn ... dann; **infolgedessen** Esr 4_{16}; לָקֳ׳ דִּי **so wie** 6_{13}; 2.) c. כָּל־ (ja.), s. auch Beyer ATTM l.c. nicht < כֹּל, sondern < כְּ + לְ, BLA 262q (cf. he. כָּל־עֻמַּת Koh 5_{15}), כָּל־קֳבֵל דְּנָה (äga. dasselbe, s. oben und לכבל זי) **dementsprechend** Esr. 7_{14}; **daraufhin** Da $2_{12.24}$ 3_{7} ($_{8dl.}$) 6_{10}; כָּל־קֳ׳ דִּי (s.o. Nr. 1); **dementsprechend wie, deshalb weil** Da $2_{8.10.40f.45}$ 3_{29} 4_{15} 5_{12} $6_{4f.11.23}$ Esr 4_{14} 7_{14}; obgleich Da 5_{22}; כָּל־קֳ׳ דְּנָה מִן־דִּי eben deshalb, weil 3_{22}.

קַדִּישׁ: קדשׁ; he. קָדוֹשׁ; Ram. äga. בעל קדשן Aḥqr 95 (Heiligkeit ? s. DISO 254); nab. palm. Hatra ija. (DISO 253 s.v. קדשׁ$_{III}$, DNWSI 995 s.v. *qdš*$_{3}$); GnAp passim (Fitzmyer 215); ja., DSS (Dalman Wb. 371a, Beyer ATTM 680); cp. (Schulthess Lex. 175b); sam. fem. det. *qdyšth* (BCh. Gl. 10a); sy. (LS 649b); md. *qadiša* (MdD 399a); naram. *qattēš* (Spitaler 83a, Bgstr. Gl. 72); BLA 192e: pl. קַדִּישִׁין, cs. קַדִּישֵׁי: **heilig**, Götter רוּחַ אֱלָהִין קַדִּישִׁין Da $4_{5f.15}$ 5_{11}; sbst. = **Engel** ‖ עִיר וְקַדִּישׁ 4_{14}, עִירִין $4_{10.20}$ (F וְ 2a); קַדִּישִׁין = Israel 7_{21}, F קַדִּישֵׁי עֶלְיוֹנִין $7_{18.22.25}$ und עַם קַ׳ עֶ׳ 7_{27}. Cf. Noth Ges. Stud. 274ff. †

*קדם: he. =; Ram., äga. (AP 82, 6) pehl. (Frah. 20, 2); nab. (DISO 251 s.v. קדם$_{I}$, DNWSI 986 s.v. *qdm*$_{1}$); ja. pe. pa. af. vorangehen, vorher od. früh tun, zuvorkommen, entgegengehen, (Dalman Wb. 371a); sam. (LOT 2, 557); cp. (Schulthess Lex. 174b); sy., nsy. (Maclean 270a) und md. *QDM* (MdD 405a, Nöldeke MG 444).

Der. קֳדָם, *קַדְמָה, קַדְמָי.

קֳדָם: קֳדָם־ Da $2_{10.36}$, or. *q^edām* (BLA 261g): orig. sbst. Vorderseite praep. "vor"; aam. T.

Fekherye 15.15 vorher u. vor; loc. Zkr. (KAI 202 B 13), Znğ. (KAI 215, 21.23; 217, 8.9), Sefire (KAI 222 A 8.9.9/10.11.12); Ram. loc. u. temp.: Nerab (KAI 226, 2); pehl. (Frah. 25, 1, Paik. Dura); äga. (AP, BMAP, AD, Aḥqr, Saqqara); Uruk 11.14.36.39 *qu-da-am*; Assbr. (KAI 233, 7.9.13 ?), Assur קודם u. קדום (SPAW 1919, 1045), Samaria, Persepolis, Paik. 898, Nisa; nab. palm. Hatra ija. (DISO 251, DNWSI 988 s.v. *qdm*$_3$) auch *qdwm*; GnAp קודם XIX 25, XXI 3 loc.; ja. *qdm (qodam)*, auch קודם, DSS (Dalman Wb. 371a, Beyer ATTM 679f), u. לְקֳדָם; sam. ק(ו)דם (LOT 2, 557); cp. *qwdm* praep. u. conj. vor, vorher (Schulthess Lex. 174b); sy. *q*^{e}*dām, luwqdām* (LS 647a.b); md. *qudam* (MdD 406a, Nöldeke MG 194); naram. *iqdum* (Spit. 120, Bgstr. Gl. 68); Grdf. **qudām* (BLA 261g.h): formae contractae: mspt. קם (Delap. 105, Messina 29f); ja. קַמֵּי, קֳמֵי (Dalman Wb. 381b); cp. *lqwm*ʾ (Schulthess Lex. 175a, Schwally Id. 83), md. *qam*, Var. *aqam* (MdD 401a, Nöldeke MG 33.34 ק(א)אמה) vor ihm; nsy. *qām* (Maclean 270a); naram. *qomm* (Bgstr. Gl. 69) < **qadm* (ja. sy. md. u. nsy. קֳדָמָה); he. קֶדֶם, *F* קדמה u. **qudm*; sf. קֳדָמַי, Var. קֳ׳ und קְ׳, קֳדָמַי (BLA 23d), קֳדָמָךְ Q, קֳדָמַיִךְ K (BLA 77 o), קֳדָמַהּ Da 7_{13} וּקְדָמוֹהִי, קֳדָמוֹהִי, c. sf. fem. קֳדָמַהּ Q, קדמיה K, or. *q*^{e}*dāmajāh* (BLA 79s); קֳדָמֵיהוֹן, מִן־קֳדָמַי/מוֹהִי/מִיהּ: praep. **vor**: — 1. zeitlich Da 7_7; — 2. räumlich: vor dem König Da $2_{9.11.24f.27.36}$ 3_{13} $4_{3.5}$ $5_{13.15.17.23}$ $6_{13.19}$ Esr 4_{18}; der König vor den Anwesenden Da 4_4 Esr 4_{23}; vor Gott Da 6_{11f} $7_{10.13}$ Esr 7_{19}; **in den Augen von** Da 6_{23}, שְׁפַר קֳ׳ Da 3_{32} 6_2, s. Driver ad AD 1, 1 und Anm.; — 3. מִן־קֳדָם vor: c. אֶתְעֲקַרוּ (scil. um ihm Platz zu machen, Mtg. Da. 295) Da 7_8, c. נְפַלוּ Da 7_{20}; c. דָּחֲלִין sich fürchten vor Gott (he. מִלִּפְנֵי) 5_{19} 6_{27b}; von Seiten (he. מִפְּנֵי) des Königs Da $2_{6.15}$ 6_{27a} und Esr 7_{14}, Gottes Da 2_{18} 5_{24}, des Hochbetagten 7_{10}. †

*קַדְמָה: קדם; he. *קַדְמָה, *קִדְמָה; orig. sbst.; aam. Znğ. früherer Zustand/Zeit (KAI 215, 9, s. auch KAI II S. 227). Sing. cs. קדמת vor (zeitl.) > praep.; Ram. äga. (AP, Aḥqr, Behist., Hermopolis); pehl. (Avr. 3, 4, Messina 31); Paik. 899; ija. (DISO 252, DNWSI 991 s.v. *qdmh*$_1$), GnAp XXI 23; ja., DSS (Dalman Wb. 371b, Beyer ATTM 679); BLA 243b, 256v; cs. (wie äga.) קַדְמַת, or. *qi-*: frühere Zeit, c. מִן > praep. מִן־קַדְמַת־דְּנָה (ja., קדמת זנה äga.) Da 6_{11} und מִקַּדְמַת דְּנָה Esr 5_{11} adv. **vordem**. †

*קַדְמָי: קדם; Ram. äga. קדמי (AD); nab. palm. ija. (DISO 253, DNWSI 992); ja. קַדְמָאָה erster, alt, DSS קדמי erster (Beyer ATTM 679 u. Dalman Wb. 371b), קדמאה, קדמ(א)י u. קַמַּי (Dalman Gr. 100); cp. *qmj* (Schulthess Lex. 175a); sy. *qadmājā* (LS 646b); md. *qadmaia* (MdD 399b, Nöldeke MG 191); nsy. *qāmāyā* (Maclean 270b); BLA 196d: pl. det. קַדְמָיֵא (BLA 204 1), fem. sg. קַדְמָיְתָא: **erster** Da 7_4 (G πρῶτος, Θ 7_4 πρῶτος): **früherer** $7_{8.24}$ (Θ ὁ ἔμπροσθεν). †

*קדשׁ: he. =; Ram. pa.: palm. ija. (DISO 253, DNWSI 993); ja., DSS (Beyer ATTM 680); sam. pa. heiligen, für heilig erklären, af. weihen (BCh. Gl. 10); sy. pa. (LS 649b); cp. (Schulthess Lex. 176a); md. (MdD 405) heiligen, weihen; naram. *qtš* itpa. (Spitaler 161, Bgstr. Gl. 72).

Der. קַדִּישׁ.

קום: he. =; Deir Alla; aam. ZKR (KAI 202 A 3), Znğ. (KAI 214, 1.2.3.14.28.30; 215, 2.6.8.18); Ram., äga. (AP, BMAP, Aḥqr, Beh., Hermopolis, Saqqara), Assbr. (KAI 233, 9), Pachtv. 10f, Uruk 18 imp. *qu-um*, 17 pl. fem. *qu-u-mi-ni* 17, 42; Samaria pehl. (Frah. 20, 2f; Paik. 411); nab. palm. Hatra ija. (DISO 254, DNWSI 997 s.v. *qwm*$_1$); keilschr. *qa(a)-ma/e/u-ta-qu-um* (APN 304a, Beyer ATTM 681); sy. (LS 652a); cp. (Schulthess Lex. 176b); sam. (BCh. Gl. 10a); ja., DSS (Dalman Wb. 373a, Beyer ATTM 681); md.

QUM pe. und abgeleitete Stammformen (MdD 407-408, Nöldeke MG 248 ff); naram. (Bgstr. Gl. 69); nsy. (Maclean 268a):

pe: pf. קָם, קָ֫מוּ; impf. יְקוּם, יְקֻמוּן Da 7_{24}, Var. יְקוּמוּן, s. BHK³; imp. f. קוּמִי; pt. קָאֵם, pl. קָאֲמִין K, קָיְמִין Q (BLA 51h-j), det. קָאֲמַיָּא: — 1. **aufstehen** Da 3_{24} 6_{20} 7_5, **erstehen** (מַלְכוּ, מֶלֶךְ) 2_{39} $7_{17.24}$; sich an etwas machen: קָ֫מוּ ... וְשָׁרִיו Esr 5_2; — 2. **dastehen** Da 2_{31} (צַלְמָא), 3_3 (לָקֳבֵל צַלְמָא), $7_{10.16}$ (Engel vor Gott); — 3. **bestehen** (מַלְכוּ) 2_{44b}. †

pa. (BLA 146r): inf. קַיָּמָה: **aufstellen**, קְיָם eine Verordnung erlassen Da 6_8 (ך haf. 4, BLA 274n, 311g). †

haf. (BLA 147v.x.y, 149o-q): pf. הֲקִים, Da 6_2 וַהֲקִים, 3. fem. הֲקֵמַת, Var. 7_5 (ך hof.), 2. pers. הֲקֵימְתָּ, 1. pers. הֲקֵימֶת, or. *haqēmit* (BLA 149o.p :: Birkeland 3), pl. הֲקִ֫ימוּ, sf. הֲקִימֵהּ, Da 3_1 אֲקִימֵהּ af. (BLA 148f, 370); impf. יְקִים, יְהָקִים Da 5_{21} ($_{16}$ BLA 149o), תְּקִים; inf. sf. הֲקָמוּתֵהּ; pt. מְהָקִים (BLA 147a): — 1. **aufstellen** (צְלֵם) Da $3_{1\text{-}3.5.7.12.14.18}$; — 2. **aufrichten**, subj Gott (מַלְכוּ) 2_{44}; — 3. **einsetzen** (מַלְכִין u. Beamte) Da 2_{21}, c. acc. 5_{11}, c. 2 acc. und בְּ Esr 6_{18}, c. acc. und עַל Da 4_{14} 5_{21} $6_{2.4}$; — 4. **erlassen** (Gesetz ך pa.) Da $6_{9.16}$. †

hof. (BLA 94s, 147b :: Ginsb. 2f): Da 7_4 הֳקִימַת, 7_5 הֳקָמַת, or. *hoqīmat*, Var. הֲ/הֳקָמַת (BLA 40n.o): **aufgestellt werden** Da 7_{4f}. †

Der. קְיָם, קַיָּם.

קטל: he. = als aram. Lw. (Wagner 254 s.v. קָטַל; cf. VG 1, 154; Fschr. Eissf. 1958, 54f). **A.** קתל: abab. *qatālum* (AHw. 907a) (Opfertier) töten; ar. *qatala* töten (Wehr 663a), asa. *qtl* (Conti 235a); md. *qtl* (MdD 417b); äth. *qatala* (Dillmann 439); aam. *qtl*, Sefire (KAI 222, 223, 224); Znğ. (KAI 215, 8); **B.** > קטל, cf. he.: urspr. *t* > *ṭ*, ך ט, BLA 33d, Moscati CpGr. 56 :: urspr. *ṭ* > *t* (Friedr. 10 b; weitere Lit. zu beiden cf. DNWSI 1006). Ram., äga. (AP, Aḥqr, Beh. [akk. **dâku*, AHw. 152a]), Nerab 11 כטל (KAI 225), pehl. (Frah. 22, 4); Hatra, ija. (DISO 257, DNWSI 1006); ja., DSS (Dalman Wb. 375a, Beyer ATTM 682); cp. (Schulthess Lex. 178a); sam. (BCh. Gl. 10b); sy. nsy. (Maclean 276b); naram. (Bgstr. Gl. 73); md. *qṭl* (MdD 83b, Nöldeke MG 39), Grdf. **qtl*:

pe: pf. ך pa.; pt. קָטֵל, pf. pass. (BLA 93o) קְטִיל, 3. fem. קְטִילַת: **töten** Da 5_{19}, pass 5_{30} 7_{11}. †

hitpe: inf. הִתְקְטָלָה; pt. pl. מִתְקַטְּלִין: **getötet werden** Da $2_{13a.b}$. †

pa: pf. קַטִּל, or. *q^eṭol* u. *q^eṭel* (pe., BLA 102u.v); inf. קַטָּלָה: **töten** Da 2_{14} 3_{22}. †

hitpa: pt. pl. מִתְקַטְּלִין (BLA 177, 293o) Da 2_{13}: **getötet werden**. †

*קטר: he. II קטר u. I קצר; binden, ja., DSS (Dalman Wb. 376a s.v. קטר$_{\text{II}}$, Beyer ATTM 683b); cp. (Schulthess Lex. 178b); sam. (LOT 2, 583f); sy. (LS 661b) nsy. (Maclean 277a) und naram. (Bgstr. Gl. 73); nsy. auch כתר u. קתר (Maclean 277a); md. *GṬR* (MdD 88a s.v. *GṬR*1, Nöldeke MG 225) binden, festmachen, Grdf. **qẓr* (BLA 33d).

Der. קְטַר.

קְטַר: קְטַר: Ram. Uruk 1.27 *ki-ṭa-ri* Knoten (DISO 257, DNWSI 1007); ja. קִטְרָא Knoten, Gelenk (Dalman Wb. 376a); nsy. *qitrā* (Maclean 287b s.v. *qtrᵓ*); naram. *quṭṭora* Band (Bgstr. Gl. 73); sy. *qeṭrā* auch Amulett und *q^eṭartā* auch Gelenk (LS 662b); md. *guṭra* = *giṭra* Band, Knoten, Amulett (MdD 75b, 89b); akk. *kiṣru* Knoten, Zusammenballung, Gelenke (AHw. 488b); (BLA 183e): pl. קִטְרִין, cs. קִטְרֵי, m.: **Knoten**: — 1. **Gelenk** Da 5_6, קִטְרֵי חַרְצֵהּ die Gelenke seiner Hüfte, nsy. *qiṭrā dḥōrṣā* Rücken (Maclean 277a); akk. *kiṣir eṣenṣēru* Rückenwirbel (AHw. 488b Nr. 3). — 2. **Schwierige Aufgabe** (sy. P.-Smith 3591), cf. ferner Mtg. 259, 261 :: Plöger KAT XVIII S. 80: "und die Muskeln seiner Hüften erschlafften" :: ? Zauberknoten (Charles 130, Beek Danielbuch 1935, 11f) Da 5_{12} c. שְׁרֵה pa. pt., $_{16}$ c. פְּשַׁר pe. inf. †

קַיִט: he. קַיִץ, 1 × Hi 8_{14} cj. קַיִט < aram. (Wagner 265); aam. Znğ. *kyṣ* (KAI 216, 19, VG 1, 239); ija. *qyṭ* (DISO 262 s.v. $קץ_I$, DNWSI 1020 s.v. $qṣ_I$); ja., DSS (Beyer ATTM 683) קַיְטָא, קֵיטָא (Dalman Wb. 376b); cp. *qēṭā* (Schulthess Lex. 179a); sy. *qajṭā* (LS 664a); md. *gaiṭa*, Var. *giṭa* (MdD 76a, Nöldeke MG 38) Sommer. BLA 182z; **Sommer**: אִדְּרֵי קַיִט Da 2_{35}. †

קְיָם, or. *qijām* (BLA 38a, Targ., MdD 165 u. sam.): קום; Ram. äga. (Saqqara, DNWSI 1008 s.v. qym_1 Vertrag), Pachtv. 13: Vertrag (Koopmans I 98) :: DISO s.v. $קום_I$, DNWSI 997 s.v. qwm_1 S. 998: part. akt.); ja., DSS (Dalman Wb. 377a: Vertrag, Beyer ATTM 682); cp. (Schulthess Lex. 176b); sam. *qy'm* (BCh. Gl. 10b); sy. *qyāmā* (LS 653a Nr. 5); BLA 187d: cs. =, ? Da 6_8 (BLA 311f.g :: Mtg 273): **Verordnung** Da $6_{8.16}$. †

קַיָּם: קום pa.; Ram. nab. (DISO 257 s.v. $קים_I$, DNWSI 1008 s.v. qym_2); ja., DSS (Dalman Wb. 376b, Beyer ATTM 682); cp. (Schulthess Lex. 177a); sy. (LS 654a); md. *qaiam(a)* (MdD 400a, Nöldeke MG 120); nsy. (Maclean 278a); naram. (Spitaler Gl. 91b); BLA 191c: fem. קַיָּמָה: **dauernd**, מַלְכוּתָךְ לָךְ קַ׳ Da 4_{23} = bleibt dir erhalten; Epitheton Gottes אֱלָהָא חַיָּה וְקַיָּם לְעָלְמִין bleibt in Ewigkeit 6_{27} (ja. sam. Mtg. 279). †

קיתרס, קִיתְרוֹס Da 3_5 Q (in Var. auch K), Q קַתְרֹס, Krauss I 193, II 573, K קִיתָרֹס vel קַתְרֹס vel קִיתָרֹס; ja. קִתְרוֹס/קַתְרוֹס (Dalman Wb. 394b); cp. קיתרא κιθάρα (Schulthess Lex. 186b); sy. (LS 705a) und nsy. *qītārā* (Maclean 278b): gr. κίθαρις G Θ κιθάρα (P.-W. Kl. 3, 1581) Zither; (Kolari 76ff, Ellenbogen 148, Grelot VT 29, 1979, 28-30, cf. BHH 647 s.v. Harfe): **Zither** Da $3_{5.7.10.15}$. †

קָל: he. קוֹל; Deir Alla; aam. Brēdsch, Barhadad (KAI 201, 4-5); Sefire קל כנר (KAI 222 A 29); Ram. äga. (Aḥqr 107); pehl. (Frah. 10, 24); palm. (DISO 258, DNWSI 1010 s.v. ql_1); ja., DSS (Dalman Wb. 377b: קָלָא, Beyer ATTM 683); cp. (Schulthess Lex. 176b s.v. קול); sam. *qāl* (BCh. Gl. 10a); sy. *qālā* (LS 651b); md. *qala* (MdD 400b, Nöldeke MG 108); nsy. *qalā* (Maclean 279a); BLA 179h: cs. =; masc.; — 1. **Stimme** קָל מִן־שְׁמַיָּא Da 4_{28}, Stimme des Königs קָל עֲצִיב 6_{21}; — 2. **Klang** קָל מִלַּיָּא 7_{11}, von Musikinstrumenten $3_{5.7.10.15}$. †

קנה; he. =: קנה (s. HAL 1038, wo im Unterschied zu Lex.[1] auf die Trennung von I קנה "erwerben, kaufen" und II קנה "erschaffen" verzichtet wurde zumal mit der unsicheren Ausnahme eines Beleges aus Hatra [KAI III 41b = Nr. 244, 3] im aram. nur I im Gebrauch gewesen zu sein scheint. Siehe dazu die Belege bei HAL l.c). — Ram äga. (AP, Aḥqr, Saqqara); palm. Hatra ija. (DISO 260 s.v. $קני_{II}$, DNWSI 1015 s.v. qny_1); palm. Hatra (DNWSI 1015); ja., DSS (Dalman Wb. 382b: $קְנָא_{II}$, Beyer ATTM 684); cp. (Schulthess Lex. 181a s.v. $קנא_{II}$); sam. (LOT 2, 580); sy. (LS 674b); md. *QNA* I (MdD 413b, Nöldeke MG 258); nsy. sbst. *qunuya* (Maclean 282a): Besitz Ram. äga (AP, BMAP, DISO 260, DNWSI 1017); מקנא aam. Sefire (KAI 222 B 27): "Besitz, Habe" (DISO 165, DNWSI 680):

pe: impf. תִּקְנֵא: **kaufen** (Opfertiere, Speise- u. Trankopfer) Esr 7_{17}. †

קצה: he. I קצה; Ram. Uruk 17 adj. f. det. *ka-ṣa-ta-'* ? unvollständig, schadhaft, mangelhaft (DISO 262 s.v. $קץ_{II}$, DNWSI 1021 s.v. $qṣ_3$), (:: sbst. קְצָת Landsbg. AfO 12, 1937-39, 256); sam. abschneiden; ja. abbrechen (auch Brot; Dalman Wb. 387a); cp. (Schulthess Lex. 182b); sy. (LS 687a) u. nsy. (Brot) brechen (Maclean 283 s.v. *qṣ'*); F קְצָת.

Der. *קְצָת.

קצף: he. I קצף; sy. (LS 687a) und md. (s. JRAS 1938, 3, 525) zürnen:

pe. pf. קְצַף: **ergrimmen** Da 2_{12}. †

Der. קְצַף.

קְצַף: קצף: he. I קֶצֶף (Rowley Aram. 130); Ram. äga. כצף Zorn (Aḥqr 101, DISO 126,

DNWSI 532); sy. adj. *q^eṣīpā* traurig (LS 687b), *q^eṣāpā* Traurigkeit; BLA 183e: **Grimm** (Gottes) Esr 7_{23}. †

קצץ: he. =; ja., DSS (Dalman Wb. 387b, Beyer ATTM 685); sy. pe. pa. abhauen, fällen (LS 686 a.b); sam. (Memar Marqah [Edit. MacDonald] 109); cp. (Schulthess Lex. 182b) und sy. bestimmen (LS 686a); md. *QṢṢ* (MdD 414b) abschneiden; naram. (Bgstr. Gl. 72):

pa. imp. קַצִּצוּ: **abhauen** Da 4_{11}. †

*__קְצָת__, or. *qaṣat*: קצה; he. =; < aram. (Wagner 268, 269); Ram., äga. (AP, BMAP; cf. קצת מן und מן קצת "Teil von"; Hermopolis 2, 7; DISO 262, DNWSI 1023 s.v. *qṣt*$_1$); ja., DSS (Dalman Wb. 388a, Beyer ATTM 684) Teil; zugehöriges sbst. sy. (LS 687a); nsy. Brocken, Brot, Hostie (Maclean 284a); cp. (Schulthess Lex. 182b); sam. pl. *qåṣṣot* zu sg. *qiṣṣå* (LOT 2, 463); BLA 237f.h: cs. = fem.: — 1. **Ende** לִקְצָת יוֹמַיָּא/יַרְחִין (ּ לְ Nr. 2) Da $4_{26.31}$; — 2. c. מִן (äga. מן קצת) > he. und mhe. מִקְצָת; ja. מקצתא (Dalman Wb. 250b): **Teil**, c. gen. מִן־קְצָת מַלְכוּתָא ... וּמִנַּהּ ein Teil des Reiches ... und ein Teil = das Reich zum Teil ... und z. T. Da 2_{42}. †

קרא: he. =; vb. wechselt ל׳ א > nach Ram. ל׳ ה, ל׳ י (BLA 151a, 152e, cf. VG I 594). Aam. Znğ. *qrnj* Hadad (KAI 214, 13); Ram. äga. (AP, Aḥqr, Saqqara), Assbr. (KAI 233, 12), Nisa, pehl. (Frah. 23, 5: *klytwn*, Avr. 3, 2, Paik 543: *klytn*); nab. palm. Hatra ija. (DISO 263, DNWSI 1025 s.v. *qr'*$_1$); ja., DSS (Dalman Wb. 388a, Beyer ATTM 687); cp. (Schulthess Lex. 183a); sam. (BCh. Gl. 10b); sy. (LS 689b); md. *QRA* (MdD 414b, Nöldeke MG 257ff); naram. (Bgstr. Gl. 70).

pe. pf. pass. קְרִי (BLA 156u); impf. יִקְרֵה, אֶקְרֵא, or. *'iqre* (BLA 152e), יִקְרוֹן; inf. מִקְרֵא; pt. קָרֵא: — 1. **rufen** Da 3_4 4_{11} 5_7; — 2. **lesen** $5_{7f.15f.17}$, pass. Esr $4_{18.23}$. †

hitpe. impf. יִתְקְרֵי (BLA 158k, 171d, Leander OLZ 33, 1930, 774): **hergerufen werden** Da 5_{12}. †

קרב: he. =; sich nähern, hinzutreten. Aam. Znğ. Barrekub (KAI 219, 2), txt. frag. *qrbn*: a) vb. wir haben geopfert (Degen Altaram. Gr. § 57a, S. 70) :: b) sbst. *qrbn* Opfergabe (KAI II 237, cf. DNWSI 1031); Ram. äga. (AP, Aḥqr, AD); Tema (KAI 229, 1); nab. palm. Hatra (NESE 3, 1978, 89 Nr. 292, 4); Nimrud Elfenbein (NESE 2, 1974, 50, DISO 264, DNWSI 1028); ja., DSS (Dalman Wb. 388b, Beyer ATTM 685) u. sam. קְרַב u. קְרֵב (BCh. Gl. 10b); cp. (Schulthess Lex. 183b); sy. (LS 691b); md. *q^ereb* (MdD 415b, Nöldeke MG 219); naram. (Bgstr. Gl. 71); nsy. (Maclean 284a.b); — darbringen: Znğ. Tema; äga. nab. palm. Hatra קרב = ἔδωκεν (KAI 257, 2); pa. ja. cp. sy.; af. ja.; haf. äga. (AD):

pe. pf. קְרֵב, 1. sg. קִרְבֵת, pl. Da 3_8 קְרִ֫בוּ, 6_{13} Var. melius pro קְרִ֫יבוּ, or. *q^erabū*; inf. sf. מִקְרְבֵהּ, or. *miqirbēh* (BLA 45j): **hinzutreten**, abs. Da 3_8 6_{13}, c. לְ loci 3_{26} 6_{21}, c. עַל pers. 7_{16}. †

pa: impf. תְּקָרֵב (BLA 130h): **darbringen** (ּ haf.) Esr 7_{17}. †

haf: pf. הַקְרִ֫בוּ, sf. הַקְרְבוּהִי; pt. pl. מְהַקְרְבִין: **hinführen**, **hineingehen lassen** (AD), c. קֳדָם Da 7_{13} (ּ pa. BLA 274n, äga. palm. (LPRec. 14_1 16_{1f}) Esr $6_{10.17}$. †

Der. קְרָב.

קְרָב: קרב; he. =; aram. Lw. (Wagner 270); cf. BLA 187e. Im aram. ist קְרָב Lw. aus akk. *qarābu* (nass.), so Zimmern, BLA 187e, Wagner 270/1, BLH 470 1 α, KBL 1120b :: akk. *qarābu* Lw. aus aram. (AHw. 901b, CAD Q 125b, Kaufman 30). Ram. Behistun im akk. Fassung *ṣāltu*, (AHw. 1079a) ausser 2.10 *tāḫāzu* (AHw. 1301a; DISO 265, DNWSI 1030 s.v. *qrb*$_3$); ja., DSS (Dalman Wb. 388b: קְרָבָא, קְרָבְתָא, Beyer ATTM 686); cp. (Schulthess Lex. 184a); sy. *q^erābā* (LS 691b); md. *qraba* (MdD 415a); denom. Krieg führen; sy. pe. und af., md. pe. *qariba* (MdD 402b, Nöldeke MG 431): Krieg, Kampf (zur Semantik, cf. Etym. von he. מִלְחָמָה von

I לחם): **Krieg**, עֲבַד קְרָב עִם Krieg führen mit Da 7_{21}, cf. Behistun 19 (aram.) *ʿbd qrbʾ ʿm* AP S. 252), bab. *epešu ṣaltum itti* (AP S. 255), he. עָשָׂה מִלְחָמָה אֵת Gn 14_2. †

קִרְיָה Esr 4_{10}, קִרְיָא 4_{15}; he. קִרְיָה; aam. קריה Sefire (KAI 222 B 36; 224, 12); Ram. äga. (AP, Saqqara), Pachtv. 3 und palm. קריה; Nisa (DISO 266, DNWSI 1033); ja., DSS (Beyer ATTM 686) קִרְיְתָא (Dalman Wb. 390b), קִרְיָה (Jastrow 1419b); sam. *qarjā* (LOT 2, 545); cp. (Schulthess Lex. 183b s.v. *qrʾ* II); sy. (LS 695b) und naram. *qerīṯā* (Bgstr. Gl. 70 s.v. *qrj*). BLA 182b: det. קִרְיְתָא fem. **Ortschaft, Stadt** = יְרוּשְׁלֶם Esr $4_{12f.15f.19.21}$, als pl. coll. (BLA 313g. lies קִרְיָה; sy., Rud., BHS בְּקִרְיַהּ [so auch BHK[3]] :: Bew. 52 lies pl. קִרְיָתָא) Esr 4_{10}. †

קֶרֶן: he. =; aram.: palm. Ecke (wie akk. ja. sy. md. naram.; DISO 266, DNWSI 1034); ja., DSS (Dalman Wb. 391a: קַרְנָא, Beyer ATTM 687); cp. Schulthess Lex. 185a); sy. (LS 697a), md. (MdD 403a) Horn, Haarlocke; nsy. *qanā* u. *qarna* (Maclean 286a s.v. *qrnʾ*); naram. *qornta* (Bgstr. Gl. 71); BLA 182x: det. קַרְנָא, du. Da 7_7 קַרְנַיִן (von einer Mehrheit, or. *qarnin*, BLA 200b, 306 l.m); pl. det. קַרְנַיָּא, fem. (wie überall): **Horn**: — 1. eines Tieres Da $7_{7f.11.20}$ (l. קַרְנַיִן pro קַרְנָא דִכֵּן (Mtg., BHS) $_{.21.24}$; — 2. **Musikinstrument** (sy. cp. md. nsy., G σάλπιγξ = he. שׁוֹפָר) Da $3_{5.7.10.15}$, s. Grelot VT 29, 1979, 24ff. †

*קרץ: he. =; ja. kneifen (Dalman Wb. 392a); sy. stechen, kränken (LS 699b); naram. pa. in Brotlaibe teilen (Teig; Bgstr. Gl. 71); nsy. recken (Maclean 286a.b.); sy. *qrṣ* (LS 699b) und md. *krṣ* Zeichen geben (MdD 224a, Nöldeke MG 39: zu blinzeln), cf. Schulthess HW 40 und sy. *qrṭ* abnagen (LS 694b); ar. *qrṭ* abschneiden, zerhacken (Wehr 675b); akk. *karāṣu* (AHw. 447b) abkneifen; ? etym. verwandt: ja קְרַיץ u. קְרִיצְתָא die Frühe, Morgendämmerung, eig. Durchbruch der Sonne (Dalman Wb. 390b); cp. קריצתא (Schulthess Lex. 185a); sy. sbst. *qarṣūtā* Frost, *qarṣā/īnā* Reif (LS 699b); vb. denom. ja. קְרַץ morgens tun, früh aufstehen (Dalman Wb. 392a); sam. (BCh. Gl. 10a) u. cp. (Schulthess Lex. 185a): cf. he. קרע und קרק; קרק: Deir Alla; aam. Sefire (KAI 224, 4.19) fliehen; Ram. Assbr. [KAI 233, 9.13.16.17.18] fliehen (DISO 266 :: KAI 233 verleumden), äga. (Beh. 30 [akk. *ḫalāqu*], AD 3, 5, Saqqara fliehen), pehl. (Frah. 20, 12: *ʿlykwn*); ija. ערק F (DISO 222, DNWSI 1035 s.v. qrq_1).

Der. קְרַץ.

קְרַץ: קרץ; akk. *karṣu* Abgekniffenes > Verleumdung, pl. *ākil karṣi* Verleumder (AHw. 450b, Nr. 1b) cf. auch *k/gerṣu* (AHw. 468a); Ram. äga. כרץ Verleumdung; Carpentras (KAI 269, 2): וכרצי איש לא אמרת "sie hat keine Verleumdungen gegen irgend jmd ausgesprochen"; ja. קוּ/קְ/קַרְצָא Stück (Dalman Wb. 392a); sy. *qarṣā* (LS 17a, s.v. *ʾekal* Nr. 6); nsy. pt. Verleumder (Maclean 286b); BLA 182x: pl. sf. קַרְצוֹהִי (or. *qi*-, BLA 30z), קַרְצֵיהוֹן: **Stück**: אֲכַל קַרְצֵי, c. sf. u. gen. (zur Syntax BLA 314j) **jmd verklagen, verleumden**, Lw. < akk. *karṣi akālu* verleumden (abab., Mari: AHw. 450b, CAD K 222b, cf. auch Kaufman 63); EA mit *akālu* (1 x *qabū*) *karṣi* (VAB II 1447); n.m. *Karṣi* (Jean Studia Mariana 1950, 84b); so auch ug. *ʾkl* || *qrṣ* (UT 75, I 11); ja. אֲכַל קַרְצָא/קַרְצִין verleumden (Dalman Wb. 392a); sy. *ʾekal qarṣā* verleumden, anklagen (LS 17a, s.v. *ʾkl* 6); ar. *ʾakala laḥmahu* verunglimpfen (Sura 49, 12); cf. lat. *rodere*, engl. *backbite*; **verleumden** Da 3_8 6_{25} (zu 3_8 G καταμαρτυρήσαντες, Θ διαβαλόντας; zu 6_{25} G Θ διέβαλον, cf. Marti Da. 21, Montg. Da. 204f, Plöger KAT XVIII 57.60: denunzieren). †

*קשט: he. =; Ram. äga. haf. (AP) und Asoka Inschr. (KAI 279, 1); palm. pa. Erfolg haben, rechtmässig sein, haf. korrekt handeln (DISO 266, DNWSI 1038 s.v. $qšṭ_1$); ja. putzen, herrichten (Dalman Wb. 393b), כשט af. schön handeln (Dalman Wb. 210b); nsy. rechtfertigen; md. *KSṬ* (MdD 224a) wahr, rechtschaffen sein; ja. DSS (Beyer ATTM 688) pa. קַשֵּׁט ausrüsten; קְשִׁיט ja. DSS (Dalman Wb. 394a, Beyer l.c.) wahrhaftig; cp. (Schulthess Lex. 185b); sam. (LOT 2, 571); nsy. wahr (Rosenthal AF 245).

Der. קְשֹׁט.

קְשֹׁט: קשט: he. קֹשֶׁט Wahrheit; Ram.; palm. קשטא Recht, Wahrheit, Privileg, auch קסטא (DISO 267 s.v. קשט$_{\text{II}}$, DNWSI 1038 s.v. *qšṭ*$_2$); ja. קְשׁוֹט, det. קֻשְׁטָא, DSS (Dalman Wb. 393b, Beyer ATTM 687); cp. קשטא u. קושתא Wahrheit (Schulthess Lex. 185b); sam. *qašta* (LOT 2, 571); sy. *quštā* (LS 704a); md. *kušṭa* (MdD 209b, Nöldeke MG 39); > ar. *qsṭ* (Fraenkel 206), BLA 184n, 224j: **Wahrheit** Da 4$_{34}$ קְשֹׁט מַעֲבָדוֹהִי ‖ דִּין; מִן־קְשֹׁט (+ דִּי) Da 2$_{47}$ es ist wahr? > adv. fürwahr (cf. מן 6 normativ, auch gemäss: palm. ja. cp.). †

קַתְרֹס: *F* קִיתְרֹס.

ר

ר: 1. wechselt innerhalb und ausserhalb aram. mit ל: in חֲרַךְ u. auch mit נ in רְגַל; 2. assimiliert in כַּכַּר.

*ראה: he. =; im aram. selten (VG I 324[1]); verdrängt durch *F* חזה u. חמא: ja. חֲמָא (Dalman Wb. 151a); cp. *ḥm'* (Schulthess Lex. 65b); sy. *ḥ*^{e}*mā'* (LS 239 s.v. *ḥm'* II); naram. *ḥmy* (Bgstr. Gl. 37).

Der. רֵו, אֲרוּ.

רֵאשׁ: he. רֹאשׁ; Deir Alla; aam. Sefire (KAI Nr. 224, 11) *r'š*: Ram. äga. *r(')š* (Leander 22e !) (AP, BMAP, Behist.: akk. *qaqqadu*); Samaria 1, 1 (DMGropp The Samaria Papyri from Wâdi ed-Dâliyeh, Harvard University 1986); *ryš* Xanthos 136, 15 (Fouilles de Xanthos, Tome VI, Paris 1979), pehl. (Paik. 926: *r'š* u. *l'yš*; Frah. 10, 7: *l'yš*); nab. *r'/yš*; palm. adj. ראישיא (Cantineau, Syria 17, 1936, 353, 6); ija. (DISO 269, DNWSI 1042 s.v. *r'š*$_1$); ja. DSS (Beyer ATTM 689), רֵאשָׁא (Dalman Wb. 395b) u. רֵישָׁא (ib. 403b); sam. ריש (LOT 2, 589); cp. ראש, ריש (Schulthess Lex. 186a); md. *rīš* (MdD 434a); naram. *raiša* (Bgstr. Gl. 77); nsy. *riša* (Maclean 296a s.v. *rš'*); Grdf. *ra'š* (BLA 60f, 182y) > **ri'š* (BLA 29x, Leander 72c) > רֵאשׁ (BLA § 59e) :: < **ri'š* (Friedrich Or. 12, 18f), cf. gr. ῥης (LXX Ps 118$_{153}$): cs. =; det. רֵאשָׁא Da 2$_{38}$; sf. רֵאשִׁי, רֵאשָׁךְ, רֵאשֵׁהּ 7$_{20}$ (Var. רֵאשָׁהּ, BLA 79s), רֵאשְׁהוֹן 3$_{27}$ (Var. רֵאשֵׁיהוֹן), pl. רֵאשִׁין, sf. רָאשֵׁיהֹם Esr 5$_{10}$ (BLA 75f, 247f, Var. רֵא'), masc: — 1. **Kopf**: a) des צְלֵם Da 2$_{32}$; b) Nebukadnezar ist das Haupt 2$_{38}$; c) שְׂעַר רֵאשׁ Haupthaar 3$_{27}$ 7$_9$; d) Tierkopf 7$_{6.20}$; e) חֶזְוֵי רֵאשׁ (ausser 7$_{15}$ c. עַל־מִשְׁכְּבָ) Da 2$_{28}$ 4$_{2.7.10}$ 7$_{1.15}$ (Da 2$_{28}$ 4$_2$ 7$_1$ ‖ חֵלֶם); f) metaphor. בְּרָאשֵׁיהֹם an ihrer Spitze (der Tempelbauer) Esr 5$_{10}$ (? lies sg. Rudolf EN 50 u. Gunneweg KAT XIX I, 99); — 2. רֵאשׁ מִלִּין Da 7$_1$ (fehlt Θ u. ZüBi) **Anfang** der Worte (Mtg. 283f, cf. ראש מלכותא Anfang der Regierung AP 6, 1; cf. Vogt 153a, Bentzen 48, Lebram 85) :: alii Hauptinhalt (*summa rerum*, cf. Ges. Thes. 1251a, Plöger KAT XVIII 101.103), cf. he. Ps 119$_{160}$, 139$_{17}$ רֹאשׁ דְּבָרְךָ/רֵעֶיךָ G Ps 118$_{160}$ ἀρχὴ τῶν λόγων; oder vollständiger Bericht. †

רַב: he. = viel; aram. gross; aam. T. Fekherye 6: gross *mr' rb* ‖ akk. *bēli rabî*; Sef. (KAI 222 B 7) *mlk rb*; pl. sf. *rbwh* seine Granden Sef. (KAI 222 39.40; 223 B 3 u. C 15); Ram. äga. (AP, BMAP, Aḥqr, Behist. 45 [akk. *rabû*]); Uruk 36 (akk. *rabê*); pehl. (Frah. 12, 3 (*lb'*), Paik 916/7 (*rb'/lb'*); Sogd. (Gauthier-B. II 231), nab. palm. Hatra, ija. (DISO 270, DNWSI 1045 s.v. *rb*$_2$); ja., DSS (Beyer ATTM 289), cp. (Schulthess Lex. 187b), sam. (BCh. Gl. 10b); sy. (LS 706a); md. (MdD 417a, Nöldeke MG 184f); naram. (Bgstr. Gl. 74); nsy.; BLA 220a: det. רַבָּא, f. רַבְּתָא; pl. m. רַבְרְבִין, f. רַבְרְבָן, רַבְרְבָתָא (VG I 439f), cf. auch aam. pl. m. Znǧ. (Barrekub I 10.13 [KAI 216]), Sef. (KAI 223 A 7); Ram.: pl. m. äga. AP 31, 9, Uruk 11 (akk. rab *rabê*); palm. pl. f. (DISO 274); ja., DSS (Beyer ATTM 690); sam.; cp. (Schulthess Lex. 187b); selten sy. *raur*[e]*bē* (LS 706a, Nöldeke S.Gr. § 146); md. *rurbia* (MdD 431b); naram.; *F* רַבְרְבָנִין: — 1. **gross** Da $2_{31.35}$ 3_{33} $7_{3.7.17}$; בָּבֶל רַבְּתָא 4_{27}; לְחֶם רַב gross, glänzend 5_1; יַמָּא רַבָּא 7_2 grosses Meer, cf. he. הַיָּם הַגָּדוֹל Mittelmeer; מֶלֶךְ רַב Da 2_{10} Esr 5_{11}; בֵּית אֱלָהָא רַבָּא 4_{10}; אֱלָהּ רַב Da 2_{45}; אָסְנַפַּר רַבָּא Tempel zu Jerusalem Esr 5_8; קָל מִלַּיָּא רַבְרְבָתָא Da 7_{11}, G Θ φωνὴ τῶν λόγων τῶν μεγάλων; פֻּם מְמַלִּל רַבְרְבָן $7_{8.20}$ (BLA 319d), G Θ στόμα λαλοῦν μεγάλα: (positiv) gross, grossartig (ZüBi, Lebram 85/6) :: (negativ) frech (Ges. Thes. 1255a, BLA 319d, Lex.[1], TOB, ZüBi Da7_{20}; Plöger KAT XVIII 104: grosssprecherisch, prahlend, cf. 1Mak 1_{14}: καὶ ἐλάλησεν ὑπερηφανίαν μεγάλην); ja. DSS (Beyer ATTM 690 Nr. 7 gotteslästerlich); — 2. c. gen. pl. Amtsbezeichnung (cf. he. II רַב, I שַׂר 3, cf. auch II 3 [cf. DISO 271, 4 und 272 s.v. רבה]): Gross-, Ober-: רַב טַבָּחַיָּא Da 2_{14}, רַב חַרְטֻמַּיָּא 4_6, רַב־סִגְנִין 5_{11}, טְמִין־ 2_{48}. †

*רבב: he. = I רבב zahlreich sein; aram. gross werden/sein; Ram. nab. Deir ʿAlla (DNWSI 1051); *peʿal* ja. (Dalman Wb. 396a), sam. auch רבה (LOT 2, 592) sy. (LS 706a); *paʿel* sam.; *palp.* ja. DSS (Beyer ATTM 691); sy. (Nöldeke SGr. § 180, 7) und *rwrb* (Nöldeke id. § 27, LS 707a); md. *RWRB* (MdD 431b, Nöldeke MG 130); Wvar. zu רבה.

Der. רַב, *רִבּוֹ, *רַבְרְבָנִין.

רבה: he. I רבה zahlreich werden. Aram. gross werden/wachsen; Ram. (AP, Aḥqr, cf. Leander § 40d.f, Aḥqr 18 erwachsen werden, AP vermehren); nab. (DNWSI 1053); palm. (DISO 272) u. *mrbyn* Erzieher (DISO 167, DNWSI 690); ja. DSS (Beyer ATTM 691); cp. (Schulthess Lex. 188a); sam. (BCh. Gl. 10b); sy. (LS 707b); md. *RBA* (MdD 422a, Nöldeke MG 260); nsy. (Maclean 288b); naram. (Bgstr. Gl. 74); Wvar. 1.) *F* רבב, 2.) ירב: cp. (Schulthess Lex. 86b), sy. (LS 308b), naram. (Bgstr. Gl. 74, Spitaler Gl. 92a):

pe: pf. 3. m. רְבָה, 3. f. רְבָת (Var. רְבַת, *F* הוה), 2. m. רְבִית: K רְבַיְתָ Da 4_{19} (Q male רְבַת, BLA 161a :: Torrey Notes 271): **gross werden, wachsen**: Baum Da $4_{8.17}$, König 4_{19}; **lang werden** Haar u. Nägel 4_{30}. †

pa: pf. רַבִּי **gross machen, erhöhen** Da 2_{48}, G Θ μεγαλύνω, id. Lk 1_{46}, cf. cp. (Schulthess Lex. 188a). †

Der. רְבוּ.

רִבּוֹ: רבב; he. =, < aram. (Wagner 275); Ram. Sogd. (Gauthier-B. II 232) *rybw* u.a.; palm. רבו (DISO 272, DNWSI 1052 s.v. *rbw*$_3$); ja. DSS (Beyer ATTM 691); cp. *rbw*, pl. *rbwn* (Schulthess Lex. 188a); sam. רבבה, pl. *rbw'n* (BCh. Gl. 10b); sy. *rebbū*, pl. *rebb*[e]*wātā* (LS 707a); nsy. *rībū*, pl. *rībwān* (Maclean 288b); md. *ruban* (MdD 428a, Nöldeke MG 190); > ar. *ribbīyūn* (Sura 3, 140 [Flügel]; RParet Der Koran, Kommentar und Konkordanz, Stuttgart, 1971, 82); kan. Lw. BLA 196e :: Rosenthal AF 51[3]; cs. =, pl. רִבְּוָן: Q רִבְבָן (he. !), K רִבְּוָן od. רִבְבָן (BLA 251q :: Ruž. 108): grosse Menge, Zehntausende: רִבּוֹ רִבְבָן (BLA 251r, 312i) **viel, zehntausende** Da 7_{10}. †

רְבוּ: רבה: Ram.: ? Hatra 16, 1 (DISO 272), "Waw" *rbw(n)* Majestät, Grösse, Herrlichkeit (JNaveh u. SShaked: Amulets and Magic Bowls, Leiden, 1985, 6.8, cf. DNWSI 1052); ja. DSS (Beyer ATTM 691); sam. (BCh. Gl. 10b); mit gleicher Bedtg. רַבּוּתָא (רבב) ja. (Dalman. Wb. 396b); cp. *rbw* (Schulthess Lex. 187b); sy. (LS 706b); md. *rabuta* (MdD 417b,

Nöldeke MG 10); BLA 197g: det. רְבוּתָא, sf. רְבוּתָךְ; fem. **Grösse** Dn $4_{19.33}$ 5_{18f} 7_{27}. †

*רְבִיעַי: he. רְבִיעִי; ja. DSS (Beyer ATTM 521); cp. (Schulthess Lex. 188b); sam. (LOT 2, 591); sy. *r^ebī^cāyā* (LS 709a); nsy. (Maclean 288b-289a); naram. *rēbe^c* (Bgstr. Gl. 74, Spitaler Gl. 92a); md. *arbiaia* (MdD 36a, Nöldeke MG 192); BLA 251u: masc. det. Da 3_{25} רְבִיעָיָא: K רְבִיעָיָא, Q רְבִיעָאָה; fem. abs. Da 2_{40} 7_7 רְבִיעָיָה: K רְבִיעָיָה, Q רְבִיעָאָה, det. 7_{19} רְבִיעָיְתָא: **vierter** 2_{40} 3_{25} $7_{7.19.23}$. †

*רַבְרְבָנִין: רבב: רב pl. ☞ רב: aam. Znğ. Barrākib (KAI 216, 10.13), מלכין ר׳ grosse Könige Sef. (KAI 223 A 7) frag.; Ram. äga. (AP 31, 9 תרען ר׳ grosse Pfosten), Uruk 11 (Koopmans Nr. 56): *qu-da-am ra-ab-ra-bi-e* (= רברבי cs. pl.) vor den Erwachsenen (cf. Beyer ATTM 690 Nr. 2); palm. InvPa. X 44, 6: *npqn rbrbn* grosse Kosten (DISO 274); ija. (DNWSI 1058). [Cf. auch רבנא (*rab + -an*): Ram. äga. pl. cs. רבני (AP 3, 11) u. palm. Tessères 37.38: *rbny* cs. pl.: äga. Offizier, palm. Chef (InvPa. und DISO 273, DNWSI 1055); ja. רַבָּנָא (Dalman Wb. 397a), DSS (Beyer ATTM 690) grosser Herr, Befehlshaber; sy. *rabbānā* Arzt (LS 707a); md. *rabania* (pl. von *rba*, MdD 422b) Lehrer (MdD 417b, Nöldeke MG 184)]. ja. DSS (Beyer ATTM 690); cp. Grosse (Schulthess Lex. 187b); sy. (LS 706a Nr. 2) Fürst, Magnat, Führer; md. *rurbia* (MdD 431b): VG I 451, II 701; BLA 196b: pl. sf. רַבְרְבָנַי; Da 5_{23} רַבְרְבָנָךְ:K ־ַיִךְ-, Q ־ָךְ- (BLA 74z); רַבְרְבָנוֹהִי; pl. tantum: **Grosse, Magnaten** am babyl./pers. Hof Da $5_{1-3.9f.23}$ (z. T. in Würdeträgerreihen), 6_{18}, הַדָּבְרֵי וְרַבְרְבָנַי 4_{33}. †

רגז: he. =: zittern, zürnen. Ram. (Uruk 19.23 pe. pt. sg. m. *ra-gi-zu*; itpe. pt. sg. m. *mi-it-ra-ag-ga-zu* zürnen; DISO 274, DNWSI 1059 s.v. *rgz*$_1$); ja. DSS רְגַז/רְגֵז (Dalman Wb. 397b, Beyer ATTM 691); cp. *regez* (Schulthess Lex. 189b); sam. (LOT 2, 584); sy. *r^egez* (LS 711b); md. *regaz* (MdD 424a, Nöldeke MG 220); caus. ja. cp. sy. af., md. auch šaf. (Nöldeke MG 138.212):

haf: pf. הַרְגִּזוּ: **erzürnen** (אֱלָהָא) Esr 5_{12}. †

Der. רְגַז.

רְגַז: רגז; he. רֹגֶז; aam. Znğ., Panammuwa I (KAI 214, 23.26: ברגז) Zorn; Ram. Uruk 20 u. 24 pl. emph. *ru-ga-zi-e*, sf. 3. sg. m. *ru-ga-za-a-ʾi-[i]* Zorn; palm. (DISO 274, DNWSI 1059 s.v. *rgz*$_2$); ja. DSS (**qutl*) רֻגְזָא Zorn (Dalman Wb. 397, Beyer ATTM 692); cp. *rwgz/rgwz* (Schulthess Lex. 189b); sy. *rugzā* (LS 711b); md. *rugza* (MdD 428a, Nöldeke MG 104); nsy. *rugzā* (Maclean 290a s.v. *rwgzʾ*); Grdf. **rugz* (BLA 224k): **Zorn**, בִּרְגַז וַחֲמָה in Zorn Da3_{13}, cf. Plöger KAT XVIII 59: in leidenschaftlichem Zorn, ZüBi: in grimmigem Zorn. †

*רגל: denom. v. *רְגַל; he. =; ja. רגל af.: 1.) nach unten beugen, 2.) gewöhnen, verleiten (Dalman Wb. 398a); sy. treten, etpe. u. nsy. (Maclean 197b s.v. *mrgl*) vom Pferde steigen (LS 712b); md. pe. fesseln (MdD 424b, Nöldeke MG 74).

*רְגַל od. רְגֵל: he. רֶגֶל; aam. Znğ. Panammuwa II (KAI 215, 16) du. cs. *lgry*, Metath. (Friedrich 42); Ram. äga. (AP, Aḥqr, Behist. 1, Saqqara): *ltrty rglyʾ* (pl. emph.) zum 2. Mal; Pehl. לגלה (Frah. 10, 41), Paik. 643/4: pl. *ngryn*); palm. (DISO 274, DNWSI 1060 s.v. *rgl*$_2$); ja. רִגְלָא, pl. רַגְלִין, DSS (Dalman Wb. 398a, Beyer ATTM 692); cp. רגל (Schulthess Lex. 189b); sy. *reglā* (LS 712a); md. *ligra* (MdD 235b) u. *nigla* (☞ LS 712a s.v. *reglā*); naram. *reğla* (Bgstr. Gl. 75) u. *reğrā* (Spitaler Gl. 92a u. Bgstr. Gl. 75) Fuss eines Menschen/eines Berges; nsy. *ʾaqla* (Polotsky Gl. 105a, Ruž. 53); Grdf. **rigl*; BLA 225s: du. רַגְלַיִן (or. *riglīn* BLA 306 l !), det. רַגְלַיָּא, sf. רַגְלוֹהִי (Var. ר׳ Da 2_{33}), רַגְלַיהּ Da $7_{7.19}$, Q רַגְלַהּ, K רַגְלַיהּ od. רַגְלֵיהּ, or. *-ayāh* (BLA 49e, 79s), fem.: **Fuss**: eiserne u. tönerne Füsse des צְלֵם Da $2_{33f.41f}$, Füsse von Tieren $7_{4.7.19}$. †

Der. *רגל

רגש: he. =. Ram. äga. (Aḥqr 29 wütend sein;

DISO 275, DNWSI 1061); ja. unruhig sein (Dalman Wb. 398b), Tg. pro he. רגשׁ, חמה, שׁאה; sy. erregt sein (LS 713a); md. Aufruhr anzetteln, beunruhigen (MdD 425a), *marguš* Unruhe, Empörung (Nöldeke MG 130, MdD 252b); nsy. (Maclean 289b) u. naram. *rkš* (Bgstr. Gl. 76) erwachen; pe. sy. (LS 713a, Nr. 3) u. nsy.; af. ja. (Dalman Wb. 398), cp. (Schulthess Lex. 190a), sy. (LS 713b) (cf. mhe. hif.) merken, spüren.

haf: pf. הַרְגִּשׁוּ **hereinstürmen**, גֻּבְרַיָּא אִלֵּךְ Da 6_{12}, c. עַל $6_{7.16}$, סָרְכַיָּא ... הַרְגִּשׁוּ עַל־ מַלְכָּא Satrapen 6_7, G προσήλθοσαν, Θ παρέστησαν, S *qrbw*, V *subripuerunt*, 6_{16} G[V] παρέστησαν, S 6_{15} *'rybu* (af. √ *rwb*, LS 718a) hereinstürmen (ZüBi) :: verabredet kommen zu (Mtg. 272f) :: zu beeinflussen suchen (Schulthess ZNW 21, 1922, 245ff) :: Charles 152ff eilen kommen (Lebram 78f, eilen (Bentzen), se précipiter (TOB), Plöger (KAT XVIII 92/94). †

*רֵו: ראה; ja. DSS רֵיוָא (Dalman Wb. 403a, Beyer ATTM 692); < kan. (BLA 184k.l): sf. רֵוֵהּ; masc.: **Aussehen**: רֵוֵהּ דְּחִיל sein (des צַלְמָא) Anblick war furchtbar Da 2_{31}; רֵוֵהּ דִּי רְבִיעָאָה דָּמֵה לְבַר־אֱלָהִין (BLA 314j) das Aussehen des 4. Mannes gleicht einem himmlischen Wesen Da 3_{25}. †

*רוח: he. רָוַח. 1.) רְוַח weit sein: Ram. palm. af. erweitern (DNWSI 1062); ja. DSS (Dalman Wb. 400a, Beyer ATTM 693); sam. befreien (BCh. Gl. 11a); pa. sy. erweitern, ausdehnen (LS 719a); nsy. (Maclean 290b); af. md. (MdD 428b, Nöldeke MG 247[2]); 2.) denom. von רוּחַ: sy. (LS 718b), sam. atmen (LOT 2, 590); 3.) denom. von רֵיחַ: af. אריח (he. hif.) riechen, ja. DSS (Dalman Wb. 400a. s.v. רוח, Beyer ATTM 693), cp. (Schulthess Lex. 193b), sy. (LS 727b), md. *RHA* (MdD 425b).

? Der. רוּחַ, רֵיחַ.

רוּחַ, or. *rūḥ*, zu רוח Nr. 2; he. =; aam. Sefire (KAI 224, 2) er sucht seinen Lebensodem (seine Nase > seinen Lebensodem > Asyl; DISO 39 s.v. בעי und KAI II S. 266); Ram. äga. (Aḥqr 168); palm. nab. ija. Wind, Atem, Geist > Seele; Geist, Dämon auch ja. (DISO 276 s.v. רח; DNWSI 1065, s.v. *rḥ*$_1$); ja., DSS (Dalman Wb. 400a, Beyer ATTM 692) auch Himmelsrichtung, cf. GnAp XXII 8; cp. (Schulthess Lex. 190b); sy. (LS 718a) *rūḥā* u. nsy. *ruḥāya* Seele (Polotsky Gl. 110a) u. *rūḥo* (Ritter Gl. 118a) Wind, Geist, Seele; sam. *ruḥa* (LOT 2, 590); md. *ruh(a)* (MdD 428b, Nöldeke MG 63.159); naram. *rūḥa* Geist, Seele, *rīḥa* Wind (Bgstr. Gl. 75); meist fem.; BLA 207b: cs. =, det. רוּחָא, sf. רוּחֵהּ, רוּחִי, pl. cs. רוּחֵי, רוּחִין auch ja. cp. sy. neben רוּחָן, fem. (Da 2_{35}, BLA 333g !): — 1. **Wind** Da 2_{35}; אַרְבַּע רוּחֵי שְׁמַיָּא die 4 Winde des Himmels Da 7_2 (aus den 4 Windrichtungen, cf. GnAp XXII 8 u. Beyer ATTM 693 Nr. 1); — 2. **Geist** des Menschen, **Sinn** Da 5_{20} 7_{15}; רוּחַ יַתִּירָא G πνεῦμα ἅγιον, Θ πνευμα περισσόν ausserordentlicher Geist Da 5_{12} 6_4; — 3. **göttlicher Geist** רוּחַ: רוּחַ אֱלָהִין אֱלָהִין (קַדִּישִׁין) בֵּהּ/בָךְ in dem (Daniel) der Geist der heiligen Götter ist Da $4_{5f.15}$ $5_{11.14}$ (cf. Gn 41_{38} Joseph) = der Götter :: Gottes, Mtg. 225. †

רום: he. =; aam. Zakir (KAI 202 A 10) haf. pf. 3. pl. הרמו; Sef. (KAI 224, 5.6) haf. impf. 2. sg. m. תהרם; Ram. äga. (Aḥqr 139) itp. impf. 3. sg. m. *ytrwm* (Leander 61a); ija. (DISO 275, DNWSI 1063); ja. DSS (Dalman Wb. 400b, Beyer ATTM 695 s.v. רים); ja. übergehend zu ראם; GnAp XXII 20 מרים אנא ידי לאל Schwurgestus; cp. (Schulthess Lex. 191a); sam. (BCh. Gl. 11a); sy. (LS 720a); nsy. (Maclean 288a s.v. *r'm*); md. af. (MdD 430a s.v. *RUM* I, Nöldeke MG 251):

pe: pf. רִם, or. *rēm* (BLA 145j, 149j) **sich erheben**: לִבְבֵהּ hochmütig sein Da 5_{20}. †

pol: (BLA 91d, 146t) ja. cp. (Schulthess Lex. 191b); sam.; ja. (Dalman Wb. 400b); sy. (LS 721b) palp.; pt. מְרוֹמֵם, or. *-mam* (BLA 147u): **preisen** Da 4_{34}. †

hitpol: (äga. s.o.); ja., cp. (Schulthess Lex. 192a); sam.; sy. (LS 721a) u. md. (MdD 430a haf.): pf. הִתְרוֹמַמְתָּ: **sich erheben**, c. עַל gegen Da 5_{23}. †

haf: pt. מָרִים, Var.^{S} מָרֵם, BLA 148g: jmd **erhöhen** Da 5_{19} sbj. Gott, obj. Nebukadnezar.

Der. רוּם.

רוּם: רום; inf. sbst. (BLA 180m); ja., DSS (Dalman Wb. 400b, Beyer ATTM 695); cp. (Schulthess Lex. 191b); sy. (LS 720b) u. md. *rauma* (MdD 420a): sf. רוּמֵהּ; masc.: **Höhe**, צַלְמָא Da 3_1, Baum 4_7, Tempel zu Jerusalem Esr 6_3; Höhe > **höchster Punkt** = Wipfel des Baumes: וְרוּמֵהּ יִמְטֵא לִשְׁמַיָּא ... (אִילָן) sein Gipfel reicht bis zum Himmel (ZüBi), Spitze (Lebram), Höhe (Bentzen, TOB, Plöger KAT XVIII 68) Da $4_{8.17}$ (Da 4_8 G (4_{11}) ἡ κορυφή, Θ τὸ ὕψος; Da 4_{17} Θ $(= 4_{20})$ τὸ ὕψος). †

רָז: mhe. nur Sir 8_{18}, Dam. III 18 אל ברזי פלאו Gott in seinen wunderbaren Geheimnissen. Ram. äga. (? Aḥqr 14, 1 [רז]ין cf. AP S. 243); ija. (DNWSI 1065); ja., DSS (Dalman Wb. 401a, Beyer ATTM 693); cp. (Schulthess Lex. 192b) u. sam. (BCh. Gl. 11a); sy. *(ʾ)rāzā* (LS 722b, Nöldeke SGr. § 51) u. nsy. *raza* (Maclean 20a s.v. *ʾrzʾ*); md. *raz(a)* (MdD 420a, Nöldeke MG 248) Lw. < avest. *razah-*, mpe. *rāz*, npe. *rāz* (Scheft. II 311f, Telegdi JA 226, 1934, 254f, Ellenbogen 163, Hinz AS 203): det. רָזָה Da $2_{18f.27}$; רָזָא 2_{30}; pl. רָזִין, רָזַיָּא; masc.: **Geheimnis** Da $2_{18.27}$ 4_6; im Nachtgesicht enthüllt בְּחֶזְוָא דִּי־לֵילְיָא רָזָא גְלִי $2_{19;30}$; אֱלָהּ בִּשְׁמַיָּא גָּלֵא רָזִין Gott ... enthüllt die Geheimnisse $2_{28.47}$, גָּלֵה רָזַיָּא $_{29}$; I. Willi-Plein VT 27, 1977, 66ff u. 77ff (Qumran), Plöger KAT XVIII 43. †

רְחוּם: רחם: n.m.; he. = (HAL 1132b). Ram. äga. (BMAP 16, 19; 11, 14; 12, 34): Esr $4_{8f.17.23}$. †

***רַחִיק**: Var. רְחִיק: רחק; he. רָחוֹק; Ram. äga. (AP, BMAP); pehl. (Frah. 25, 4); nab. (DISO 279 s.v. רחק$_{II}$, DNWSI 1074 s.v. *rḥq*$_3$); ja., DSS (Dalman Wb. 401b, Beyer ATTM 695) fern, zukünftig; cp. (Schulthess Lex. 193b); sy. *raḥīqā* (LS 725b); md. *rahiq(a)* (MdD 419a); nsy. *rixq*^{e} u. *riḥqa* (Polotski Gl. 102a, Maclean 292a); BLA 192e, 188h !: pl. רַחִיקִין: **fern**; רַחִיקִין הֲווֹ מִן־תַּמָּה haltet euch von dort fern (Gunneweg KAT XIX I 103 u. 109) :: die Klage zurückziehen (FRundgren ZAW 70, 1958, 213f) Esr 6_6. †

***רחם**: he. =; Ram. äga. (AP, Aḥqr, 11.51.153, BMAP); nab. Hatra ija. (DISO 277 s.v. רחם$_{I}$, DNWSI 1068 s.v. *rḥm* 1): lieben, wünschen, begehren; ja., DSS (Dalman Wb. 401b, Beyer ATTM 693); cp. (Schulthess Lex. 192b); sam. (BCh. Gl. 11a); sy. *r*^{e}*ḥem* (LS 723b); md. *RHM* (MdD 426b); nsy. (Maclean 292a, Ritter Gl. 118a); naram. (Bgstr. Gl. 75) lieben, sich erbarmen; Freund: aam. Sefire (KAI 224, 8), Ram. äga. (AP. Aḥqr 176), nab. palm. Hatra ija. (DISO 277 s.v. רחם$_{III}$, DNWSI 1069 s.v. *rḥm*$_4$), jemen. *rahima* (Rabin 27).

Der. רַחֲמִין, רְחוּם.

רַחֲמִין: רחם; he. רַחֲמִים; abstrakt pl. (siehe ja. רַחְמָא, רְחֵם Mutterleib [Dalman Wb. 402a] u. sy. [LS 724a]); ja., DSS (Dalman Wb. 402a, Beyer ATTM 694); sam. *rḥmym* = *rēmm*^{e}*m* (BCh. Gl. 11a); cp. *rḥmyn* (Schulthess Lex. 192b), cf. sy. *raḥmā* Uterus u. Barmherzigkeit; BLA 182x. 305e: **Erbarmen** Da 2_{18}. †

רחץ: akk. *raḫāṣu* II (an)vertrauen (AHw. 943a); ar. *raḫuṣa* wohlwollend sein, *rḫṣ* II zugestehen (Wehr 299b); ja., DSS רְחַץ vertrauen (Dalman Wb. 402a, Beyer ATTM 694); cp. pe. u. itpe. (Schulthess Lex. 193a); md. *RHṢ* pe. u. itpe. vertrauen (MdD 427a); sam. etpe. vertrauen (LOT 2, 474); ja. רוּחְצָנָה Vertrauen, Sicherheit (Dalman Wb. 402a); sam. *rḥṣ, rḥṣwn rēsson* Vertrauen (BCh. Gl. 11a); cp. *rḥṣwn* Vertrauen (Schulthess Lex. 193a); md. *ruhṣana* (MdD 429a, Nöldeke MG 61); he. cj. Kl 3_{18} רַחְצִי mein Vertrauen pro נצחי (*רֶחֶץ !, Rud. EN 231):

hitpe: pf. pl. הִתְרְחִצוּ: **sich verlassen auf**, c. עַל Da 3_{28}, G 3_{95} τοὺς ἐλπίσαντας ἐπ' αὐτόν, Θ ὅτι ἐπεποίθεισαν ἐπ' αὐτῷ. †

***רחק**: he. =; fern sein; Ram. äga. (AP, BMAP); palm. (DISO 278, DNWSI 1072); ja., DSS (Dalman Wb. 402a, Beyer ATTM 694); cp.

(Schulthess Lex. 193a); sy. *rḥq* (LS 725a pa.); nsy. (Urmia) *riḥqa* fern (Maclean 292a); (Zakho) *rḥāqa* fern sein, weggehen (Polotski Gl. 102a, 110a); sam. (LOT 2, 615); md. *RHQ* (MdD 427a, cf. Nöldeke MG 447 fliehen).

Der. *רַחִיק.

רֵיחַ: רוח: he. =; ja. רֵיחָא, DSS (Dalman Wb. 403a, Beyer ATTM 693); cp. (Schulthess Lex. 193b); sam. (LOT 2, 590); sy. *rīḥā* (LS 727a); md. *riha* (MdD 432b, Nöldeke MG 108); nsy. *riḥa* u. *reḥa* (Polotski Gl. 102a, Maclean 292b) überall masc.; naram. *rīḥta* (Bgstr. Gl. 75); ? he. Lw. BLA 186w: cs. =, fem. (Kongruenz!: nisi עֲדָת sec. נוּר, Bev.): **Geruch**: רֵיחַ נוּר Brandgeruch Da 3_{27}, Plöger KAT XVIII 59: auch war kein Brandgeruch an sie gelangt (:: BLA 349d: c. לָא nicht das Geringste von Feuer). †

***רכב**: he. =; Ram. (Aḥqr, Behist. 30, AD, Saqqara); palm. (DISO 279 s.v. $רכב_{I}$, DNWSI 1075); ja. (Dalman Wb. 403b); cp. (Schulthess Lex. 194a); sam. (BCh. Gl. 11a); sy. (LS 730b); nsy. *rākāwa* (Polotski Gl. 110a, Maclean 293a); md. *RKB* (MdD 435a). Sbst. Streitwagen: aam. Panammuwa II (KAI 215, 3.10) בעלי רכב; Zakir (KAI 202 B 2; DISO 280 s.v. $רכב_{II}$, DNWSI 1076 s.v. rkb_6); ja. רְכוּבָא Wagen (Dalman Wb. 404a); sam. (LOT 2, 494); Reiter: Ram. äga. (AD 9, 2 רכב; DISO 280 s.v. $רכב_{I}$, DNWSI 1075 s.v. rkb_1); ja. רַכָּבָא (Dalman Wb. 404a); sy. (LS 731a).

Der. אַרְכֻבָּא.

רמה: he. I רמה; Ram. äga. (AD 6, 3 adj. *rmy* minderwertig; DNWSI 1078 s.v. rmy_3); Xantos; pehl. (Frah. 20, 16: *lmytwn*, Paik. 929/30: *r/lmy*); palm. (DISO 280 s.v. $רמי_{I}$, DNWSI 1077); ja. רמא, DSS (Dalman Wb. 404a, Beyer ATTM 696); GnAp XXII 8 *rmʾ ʿl* fallen über (Fitzmyer S. 152); cp. (Schulthess Lex. 194b); sam. (LOT 2, 595); sy. (LS 732b); md. *RMA* (MdD 435b, Nöldeke MG 257); nsy. (Maclean 293b s.v. *rmʾ*):

pe: pf. pl. רְמוֹ, רְמִינָא; inf. מִרְמֵא, pf. pass. רְמִיו Da 3_{21} (or. *r^e^miyū*, BLA 156w, ғ עדה haf. BLA 159r): — 1. **werfen**, c. לְ loci Da 3_{20} $6_{17.25}$, c. לְגוֹא 3_{24}, pass. 3_{21}; — 2. (Throne) **hinsetzen**, pass. Da 7_9 (Tg. Jr 1_{15} pro he. נתן); sy. *r^e^mē* liegend u. *tarmītā* (LS 733b) καταβολὴ (κόσμου); akk. *šubta* /*parakka*/*išdā ramū* (AHw 953a; ғ he. I ירה qal 2, Mtg. 299, Plöger KAT XVIII 102: aufgestellt werden); — 3. (Abgabe) **auferlegen**, c. עַל Esr 7_{24}. †

hitpe: impf. יִתְרְמֵא (or. *jitirmē*, BLA 45j), pl. תִּתְרְמוֹן (Var. -מוּן, BLA 158o): **geworfen werden**, c. לְ loci Da $3_{6.11.15}$ $6_{8.13}$. †

***רעה**: he. I רצה; ja. רְעָא gern haben, begehren, wollen (Dalman Wb. 406a); cp. רעה III versöhnen (Schulthess Lex. 196a); sam. qal u. af. gleiche Bedeutung (LOT 3/2 S. 182, BCh. Gl. 11a); sy. etpa. denken (LS 738a s.v. *reʿyānā* II) zufrieden, pa. versöhnen (LS 738a.b, s.v. III *r^eʿ^ēʾ*); md. *RAA* III (MdD 417a).

Der. *רְעוּ, *רַעְיוֹן.

***רְעוּ**: רעה: he. II רְעוּת, zu III רעה, aram. Lw. (Wagner 284); ija. *rʿw* freier Wille (DISO 281, DNWSI 1079); sogd. רעי (Schaeder 37f); ja., DSS רְעוּתָא ,רַעֲוָא Wohlgefallen, Wille (Dalman Wb. 406a, Beyer ATTM 696); asy. ארעותא, *arʿūtā* (Black 216); sam. ריחותא Wille, Gnade (BCh. Gl. 11a, LOT 2, 528); BLA 197g: cs. רְעוּת: **Wille, Entscheid**: — 1. des Königs Esr 5_{17}; — 2. Gottes 7_{18}. †

***רַעְיוֹן**, or. *riʿyōn*: רעה; he. =, aram. Lw.; ja., DSS רַעְיָנָא/רַעְיוֹנָא Gesinnung, Gedanke (Dalman Wb. 406a, Beyer ATTM 697); cp. Wille (Schulthess Lex. 196 s.v. רעה III); sy. *reʿjānā* Wille, Denken (LS 738a); md. *ruiana* Gedanke (MdD 429b, Nöldeke MG 137); BLA 195y: pl. cs. רַעְיוֹנֵי, sf. רַעְיוֹנָךְ ,רַעְיוֹנֵי Da 2_{29} 5_{10}, Var. c. Leningradensis u. K רַעְיוֹנַיִךְ (BLA 74z, 75a), רַעְיֹנֹהִי; masc. **Gedanke**: רַעְיוֹנֵי לִבְבָךְ תִּנְדַּע Da 2_{30}, Θ τοὺς διαλογισμοὺς τῆς καρδίας σου γνῷς, G ἃ ὑπέλαβες τῇ καρδίᾳ σου ἐν γνώσει; c. סְלִקוּ 2_{29}; c. בהל pa. impf. sf. 4_{16} $5_{6.10}$ 7_{28}. †

***רען**: he. =; nicht zu finden in anderen aramäi-

schen Dialekten.
Der. רַעְנַן.

רַעֲנַן: *רען; he. רַעֲנָן: ? he. Lw. (Black 95, BLA 193k): laubreich; Menschen: (cf. Ps 92$_{15}$) wohlgedeihend, florierend (cf. TOB), Nebukadnezar Da 4$_{1}$, G Θ Da 4$_{4}$: G εὐθημῶν, Θ εὐθαλῶν, cf. Ges. Thes. 1298b *de homine secundis rebus florente*, ZüBi, Plöger KAT XVIII 68: **glücklich**. †

רעע: he. רצץ u. aram. II רעע; רעע ja. (Dalman Wb. 406b); sam. pe. und pa. (cf. LOT 2, 473b); cp. palp. (Schulthess Lex. 195b); sy. (LS 737a):

pe: impf. 3. f. תֵּרֹעַ, or. *tērōʿ* (BLA 165b): **zerschmettern** Da 2$_{40}$. †

pa: pt. מְרָעַע, BLA 130g: **zerschmettern** Da 2$_{40}$. †

רפס: he. רפש/ס; ja. treten, stampfen (Dalman Wb. 407a); sy. (LS 741b); nsy. (Maclean 295b), md. *RPS* (MdD 437a):

pe: pt. f. רָפְסָה: **zertreten**: שְׁאָרָא בְּרַגְלַיהּ רָפְסָה Da 7$_{7.19}$. †

רשׁם: he. = < aram. (Wagner 291); aam. Sef. (KAI 223 C 3) ?*y[r]šmm*, cf. Degen Altaram. Gr. § 57a, S. 69 (DISO 284); 1.) רשׁם: ja., DSS (Dalman Wb. 409a, Beyer ATTM 698) ein Zeichen machen, aufzeichnen I QH 16, 10, qal pf. 2. sg. m. רשמתה (Lohse 168); sy. (LS 745b); nsy. (Maclean 297a) u. md. *RŠM* (MdD 437b, Nöldeke MG 228); 2.) sbst. רוּשְׁמָה Zeichen, Spur: ja., DSS (Dalman Wb. 409a, Beyer ATTM 698); cp. (Schulthess Lex. 197b); sy. (LS 745b); nsy. (Maclean 297a); md. *ruš(u)ma* (MdD 432a, Nöldeke MG 32); > ar. *rusam* Holzstempel (Frae. 137); saf. schreiben, Schrift (TU 187b); asa. n.p. *ršm* (Conti 245b):

pe: pf. רְשַׁם, רְשַׁמְתָּ; impf. תִּרְשֻׁם, or. *tiršom* (BLA 31g), pf. pass. רְשִׁים: **schreiben**: Darius: אֱסָר u. כְּתָב Da 6$_{9.10.13.14}$ (Bentzen, Lebram, Plöger KAT XVIII 92: in schriftlicher Form :: unterzeichnen, macht das Verbot rechtsgültig Ges. Thes., BDB, Cha., TOB); pass. **geschrieben werden**: Wandschrift Da 5$_{24f}$, **unterzeichnet werden** 6$_{11}$. †

שׂ: 1.) wie in älteren Aram. noch meist erhalten: שָׂב, עֲשַׂר, עֲשַׂב, נְשָׂא, בְּשַׂר etc. 2.) wechselt ausser ba. mit *š*: in Uruk: נשא u. he. שִׂמְלָה. 3.) wechselt mit und wird verdrängt durch ϝ ס (BLA 26e-k, ZAW 45, 101ff = ZATU). כַּשְׂדָּי, שַׂבְּכָא etc. cf. auch Leander 10p.q.

*שָׂב: שׂיב: Ram. äga. (Aḥqr 6.17.35, BMAP 9, 17); ija. (DISO 288, DNWSI 1099); ja., DSS (סָבָא Dalman Wb. 281a, Beyer ATTM 706); cp. *sb* (Schulthess Lex. 130a); sy. *sābāʾ* (LS 469b); nsy. *saba* (Maclean 222a); md. *saba* (MdD 308b, Nöldeke MG 108); naram. *sōba* (Bgstr. Gl. 79 s.v. *swb*, Spitaler Gl. 92b); BLA 186w: pl. cs. שָׂבֵי, emph. שָׂבַיָּא: **Graukopf**, pl. **Älteste** (= he. זָקֵן; Gunneweg KAT XIX I 94f), שָׂבֵי יְהוּדָיֵא Esr 5$_{5}$, G ἐπὶ τὴν αἰχμαλωσίαν Ιουδα, S *ʿl šbytʾ dyhwdʾ* (= שָׂבֵי Exulanten, cf. Rudolph EN 48; Gunneweg KAT XIX I 94f), Esr 6$_{7f.14}$; cf. 5$_{9}$. †

*שׂבך: he. שָׂבָךְ u. סבך: ? Ram. סבך (DISO 189, DNWSI 774); mhe. ja. סבך verflechten, pa. umgarnen (Dalman Wb. 281b); sy. haften, kleben (LS 454b); md. *SBK* ineinander weben, vermischen (MdD 316a).
Der. שַׂבְּכָא.

שַׂבְּכָא: Da 3$_{7.10.15}$ (Var. סַ) u. סַבְּכָא 3$_{5}$ (Var. שַׂ): שׂבך; he. שְׂבָכָה; mhe. סְבָכָה u. ja. סְבַכְתָּא, סַבְּכָא, סִבְּכָא (Haar) Netz für Frauen, Gestrüpp (Dalman Wb. 281b, he. סְבַךְ, סְבֹךְ); sy. *s^e bakāʾ* Netzschleier (LS 454b); Ram. pehl. (Frah. 15, 4): שובכא (DNWSI 1115); Levy 161f, Lidzb. Eph. 2, 137 :: σαμβύκη (Masson 91) < *sa(m)būcus* Hollunder (Gressm. Musik u. Musikinstrumente, 1903, 26f, König). Ba. in

Reihe von Musikinstrumenten Da $3_{5.7.10.15}$, G σαμβύκη, lat. *sambūca* Dreieckiges Musikinstrument mit 4 Saiten u. hellem Ton, 4 saitige **Harfe** (Grelot VT 29, 1979, 30ff), so auch Plöger (KAT XVIII 60), Σύρων εὕρημα, cf. BHH 1258, P-W.2, 2124f, P-WKl 4, 1532. †

שׂנא: he. שׂנא/ה, aram. Lw. (Wagner 294); Ram. שנא äga. (Aḥqr 137); (DISO 290, DNWSI 1108 s.v. $šg'_1$); ja. סני grösser werden, DSS שנא/ס (Dalman Wb. 282b, Beyer ATTM 702); sam. סנה (BCh. Gl. 8a); cp. *sg'* (Schulthess Lex. 131b); sy. *sagi/ā* (LS 457b); md. *SGA* II (MdD 317b, Nöldeke MG 257), GnAp שנא XXII 29.32 XXI 13 (cf. Fitzmyer 134):

pe: impf. יִשְׂגֵּא Da 3_{31}, Var. יִסְגֵּא (BLA 26g): **gross werden** Esr 4_{22} (חֲבָלָא); יִשְׂגֵּא שְׁלָמְכוֹן Grussformel Da 3_{31} 6_{26}. †

Der. שַׂגִּיא.

שַׂגִּיא: שׂנא; he. =, < aram.; שגא Ram. äga. (AP, Aḥqr, Behist. 51 [akk. *ma-a-du*].60, BMAP, AD), Arebsun (KAI 270 A 4), Nisa; nab. palm: שגיא/ס; ija. (DISO 291 s.v. $שגא_{III}$, DNWSI 1108 s.v. $šg'_3$); ja. סַגִּיא, DSS שגיא/ס (Dalman Wb. 282b, Beyer ATTM 702); cp. *sgy* viel (Schulthess Lex. 131b); sy. *sagi* viel (LS 458a) u. nsy. *sagi* (Maclean 221a); md. *sagia* (MdD 309a, Nöldeke MG 124); GnAp. XIX 25; BLA 207d: pl. f. שַׂגִּיאָן, Var. סַ׳, BLA 26g: — 1. **gross** Da $2_{6.31}$ (nisi sec. Nr. 3, G)$_{.48}$ 4_7; — 2. **viel**, c. sg. coll. אִנְבֵּהּ שַׂגִּיא Da $4_{9.18}$, בְּשַׂר שַׂ׳ 7_5 (BLA 304b); pl. שְׁנִין שַׂגִּיאָן Esr 5_{11}; — 3. adv. **sehr** (BLA 254p, 337d, Leander 120k) Da 2_{12} 5_9 $6_{15.24}$ 7_{28} (שַׂגִּיא exc, 2_{12} vorausgestellt, oft äga.); 2_{31} (ך 1) adv. zu רב. †

*__שׂהד__: he. שָׂהֵד, Lw. < aram. (Wagner 295); aram.: 1.) sbst. *šahed* Zeuge: aam. Sef. (KAI 222 A 12) שהדן Zeugen; Ram. äga. (AP, Aḥqr 140, BMAP); Lidz. Urk. (u.a. KAI 234-6), Pachtv. 15; pehl. (Paik. 952, Avr. 3, 5), cf. ? חסהדרא (AP 71, 10; DISO 332, DNWSI 1224); palm. T. Halaf (NESE I S. 51, Rs. 3); ija.; 2.) Verb: Ram. äga. (AP 82, 6); palm. (DISO 292 s.v. $שהד_I$, DNWSI 1112 s.v. $šhd_1$, 1113 s.v. $šhd_2$); ja. שהד/ס Zeugnis ablegen, DSS שהד Zeuge (Dalman Wb. 410a, 284b, Beyer ATTM 703); cp. *shd* vb. u. Zeuge (Schulthess Lex. 132b); sy. *shd* vb. u. Zeuge (LS 461b); md. vb. *SHD* (MdD 319b), *sahda* Zeuge (MdD 310b, Nöldeke MG 61); sam. *sa-ed* (LOT 2, 543); nsy *sa(h)da* (Maclean 221a).

Der. *שָׂהֲדוּ.

*__שָׂהֲדוּ__: שׂהד: nab. (DNWSI 1113); ja. סָ/שָׂהֲדוּתָא, DSS ש/ס (Dalman Wb. 410a. 284b, Beyer ATTM 703); cp. ס׳ (Schulthess Lex. 133a); sy. *sāh^e dūtā* (LS 461b); nsy. (Maclean 221a); md. *sahduta* (MdD 310); sam. *sa-edu* (LOT 2, 543); BLA 197g: det. שָׂהֲדוּתָא: **Zeugnis** (|| he. עֵד !) Gn 31_{47}. †

*__שׂטר__: denom. v. שְׂטַר: mhe. סָטַר mit der flachen Hand schlagen; ja. I zerstören, II ausbreiten (Dalman Wb. 288a); Talmud/Mischna סטר ohrfeigen; sy. af. *sṭr* an die Seite setzen (LS 468b); cp. *masṭur* Ohrfeige (Schwally Id. 62, 122); ar. *šaṭara* denom. teilen, halbieren (Wehr 429a); md. *SṬR* auf die Seite gehen (MdD 324a).

שְׂטַר: Var. סְטַר (BLA 26g): סטר; wohl Primärnomen. Ram. äga. *šṭr* (AP, AD); pehl. (Frah. 2, 11.14, Paik. 767); palm. שטר/ס (cf. Rosenth. Spr. 85); ija. סטר (DISO 296, DNWSI 1124 s.v. $šṭr_3$); ja. סִטְרָא, DSS סטר (Dalman Wb. 288a, Beyer ATTM 706) u. ja. צִטְרָא (Dalman Wb. 361b); cp. *sṭr* (Schulthess Lex. 134b); sam. (אי)סטר, איצטר (LOT 2, 570); sy. *seṭrā* (LS 468b); md. *siṭra* (MdD 326a), *ṣiṭra* (MdD 393a), *siṭar* (MdD 325b); naram. *saṭra* (Bgstr. Gl. 83); ar. *šaṭr* Hälfte Wehr 429b); שטר מן "ausser" Ram. äga. (AD), palm. (DISO s.o., DNWSI s.o.); sy. (LS s.o.); Grdf. *saṭr* BLA 183e qaṭl :: Beyer ATTM qiṭl; masc. **Seite**: לִשְׂטַר חַד auf einer Seite Da 7_5 (lies ? לִשְׂטְרֵהּ Ginsbg. 3); Plöger KAT XVIII 104. 109. †

Der. *שׂטר.

*__שׂיב__: he. =; palm. סיבו Greisenalter (DISO 192, DNWSI 784); Ram. äga. שב/ס alter Mann (Aḥqr, BMAP); ija. (DISO 288, DNWSI

1099); ja. סיב alt sein, סָבָא Greis, שֵׂיבָה, סֵיבְתָא u. סֵבוּתָא Greisenalter (Dalman Wb. 281a, 288a/b, 410b), DSS (Beyer ATTM 706); cp. *s'b* (Schulthess Lex. 130a); sy. *se'b* (LS 453b) u. *sābā'* (LS 469b); nsy. (Maclean 220a) sam. *syb*, *shb* = *såb* Greis (BCh. Gl. 8b); md. *SAB* (MdD 308a) *saba* (MdD 308b) u. *siba* 3 (MdD 324b) Greis, *sibuta* Greisenalter (MdD 324b, Nöldeke MG 144); sy. *saybūtā* Greisenalter (LS 469b); nsy. (Maclean 220a).

Der. *שָׂב.

שׂים: he. =; aam. שׂים: Znğ. Panammuwa I (KAI 214, 29), Panammuwa II (KAI 215, 1.4.10.20); T. Fekherye 1.11.12.16; Breğ (KAI 201, 1); Zakir (KAI 202 A 1.7.9, B 6.13); Sefire (KAI 222 B 6, C 3.19.23); Ram. שׂים; Nerab (KAI 226, 3.6.7); äga. (AP, AD, Aḥqr, Behist. 35, Saqqara); Tema (KAI 228 A 4); Assbr. (KAI 233, 7); pehl. (Frah. app. 10 *symwn*; DISO 297, DNWSI 1126); Dura סים u. סום (Alth. 19f. Vs. 5, Rs. 1); ja., DSS סום, שום, סים, שׂים (Dalman Wb. 410a, 286a, Beyer ATTM 707); sam. שום u. שׂים (LOT 2, 507); cp. *sym* (Schulthess Lex. 134b; af. 135a); sy. *sym* (LS 469b s.v. *sām*); md. *sw/ym* (MdD 321b, Nöldeke MG 278); nsy. (Ritter Gl. 118b):

pe: pf. שָׂם Da 5_{12}, שָׂמְתָּ 3_{10}, Var. שַׂ׳ (BLA 145i) u. שָׂמֶת, שַׂ/שָׂמְתּ Esr 6_{12} (BLA 144h), sf. שָׂמֵהּ; imp. pl. שִׂימוּ; pf. pass. (BLA 145k) שִׂים (äga., AD), 3. f. שֻׂמַת Da 6_{18} (zur Form cf. warab. *sūṭa* Rabin 159 :: BLA 145k): **setzen, legen**; pass. אֶבֶן Da 6_{18}, cf. GnAp XXII 10 חלבון די שימא על שמאל דרמשק; spez. einsetzen als, c. 2. acc. Esr 5_{14}: שִׂים טְעֵם (äga. AP 26, 22.23.25 [27, 21], AD 1, 3; 3,7), **Befehl geben** Da 3_{10} (Plöger KAT XVIII 57: Befehl erlassen) Esr 4_{21} $5_{3.9.13}$ $6_{1.3.12}$; pass. Da 6_{27} Esr 5_{17}; מִנִּי שִׂים טְעֵם Da 3_{29} 4_3 Esr 4_{19} $6_{8.11}$ $7_{13.21}$; שִׂים טְעֵם עַל **sich kümmern** um Da 3_{12} 6_{14} (Plöger KAT XVIII 58.60: nicht beachten); לְ שִׂים בָּל seinen **Sinn richten** auf Da 6_{15} (Plöger KAT XVIII 92.94: sich bemühen; שִׂים שֻׁם c. gen. jmd e. Namen geben Da 5_{12} (he. Da 1_7 Ri 8_{31} Neh 9_7 :: sy. pehl. Dura [Alth. 20, Rs. 1f] unterzeichnen). †

hitpe: impf. יִתְּשָׂם (AP 27, 21, AD 5, 8); ja. Dalman Wb. 286a; Var. יִתְּשֵׂם, äga. יתשים, pl. יִתְּשָׂמוּן; pt. מִתְּשָׂם; BLA 145n-q: **gelegt werden**: אָע Esr 5_8; gemacht werden zu, c. לְ Da 2_5, gegeben werden (טְעֵם ⸢ pe.) Esr 4_{21} (AD). †

שׂכל: he. I שׂכל; Ram. äga, itp. impf. 2. sg. m. *tstkl* (Aḥqr 147) betrachten, nachdenken (DISO 192, DNWSI 785 s.v. *skl₁*); ja., DSS ס/שׂכל (Dalman Wb. 290b, af. belehren, 410b verständig sein, Beyer ATTM 708); sy. *skl* pa. belehren (LS 473b), itpe. ja. DSS סכל einsichtig werden, betrachten (Dalman Wb. 290b, Beyer ATTM 708); cp. betrachten (Schulthess Lex. 136b); sy. verständig sein (LS 473b):

hitpa: pt. מִשְׂתַּכַּל (BLA 55a): **betrachten, acht geben** auf, c. בְּ Da 7_8. †

Der. שָׂכְלְתָנוּ.

שָׂכְלְתָנוּ, or. *sukal-*: שׂכל; ja. סְ/שְׂכַלְתָּנָא verständig (Dalman Wb. 410b, 290b), סָכְלְתָנוּתָא Einsicht (Dalman Wb. 290b); sy. adj. *sakultānā* einsichtig, *sakultānūtā* Einsicht (LS 473b); BLA 198o, fem.: **Einsicht** Da $5_{11f.14}$. †

cj. *שָׁלָה: Da 3_{29} pro שָׁלָה (Baumgartner ZAW 45, 1927, 90 = ZATU 77): Lw. < akk. *šillātu* Frechheit, Unverschämtheit, Blasphemie, c. verb. dicendi unverschämt (AHw. 1236a s.v. *šillātu* I 2, CAD Š II 445a, ⸢ 446 a Nr. b, < *šil'atu*, √ *šalā'u*, AHw. 1147b, CAD Š I 241a und √ *šalū*, AHw. 1152a s.v. *šalū* II, CAD Š I 272 s.v. *šalū* A, cf. BWL 100 Vs. 28 u. 312; Kaufman 102); he. I סלה; ja. סלא af. verachten (Dalman Wb. 291a); sy. *slh* etpe. verachtet werden (LS 475b); md. *SLA* (MdD 331b) u. nsy. (Maclean 185b s.v. *msl'*); pehl. סלי (Nyberg 2, 297) schlecht; Frechheit, Empörung, c. אמר (wie akk. c. *qibū* [s.o.] unverschämt reden, cf. he. דִּבֵּר סָרָה, ⸢ II סָרָה 2): Da 3_{29} ? **Schmähung aussprechen** (Bentzen, Lebram), parler avec insolence (TOB); G 3_{96} ὃς ἂν βλασφημήσῃ, Θ ἣ ἂν εἴπῃ βλασφημίαν; wer immer irgendetwas sagt (ZüBi), Ges.

Thes. 1412: *delictum, impium aliquid* (Plöger KAT XVIII 59: unehrerbietig reden). †

שׂנא: he. =; aam. שנא: pt. pl. m. + sf. Feinde: Sef. (KAI 224, 10.11.12; 222 B 26; 223 B 14); Deir Alla שנא; Ram. שנא äga. (AP, BMAP: שנא ל Scheidungsformel, cf. AP S. 28, BMAP S. 148; Aḥqr 174, ? pro שאן lies שנא); Guzne 3 יסנלה (Driver AnOr 12, 50); palm. שנא pt. pl. שנין (DISO 311, DNWSI 1169); ja., DSS ס/שני (Dalman Wb. 411a: שָׂנְאָה Feind; id. 295a: סָנְאָה Feind; Beyer ATTM 716); sam. pt. (א)סנ (BCh. Gl. 8f: *sny*); cp. סנא (Schulthess Lex. 138a); sy. *snʾ* (LS 483a) u. nsy. Urmia $sn^{e}j^{e}$ hassen (Polotski Gl. 102b, Maclean 227b); md. *SNA* (MdD 333b, Nöldeke MG 71); naram. *sny* (Bgstr. Gl. 82); cf. שנא in Formen u. Schreibung in Fitzmyer Fschr. Albr. 1971, 162; aam. siehe Degen Altaram. Gr. 47. 72. 119:

pe: pt. pl. sf. שָׂנְאָיךְ, K שָׂנְאַיִךְ, Q שָׂנְאָךְ (BLA 77o): **hassen**, pt. Feind (aram. passim, s.o., he. שׂנא, cf. GnAp XXII 17: שנאיך deine Feinde): Da 4_{16}. †

*שׂער: he. behaart sein, denom. v. שְׂעַר; sy. pa. und af. Haare treiben, produzieren (LS 489a); Sbst. Gerste: aam. ? T. Fekherye 19.22 (:: DNWSI 1180 s.v. $s^{c}r_{6}$ Masseinheit); Znǧ., Panammuwa I (KAI 214, 5) pl. שערי; Panammuwa II (KAI 215, 6.9) sg. abs. שערה; Ram. äga. (AP, Hermopolis, Saqqara), Lidzb. Urk. (KAI 236, 15); T. Halaf 1.4.6; Pachtv. 13; ija. pl. abs. *sʿryn* (DISO 315, DNWSI 1180); ja. סְעָרְתָא, pl. סְעָרִין, DSS (Dalman Wb. 411a: שְׂעָרְתָא u. 297a סְעָרְתָא; Beyer ATTM 717); cp. pl. *sʿryn* (Schulthess Lex. 138b); sy. $s^{e c}\bar{a}r^{e}\underline{t}\bar{a}$ (LS 489a); md. *sara* 2 (MdD 315a, Nöldeke MG 115); nsy. *sarīta, sarta, sartīta* (Maclean 228b); naram. (Bgstr. Gl. 78, Spitaler Gl. 92b); he. שְׂעֹרָה.

*שְׂעַר: he. שֵׂעָר; denom. שׂער: wohl Primärnomen; Ram. pehl. (Frah. 10, 3.5, DISO 315); ja., DSS ס/שַׂעֲרָא (Dalman Wb. 411a, 296b, Beyer ATTM 717); cp. סער (Schulthess Lex. 138b); sy. *saʿrā* (LS 488b); nsy. *sara* (Maclean 228b); md. *sara* 1 (MdD 315a, pl. *saria*, Nöldeke MG 172); naram. *saʿra* (Bgstr. Gl. 78); BLA 182x: cs. =, sf. שַׂעֲרֵהּ, Var. שַׂעֲרֵהּ, or. *šʿarēh* (BLA 45f), masc.: **Haar**, coll. Da 4_{30}; שְׂעַר רֵאשׁ Haupthaar Da 3_{27} 7_{9}, GnAp XX 3. †

שׁ

שׁ: 1.) = he. שׁ, wenn = ursem. *š*, ar. *s*, in שׁאל, שׁאר, שְׁבַע etc.; 2.) wenn שׁ = ursem. *ṯ*, ar. *ṯ*, dann = ba. ת; 3.) = bab. *š* (ass. *s*) in בֵּלְשַׁאצַּר, בֵּלְטְשַׁאצַּר.

שׁאל: he. =; aam. Panammuwa I (KAI 214, 4.12.23); Ram. äga. (AP, Aḥqr, BMAP, AD), Saqqara (KAI 266, 2); Hermopolis 1, 3; 6, 7; 8, 7 (NESE I 11); Aimé-G. 52, 4; Assbr. (KAI 233, 12); nab. palm. (DISO 286, DNWSI 1095); ja., DSS (Dalman Wb. 412a, Beyer ATTM 698); sam. *šwl* (BCh. Gl. 11b); cp. (Schulthess Lex. 198a, Gr. § 145); sy. *šēʾl* (LS 748a); md. *ŠAL* (MdD 441b, Nöldeke MG 255); naram. *šʿl* (Bgstr. Gl. 87, Spitaler Gl. 93b); nsy.:

pe: pf. שְׁאֵל Da 2_{10}, Var. שָׁאֵל, pl. שְׁאֵלְנָא; impf. sf. יִשְׁאֲלֻנְכוֹן (BLA 41t); pt. שָׁאֵל: — 1. **verlangen**, c. acc. rei Da 2_{11}, c. לְ pers. 2_{10}, c. 2 acc. Esr 7_{21}; — 2. **fragen**, c. לְ pers. Esr 5_{9}, c. acc. rei *שֻׁם 5_{10}, רָז Da 2_{27}. †

Der. *שְׁאֵלָה, n.m. שְׁאַלְתִּיאֵל.

*שְׁאֵלָה: שׁאל; he. =; Deir Alla II 15. 16 (DNWSI 1098); ja. שְׁאֵלְתָא (Dalman Wb. 412a); cp. *sʾlʾ* u. *šylʾ* (Schulthess Lex. 198b); sy. $\check{s}e\text{'}l^{e}t\bar{a}$ (LS 748a); md. *šulta* 1 (MdD 454b, Nöldeke MG 110); BLA 186y, kan.: det. שְׁאֵלְתָא, Var. -תָא, BLA 16z: **Bitte**, **Frage** Da 4_{14} ‖ פִּתְגָמָה Entscheidung (Mtg. Da. 236f, Plöger KAT XVIII 68 :: alii: Sache, Angelegenheit, BLA 16z, ZüBi, Bentzen, Lebram [Festsetzung], TOB). †

שְׁאַלְתִּיאֵל; he. =, Esr 5_{2}, Var. שַׁלְ׳ (wie he. Hg

$1_{12.14}$ 2_2); G Σαλαθιηλ, Josph. Σαλαθίηλος (NFJ 104); wsem.: neubab. *Šal-ti-ilu* [AN] (Tallq. NbNb 187). Zur Erklärung cf. he.; n.m., Vater v. זְרֻבָּבֶל. †

*שׁאר: he. שׁאר; Ram. äga. (AP, BMAP, APO 76 I B 7; DISO 287, DNWSI 1098 s.v. *šʾr*$_1$); ja. (Dalman Wb. 412b) u. cp. itpe. übrig bleiben u. ittaf. (Schulthess Lex. 199a); ja. pa. übrig lassen.
Der. *שְׁאָר.

*שְׁאָר: שׁאר; he. =; Ram. äga. (AP [KAI 270 B 5], Saqqara 38, 20; 48, 3); palm. ija. (DISO 287, DNWSI 1098 s.v. *šʾr*$_2$); שארית äga. (AP, BMAP, Saqqara); nab. (DISO 288, DNWSI 1099); ja., DSS (Dalman Wb. 412b, Beyer ATTM 699); cp. (Schulthess Lex. 198b); sy. (LS 774a); BLA 187d: cs. =, det. שְׁאָרָא: **Rest, Übriges** (coll.): — 1. וּשְׁאָרָא בְּרַגְלַיהּ רָפְסָה Da $7_{7.19}$; — 2. c. gen.: a) Menschen Da 2_{18} Esr $4_{9.17}$ 6_{16}; b) Tiere Da 7_{12}; c) Ortsnamen Esr 4_{10}; d) Silber u. Gold Esr 7_{18}; e) Bedarf Esr 7_{20}. †

*שׁבב: he. =; akk. *šabābu*: etwa "glühen, verdorren" (AHw. 1118a), *šibbatu* brennen (AHw. 1226b); ar. *šabba* anzünden, brennen, lodern (Wehr 411a).
Der. *שְׁבִיב.

שׁבח: he. I שׁבח, < aram. (Wagner 299); akk. *šubbuḫu* nb, D (Gott) preisen (AHw. 1256b: aram. Lw.); aram. pa. Ram. palm. Hatra preisen (DNWSI 1100), cf. palm. adv. שביחית (DISO 288, DNWSI 1101); ja., DSS (Dalman Wb. 413a, Beyer ATTM 699); cp. (Schulthess Lex. 199b); sam. (BCh. Gl. 11a); sy. (LS 751a); nsy. *sukḫa* Preis (Maclean 300b); md. *SBH* (MdD 447a, Nöldeke MG 143.236):

pa: pf. שַׁבַּחְתָּ, שַׁבַּחַת, Var.[S] שַׁבַּחַת (ja.), pl. שַׁבַּחוּ, or. *šibbiḥū* (BLA 133k, 134s); pt. מְשַׁבַּח, or. *mašabbeḥ* (BLA 133i-k): **preisen**: Daniel seinen Gott Da 2_{23}, Nebukadnezar den Gott des Himmels $4_{31.34}$, Belsazzar seine eigenen steinernen u. hölzernen Götter $5_{4.23}$. †

*שׁבט: he. =; Ram. äga. (AP, BMAP) שביט enggewobenes Gewebe (DISO 288, DNWSI 1101); ija. schlagen mit Stock (DISO 288, DNWSI 1100 s.v. *šbṭ*$_1$); ja. schlagen (Dalman Wb. 413a); sy. pa. bossieren, in getriebener Arbeit erstellen (LS 751b).
? Der. *שְׁבַט.

*שְׁבַט vel *שְׁבֶט (BLA 183g): שׁבט oder Primärnomen; he. שֵׁבֶט; aam. T. Fekherye 23: *šbṭ zy Nyrgal*: Stock, Zuchtrute (cf. he. שֵׁבֶט 1 e), Plage: akk. *šibṭu* (AHw 1228a, DNWSI 1100 s.v. *šbṭ*$_2$); ja., DSS שִׁבְטָא u. שַׁבְטָא Volksstamm (Dalman Wb. 413b, Beyer ATTM 700); cp. *šobṭa* (Schulthess Lex. 200a): Stock u. Tribus; sy. *šabṭā* Stock, Plage, Tribus (LS 751b); nsy. *šōṭā*; md. *šibṭā* Stab, Rute, Krankheit (MdD 459a); metaph. Strafe, Heimsuchung, akk. *šibtu* (Schulthess ZA 24, 57); ja. sy. u. md. auch Stamm; BLA 183g: pl. cs. שִׁבְטֵי: **Stamm** (cf. he. HAL 1293a, 2) שׁ׳ יִשְׂרָאֵל Esr 6_{17}. †

*שְׁבִיב: שׁבב; he. שָׁבִיב; akk. spät jung-bab. *šibūbu* < aram. (AHw. 1229b) Funke ?; ja. שְׁבִיבָא Flamme (Dalman Wb. 413b); sy. (LS 750a); md. *šambibia* pl. (MdD 443a, Nöldeke MG 76); orig. Streifen, Zunge (cf. he. לָשׁוֹן 2); BLA 188h: det. שְׁבִיבָא, pl. שְׁבִיבִין: **Flamme**, שׁ׳ דִּי נוּרָא Da 3_{22}, שְׁבִיבִין דִּי נוּר 7_9, cf. שביבי להוב (= he. לַהַב, Sukenik Megillot Genuzot 2, 1950, T. VIII 13). †

*שְׁבַע: he. שֶׁבַע; aam. masc. Sef. (KAI 222 A 21-24.27; 223 A 1.5.6); fem. *šbʿ[t]* Zakir (KAI 202 A 8); Ram. äga. m. u. f. (BMAP); pehl. (Frah. 29, 7); nab. palm. ija. (DISO 289 s.v. שבע$_{\mathrm{I}}$, DNWSI 1102 s.v. *šbʿ*$_6$); ja. שְׁבְעָא/שׁ, DSS (Dalman Wb. 414a, Beyer ATTM 700); cp. (Schulthess Lex. 200a: *šwbʿ* u. *šbwʿ*, Gr. 51); sam. (BCh. Gl. 11b); asy. *šwbʿʾ* (Black 219); sy. *šabaʿā* (LS 752b); nsy. (Maclean 299a); md. *šuba* (MdD 452b, Nöldeke MG 18); naram. *šobʿa* (Bgstr. Gl. 88, Spitaler Gl. 93b); Grdf. **šabʿ*; BLA 250k: f. שִׁבְעָה, or. *šubʿā*, cs. שִׁבְעַת: Kardinalzahl: **sieben** Da $4_{13.20.22.29}$ Esr 7_{14}, שִׁבְעָה (חַד־ ←) siebenfach Da 3_{19}. †

שׁבק: he. in PN: ← n.m. יִשְׁבָּק, שׁוֹבֵק; aram. Ram. äga. (Aḥqr 82.90.162.171.175f.193; AP,

BMAP, AD, Hermopolis 2, 15; 3, 4.10, Saqqara, KAI 266, 7), Xanthos 136, 18; pehl. (Frah. 21, 6; Paik. 945/6); nab. Hatra ija. (DISO 289, DNWSI 1104); ja., DSS (Dalman Wb. 414a, Beyer ATTM 701); GnAp. XXII 25; cp. (Schulthess Lex. 200b); sam. (BCh. Gl. 11b); sy. (LS 753a); nsy. (Maclean 299a); md. *ŠBQ* (MdD 447b, Nöldeke MG 218): lassen, zurücklassen, verlassen; Mt 27_{46} σαβαχθανει (ThWbNT I 508[7]):

pe: imp. pl. שְׁבֻ֫קוּ; inf. מִשְׁבַּק: **zurücklassen** Da $4_{12.20.23}$; לַעֲבִידַת בֵּית־אֱלָהָא Esr 6_{7} ungestört lassen oder freie Hand lassen für; Gunneweg KAT XIX 1 103; GnAp XX 10: pe. pass. †

hitpe: impf. תִּשְׁתְּבִ֫יק, or. *-beq* (BLA 107d): **überlassen werden, übergehen an** Da 2_{44} (GnAp XXII 20 pt. pass. pl.). †

שׁבשׁ; mhe. pu. verwirrt, in Unordnung gebracht werden (Dalman Wb. 414b); ja. (Dalman Wb. 414b): שׁבשׁ$_{I}$ überreden, verwickeln, שׁבשׁ$_{II}$ Ranken treiben, שִׁבְשָׁא Ranke (cf. שַׁבְשֵׁב Ranken treiben, Dalman l.c.); cp. *šw(b)šbʾ* (cf. ja. שׁוֹשֶׁבְתָּא Zweig, Dalman Wb. 418b) Weinranke (Schulthess Lex. 201a, Ruž. 108); sy. *šᵉbīštā* Ranken (LS 754); md. *ŠBŠ* verwirren (MdD 448a) u. *ŠWŠ* id. pa. betören (MdD 457b, Nöldeke MG 49.272); > ar. *šwš* II in Verwirrung bringen (Schulthess HW 90, Wehr 448b, Frae. 250); akk. *šabas/šu* zürnen (AHw. 1118b); [cp. *šbš* eilen (Schulthess Lex. 201a); sy. *šbš* pa. schmeicheln (LS 754b)].

hitpa: pt. pl. מִשְׁתַּבְּשִׁין (BLA 55a): verwirrt werden Da 5_{9}, Θ ἐταράχθη **erschrecken, in Angst geraten** (ZüBi, Bentzen, Lebram, Plöger KAT XVIII 80). †

*שׁגל: he.; ? denom. v. ↗ *שֵׁגַל: aram. nicht belegt.

*שֵׁגַל: ↗ he. II שׁגל; Lw. < akk. *ša ekalli* Königin (AHw. 193a sub 2, CAD E 61f). Landsbg. HeWf 198-204; palm. in n.f. < n.d. שגל (PNPI 50.193a); BLA 186a: pl. sf. שֵׁגְלָתֵהּ, שֵׁגְלָתָךְ: Beischläferin (d. Königs), cf. mhe. שִׁגְלוֹן Beischläferin (Dalman Wb. 415a); Θ αἱ παλλακαί: **Nebenfrau, Kebsweib** Da $5_{2f.23}$, immer mit לְחֵנָה; die negative Bedtg. erst in späten Quellen (Landsbg. l.c. 204). †

שׁדר: Ram., äga. (pa. Aḥqr 165); Saqqara (:: itpe. AP 38, 4 s.v. *šdr*$_{2}$); pehl. (Frah. 23, 3; Paik. 950); palm. ija. : schicken (DISO 292, DNWSI 1112 s.v. *šdr*$_{1}$); ja. (Dalman Wb. 416a s.v. שׁדר$_{III}$, Beyer ATTM 703); sam. סדר (LOT 2, 549); sy. (LS 759a); md. *ŠDR* (MdD 450a, Nöldeke MG 221); nsy. schicken (Maclean 201a s.v. *mšdr*); naram. *šattar* (Bgstr. Gl. 93, Spitaler Gl. 94a); mhe. hitp. sich anstrengen (Dalman Wb. 461a); ja. itpa. sich widersetzen (Dalman Wb. 416a s.v. שׁדר$_{I}$); verw. ar. *sdr* die Haare öffnen (Nöldeke ZDMG 40, 735); cf. שׁלח:

hitpa: pt. מִשְׁתַּדַּר (BLA 55a): sich bemühen, c. לְ u. inf. Da 6_{15}; :: Willi Fschr. Zimmerli 543f √דרר šaf. †

שַׁדְרַךְ: Herkunft u. Sinn ↗ he. =; bab. Name des חֲנַנְיָה (Da 1_{6f}) Da 2_{49} 3_{12-30} (cf. Nyberg bei Bentzen 17), BHH 1640. †

שׁוה: he. I u. II שׁוה gleich machen, hinlegen, liegen; aram. gleich, wert sein; Ram. äga. (AP, BMAP), Arebsun (KAI 264, 7) machen zu; palm. ija. (DISO 293, DNWSI 1116 s.v. *šwy*$_{1}$); nab. legen, setzen (DNWSI 1117 s.v. *šwy*$_{3}$); ausbreiten, legen, setzen pa: ja., DSS (Dalman Wb. 416b s.v. שׁוא$_{I}$, Beyer ATTM 704 s.v. שׁוי$_{2}$); cp. *šwʾ* (Schulthess Lex. 202b); sam. (BCh. Gl. 11b); sy. (LS 761b); nsy. (Maclean 300b); gleich machen, machen zu, wert sein: ja., DSS (Dalman Wb. 416b s.v. שׁוא$_{I}$ pa., Beyer ATTM 704 s.v. *šwy*$_{1}$); sam. (LOT 2, 543, sy. (LS 760b); nsy. (Maclean 300b); naram. (Bgstr. Gl. 86, Spitaler Gl. 93b); md. *ŠWA* (MdD 451b, Nöldeke MG 260f); etpa. gelegt, gleich gemacht werden: ja. (Dalman Wb. 416b s.v. שׁוא I); sy. (LS 761b), gemacht werden, md. (MdD 452b, Nöldeke MG 369):

pe: pf. pass. שַׁוִּי: K שְׁוִי oder שֱׁוִי, or. *šawī* (BLA 156s): **gleich sein**, pass. **gleich gemacht werden**, c. עִם Da 5_{21} :: Q ↗ pa. †

pa: pf. pl. שַׁוִּיֽ: Q שַׁוִּיו (BLA 159r), zu K ↗

pe.; **gleich machen**, c. acc. u. עִם Da 5_{21}. †

hitpa: impf. יִשְׁתַּוֵּה **gemacht werden**, c. 2 acc. Da 3_{29}. †

*שׁוּר: he. =; aam. Zakir (KAI 202 A 10, sg. abs. *šr*, 17 emph. *šwrʾ*); Ram. äga.: abs. sg. *šwr*, emph. *šwrʾ* (AP, Saqqara); Hatra (DISO 319 s.v. *šr*$_{II}$, DNWSI 1190 s.v. *šr*$_1$); ? palm. in PN: *šwyrʾ* gr. *Sewira* (PNPI 51a, 113b); ja., DSS (Dalman Wb. 418b: שׁוּרָא; Beyer ATTM 705); cp. (Schulthess Lex. 204a); sy. *šūrā* (LS 766a); md. *šura* 3 (MdD 456b, Nöldeke MG 105); nsy. *šura* (Maclean 302b); naram. *sūra* (Spitaler Gl. 93a); BLA 212x: pl. det. Esr 4_{12} שׁוּרַיָּ, Q שׁוּרַיָּא (K שורי, ↱ כלל šaf. u. שׁרה pa.), 4_{13} שׁוּרַיָּא/ה u. vs.$_{16}$ שׁוּרַיָּה lies sf. שׁוּרַיהּ (BLA 79s, 371 zu S. 212x), masc.: **Mauer** Esr $4_{12f.16}$. †

*שׁוּשַׁנְכָי: he. II *שׁוּשַׁן, pl. det. שׁוּשַׁנְכָיֵא; cf. zur Endg. Ram. äga. סונכן AP 33, 6 (cf. AP S. 82); 67, 3; 22, 33 v. סְוֵן (↱ he. סְוֵנֵה) Assuan; Schaeder 22[1].72, Telegdi 243, Eilers 40, BLA 196d. 212x: **Einwohner von Susa** (AD 9, 1 שושן) Esr 4_9. †

שׁחת: he. =; aam. Znğ. Panammuwa I (KAI 214: pa. 27.28.31, haf. 29 zerstören); Ram. äga. (AP, Aḥqr 19.155 haf.; DISO 295 s.v. שחת$_I$, DNWSI 1122); ja., DSS (Dalman Wb. 420b verstümmeln, Beyer ATTM 705); sy. (LS 772a); cf. שׁחט: aam. Sef. (KAI 222 A 32) hitpe. [יש]תחט verwüstet werden (DISO 295 s.v. שחת); sy. pa. verderben (LS 768a); cf. äth. *saḥaṭa*; md. *ŠHṬ* Fehlgeburt haben, fahren lassen (MdD 450b, Nöldeke MG 233):

pe: pt. pass. f. שְׁחִיתָה: **verderben**, pt. pass. **verdorben, schlecht** Da 2_9, f. sbst. etwa "Schlechtes, schlechte Handlung" (ja. שְׁחִיתָא, Sir 30_{11} pl. sf. שחיתיו [Dalman Wb. 419b: שחיתתא]), DSS (Beyer ATTM 705) Da 6_5, ? etiam 2_9 (↱ כדבה). †

שֵׁיזִב: Lw. < akk. *šūzubu*, *ušēzib*, pt. *mušēzib*, šaf. v. *ezēbu* (AHw. 268b) = he. עזב (Zimmern 69, Kaufman 105); Ram. äga. (AP, Aḥqr 46, Aimé-G. 32, 1) Tema, nab. palm. (DISO 296, DNWSI 1119): PN: APO, Aimé-G., Tema צלם שזב (TSSI S. 149, 11); ja., DSS (Dalman Wb. 421b: שֵׁיזֵב; Beyer ATTM 706); cp. (Schulthess Lex. 203b: *šwzb*); sy. (LS 762b: *šwzb*); md. (MdD 454a, Nöldeke MG 132.138.212); PN ביח לשזב Hermopolis, he. נְבוּשַׁזְבָּן u. מְשֵׁיזַבְאֵל; BLA 142m:

pf. שֵׁיזִב Da 3_{28}, שֵׁיזִיב 6_{28}, Var. שֵׁזִיב; impf. יְשֵׁיזִב, sf. יְשֵׁיזְבִנְכוֹן, יְשֵׁיזְבִנָּךְ, inf. sf. שֵׁיזָבוּתָךְ, -תַּהּ, -תָּנָא (Var. -תָּנָא, BLA 73r !); pt. מְשֵׁיזִב (Var. -זִיב) **retten**, jmd Da $3_{17.28}$ $6_{15.17}$, c. מִן 3_{17} 6_{21}, c. מִן־יַד $3_{15.17}$ 6_{28b}, abs. 6_{28a}. †

שֵׁיצִיא: Lw. < akk. *šūṣū*, *ušēṣī* hinausgehen lassen, šaf. von *(w)aṣū* (AHw. 1478a, Zimmern 70, Kaufman 104) = he. יָצָא; Ram. pehl. (Frah. 20, 4, App. 38; DISO 317); ja., DSS (Dalman Wb. 422a: שֵׁיצֵי vollenden; Beyer ATTM 707); cp. *šwṣy* vertilgen (Schulthess Lex. 205 s.v. *šyṣy*); sbst. ja. שיצאה (Dalman Wb. 422a); cp. *šyṣwyʾ* Ende (Schulthess Lex. 205a); ja. u. sy. יעא (Dalman Wb. 185b, LS 305a); md. *YʿA* II (MdD 193a):

pf. שֵׁיצִא K, שֵׁיצִי Q (BLA 169j): **vollenden** Esr 6_{15} l.c. G V pl. שֵׁיצִיו. †

*שׁכב: he. =; Ram. äga. impf. *ʾškb*; pehl. (Frah. 19, 18; DISO 299; DNWSI 1132); ja. שְׁכַב u. שְׁכֵב, DSS (Dalman Wb. 423a, Beyer ATTM 707); cp. pt. *škyb* (Schulthess Lex. 205b); sy. *š*[e]*keb* (LS 775a); md. *ŠKB* (MdD 465, Nöldeke MG 219).

Der. *מִשְׁכַּב.

שׁכח: he. I שכח vergessen; aram. finden; ug. (Aistl. 2863, UT 2412); akk. *šekūm* (AHw. 1210a); Ram. haf. äga. (AP, Aḥqr 34.76, BMAP, AD, Hermopolis, Aimé-G. 88, 7), Uruk 16.41 *àš-ka-ḫi-i*; Nisa; itp. (AP 27, 2.13) אשתכח; nab. u. palm. (VG I 268); af. pehl. (Frah. 20, 13), nab. palm. (DISO 299, DNWSI 1132), ja., DSS (Dalman Wb. 423a, Beyer ATTM 707), cp. *eškeḥ* (Schulthess Lex. 205b, Gr. 43); sam. אשכח (Kahle Bem. 24); sy. *ʾeškaḥ* (LS 775b); md. *ŠKA/H* (MdD 464b, 465b, Nöldeke MG 234); naram. *šcḥ* (Bgstr.

Gl. 88, Spitaler Gl. 94a: *ščḥ*); nsy. (Maclean 202b s.v. *mškḥ*); itp. auch ja. cp. sy. md. (s.o.):

hitpe: pf. הִשְׁתְּכַח, 3. f. הִשְׁתְּכַחַת Da 5_{11}, 2. m. הִשְׁתְּכַחַתְּ 5_{27} (BLA 133f.i.m.n): **gefunden werden**, c. בְּ Da $5_{11f.14}$ 6_{24} Esr 6_2, c. עַל Da 6_5, c. לְ (cp. sy. BLA 338 1) 2_{35} (↗ לְ 8) 6_{23}; **erfunden werden als** 5_{27}. †

haf: pf. 1. sg. הַשְׁכַּחַת, pl. הַשְׁכַּחוּ, הַשְׁכַּחְנָא/ה; impf. נְהַשְׁכַּח, תְּהַשְׁכַּח; inf. הַשְׁכָּחָה; BLA § 41c.i.j.w; **finden**, jmd, c. acc. Da 2_{25}, c. לְ 6_{12}, etwas an c. לְ (↗ hitpe) 6_{5f} (6_6 pf., BLA 287n), c. דִּי dass Esr $4_{15.19}$; **bekommen** (äga. sy.) 7_{16}. †

שׁכלל: ↗ כלל

שׁכן: he. =; Ram. äga. (BMAP 12, 2: יהו אלהא שכן יב); ija. (DISO 299, DNWSI 1134); ja., DSS (Dalman Wb. 423b: שְׁכֵין, Beyer ATTM 708); sy. (LS 776a); sam. *šakan*, caus. sam. u. sy. (s.o.) af; md. pe. (MdD 466a, Nöldeke MG 215):

pe: impf. 3. pl. f. יִשְׁכְּנָן: **wohnen** (צִפְּרַיָּא) Da 4_{18}. †

pa: pf. שַׁכִּן: **wohnen lassen** (Gott שְׁמֵהּ, ↗ he. pi.) Esr 6_{12}. †

Der. *מִשְׁכַּן.

*שׁלה: he. =; akk. *šelû* IV nachlässig werden < aram. (AHw. 1211a); aam. *šly*, Sef. (KAI 224, 5; DISO 302, DNWSI 1142); שְׁלָה: ja. (Dalman Wb. 424a s.v. $שלא_{II}$); sam. שלי (LOT 2, 566); cp. (Schulthess Lex. 206); sy. *šly* (LS 778b); ja. cp. sy. nsy. sorglos sein, ruhen (Maclean 306b); ja. u. sam. irren, vergessen; md. *ŠLA* I (MdD 446b).

Der. שְׁלֵה, שָׁלוּ, שְׁלֵוָה.

שְׁלֵה: or. *šāleh*, so auch Codex Cairensis. V^S (BHS): שלה, he. שָׁלֵו; cp. *šl'* (Schulthess Lex 206b); sy. *šelē* (LS 778b); md. *šalia* (MdD 442, Nöldeke MG 164); BLA 186x: **ruhig, sorglos** Da 4_1. †

שָׁלֵה: Da 3_{29}; trad. c. Q = ↗ שָׁלוּ, vel lies שָׁלֵה < שָׁאֲלָה; potius ↗ cj. *שְׁלָה. †

שָׁלוּ: שׁלה; he. שָׁלוּ m. und שַׁלְוָה; akk. *šīlû/ītu* Nachlässigkeit, Lw. < aram. (AHw. 1237a, Beyer ATTM 710); ja. שַׁלְהֲיָא u. שַׁלְוִיתָא, שַׁלְוְתָא Ruhe (Dalman Wb. 424b); sy. *šalyā*, *šelyūtā* Ruhe (LS 778b), *šulāyā* Aufhören (LS 779a); ja. שָׁלוּתָא Versehen, Irrtum; BLA 245e: שָׁלוֹ Esr 6_9 (Var. male שָׁלוּ, BLA 24m), pl. sf. שַׁלְוָתָךְ, Var. Da 4_{24} male pro שְׁלֵוְתָךְ: f.: **Nachlässigkeit** Da 6_5 Esr 4_{22} 6_9. †

*שְׁלֵוָה: שׁלה; he. שַׁלְוָה; Ram. äga. (Aḥqr 130) *šlyh, pl. *šlyn* Ruhe (DISO 302, DNWSI 1142); ja. שְׁלֵיוְתָא, שַׁלְיְתָא Ruhe (Dalman Wb. 424b, 425b); kan. BLA 186y; sf. שְׁלֵוְתָךְ, Var. Th S V שְׁלֵוְתָךְ, ↗ שָׁלוּ: **Glück** Da 4_{24}. †

שׁלח: he. I שׁלח; aam. Sef. (KAI 222 A 3.30, B 25.34.37; 223 B 6; 224, 8.17.21); Zakir (KAI 202 B 21); Ram. äga. (AP, Behist. 25.38, Aḥqr 62.201, AD, Hermopolis, Saqqara 7); Assbr. 13.19f; Uruk 30: *áš-làḫ-te-e*; pehl. (Paik. 964); ija. (DISO 300, DNWSI 1137); ja., DSS (Dalman Wb. 224b, Beyer ATTM 709); cp. (Schulthess Lex. 207a); sam. (BCh. Gl. 11b); sy. (LS 780b); md. *ŠHL* II (MdD 450, Nöldeke MG 270); cf. שדר; zu שׁלח abhäuten, ausziehen ↗ he.; ar. *šlḥ*; ja. sy. md. (s.o.), nsy. (Maclean 306b); cp. *ḥlš* (Schulthess Lex. 65a):

pe: pf. שְׁלַח, pl. שְׁלַחוּ, שְׁלַחְתּוּן, שְׁלַחְנָא; impf. יִשְׁלַח; pf. pass. שְׁלִיחַ: — 1. **schicken** (Gott) מַלְאֲכֵהּ Da 3_{28} 6_{23}, Brief, Bericht Esr $4_{11.17f}$ $5_{6f.17}$, פַּסָּא דִי־יְדָא Da 5_{24} (von Gott); abs. (äga.) Befehl schicken Esr 6_{13}, seq. vb. finit. (↗ ידע haf.) 4_{14}; c. לְ u. inf. Da 3_2, pass. שְׁלִיחַ (AP 21, 3) Esr 7_{14} (cj. שְׁלִיחַתְּ Ehrl.); — 2. metaphor: שְׁלַח יַד c. לְ und inf: die Hand ausstrecken (KAI 222 B 34; ↗ he.; Gunneweg KAT XIX 1, 104) = wagen Esr 6_{12}. †

שׁלט: he. =; Ram. äga. herrschen, sich bemächtigen (BMAP 4, 20); nab. palm. (DISO 302, DNWSI 1142); ja., DSS (Dalman Wb. 425a, Beyer ATTM 709); sam. (BCh. Gl. 11b) u. cp. שְׁלַט (Schulthess Lex. 207b: sich bemächtigen); sy. (LS 781a: herrschen, unterdrücken); md. *ŠLṬ* (MdD 468a: herrschen, pa. bestellen, Nöldeke MG 356):

pe: pf. שְׁלֵט, pl. שְׁלִטוּ; impf. יִשְׁלַט, תִּשְׁלַט:

— 1. **herrschen** über, c. בְּ Da 2_{39}, **Macht haben** über, c. בְּ 3_{27}; abs. $5_{7.16}$ (‖ הֲוָא שַׁלִּיט 5_{29}, cf. BLA § 81i-q); — 2. **sich bemächtigen**, c. בְּ 6_{25}. †

haf: pf. sf. הַשְׁלְטֵהּ, הַשְׁלְטָךְ, or. *hašilṭ*-: zum Herrn machen über, c. בְּ Da 2_{38}, c. עַל 2_{48}. †

Der. *שַׁלִּיט, שָׁלְטָן, שִׁלְטוֹן.

*שִׁלְטוֹן: שׁלט; he. =; Ram. nab. *šltwn* Kommando (DISO 302, DNWSI 1142, beide s.v. שלטן); ja. שִׁלְטוֹנָא Herrscher (Dalman Wb. 425a); DSS (Beyer ATTM 710); cp. Präfekt (Schulthess Lex. 207b); Grdf. **šulṭān* (ᴦ שָׁלְטָן); kan. BLA 10t, 195z: pl. cs. שִׁלְטֹנֵי: hoher Beamter, שׁ׳ מְדִינָתָא d. Provinzialbeamten Da 3_{2f}. †

שָׁלְטָן: or. *šulṭān* Da 4_{31}, *šilṭān* 7_{6}: שׁלט. Ram. äga. (NESE III 48, 12: emph. *šlṭn*ʾ); palm. emph. *šlṭn*ʾ: Macht (DISO 302, DNWSI 1142); ja., DSS (Dalman Wb. 425a: שָׁלְטָנָא Herrschaft, Gewalt, Machthaber; Beyer ATTM 710); sy. *šulṭānā*ʾ Macht, Herrschaft (LS 781a); md. *šulṭana* (MdD 454b, Nöldeke MG 136); > ar. *sulṭān* (Lokotsch Nr. 1945, Littmann MW 69); naram. *šulṭōna* (Bgstr. Gl. 90); BLA 195z: cs. =, det. שָׁלְטָנָא, sf. שָׁלְטָנָךְ, שָׁלְטָנְהוֹן, pl. det. שָׁלְטָנַיָּא: **Herrschaft** Da 3_{33} $4_{19.31}$ 6_{27b} $7_{6.12.14}$ (cj.$_{22}$, cf. vss $_{10}$ u. $_{14}$).$_{26f}$; שָׁ׳ מַלְכוּתִי 6_{27a}; pl. **Mächte, Reiche** 7_{27}. †

שַׁלִּיט: he. =; Ram. äga. (AP, BMAP, AD), Samaria Papyri; pehl. (Frah. 12, 1; *šlyṭ*ʾ; DISO 302, DNWSI 1143); ja., DSS (Dalman Wb. 425b: שַׁלִּיטָא mächtig, Machthaber, Beyer ATTM 710); GnAp XXII 24; sam. *šell*ᵉ*ṭ* (BCh. Gl. 11b); cp. (Schulthess Lex. 207b); sy. *šallīṭā*ʾ (LS 781b); md. *šaliṭ(a)* (MdD 442b, Nöldeke MG 124); nsy. (Maclean 307a); mächtig, Machthaber, befugt (äga. palm. [CIS II 4214] sy.); BLA 192e: det. שַׁלִּיטָא, pl. שַׁלִּיטִין Esr 4_{20}, שַׁלִּטִן Da 4_{23}; — 1. **mächtig** Da 2_{10} (G sbst.), c. בְּ (מַלְכִין) Esr 4_{20}; Herr über (Gott), c. בְּ: שַׁלִּיט עִלָּיָא בְּמַלְכוּת אֲנָשָׁא Da $4_{14.22.29}$ 5_{21}; abs. (שְׁמַיָּא) 4_{23}; sbst. **Offizier** 2_{15}, **Machthaber** 5_{29} (‖ שְׁלֵט $5_{7.16}$); — 2. c. לְ u. inf. (BLA 328h) es ist gestattet (cp.) Esr 7_{24}. †

שׁלם: he. =; aam. Sef. (KAI 222 B 24); Ram. äga. (AP, BMAP, AD); Samaria Ostraka 1, 9; 8, 10; palm. ija. (DISO 303 s.v. שלם$_{I}$; DNWSI 1144); ja., DSS (Dalman Wb. 426a: שְׁלֵם, שְׁלֵים; Beyer ATTM 711); cp. (Schulthess Lex. 207b); sy. *šlēm* (LS 782a); md. *ŠLM* (MdD 468a); nsy. vollständig, unversehrt, friedlich sein (Maclean 307a), af. caus. ja. sy. u. md. ausliefern:

pe: pf. שְׁלִם (schlechte Var. שְׁלֵים BLA 103w): **fertig sein** Esr 5_{16}. †

haf: pf. sf. הַשְׁלְמַהּ, Var. -מָהּ (BLA 81z); imp. הַשְׁלֵם: **vollständig machen**, (voll) **abliefern** Esr 7_{19}, **auszahlen** (Mtg. Da. 262f. 265) Da 5_{26} :: alii ein Ende machen, oder preisgeben (so hif. he. הִשְׁלִים Js 38_{12f}). †

Der. שְׁלָם.

שְׁלָם: שׁלם; he. שָׁלוֹם; aam. T. Fekherye 8 (akk. *šulum*); Sef. (KAI 224, 8; Fitzm. Sef. S. 111); Ram. äga. (AP, BMAP, AD, Aḥqr 110.120); Hermopolis passim, Elephantine (KAI 270 A 7); pehl. (Frah. 26, 5: *šrm*ʾ); nab. palm. ija. (DISO 303 s.v. שלם$_{II}$; DNWSI 1146 s.v. *šlm*$_{2}$); ja., DSS (Dalman Wb. 426a: שְׁלָמָא; gr. σελαμ, σαλαμ, Beyer ATTM 711 s.v. שלם *šalām*); cp. (Schulthess Lex. 208a); sam. *šēlåm* (BCh. Gl. 11b); sy. *š*ᵉ*lāmā*ʾ (LS 782b); md. *šlam(a)* (MdD 467a) auch *šlum* (MdD 467b); nsy. *šlama* (Maclean 307a); BLA 187d: det. שְׁלָמָא, sf. שְׁלָמְכוֹן: **Wohlbefinden, Heil** (als Gruss) Esr 4_{17} 5_{7}, שְׁלָמְכוֹן יִשְׂגֵּא Da 3_{31} 6_{26}: ? auch בִּשְׁלָם Esr 4_{7} (Schaeder 16f :: Bgstr. OLZ 35, 1932, 204f, Rudolph EN 34: er denkt an בִּירוּשָׁלֵם :: Gunneweg KAT XIX I, 83: n. pr. m.). †

*שֻׁם: he. I שֵׁם; Primärnomen, sem.; aam. Znğ. Panammuwa I (KAI 214, 16.21); T. Fekherye 11f.16; Zakir (KAI 202 C 2); Sef. (KAI 222 C 25; 223 B 7: אשם); Ram. äga. (AP, Aḥqr 85.116.141.170, BMAP, AD, Hermopolis 1, 6); Nerab (KAI 225, 10; 226, 3); Assur Ostraca (KAI 233, 12); Behist. 2.12 (akk. *šumu*); Tema (KAI 228, 14.22); Samaria, Nisa, Klas. (Eph. 1, 323); pehl. (Frah. 30, 41; Paik. 966); nab.

palm. Hatra, ija. Dura (Alth. 1f: שום; DISO 306; DNWSI 1155-59); ja., DSS (Dalman Wb. 427a: שְׁמָא u. שׁוּם; Beyer ATTM 712: pl. שמהן, cs. u. vor sf. שמהת); sam. *šam* (BCh. Gl. 11b) cp. *šm* und *šym* (Schulthess Lex. 209a, Gr. § 42, 2 A 1); sy. *šᵉmā* u. **šem* (LS 784b); md. *šuma* u. *ʿušma*, *ʿšuma* (MdD 454b, Nöldeke MG 33.161); naram. *e/ušma* (Bgstr. Gl. 90 s.v. *šm*, Spitaler Gl. 94a); nsy. *šima*, *išmā* (Maclean 307b); BLA 179f. 248g: cs. =, sf. שְׁמֵהּ, pl. cs. שְׁמָהָת, sf. שְׁמָהָתְהוֹם (sic. f. und c. ה auch äga. ja. cp. sy. md.; *šᵉmahē*, *šᵉmāhē* sy. u. nsy.; masc. ohne ה, md. u. naram.); masc.: **Name**: a) von Menschen דָּנִיֵּאל דִּי שְׁמֵהּ בֵּלְטְשַׁאצַּר Da 2_{26} $4_{5.16}$; דָּנִיֵּאל דִּי־מַלְכָּא שָׂם־שְׁמֵהּ בֵּלְטְשַׁאצַּר 5_{12}; מַן אִנּוּן שְׁמָהָת גֻּבְרַיָּא wie heissen diese Männer Esr 5_4; שְׁמָהָתְהֹם שְׁאֵלְנָא לְהֹם wir fragten sie nach ihrem Namen 5_{10}; שְׁמֵהּ nach PN "einer Namens...": שֵׁשְׁבַּצַּר שְׁמֵהּ einer Namens Š. 5_{14}, so auch akk. *šumšu* nach PN im spät bab. (CAD Š III 258 b 3', Rössler 40); cf. Hi 1_1 אִיּוֹב שְׁמוֹ; Ram. äga. (AD III 1 und Driver l.c.: ev. iran. Einfluss :: BLA 358g); sy. md. (Nöldeke MG 460, § 303a und Anm.[2]); nsy. (Nöldeke NsGr. 35a; BLA 358p); b) Gottes: לֶהֱוֵה שְׁמֵהּ דִּי־אֱלָהָא מְבָרַךְ Da 2_{20}; אֱלָהָא דִּי־שַׁכִּן שְׁמֵהּ תַּמָּה Esr 6_{12}; בְּשֻׁם אֱלָהּ יִשְׂרָאֵל Esr 5_1. †

שׁמד: he. =; pa. ja. (mhe. pi.) (Dalman Wb. 427a: zum Abfall bringen); DSS (Beyer ATTM 713); sy. (LS 785a s.v. I *šmd*): spotten, fluchen, exkommunizieren; ja. (Eph. I 100, 7.13, Dalman Wb. 429b) שַׁמֵּת u. md. *ŠMT* (MdD 470b) bannen, denom. < **šammadtā*, ja. שַׁמַּתָּא Bann (Dalman Wb. 429b), cf. Schulthess ZA 19, 1905/06, 133[1]; nab. pl. abs. *šmdyn*: Fluch, Busse (DISO 307, DNWSI 1160 s.v. *šmd₂*):

haf: inf. הַשְׁמָדָה: abs. **vertilgen** Da 7_{26}. †

***שְׁמַיִן**: he. שָׁמַיִם; aam. Zakir (KAI 202 B 25: אלהי שמין ואלה[י ארק); Sef. (KAI 222 A 11: שמין וארק, 26 כארק ובשמין, B 7 שמין); T. Fekherye 2 *šmyn wʾrq*; Ram. äga. (AP, ? Aḥqr 94, Saqqara [KAI 266, 2], Hermopolis 4, 1); pehl. (Frah. 1, 2); nab. palm. ija.; Deir Alla 1, 8; (DISO 308; DNWSI 1160); ja. (nur שְׁמַיָּא, Dalman Wb. 428a); DSS (Beyer ATTM 713); sy. auch *šᵉmīn*; ausser biblisch sg. masc. u. fem.; sam. שומיא, *šūmayyå* (BCh. Gl. 11b); cp. *šwmyn* (Schulthess Lex. 209b, auch sg.); md. [ʿ]*šumia* 2 (MdD 455b, sg. f. Nöldeke MG 33.159); nsy. *šmēya* u. *śmāyo* f. (Maclean 308b, Ritter Gl. 118b); naram. *šmoya* sg. m. und f. (Bgstr. Gl. 90 s.v. *šmj*, Spitaler Gl. 94a: *šmō*); BLA 187c, 305b: det. שְׁמַיָּא: **Himmel** Da $4_{10.20.28}$ 7_{27}; טַל שׁ׳ $4_{9.18}$, עוֹף שׁ׳ 2_{38}, צִפְּרֵי שׁ׳ $4_{12.20.22.30}$ 5_{21}; חֵיל שׁ׳ 7_{13}; עֲנָנֵי שׁ׳ 7_2; רוּחֵי שׁ׳ (= he. צְבָא הַשָּׁ׳) 4_{32}; שׁ׳ וְאַרְקָא Jr 10_{11a}, שׁ׳ וְאַרְעָא Da 6_{28} (cf. Saqqara 2, Zakir B 25f, Sef. I A 11, s.o.); שׁ׳ ‖ אַרְעָא Jr 10_{11b} Da $4_{8.17.19}$; als Wohnsitz Gottes Da 2_{28} 4_{31}; אֱלָהּ שׁ׳ (äga. AP 30, 2.28; 32, 3f; 38, 3.5, Epitheton von YHW, cf. Vincent 100, he. אֱלֹהֵי הַשָּׁמַיִם) Da $2_{18f.37.44}$ Esr 5_{11f} 6_{9f} $7_{12.21.23}$; מֶלֶךְ שׁ׳ Da 4_{34}, מָרֵא שׁ׳ 5_{23} (Demot VII 17 מר שמין; saf. בעל סמן [Littmann TS 155b], בעל שמם/שמין, Eissfeldt ZAW 57, 1939, 1ff = KlSchr. II 171ff, Bentzen[1] 22.56); שְׁמַיָּא = Gott (NT, z.B. ἡ βασιλεία τῶν οὐρανῶν, Strack-Bi. I 862ff, Bentzen[1] 36; ThWbNT V 510.521f) Da 4_{23}. †

שׁמם: he. =; ja. itpo. geistesabwesend sein (Dalman Wb. 428a); cp. itpe. u. itpa. erschreckt sein, schaudern (Schulthess Lex. 209a, Gr. § 149, 6b A); ? < he. (Charles 94):

itpo: (Baumgartner ZAW 45, 1927, 108f = ZATU 95f) pf. אֶשְׁתּוֹמַם, BLA 166h: **vor Schreck erstarren** Da 4_{16}. †

שׁמע: he. =; Deir Alla I 15: pf. u. imp. *šmʿw*; aam. Barhadad (KAI 201, 4), Sefire (KAI 222 A 29, B 21; 223 B 2-4); T. Fekherye 9: inf. *mšmʿ*; Ram. äga. (AP, AD, Aḥqr 29.59.70.93, BMAP); pehl. (Frah. 23, 7: *ʿšmhn*; Paik. 156.158.159: *ʾšmʿyw*); palm. Hatra ija. (DISO 309, DNWSI 1164); ja., DSS (Dalman Wb. 428b, Beyer ATTM 714); cp. (Schulthess Lex. 209b); sy. (LS 786b); md. *ŠMA* (MdD 469a); palm. pt. *šmyʿʾ* (CIS II 4100[1]); cp. *šmyʿ/šmwʿ*

gehorsam (Schulthess Lex. 210a); sy. (LS l.c.); nsy. itpe. gehorchen (Maclean 308b); aam. Sefire (KAI 222 A 29: *jtšmʿ* !); md. *maštimana* gehorsam (MdD 256b, Nöldeke MG 138):

pe: pf. שְׁמַע, שִׁמְעֵת; impf. יִשְׁמַע, pl. תִּשְׁמְעוּן; pt. pl. שָׁמְעִין: **hören**, abs. Da 5_{23}; etwas $3_{5.7.10.15}$ 6_{15}; c. עַל pers. u. דִּי $5_{14.16}$. †

hitpa: impf. pl. יִשְׁתַּמְּעוּן, Var. יִשְׁתַּמְעוּן (? hitpe., BLA 275q) **gehorchen**, c. לְ Da 7_{27}. †

שָׁמְרַיִן: male שָׁמְרֵין BLA 23d; he. שֹׁמְרוֹן; Ram. äga. שמרין (AP 30, 29); BLH 519[3]; sy. *šamᵉrīn* (Mtg-Gehman 290): Stadt u. Provinz Samaria Esr $4_{10.17}$. †

שׁמשׁ: mhe. pi. dienen (Dalman Wb. 492a); Ram. pa. palm.; itpa. Hatra (DISO 310 s.v. $שמש_{II}$; DNWSI 1168 s.v. $šmš_1$); ja., DSS (Dalman Wb. 429a, Beyer ATTM 715); cp. (Schulthess Lex. 210b); sam. (LOT 2, 542); sy. (LS 788a); nsy. (Maclean 309a); שַׁמָּשָׁא Diener, ja. (Dalman Wb. 249b), sam. *šammᵉš* (BCh. Gl. 12a), cp. *šmyš* (Schulthess Lex. 210b), sy. *šammāšā* (LS 788b) Diener, Diakon, md. *šamaša* Diakon (MdD 443a), nsy. *šᵉmᵉšᵉ* Diakon (Polotski Gl. 102b); תַּשְׁמִישׁ Benützung, mhe. (Dalman Wb. 450b), palm. (DISO 336, DNWSI 1235), ja., DSS תַּשְׁמִישָׁא/שְׁתָּא (Dalman Wb. 450a, Beyer ATTM 715: Dienst), cp. תשמש und f. תשמשא Dienst (Schulthess Lex. 211a); sy. *tešmeštā* Dienst, Diakonie (LS 788b); nsy. (Maclean 328a); etym. inc.: ar. *samsama* laufen (Levy IV 58, 1), od. denom. v. שֶׁמֶשׁ (Ruž. 75), od. < *שַׁמַּשׁ wie ar. *šammasa* (Bauer ZDMG 71, 1917, 411), od. Lw. < äg. *šmšj* dienen, *šmšw* = kopt. *šemše* Diener (EG IV 482ff; Crum 567a). Die letzte Erklärung ist wohl die wahrscheinlichste:

pa: impf. pl. sf. יְשַׁמְּשׁוּנֵּהּ: **dienen** Da 7_{10}. †

*שְׁמַשׁ, od. שְׁמֵשׁ; wohl Primärnomen, (cf. HAL 1468b); he. שֶׁמֶשׁ; aam. Znǧ. Panammuwa II (KAI 215, 13f), Sefire KAI 222 C 5); Ram. äga. (AP, Aḥqr 138, BMAP; 1 × BMAP 5, 9: *šmšʾ*); pehl. (Frah. 1, 11: *šmsyʾ*, dissim. Ruž. 179), (DISO 310 s.v. $שמש_I$; DNWSI 1168 s.v. $šmš_2$); palm. (InvPa. VIII Nr. 6: Σαμισ-, Σεμισ- (Inv. Dura 45, 93, 3); ja., DSS (Dalman Wb. 429a: שִׁמְשָׁא, Beyer ATTM 715); cp. auch *šemšʾ* (Schulthess Lex. 210b s.v. $שמש_I$); sy. *šemšā* (LS 788a); md. *šamis* u. *šamša* (MdD 443a.b, Nöldeke MG 32f); nsy. *šimšā* (Maclean 309a); naram. *šemša* (Bgstr. Gl. 91); ja. sy. md. u. nsy. auch fem., naram. nur f.; BLA 182x: det. שִׁמְשָׁא: **Sonne**, עַד מֶעָלֵי שִׁמְשָׁא bis zum Sonnenuntergang Da 6_{15}. †

שִׁמְשַׁי: he. =; ja. שִׁמְשַׁי; sy. *šemšaj* (PSmith 4225), שושי (BEUP VIII 1, 89); bab. *šamšia*, *šamšaia*, ass. *samsaia*, *samsia*, *šamšua* (APN 191, 215, Eilers 37f), cf. HAL 1472a: n.m. שִׁמְשַׁי סָפְרָא Esr $4_{8f.17.23}$. †

*שֵׁן: sem., he. =; wohl Primärnomen, Ableitung von √שנן unwahrscheinlich (☞ HAL 1472b); ja. שִׁנָּא masc. (Dalman Wb. 429b); cp. *šynʾ* m. und f. (Schulthess Lex. 211a); sy. *šenā* f. (LS 789a); md. *šina* f. (MdD 462a, Nöldeke MG 157f); meist f. nsy. *šina* (Maclean 309b) m., naram. *šanna* f. (Bgstr. Gl. 91 s.v. *šnn* I); BLA 181t; du. שִׁנַּיִן, sf. שִׁנַּיהּ Da $7_{5.19}$, Q שִׁנַּהּ, K שִׁנַּיהּ, or. *šinnajāh* (BLA 49e, 79s): f. **Zahn** du., orig. Zahnreihen, Da $7_{5.7.19}$. †

שׁנה: he. I שָׁנָה sich ändern; Ram. äga. (itp. Aḥqr 201); pa. Samaria; nab. ija. (DISO 313 s.v. שני, DNWSI 1175 s.v. $šny_1$); ja., DSS (Dalman Wb. 429b: שְׁנָא, Beyer ATTM 716); sy. (LS 789b); md. *ŠNA* (MdD 471a, Nöldeke MG 257.260; pe. sich ändern); sy. nsy. (Maclean 304b s.v. *šynʾ*) u. md. weggehen (cf. schon ug. de Moor UF 11, 1979, 647; ☞ HAL 1476a), geistesgestört sein; pa. u. af. verändern, entfernen; etpa. pass. :: he. I שׁנה:

pe: pf. pl. שְׁנוֹ, sf. שְׁנוֹהִי Da 5_6 (= שְׁנַיִן עֲלוֹהִי vs.$_9$ BLA 154n.341w); impf. יִשְׁנֵא, תִּשְׁנֵא, pt. f. שָׁנְיָא/ה, Var. שַׁנְיָה (Fschr. Eissfeldt 1947, 49), pl. שָׁנְיִן, f. שָׁנְיָן: — 1. **verschieden sein** Da $7_{3.19.23f}$; — 2. **verändert werden** צִבוּ Da 6_{18}, Kleider durch Feuer 3_{27} (Plöger KAT XVIII 71: Plöger denkt an eine Art Tier-Wahnsinn), זִיו 5_6 (Plöger KAT XVIII: da verfärbte sich das

Antlitz), c. sf. (s.o.) c. עַל 5_9. †

pa: pf. pl. שַׁנִּין (? 3. pl. sf. שניוי Saqqara, KAI 266, 9); impf. יְשַׁנּוֹן; pt. pass. f. מְשַׁנְּיָה, Var. מְשַׁנָּיָה (BLA 160v): — 1. **verwandeln**, לְבַב c. מִן (⟶ מִן 1 b; akk. *šunnū ṭēma* mit Wahnsinn schlagen, cf. akk. *mušennû* Änderer, wankelmütig, AHw. 681a) Da 4_{13}; pt. pass. c. מִן verschieden von (⟶ pe. 1) 7_7; — 2. (e. Befehl) **übertreten** 3_{28}. †

itpa. (Baumgartner ZAW 45, 1927, 108f = ZATU 95f): pf. Da 3_9: אֶשְׁתַּנִּיו: Q אֶשְׁתַּנִּי/א, K pl. אֶשְׁתַּנּוֹ od. תַּנּוֹ- (BLA 159s, 334m); impf. יִשְׁתַּנֵּא, pl. יִשְׁתַּנּוֹן, juss. יִשְׁתַּנּוֹ (BLA 89d; cf. pt. משתני GnAp II 2): **sich ändern**, עִדָּן Da 2_9, צְלֵם אַנְפּוֹהִי 3_{19}, זִיו 5_{10} 7_{28}. †

haf. (⟶ pa. BLA 274n): impf. יְהַשְׁנֵא; inf. הַשְׁנָיָה, Var.^{S} הַשְׁנָאָה (BLA 160 !); pt. מְהַשְׁנֵא: — 1. **abändern**, אֱסָר Da $6_{9.16}$ (⟶ דִּי 2 c), עִדָּן, זִמְנָא, דָּת 2_{21} (Gott) u. 7_{25}; — 2. **übertreten** פִּתְגָמָא Esr 6_{11}, abs. 6_{12}. †

I *שְׁנָה: he. שָׁנָה; aam. Znğ. Panammuwa II (KAI 215, 1); Sefire (KAI 222 A 27; 223 A 5.6; pl. abs. *šnn*); Arslan-Tasch (KAI 232 cs. sg. *šnt*); T. Fekherye 8: pl. sf. *šnwh* = akk. *šanati-šu*); Ram. sg. abs. *šnh*, cs. *šnt* u. *št*; pl. abs. *šn(y)n*: äga. (AP, BMAP, Saqqara), Tema (z.B. KAI 228 A 20: שנה בשנה Jahr um Jahr, alljährlich), Ostr. v. Beer Sheba, Pachtv. (Koopmans Nr. 19, KAI 279, 1), Xanthos, pehl. (Frah. 27, 1 u.a., Paik. 971), Dura-Europos, Samaria (passim), nab. palm. Hatra ija. (DISO 312, DNWSI 1170 s.v. *šnh*$_2$); ja., DSS (Dalman Wb. 436a: abs. שְׁנָא, emph. שַׁתָּא, pl. שְׁנַיָּא, Beyer ATTM 715); cp. sg. emph. *št*ʾ = *šattā* > *šettā* = *šyt*ʾ, pl. *šnyn* (Schulthess Lex. 211b); sy. *šnt*ʾ > *šattā* (LS 789b); nsy. auch *šītā* (Maclean 309b); md. *šitta* (MdD 460b, Nöldeke MG 185: cs. *šnat*), *šita* (MdD 464a, Nöldeke MG 98.185); naram. *ešna* (Bgstr. Gl. 91 s.v. *šn*, Spitaler Gl. 94a); pl. *šnn* (KAI 223 A 56, Pachtv. 5.6, BMAP); *šnyn* nab.; *šnōtha* naram. (Nöldeke NB 125); BLA 178d.304a: cs. שְׁנַת, pl. שְׁנִין f.: **Jahr** Da 6_1 Esr 5_{11}; zur Datierung: בִּשְׁנַת חֲדָה/תַּרְתֵּין, c. לְ Da 7_1 Esr 4_{24} 5_{13} $6_{3.15}$ (BLA 252y; äga. nab. Dura [Altheim 12]). †

II *שְׁנָה: ישן; he. שֵׁנָה; aam. Znğ. Panammuwa I (KAI 214, 24; DISO 313, DNWSI 1175, s.v. *šnh*$_3$); ja., DSS (Dalman Wb. 422a: שֵׁינְתָא; 430b: שִׁנְתָא; Beyer ATTM 716); cp. *šynt*ʾ (Schwally Idioticon 95); sy. *šentā* (LS 789b); md. *šinta* (MdD 462b, Nöldeke MG 111); nsy. *šintā* (Maclean 310a); BLA 179g: sf. שְׁנְתֵהּ, Var. שִׁנְתֵהּ u. שְׁנָתֵהּ (BLA 199d, 241 t.u), fem.: **Schlaf**, c. נדד Da 6_{19}. †

שָׁעָה: Ram. palm. emph. *šʿt*ʾ Stunde, Zeit (DNWSI 1178 s.v. *šʿh*); ja., DSS (Dalman Wb. 331b: שַׁעֲתָא: 1.) kurze Zeit, 2.) Zeit, Stunde; Beyer ATTM 716: Augenblick, kurze Zeit, Stunde); cp. *šaʿtā* Augenblick, Stunde (Schulthess Lex. 311b, Gr. § 27, 2); sy. *šāʿetā* Augenblick, Stunde (LS 764b); md. *šita* 3: Stunde (MdD 464b, Nöldeke MG 16.110); naram. *šaʿṯa* (Spitaler Gl. 93b, Bgstr. Gl. 87 s.v. *šwʿ*); nsy. *šeṯa* (Maclean 310a); kan. pl. *šēti* (EA 138, 76 [VAB II 1548]); aram. > ar. *sāʿtu* (Wehr 402a), aeth. *saʿat* u. *sāʿat* (Dillmann 389); Nöldeke NB 44, BLA 199d, 241v, Brockelmann ZDMG 94, 1940, 353f; etym. inc.; שעה schauen, ⟶ he. vel. akk. *šeʾū* (Mtg. Da. 203f) vel < akk. *šattu* Dauer (Meissner II 69f :: Landsbg. ZA 41, 1933, 232f, GAG § 41c): det. שַׁעֲתָא Da 3_6 4_{30}; שַׁעֲתָה 3_{15} 5_5; 3_6 Var.^{S} und 5_5 or. שָׁ׳: fem.: **kleiner Zeitraum, Augenblick** (Pirqe Abot IV 17 u. THAT II 372): בַּהּ שַׁעֲתָא im selben Augenblick, sofort Da $3_{6.15}$ 4_{30} 5_5; כְּשָׁעָה חֲדָה (Var. בְּשָׁ׳) eine kurze Zeit 4_{16}. †

שפט: he. =; Ram. äga. (AP, Aḥqr 104; DISO 316 s.v. שפט$_I$; DNWSI 1181 s.v. *špt*$_1$); DSS משפט *mašpaṭ* Recht (Beyer ATTM 717); sam.; kan. Lw. (Rosenthal AF 54[1]):

pe: pt. pl. שָׁפְטִין: **richten**, pt. Richter: שָׁפְטִין וְדַיָּנִין Esr 7_{25}. †

שַׁפִּיר: שפר; aam. Sefire (KAI 224, 29); Ram. äga. (AP, Aḥqr 108.159, Hermopolis 2, 12); Arebsun (KAI 264, 6); Armazi (KAI 216, 9); palm. Hatra *špyr*, *šnpyr*; pehl. (Frah. 26, 2:

špyl', Paik. 972: *špyl*; DISO 317 s.v. שפר$_{II}$, DNWSI 1184 s.v. *špr*$_4$); ? ug. *špr* (↗ Ug V 551 Nr. 22, 10; Ug VII 111); ja., DSS (Dalman Wb. 432a: שְׁפִירָא schön, Beyer ATTM 718); Act. 5$_1$ n.f. Σαπφειρα; GnAp XX 2.4.6; cp. gefällig, schön (Schulthess Lex. 213b s.v. *špr* I); sy. (LS 797a); md. *šapir(a)* (MdD 444b, Nöldeke MG 200); nsy. *ṣəpijrə* u. *šapiara* (Polotski Gl. 102b, Maclean 310b); BLA 192c: **schön,** עֲפְיֵהּ Da 4$_{9.18}$. †

שׁפל: he. =; Ram. äga. (Aḥqr 150: haf.); pehl. (Frah. App. 7: haf.) (DISO 317, DNSWI 1183); ja., DSS haf. (Dalman Wb. 432b: שְׁפַל, שְׁפֵיל, Beyer ATTM 717); sy. *š^{e}fēl* (LS 795a); nsy.; md. *ŠPL* (MdD 472a):

haf: pf. הַשְׁפֵּלְתְּ, Var. הַשְׁפֵּלְתָּ (BLA 101e); impf. יְהַשְׁפִּל; inf. הַשְׁפָּלָה; pt. מַשְׁפִּיל Da 5$_{19}$, l.c. Var. מַשְׁפִּל (BLA 115 q !): **erniedrigen** Da 4$_{34}$ 5$_{19}$ 7$_{24}$; c. לְבַב sich demütigen 5$_{22}$. † Der. *שְׁפַל.

*שְׁפַל: שׁפל; he. שָׁפָל; ja., DSS (Dalman Wb. 432b: שַׁפְלָא demütig; Beyer ATTM 717); cp. *špl*, emph. *šwpl* träge (Schulthess Lex. 213a); sy. *š^{e}fel*, nestorianisch *š^{e}fal* (LS 795b: demütig); md. *šapula* (MdD 444a, Nöldeke MG 152: *šafil* = *šafal* elend); elend, demütig, faul; BLA 185q: cs. =: **niedrig,** שְׁפַל אֲנָשִׁים der allerniedrigste Mensch Da 4$_{14}$. †

שׁפר: he. =; Ram. palm. (DISO 317 s.v. שפר$_I$, DNWSI 1184 s.v. *špr*$_1$: gefallen, c. לְ sich gefällig erweisen); ja., DSS (Dalman Wb. 433a, Beyer ATTM 717); cp. (Schulthess Lex. 213a: gefallen); sy. (LS 797: schön sein); md. *ŠPR* I gefallen, schön sein (MdD 472b, Nöldeke MG 218); nsy. gefallen (Maclean 310b):

pe: pf. שְׁפַר, or. *š^{e}fer*; impf. יִשְׁפַּר: **gefallen, gut scheinen**, c. עַל Da 4$_{24}$ (מַלְכִּי), c. קֳדָם es beliebt mir, seq. לְ c. inf. 3$_{32}$, seq. pf. c. וְ 6$_2$. † Der. שַׁפִּיר, *שְׁפַרְפָּר.

*שְׁפַרְפָּר: שׁפר; ar. *safara* glänzen (Morgenröte); ja., DSS (Dalman Wb. 433a: שְׁפַרְפָּרָא Morgengrauen, Beyer ATTM 718); cp. (Schulthess Gr. § 107); sy. *šafrā* u. *šūf^{e}rā* Aurora (LS 797a); BLA 193j: det. שְׁפַרְפָּרָא, פ vel minus vel maius (Albrecht ZAW 39, 1921, 164.168; Mtg. Da. 279), or. שְׁפַר פָּרָא: **Morgendämmerung** Da 6$_{20}$. †

*שָׁק: he. שׁוֹק; ja., DSS (Dalman Wb. 433a: שָׁקָא, Beyer ATTM 718); sy. *šāqā* (LS 765b); md. *šaqa* (MdD 445a); nsy. *šaqa* (Maclean 311a); BLA 179h: du. sf. שָׁקוֹהִי: **Schenkel** (↗ יַרְכָה) Da 2$_{33}$. †

שׁרה: he. I שׁרה; *sry*: aam. pe. Sefire (KAI 224, 18: freilassen); Ram. äga. (AP 71, 7); itp. Saraïdin (KAI 261, 6); pehl. (Frah. 21, 7: *šlytwn*); nab. palm. pa.; Hatra, ija. (DISO 319, DNWSI 1192 s.v. *šry*1); שׁרא/י ja., DSS (Dalman Wb. 434b: I lösen, einwilligen, anfangen; 435a: II wohnen; Beyer ATTM 718: losbinden, lösen, deuten, erlauben, sich niederlassen, schlottern, beginnen); cp. (Schulthess Lex. 214b); sam. *šrh* beginnen (BCh. Gl. 12a); sy. *š^{e}rā'* (LS 803b); md. *ŠRA* (MdD 474a, Nöldeke MG 216.286); nsy. lösen itpe. (Maclean 311b), sy. auch itpa. reflex. u. pass.; pa. ja. cp. sam. sy. md. anfangen; akk. *šurrū* auch einweihen; pe.: ja. sam. sy. md. Reit-, Lasttiere absatteln > lagern, wohnen:

pe: inf. מִשְׁרֵא Da 5$_{16}$ und l.c. Var.^{S} V etiam 5$_{12}$ pro מְשָׁרֵא (pt. pa.) BLA 89i; pt. pass. שְׁרֵא, pl. שְׁרַיִן (BLA 233g): — 1. **lösen**, c. קִטְרִין Da 5$_{12}$ (cj.) und $_{16}$ ‖ פשׁר; pt. pass. von Fesseln gelöst, frei 3$_{25}$; — 2. **wohnen** pt. pass. (BLA 297e); ja. sy. md. (Nöldeke MG 259f; mhe. שָׁרוּ) Da 2$_{22}$; cf. GnAp XX 3.4 campieren; XXII 8 pt. שׁרין wohnen. †

pa: pf. 3. pl. שָׁרִיו (BLA 130h ! 159r); pt. מְשָׁרֵא Da 5$_{12}$ ↗ pe.: **beginnen**, c. לְ c. inf. Esr 5$_2$, cj. 4$_{12}$ (↗ שׁוּר), cf. GnAp XII 13. †

hitpa: pt. pl. מִשְׁתָּרַיִן (BLA 130h !): **sich lösen, schlottern** (קִטְרֵי חַרְצֵהּ) Da 5$_6$. †

*שׁרק: he. =; ja. (Dalman Wb. 435b: pe.); sy. (LS 810a: *šrq* II af.); nsy. af. (Maclean 204b s.v. *mšrq*); md. *ŠRQ* I (MdD 476a pe.) pfeifen, zischen.
Der. *מַשְׁרֹקִי.

*שׁרשׁ: denom. v. *שְׁרֹשׁ; he. =; ja. pa. (he. pi.) Wurzel schlagen (Dalman Wb. 436a); ja. pa. und sy. af. und *šaršī* entwurzeln (LS 810b). Der. *שֹׁרֶשׁ, שְׁרֹשׁוּ.

*שְׁרֹשׁ, oder שְׁרֶשׁ oder שְׁרַשׁ; he. שֹׁרֶשׁ; aam. Zakir (KAI 202 B 28); Sefire (KAI 222 C 24f) (DISO 321, DNWSI 1195 s.v. $šrš_2$); ja., DSS (Dalman Wb. 436a: שְׁ/שְׁרְשָׁא; Beyer ATTM 719); cp. *šwrš* (Schulthess Lex. 216a); sy. *šeršā* (LS 810b); md. *šarša* u. *širša* (MdD 446a, 463b; Nöldeke MG 20); nsy. *šiǝšā* (Maclean 313a-b); naram. *šerša* (Bgstr. Gl. 93); BLA 184m: pl. sf. שָׁרְשׁוֹהִי, or. *šurš-* (BLA 225t): **Wurzel** Da $4_{12.20.23}$; ⸢ שרשׁ. †

שׁרשׁו: שְׁרֹשִׁו, K שְׁרֹשׁוּ, Q שְׁרֹשִׁי: שְׁרֹשׁ; (BLA 197f, 198g): **Entwurzelung**, d.i. **Verbannung** (V *in exilium*) oder Ausschluss aus der Gemeinde, Esr 7_{26} in Liste von Bestrafungen, Gunneweg KAT XIX 1, 128.139[14]. †

שֵׁשְׁבַּצַּר: n.m. Esr $5_{14.16}$ ⸢ he. †

שֵׁת: he. שֵׁשׁ; Ram. masc. *št*; fem. *šth*: äga. (AP Saqqara); nab. palm. (f. *štʾ*); Hatra, ija. pehl. (Frah. 29, 6: f. *štʾ*) (DISO 321 s.v. $שש_I$, DNWSI 1196 s.v. $šš_3$); ja., DSS (Dalman Gr. 125: m. שֵׁית, f. שׁ(י)תָּא(אֶ), אֶשְׁתָּא, Wb. 422b u. 45a; Beyer ATTM 720); cp. *šytʾ*; m. *šet*, f. *šittā* (Schulthess Gr. § 124); sy. *šet*, (*ʾ*)*šetā* (Nöldeke SGr. § 148); md. *šit* u. *šita* (Nöldeke MG 187); nsy. *ištā* (Maclean 226 s.v. *ʾštʾ*); naram. *šet*, *sečča* (Bgstr. Gl. 88); VG I 486, BLA 250j: שֵׁת: Kardinalzahl: **sechs** Da 3_1 Esr 6_{15}; cf. שִׁתִּין. †

שׁתה: he. II שׁתה; aam. Znğ. Panammuwa I (KAI 214, 9.22); Ram. äga. (AP, Aḥqr 93); pehl. (Frah. 19, 15: *ʿšthn*); Paik. 12.22.162: *ʾštywn*, 163 *ʿšth* (zum *ʿʾ* prostheticum ⸢ א 8); palm. ija. (DISO 322 s.v. $שתי_I$, DNWSI 1198 s.v. *šty*); cf. auch Deir Alla I 12: *štyw ḥmr*; Ostr. Dura (Alth.-St. Hunn. 9) 1, 2: *עשתיה; ja., DSS (Dalman Wb. 436a s.v. שׁתא I: שְׁתָא, שְׁתִי, אִשְׁתִּי; Beyer ATTM 720); cp. **ʾšty* (Schulthess Lex. 216b s.v. *šty*, Gr. § 150); sy. *šᵉtā* u. *ʾeštī* (LS 811b); md. *ŠTA* (MdD 476b, Nöldeke MG 257); naram. *šṯy* u. *isč(i)* (Bgstr. Gl. 88 s.v. *scj*; Spitaler Gl. 93 s.v. *šča* und 94b s.v. *šṯy*); nsy. *šātī* (Maclean 313b, Polotski Gl. 110: *štāya* u. 103a: *ṣtᵉjᵉ* u. Ritter Gl. 119: *ṣty*):

pe: pf. pl. c. א praemisso (⸢ א 8, BLA 155q) אִשְׁתִּיו Da 5_{3f}, Var.[S] אִשְׁתִּיוּ (BLA 156w !); impf. יִשְׁתּוֹן; pt. שָׁתֵה, pl. שָׁתַיִן; BLA 233g: **trinken** Da $5_{1.4}$; c. בְּ (wie he.) "aus" $5_{2.3.23}$. † Der. *מִשְׁתֵּא.

שִׁתִּין: שֵׁת; he. שִׁשִּׁים; Ram. äga. (AP 26, 12); nab. *štyn*; palm. *štyn*; ija. *štyn* (DISO 321 s.v. ששם, DNWSI 1197 s.v. *ššm*); ja., DSS (Dalman Wb. 45a s.v. אֶשְׁתָּא: אֶשְׁתִּין, אֶשְׁ(י)תִין; Beyer ATTM 720); cp. *šytyn* u. *ʾyštyn* (Schulthess Lex. 216a); sy. *ʾeštīn* (LS 811a); md. *šitin* (MdD 404b, Nöldeke MG 189, 14); naram. *šicci* (Bgstr. Gl. 88 s.v. *šcc*); nsy. *ištī* (Maclean 226 s.v. *ʾšty*); BLA 250o: Kardinalzahl: **sechzig** Da 3_1 6_1 Esr 6_3. †

שְׁתַר בּוֹזְנַי: n.m. Esr $5_{3.6}$ $6_{6.13}$; c. Vrss.: G Σαθαρβουζανα lies שְׁתַרְבּ׳; = שתרבוזן ? Aimé-G. 15, Rs. 3 (Bowman AJSL 58, 1941, 312) :: Eilers 34, 103[3]: kontaminiert aus äga. שתברזן (AP 5, 16, cf. AP S. 15: pers. n.m., so auch Gunneweg KAT XIX 1.94), keilschr. *Šatabarzana*, Σατιβαρζάνης (BEUP 9, 71) u. *U/Ištabuzana* (BEUP 10, 53); ⸢ he. שְׁתַר (HAL 1541b); etym. ⸢ Schaeder 73; JHKramer in IJKoopmans Aramese Grammatica, 1949, 123. †

ת

ת: entspricht 1.) ursem. *t* (= he. ת) im aram. unverändert: תוה, תְּחוֹת, תמה, תקן, תְּקִף; 2.) ursem. *ṯ* (> he. שׁ); wird a) im aam. zu *š* (Degen Altaram. Gr. § 11); b) vom Ram. an meist zu ת: אִיתַי, תְּלָת, תְּלַג, תוֹר, תוב, חבר, יתב, חֲדַת, דִּתְאָ, אֲתַר, תְּרַע, תְּרֵין, תְּנְיָן, תַּמָּה, cf. BLA 25b, Rowley

Aram. 26f, Schaeder 44f, VG I 128 § 46.

תבר: = he. I שׁבר zerbrechen: 1.) *šbr*, aam. Sef. (KAI 222 A 38): pe. impf. *yšbr*, pe. pass. impf. *tšbr*; 2.) תבר Ram. äga. (AP, Aḥqr 106.190); pehl. (Frah. 21, 5: *tblwn*; DISO 290, DNWSI 1106 s.v. שׁבר); ja., DSS (Dalman Wb. 438a, Beyer ATTM 721); cp. (Schulthess Lex. 218a); sy. (LS 815a); md. *TBR* (MdD 482b); nsy. (Maclean 315b), naram. *čbr* (Bgstr. Gl. 17, Spitaler Gl. 85a); GnAp. pe. XXII 9, etpe. XXI 32:

pe: pt. pass. f. תְּבִירָה: **zerbrechen**, pt. pass. **zerbrechlich** (BLA 297c) Da 2_{42}. †

*תְּדִיר: דור; mhe. תָּדִיר; ija. pl. abs. f. תדירן beharrlich, beständig, regelmässig (DNWSI 1204); ja., DSS תְּדִירָא auch f. תְּדִירְתָא (Dalman Wb. 438b, Beyer ATTM 548 s.v. דור); orig. sbst. Dauer, mhe. denom. תדר hif. dauern (Levy IV 627-28); BLA 195x: det. תְּדִירָא (f. abs. Strack): Umkreisung, Fortdauer, בִּתְדִירָא adv. (ja. BLA 255s) **unablässig**; אֱלָהָךְ דִּי אַנְתְּה פָּלַח־לֵהּ בִּתְדִירָא Da $6_{17.21}$. †

תוב: he. שׁוב zurückkehren; 1.) שוב aam. Sef. (pe. KAI 224, 25; haf. 224, 6.20.24); 2.) תוב Ram. äga. pe. haf. (AP, Aḥqr 126, AD, Saqqara); Assbr. (KAI 233, 11); Samaria; nab. ija. (DISO 293, DNWSI 1114 s.v. *šwb*); ja., DSS (Dalman 493a, Beyer ATTM 721); cp. (Schulthess Lex. 218b); sam. *twb* bereuen (BCh. Gl. 12b); sy. *twb* auch Busse tun (LS 817b); md. *TWB* (MdD 483a, Nöldeke MG 250), adv. wie Ram. äga. (AP, AD); pehl. (Frah. 29, 2); nab. (Cantineau II 155a); palm. (DISO 324, DNWSI s.v. *twb*$_5$); ja., DSS (Dalman Wb. 439a, ATTM 722: תובה); cp. (Schulthess Lex. 219a); sy. *tūb* (LS 817b); nsy. Maclean 314b s.v. *t'b*):

pe: impf. יְתוּב: **zurückkehren**, c. עַל: מַנְדְּעִי עֲלַי יְתוּב Da $4_{31.33a}$ der Verstand kam mir wieder zurück; $_{33b}$ הַדְרִי וְזִוִי יְתוּב עֲלַי meine Majestät und mein Glanz kehrten wieder zu mir zurück; cf. GnAp XXI 19.30 XXII 29. †

(h)af: pf. הֲתִיב, pl. sf. הֲתִיבוּנָא; impf. יַהֲתִיבוּן (BLA 147w) Esr 6_5, יְתִיבוּן (af. BLA 148c) 5_5; inf. sf. הֲתָבוּתָךְ: **zurückgeben, -bringen**: Tempelgeräte Esr 6_5 (cf. GnAp XX 29 XXI 3 XXII 12 bes. 24); **zurücksenden** הֲתִיב פִּתְגָם/ נִשְׁתְּוָנָא antworten (he. הֵשִׁיב דָּבָר), c. acc. pers. Da 3_{16} u. Esr 5_{11}; הֲ׳ עֵטָא וּטְעֵם c. לְ pers.: sich mit klugen u. verständigen Worten wenden an (Bentzen) Da 2_{14}. †

תוה: he. תמה und II תוה: Deir Alla *šmh* Schrecken (DNWSI 1160); ja., DSS (Dalman Wb. 439b: תְּוַהּ, Beyer ATTM 722); sy. (LS 818a); ar. *tyh* herumirren, II in Verwirrung bringen (Wehr 88b); sbst. ja. תְּהוָא Angst, Entsetzen (Dalman Wb. 439b); cp. emph. *tywht'* (Schulthess Lex. 219a); sy. *tamh*^{e}*tā* (LS 818a); md. *tihua* (MdD 485b, Nöldeke MG 66) Erstaunen, Entsetzen; cf. mhe. תָּהָה erstarren u. ja. תְּהָא bereuen (Dalman Wb. 439a); cp. *th'* bereuen (Schulthess Lex. 218a); he. תהו u. ja. תְּוָא bereuen (Dalman Wb. 439a); sy. *t*^{e}*wā* bereuen (LS 817a):

pe: pf. תְּוַהּ (BLA 151v): **staunen, erschrecken, sich entsetzen** (Plöger KAT XVIII 58) Da 3_{24}. †

*תּוֹר: he. שׁוֹר; Ochs, Stier; 1.) שור/ס: aam. T. Fekherye 20: *swr* Kuh (akk. par. *lātu* = *lītu* Kuh AHw. 557b); Znǧ. (KAI 215, 6.9: *šwrh*); Sef. (KAI 222 A 23): f. שורה Kuh (DISO 294, DNWSI 1118 s.v. *šwr*$_4$); 2.) תור: Ram. äga. (AP); pehl. (Frah. 7, 2 *twr/l'*); Xanthos 136^{17} = gr. βοῦν (Fouilles de Xanthos, Tome VI, La stèle bilingue de Letôon, Paris 1979); palm. (DISO 325, DNWSI 118 s.v. *šwr*$_4$); nab. n.p. *twr'/w* (Cantineau Nab. 2, 155a, Nöldeke BS 83); ja., DSS תּוֹרָא (Dalman Wb. 440a, Beyer ATTM 722); GnAp XVII 10 טור תורא Ochsenberg (Fitzmyer GnAp 59; Taurus, gr. ταῦρος ὄρος); cp. (Schulthess Lex. 219b); sam. (BCh. Gl. 12b: *tor*); sy. *taurā* (LS 819b); md. *taura* (MdD 478a, Nöldeke MG 100); nsy. *tōrā* (Maclean 318a); BLA 182a: pl. תּוֹרִין: **Rind, Stier**: עִשְׂבָּא כְתוֹרִין לָךְ יְטַעֲמוּן Da $4_{22.29.30}$ (c. אכל) 5_{21}; als Opfertiere, c. קרב pa. haf. Esr 6_{17}, c. קנה 7_{17}; בְּנֵי תוֹרִין (cf. sam. *br twryn*; =*bar tūr*^{e}*n* Kalb, BCh. Gl. 12b, ↗ II בַּר)

Jungstier Esr 6_9. †

תְּחוֹת u. Da 4_{11} *תַּחַת; he. תַּחַת; aam. Sef. (KAI 222 A 6) עלי ארם ותחתה Ober- u. Unter-Aram; Deir Alla II 11; Ram. äga. (AP, BMAP); Uruk 3.25.33: תחות, Keilschr. *tiḫūtu*; nab. *tḥt*; palm. (Rosenth. Spr. 27) u. ija. *tḥ(w)t* (DISO 326, DNWSI 1209 s.v. *tḥt*); adj. תחתי. Ram. äga. (BMAP, DISO 326, DNWSI 1211); sbst. תחתיה: aam. Sef. (KAI 222 C 36); Ram. äga. (AP, BMAP, AD; DISO 327, DNWSI 1211); ja., DSS תְּחוֹת u. תְּחוֹתִי (Dalman Wb. 441a), תּוֹת (Dalman Wb. 440b), תַּחְתָּא (Dalman Wb. 441a, Beyer ATTM 723); cp. תחות (Schulthess Lex. 219); sam. *te/at* (BCh. Gl. 12b: *tḥwt*); sy. *t^eḥēt, t^eḥōt, l^etaḥt* (LS 821a.b); md. *tit* (MdD 487a) *(a)tutia* (MdD 43a, Nöldeke MG 194. 203); nsy. *tḥuth, (t)ḥēth* u. *iltiḥ* (Maclean 319a); naram. *čuḥč* (Bgstr. Gl. 18); BLA 261i, Mtg. Da. 235; Grdf. **taḥt*, **tiḥāt*, sec. אֲחוֹרֵי (ja.): תַּחְתּוֹהִי, תְּחֹתוֹהִי Da 4_{11}: praep. **unter** Da $4_{9.18}$ 7_{27}; c. מִן (Uruk 33, adv. äga. BMAP 213f) unter ... weg Da 4_{11} Jr 10_{11}. †

תְּלַג: he. שֶׁלֶג; ja., DSS (Dalman Wb. 442b, Beyer ATTM 723); cp. (Schulthess Lex. 220b); sy. *talgā* (LS 825a); md. *talga* (MdD 478b); nsy. *telgā* (Maclean 321a), naram. *t̠elka* (Bgstr. Gl. 101); BLA 182x: **Schnee** Da 7_9 (Gewand weiss wie Schnee). †

***תְּלִיתָי**: תְּלָת; he. שְׁלִישִׁי; ija. sg. f. emph. *tlytytʾ* (DNWSI 1154 s.v. *šlyšy*); ja., DSS תְּלִיתַי (Dalman Wb. 443a, Beyer ATTM 724); cp. (Schulthess Lex. 220b); sam. (LOT 2, 601); sy. (LS 826a); md. *tliataia* (MdD 487b); nsy. *tlijt^ej^e* (Polotsky Gl. 103a, Maclean 321b); BLA 251u.v: fem. תְּלִיתָיָא: K תְּלִיתָאָ, Q תְּלִיתָאָא ordinal Zahl: **dritter** Da 2_{39}, F תַּלְתָּא. †

***תלת**: denom. v. תְּלָת; he. שׁלשׁ; ja., DSS in drei teilen (Dalman Wb. 443b, Beyer ATTM 724); sy. pa. u. etpa. (LS 826b); md. pa. dritteln (MdD 487b, Nöldeke MG 444).

תְּלָת: c. masc. תְּלָתָה/א: he. שָׁלוֹשׁ; 1.) שלש: Deir Alla *šlsh* II 34; 2.) תלת; Ram. äga. (AP, Aḥqr 39.92, BMAP, AD) fem. cs. *šlšt* ! (CIS II 3b); pehl. (Frah. 29, 3); nab. palm. Hatra; ija. "Waw" (DISO 305, DNWSI 1153 s.v. *šlš*); ja., DSS (Dalman Wb. 443b, Beyer ATTM 723); cp. (Schulthess Lex. 220b); sam. *tlth*: *tālātå* (Bch. Gl. 12b); sy. *tlātā* (LS 826a); md. *tlata* (MdD 487b); nsy. *tlata* (Maclean 322a); naram. *t̠lōt̠a, et̠lat̠* (Bgstr. Gl. 101, Spitaler Gl. 95b); BLA 249h: sf. תְּלָתֵהוֹן Da 3_{23} (VG I 487f: ba.; Rosenth. Spr. 81f); ja. (Dalman Gr. 130); sy. (Nöldeke SGr. 94 § 149); BLA 249h: Kardinalzahl: **drei** Da $7_{8.20}$, vor dem gezählten Wort $7_{5.24}$, dahinter 3_{24} $6_{3.11.14}$ Esr 6_4; תְּלָתָה יוֹם der dritte Tag Esr 6_{15} (Rud. En 59 liest mit G Esd (3. Ezra) den 23. Tag :: M: Gunneweg KAT XIX I 113); תְּלָתֵהוֹן die drei (Männer) Da 3_{23}; F תְּלָתִין. †

תַּלְתָּא: Da $5_{16.29}$ u. תַּלְתִּי, Var. תִּלְתָּא 5_7; תְּלָת; Ram. nab.: *tlt(yn)* (CIS II 213, 3f) ein Drittel (DISO 329, DNWSI 1216); ja., DSS תַּ/תְּ/תְּלְתִי (Dalman Wb. 443b, Beyer ATTM 724); cp. *tlwty* (Schulthess Lex. 221a): trad. Triumvir, dritter im Rang, Θ τριστάτης, oder Herrscher über den 3. Teil des Reiches; Da $5_{7.16}$ G ἐξουσία τοῦ τρίτου μέρους τῆς βασιλείας, Θ τρίτος ἐν τῇ βασιλείᾳ, cf. S *twltʾ bmlkwtʾ* und Jos. Antt X 11, 2; prob. Lw. < akk. *šalšu* (AHw. 1150b, cf. Salonen Hipp. 216); Plöger KAT XVIII 82.86: Beamtentitel, orig. Dritter (Klauber, 111ff), F he. III שָׁלִישׁ, Komm. Rowley JThSt 32, 18^3, Kaufman. †

תְּלָתִין: pl. von תְּלָת; he. שְׁלֹשִׁים; 1.) *šlšn*: aam. Znǧ. Barrakub (KAI 219, 3); 2.) *tltyn*: Ram. äga. (BMAP 8, 8); nab. palm. ija. (DISO 306, DNWSI 1155 s.v. *šlsm*); ja., DSS (Dalman Wb. 443b, Beyer ATTM 724); cp. (Schulthess Lex. 221a); sy. (LS 826a); nsy. *tlayī* (Maclean 322a); md. *tlatin* (MdD 487b); BLA 250o Kardinalzahl: **dreissig**: עַד־יוֹמִין תְּלָתִין innert 30 Tagen Da $6_{8.13}$. †

***תמה**: he. =; ija. (DNWSI 1219); ja., DSS (Dalman Wb. 444a, Beyer ATTM 724); cp. (Schulthess Lex. 221a); sy. (LS 827a); asy.

(Black 220); md. *TMA* (MdD 487b, Nöldeke MG 64), *THM* (MdD 483a) starr sein vor Staunen; ⸢ תוה.
Der. *תְּמַהּ.

*תְּמַהּ: תמה; ja., DSS תְּמְהָא (Dalman Wb. 444a, Beyer ATTM 724); cp. תמיה (Schulthess Lex. 221b); sy. *temhā* (LS 827a); md. *tuhma* (MdD 483a); BLA 184j: pl. תִּמְהִין, תִּמְהַיָּא, sf. תִּמְהוֹהִי, Var.[S] תְּ׳, masc.: **Wunder**: אָת וּתְמַהּ Da 3_{32} 6_{28}, ‖ 3_{33}. †

תַּמָּה: he. שָׁם, שָׁמָּה; 1.) *šm(h)*: Deir Alla I 8 *šm*; aam. Znğ. *šm* Panammuwa I (KAI 214, 8), Sef. (KAI 224, 6) *šm* (DISO 307 s.v. $שם_{II}$, DNWSI 1159 s.v. $šm_4$); 2.) *tmh*: Ram. äga. (AP, BMAP, Saqqara, AD, Aḥqr 48.72); pehl. (Frah. 25, 3.45; Paik. 1000); nab. (DISO 330 s.v. $תמה_I$, DNWSI 1219 s.v. tmh_3); ja., DSS (Dalman Wb. 444a: תַּם dort; Beyer ATTM 724 id.); md. *tam* (MdD 479a dort) und *tum* (MdD 483a: dann, Nöldeke MG 204); nsy. *tama* (Polotsky Gl. 103a: dort, Maclean 322a); 3.) תַּמָּן dort: ija. (DISO 331, DNWSI 1222); ja. (Dalman Wb. 444b); cp. (Schulthess Lex. 222a); sam. (BCh. Gl. 12b) u. sy. (LS 827b); 4.) תנה: Ram. äga. (AP, BMAP, AD, Saqqara, Hermopolis); kleinas. (KAI 259, 1; 261, 5; DISO 331, DNWSI 1223); 5.) תנן: Ram. (Sumer XX 13, 4; 15, 5); palm. (DISO 332, DNWSI 1224); sy. (Rosenth. Spr. 82f); BLA 253b: adv. תַּמָּה **dort** Esr 5_{17} $6_{1.12}$; מִן־תְּ׳ von dort 6_6; דִּי ... תְּ׳ wo 6_1. †

*תנה: he. II שׁנה wiederholen (:: I שׁנה sich ändern, ⸢ ba. שׁנה) und תנה; 1.) שׁני: Ram. ändern: äga. (Aḥqr 201, itp. ändern); Samaria 2, 6 pa.; nab. ija. (DISO 313, DNWSI 1175 s.v. *šny*); sam. *šnh* (BCh. Gl. 12a); 2.) תנה wiederholen, erzählen; ja., DSS (Dalman Wb. 445a: תנא, Beyer ATTM 725); sam. *tnh* (BCh. Gl. 12b); cp. *tny* pa. erzählen (Schulthess Lex. 222a); sy. melden (LS 828b); nsy. *tᵉnuji* erzählen (Polotsky Gl. 103a, Maclean 323a); md. *TNA* I wiederholen (MdD 488b, Nöldeke MG 444).
? Der. *תִּנְיָן, תִּנְיָנוּת, תְּרֵין.

*תִּנְיָן: תנה, תְּרֵין; Ram. *tnyn* (AP; DISO 331, DNWSI 1223 s.v. $tnyn_2$); ja., DSS (Dalman Wb. 445b: תִּנְיָנָא, Beyer ATTM 725); cp. (Schulthess Lex. 222a); sam. (LOT 2, 610); md. *tiniana* (MdD 486a); sy. *tenjānā* Wiederholung, adj. zweiter (LS 829a) u. *tᵉrajānā* zweiter (LS 835a); nsy. *traj(j)ana* zweiter (Polotsky Gl. 103a); BLA 196a: fem. תִּנְיָנָה: **zweite(r)** Da 7_5. †
Der. תִּנְיָנוּת.

*תִּנְיָנוּת: *תִּנְיָן; *תנה; ja., DSS (Dalman Wb. 445b: תִּנְיָנוּת zum zweiten Mal; Beyer ATTM 725); cp. *tnynw* Wiederholung (Schulthess Lex. 222a); sy. *tenyānūtā* wiederum (LS 829a); GnAp XXI 1 תניאני zum zweiten Mal, wieder (Fitzmyer GnAp. 128); BLA 254o :: ib. § 5b: **zum zweiten Mal, abermals**, adv. Da 2_7. †

*תִּפְתָּי: Ram. äga. (AP 27, 9), pl. emph. תפתיא (inter דיניא u. נושכיא) Horcher, τὰ βασιλέως ὦτα (cf. DISO 327, DNWSI 1212); < pers. (Schaeder IrB 263[1], Eilers 126); pl. תִּפְתָּיֵא: K תִּפְתָּיֵא, Q תִּפְתָּאֵי; BLA 51k: **Polizei- oder Gerichtsbeamter** (Mtg. Da. 200, BPorten Archives from Elephantine, Berkeley/Los Angeles 1968 50, Nr. 83, Hinz AS 236) Da 3_{2f} (Plöger KAT XVIII 59 nach, Marti 19, der in דנפתיא "Oberhaupt der Religion" emendiert. †

*תַּקִּיף: תקף; he. =; Ram. nab. adj. legitim, gültig, sbst. rechtsgültige Urkunde (DISO 333; DNWSI 1229); ja., DSS stark, eindrucksvoll (Dalman Wb. 447a, Beyer ATTM 727); GnAp. II 8 בחלץ תקיף; cp. (Schulthess Lex. 223b); sy. (LS 833b); BLA 192e: fem. תַּקִּיפָא Da 7_7, תַּקִּיפָה/א $2_{40.42}$; pl. תַּקִּיפִין: — 1. **stark**: מַלְכִין Da 7_7, תֵּיוָה כְּפַרְזְלָא תַּקִּיפָה מַלְכוּ $2_{40.42}$, Esr 4_{20}; — 2. **gewaltig** תִּמְהִין Da 3_{33}. †

תקל: he. שׁקל; akk. *šaqālu* aufhängen, (ab-)wägen, darwägen, (be-)zahlen (AHw. 1178a); Ram. תקל äga. (Sem. 23, 95: *šqlw*); AP *tql*; pehl. (Frah. 19, 3): *tklwn* (DISO 318 s.v. $שקל_1$, DNWSI 1187 s.v. $šql_1$); ja. (Dalman Wb. 447a s.v. תְּקַל II); cp. (Schulthess Lex. 222b s.v. תקל I); sy. *tql* (LS 831a) u. *šql* (LS 798, cf. Nr. 20); md. *TQL* I (MdD 489a, Nöldeke MG 271) wägen, hangen :: שׁקל ja. abschätzen (denom. v. שֶׁקֶל: Dalman Wb. 434a, s.v. שְׁקַל I):

pe: pf. pass. (BLA 104b.c): 2. m. תְּקִילְתָּה, Var. תְּקִלְתָּה/א u. תְּקֵלְתָּה/א (BLA 105f.g): **wägen**, pass. **gewogen werden**: תְּקִילְתָּה בְמֹאזַנְיָא Da 5_{27}. †

Der. תְּקֵל.

תְּקֵל: תקל; he. שֶׁקֶל :: besser Lw. < akk. *šiqlu* Gewicht von Metall (Geld; AHw. 1248a, CAD Š III 96ff, bes. 97, 2; Zimmern 21; Kaufman 29 aber teilweise mit aram. ת); 1.) שקל: aam. Znğ. Panammuwa II (KAI 215, 6; Atti del I Congresso Internationale di Studi Fenici e Punici 1979, Roma 1983 I 763: dual cs. *šqly*); 2.) *šql* und. *tql*: Ram. äga. (AP *šql* z.B. 15, 12 :: *tql* 10,5, BMAP *šql*, pl. *šqln* (AP 10, 2, BMAP 1, 2 :: *tqln* BMAP 2, 8; Pachtv. 10: *tql*); ija. תקל (DISO 318 s.v. $שקל_{II}$, DNWSI 1187 s.v. $šql_3$); sy. *šeqlā* Last, Tribut (LS 799a), *teqlā* Last (LS 831a) u. *t^equlā* Last, Tribut (LS 831b); 3.) *tql*: ja., DSS (Dalman Wb. תִּקְלָא 447a, Beyer ATTM 726); md. *mitqal* Mass (MdD 271); cp. *mtql* σταθμός (Schulthess Lex. 222b); **Schekel**, Mass- u. Gewichtseinheit (de Vaux Lebensordnungen 1, 327-31; BHH 1166f u. 1249-55, BRL[2] 93f) Da $5_{25.27}$; mit verbalem Verständnis des תְּ׳, spielend = *תְּקִיל; ⸢ pf. pass. תקל (cf. מְנֵא u. פְּרֵס). †

תקן: he. תקן u. תכן; ? < aram. (Wagner 328); akk. *taqanū* (AHw. 1323b); Ram. palm. ija. (DISO 333, DNWSI 1228); ja., DSS (Dalman Wb. 447b: u.a. befestigen; Beyer ATTM 726: haf. einsetzen); cp. (Schulthess Lex. 223a); sy. (LS 831b-33a); md. *TQN* (MdD 489a, Nöldeke MG 218.414) *taqun* Standort (MdD 480b); nsy. naram. *t̲qn* (Bgstr. Gl. 102, Spitaler Gl. 95b):

hof: pf. 3. f. הָתְקְנַת lies c. Var. 1. sg. הָתְקְנֵת, or. *hut-* (BLA 115u.v); **wieder eingesetzt werden**, c. עַל Da 4_{33}; txt. corrupt. ?: Lösungen: a) עַל מַלְכוּתִי הָתְקְנֵת ich wurde wieder über mein Reich eingesetzt (BLA 283q, Bentzen[1] 38, ZüBi); b) עֲלַי מַלְכוּתִי הָתְקְנַת mir wurde meine königliche Herrschaft wieder hergestellt (BLA 115v, cf. Plöger KAT XVIII 72). †

תקף: he. =; ja. DSS (Dalman Wb. 447b: stark werden, Beyer ATTM 726); cp. *tqf* stark (Schulthess Lex. 223b); sy. (LS 833a); sam. *tqf* pa. (BCh. Gl. 12b); md. *TQP* (MdD 490a); GnAp XX 18, XXI 25 stark werden (Fitzmyer 56);

pe: pf. תְּקִף, 3. f. תְּקִפַת, Var. תְּקֵפַת (BLA 103w, 46m), or. *taqfat* (BLA 29z, ⸢ סלק, נפק), 2. m. תְּקֵפְתְּ, Var. תְּ- (BLA 101e): **stark sein, werden** Da $4_{8.17.19}$; **sich verhärten, hochmütig, übermütig werden**: רוּחַ תְּ 5_{20}, c. לְ u. inf. †

pa: inf. תַּקָּפָה: **stark werden, in Kraft setzen** (obj. אֱסָרָא) Da 6_8 ‖ קַיָּמָה, cf. Mtg. Da. 273. †

Der. *תַּקִּיף, *תְּקֹף u. *תְּקָף.

*תְּקֹף: תקף; he. תֹּקֶף; Ram. nab. adj. u. sbst. rechtmässig, rechtsgültig, authentisch, Vollmacht (DISO 333, DNWSI 1229 s.v. tqp_1); ja., DSS (Dalman Wb. 448a: תּוּקְפָּא Macht, Stärke; Beyer ATTM 726); cp. *tqyfw* Stärke (Schulthess Lex. 223b); sy. *t^eqūfa* Kraft (LS 833a); md. *tuqpa* (MdD 483b); GnAp XX 14: בתקף mit Macht, Kraft XXII 31 תקף Stärke; BLA 224k; det. תָּקְפָּא: **Stärke** Da 2_{37}. †

*תְּקָף: תקף, Var. תְּקַף, or. *t^eqōf* (BLA 187d); cs. =: **Stärke** Da 4_{27}. †

תְּרֵין, f. תַּרְתֵּין: תנה; he. שְׁנַיִם; Ram. äga. (AP, BMAP, AD, Aḥqr, Saqqara; Behist. cs. *trty*); pehl. (Frah. 19, 2); nab. palm. Dura Inv. 51, 1: θαρθην; Hatra ija. (DISO 334, DNWSI 1231); ja., DSS (Dalman Wb. 449a, Beyer ATTM 727); GnAp. *tryn*, *trtyn* (XX 8 XII 10); sam.; cp. (Schulthess Lex. 223); sy. (LS 834b); md. *trin* (MdD 490a, Nöldeke MG 187), auch *atrin* (MdD 44b); naram. *itr(i)*, f. *t̲are(i)* (Bgstr. Gl. 102, Spitaler Gl. 95b); nsy. *trī*, *tīrti*, *tirwē*, *tarwē* (Kutscher Tarbiz 21-23, 66, Maclean

326a); mehri *thrū*, *thrīt*; soq. *tro* (Leslau Lex. Soq. 445); Grdf. **thinay* > *thiray*: *n* dissim. > *r* und übertragen auf fem. (VG 1, 484f, BLA 249f :: auch *thry*, und f. *tart* ursem. (Ruž. 66f, Gordon Or. 19, 89); oder < akk. *tardennu* > *tartennu* (AHw. 1329a) "jüngerer Sohn" (Ungnad ZAW 41, 1923, 204f: v. Soden AHw. s.o. churrit. Lw., ↗ *tartānu*): Kardinalzahl: **zwei** Da 6_1 Esr 4_{24}; תְּרֵי־עֲשַׂר zwölf Da 4_{26} Esr 6_{17}. †

*תְּרַע: Primärnomen, ↗ he. I שַׁעַר (:: Lex.[1]: תרע he. II שׁער: ja. [Dalman Wb. 449b]; sy. [LS 836b]; nsy. *twr* [Ritter Gl. 119, 9, Maclean 327a s.v. *trʿ*], *twāra* [Polotsky Gl. 110b] brechen, zerreissen, spalten); aram. *tarʿā* > spbab. *taraḫu* Tor (v. Soden Or. 46, 1977, 196; AHw. 1324b); Ram. Uruk *taraḫa/i*; תרע: äga. (AP, Aḥqr, BMAP, AD); nab. palm. Hatra, ija. (DISO 335, DNWSI 1232 s.v. *trʿ*$_1$); ja. DSS (Dalman Wb. 450a: תַּרְעָה, Beyer ATTM 728); cp. (Schulthess Lex. 224a); sam. *tera* (LOT 2, 561); sy. (LS 836b); nsy. *tarʿa* (Maclean 327a); naram. *ṯarʿa* Türe (Bgstr. Gl. 103, Spitaler Gl. 95b); md. *tira* (MdD 486b, Nöldeke MG 101); BLA 182x: cs. =: — 1. **Türe, Öffnung**, v. אַתּוּן Da 3_{26}; — 2. **Tor**: תְּרַע מַלְכָּא Königlicher Palast, Hof Da 2_{49} (äga.: Aḥqr 44 *btrʿ hyklʾ* am Tor des Palastes = Hof, cf. Aḥqr 9.17.23 *bbb hyklʾ* idem (DISO 335, DNWSI 1233, 1b; *bb* 143), id. akk. *bāb šarri* (AHw. 95b), cf. שַׁעַר הַמֶּלֶךְ (HAL 1493b, 6aα) und Herodot III 117: θύραι τοῦ βασιλέως, und EA 296, 29 *abul šarri* und türk. *bab āli* = Hohe Pforte, Bezeichnung der osmanischen Regierung nach ihrem Sitz (Lexikon des Mittelalters, Artemis Verlag, München/Zürich V 1991, 84, cf. Plöger KAT XVIII 45 u. 47). †

Der. *תָּרָע.

*תָּרָע: תְּרַע; he. שׁוֹעֵר; Ram. Hatra (DNWSI 1233 s.v. *trʿ*$_2$); ja. תָּרָעָא (Dalman Wb. 450a); cp. (Schulthess Lex. 224b); sy. *tārᵉʿā* u. *tarrāʿā* (LS 837); BLA 191c < **tarrāʿ*; pl. det. תָּרָעַיָּא: **Türhüter** (in Liste von Tempelpersonal) Esr 7_{24}. †

תַּרְתֵּין: ↗ תְּרֵין.

תַּתְּנַי: n.m.; G θαθθαναι(ς) u. θανθαναι Esd. Σισίννης (Bewer 56 :: Eilers 36[1]); Statthalter (פֶּחָה) von ↗ עֲבַר־נַהֲרָא Esr $5_{3.6}$ $6_{6.13}$; nicht = Uštani-Hystanes (Meissner ZAW 17, 191f) aber = Tattannu paḫat Ebir-nāri 502 a. Chr. n. (Ungnad ZAW 58, 1940/41, 240ff, Olmstead JNES 3, 46) oder Tattanāj (Eilers 35f. 121); תתן (BEUP 10, 64[3], תת (BMAP 4, 24, cf. S. 175). †